中国金融风险与稳定报告（2016）

——改革与风险的平衡

顾问 李 扬
主编 杨燕青 肖顺喜

中国金融出版社

责任编辑：刘　钊　吕　楠
责任校对：孙　蕊
责任印制：程　颖

图书在版编目（CIP）数据

中国金融风险与稳定报告（2016）——改革与风险的平衡（Zhongguo Jinrong Fengxian yu Wending Baogao（2016）：Gaige yu Fengxian de Pingheng）/ 杨燕青，肖顺喜主编. —北京：中国金融出版社，2016. 3

ISBN 978 - 7 - 5049 - 8414 - 2

Ⅰ. ①中…　Ⅱ. ①杨…　②肖…　Ⅲ. ①金融风险防范—研究报告—中国—2016　Ⅳ. ①F832.1

中国版本图书馆CIP数据核字（2016）第043214号

出版发行　中国金融出版社
社址　北京市丰台区益泽路2号
市场开发部　（010）63266347，63805472，63439533（传真）
网上书店　http://www.chinafph.com
（010）63286832，63365686（传真）
读者服务部　（010）66070833，62568380
邮编　100071
经销　新华书店
印刷　北京市松源印刷有限公司
尺寸　210毫米×285毫米
印张　13.75
字数　360千
版次　2016年3月第1版
印次　2016年3月第1次印刷
定价　88.00元
ISBN 978 - 7 - 5049 - 8414 - 2 /F. 7974

目 录

第一章　2015年中国金融风险与稳定概述

孙涛　杨子明　朴实[①]

2015年，中国金融稳定经历了众多考验，其中最大的两个事件是中国股市大幅震荡和人民币贬值。在中国经济增长下行、通货紧缩及偿债压力上升的大背景下出现的这两个事件，再加上中国与全球的双向风险互溢，进一步增加了中国政府为稳增长和维护金融稳定而取舍政策时的难度。

面对这些挑战，中国能否一如既往、成功地维护金融稳定取决于政府改革的决心和既定改革政策措施的实施力度。经济金融情况越困难，越要坚持改革初心，越要果断推动既定改革。唯有如此，才能真正地实现金融稳定。

第一节　2015年中国金融稳定的四大风险点

2015年中国经历了四个主要风险点：经济下行和、通货紧缩背景下的加杠杆和部分企业偿债困难、股票和房地产市场大幅震荡、资本外流和人民币贬值，以及中国与全球的双向风险互溢。

一、经济下行和通缩压力背景下的经济继续加杠杆和偿债压力上升

2015年，中国经济增长减缓，国内生产总值（GDP）年增长率为6.9%，低于印度（图1-1）。尽管消费对GDP增长的贡献度相对于投资上升，但二者的增长率事实上在同时下降（图1-2）。消费增长率之所以较前些年没有改善，主要是由于中国居民可支配收入占GDP的比重只有60%左右，而且其中三分之一还被储蓄起来，使得消费占GDP的比重只占40%左右。此外，2015年中国经济呈现双速增长特征：一方面，工业生产增长缓慢，服务业增长强劲，主要体现在文化、娱乐、旅游和金融业，但金融业的增长后劲不足。另一方面，工业生产增长缓慢反过来促使产能过剩行业（如钢铁、煤炭、玻璃和水泥）的债务压力

① 孙涛：浙江财经大学兼职教授。杨子明：浙江财经大学研究员。朴实：国际货币基金组织研究分析员。本章仅代表作者个人观点，不代表任何机构的意见。

上升。中国经济仍然处在向一个更为平衡经济体的转换过程中。

从趋势来看，考虑到2015年股市大涨大落和银行不良贷款上升趋势，2016年金融服务业收入前景也将不如往年乐观。而在产能过剩、全要素生产率下降等结构性问题依然严重的情况下，昔日的高经济增长率将难以再现。

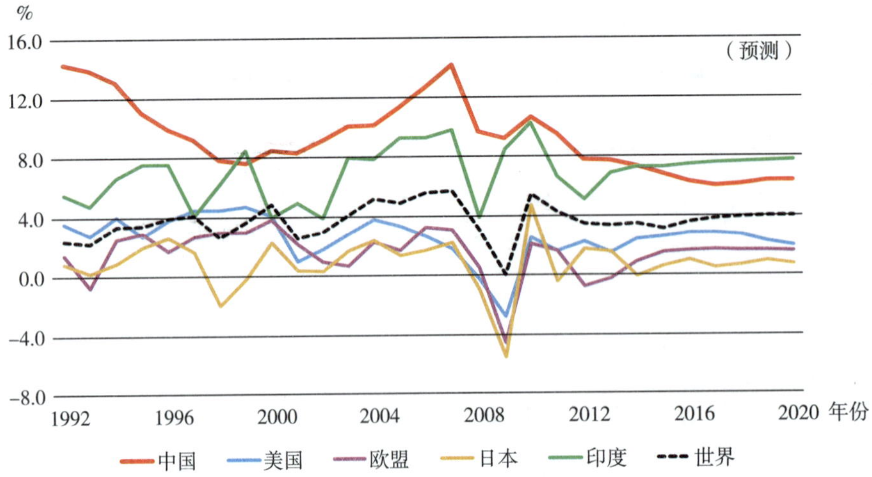

资料来源：IMF世界经济展望数据库；作者计算。

图1-1　经济增长的国际比较

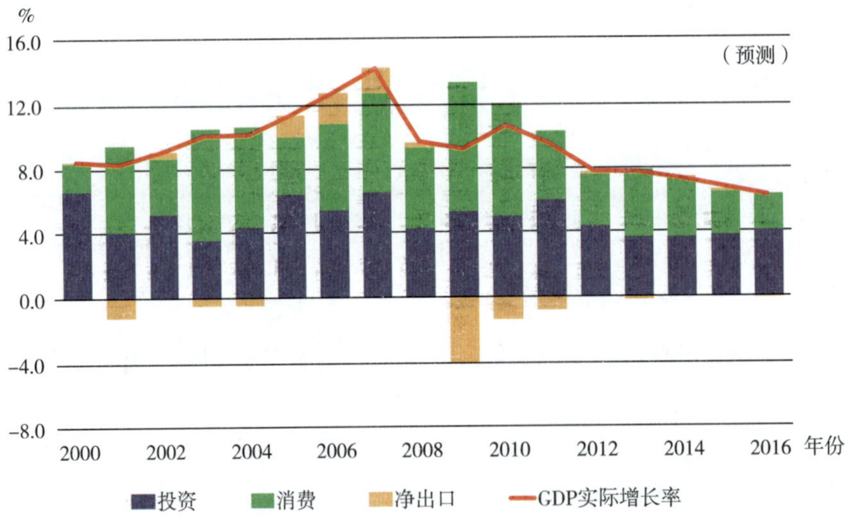

资料来源：IMF世界经济展望数据库；作者计算。

图1-2　经济增长构成的变化：投资、消费和净出口

在经济下行的同时，中国也面临着通缩压力。一方面，不仅食品价格下跌导致目标通胀率走低，而且全球大宗商品价格下跌、人民币实际有效汇率升值（自2005年汇率形成机制改革以来，到2015年中期，人民币实际有效汇率已经升值了55%）、产能过剩、存货积累等导致生产者价格指数（PPI）持续下降。到2015年底，PPI已经连续46个月为负。目标通胀率和PPI的下跌最终反映为越来越多的消费者价格指数（CPI）组成部分的下行。图1–3显示，2008年近60%组成部分的CPI都在3%以上，而到2015年只有不到5%的组成部分的CPI在3%以上。此外，更为严峻的是，2015年GDP平减指数同比增长为负，这意味着名义GDP增长率比实际GDP增长率还低。此外，通缩导致实际债务上升和企业偿债压力加大。如果持续下去，可能导致经济陷入债务—通缩的螺旋式下降。

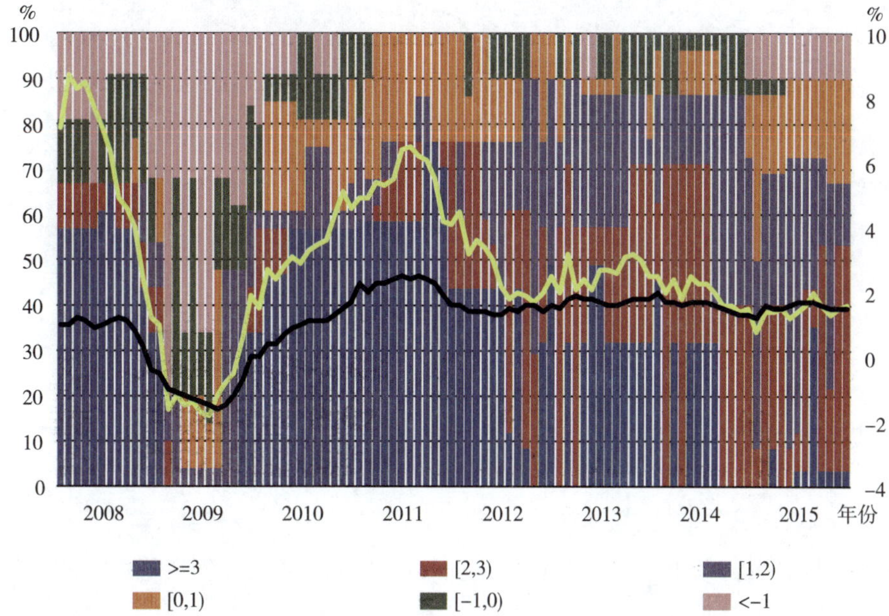

资料来源：Haver Analytics；作者计算。数据截至2015年12月。

图1–3 通胀细分指数

在2014年债务已经较高的基础上，2015年中国的经济仍然在继续加杠杆。银行贷款、影子银行、净公司债券融资和非金融企业股权等社会融资总额占GDP的比重从2014年的不到200%进一步上升到2015年的204%（图1–4）。为应对经济下行、上升的偿债压力和通缩压力及实际有效汇率上升，中国人民银行降低了利率。

随着企业违约的增加，银行开始收紧对企业的贷款。这些企业开始寻找其他融资渠道以解决资金需求。比如，一个越来越被更多使用的渠道是网贷平台。这个平台主要通过网上连接借款人和贷款人，并提供比银行更优惠的利率，旨在帮助借款人以较低成本和更高效率提供贷款。此外，通过这个平台处置不良贷款也是处置大量不良贷款的重要方式之一，四大资产管理公司都在介入这个业务。截至2015年年底，网贷中介数量增加到3 844家，相比上年增长107%；成交额首次突破1万亿元，相比上年增长228%；投资人数达到1 350万人，同比增长10倍。

然而，这类业务也在暴露着新风险。2015年下半年网络借贷行业经历了一段时期的阵痛，多家网络借贷平台涉嫌非法集资、挪用客户资金甚至洗钱等行为。而且，由于这个行业比较分散，有1 500多家服务提供机构，其中的900多家都是2014年以后成立的，367家在2014年就倒闭了。P2P投资于由第三方发行的金融产品。据行业估计，在3 800多家P2P贷款人中，有三分之一陷入金融困境。再如，e租宝承诺给投资者15%的回报率，通过借新还旧的方式运作，没有实际投资项目，涉案金额高达数百亿元，结果最后倒闭，带来一定的负面社会经济影响。

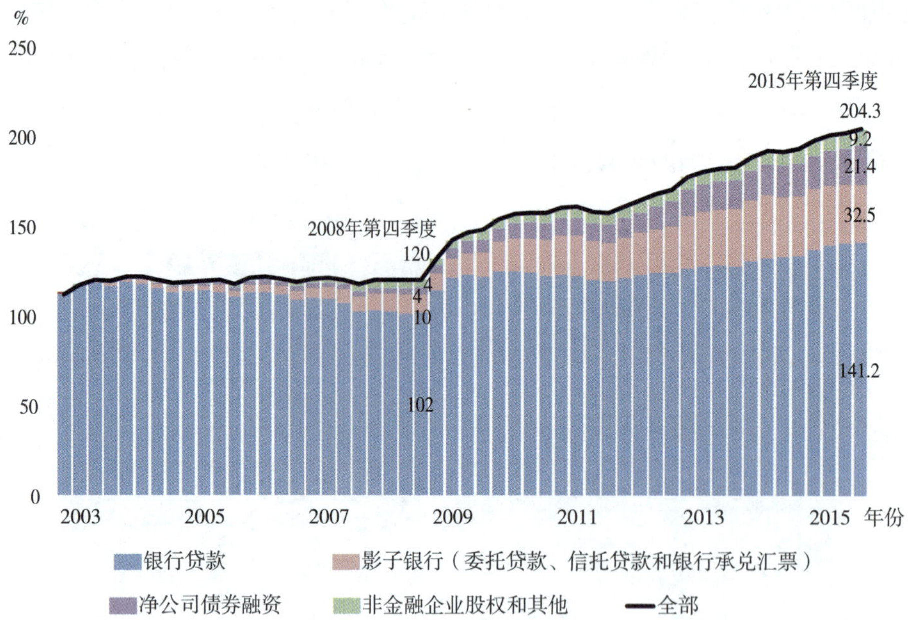

资料来源：CEIC；Haver Analytics；作者计算。

图1–4 继续上升的社会融资总额占GDP的比重

总之，在经济下行的大背景下，中国金融稳定面临的主要挑战是如何在稳增长的前提下实现经济有序去杠杆。高杠杆带来的不只是信贷风险和流动性风险，而且包括主权风险。如果产能过剩和资产价格泡沫等经济金融失衡加速调整，则可能最终带来信贷紧缩和经济下滑。

二、股票市场震荡和房地产市场波动

从2014年下半年到2015年上半年，股价大幅上涨；2015年下半年，股价大跌。股价大跌之后，一线城市的房价拉开了上涨序幕。

（一）股票市场震荡

经过7年的低位徘徊后，中国股市2014年下半年迅速上涨，沪市股指2015年5月比2014年7月上涨了近1倍。这一涨幅不仅远高于其他国家和地区股市，而且比2007年中国股市的上涨势头还猛。随后，中国股市又大幅下跌，形成了全年股市大幅震荡的局面，成为全球关注的焦点之一，诱发了全球投资者对股市下跌和政策水平的担心。为应对股市波动，政府采取了一些救市措施。股市在2016年1月再次下跌了20%，波幅巨大，此间还伴随着人民币再次贬值。

本次股市波动的最大特点主要反映为股价和交易量上升速度之快及波动之大。自2014年7月以来，在股价上涨速度、交易量、换手率、波动率、市盈率等方面，中国股市均有别于其他国家和地区股市。图1–5表明，2015年年中的股指已比2014年7月翻了1倍，并已经超过2007年股市最高点的一半以上。从国际上看，2014年7月到2015年5月，中国股市的涨幅不仅高于同期我国香港地区股市涨幅，而且高于经历6年量化宽松政策、被美联储主席耶伦称为高估的同期美国股市的涨幅，且已超过过去6年美国股市累计涨幅的一半。

图1–6详细说明了不同时段国际主要股市的涨幅。在过去10年间，中国股市涨幅与其他股市涨幅基本呈负相关：在2006年到2008年全球金融危机爆发初期，当其他国家和地区股指涨幅为负的时候，中国为正；在2009年到2014年6月，当其他国家和地区股指涨幅均为正的时候，中国却为负。只是到了2014年7月到2015年5月，当其他国家和地区股指涨幅均为正的时候，中国股市涨幅比另外一个同期涨幅较高的国家日本高4倍。可见，受多种因素影响，中国股指高低与国际股指关联度不大。

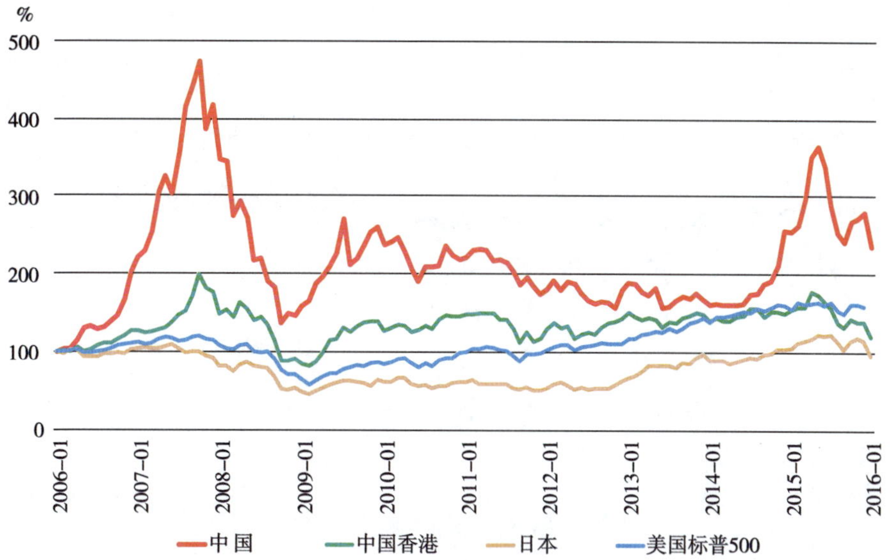

注：2006年1月为100。

资料来源：彭博资讯；作者计算。数据截至2016年1月。

图1–5　股价涨幅的国际比较

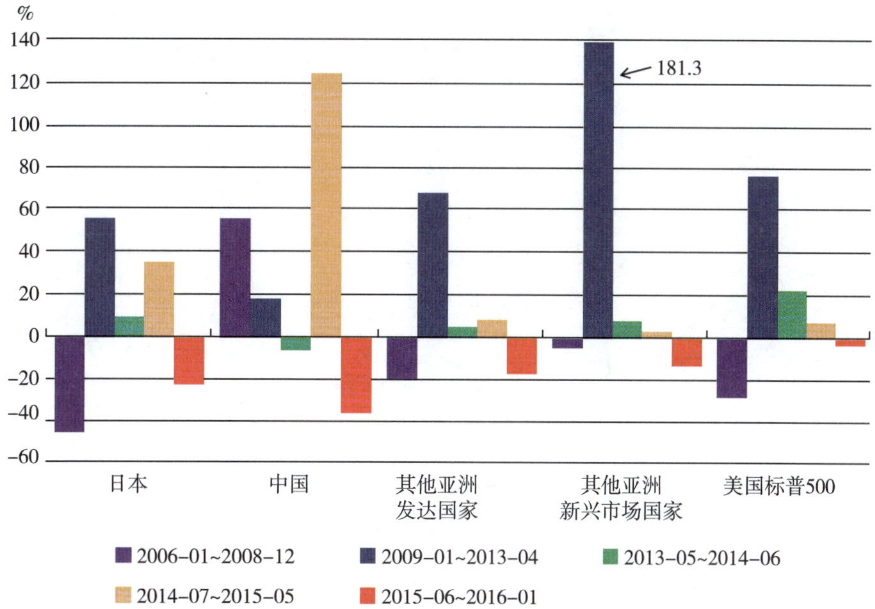

资料来源：彭博资讯；作者计算。

图1–6　不同时段股市涨幅的国际比较

从换手率看，中国股市的换手率高于其他主要股市。例如，2015年5月中国股市的换手率是同期美国的近7倍（图1–7）。相应地，中国股市波幅远大于国际主要股市。

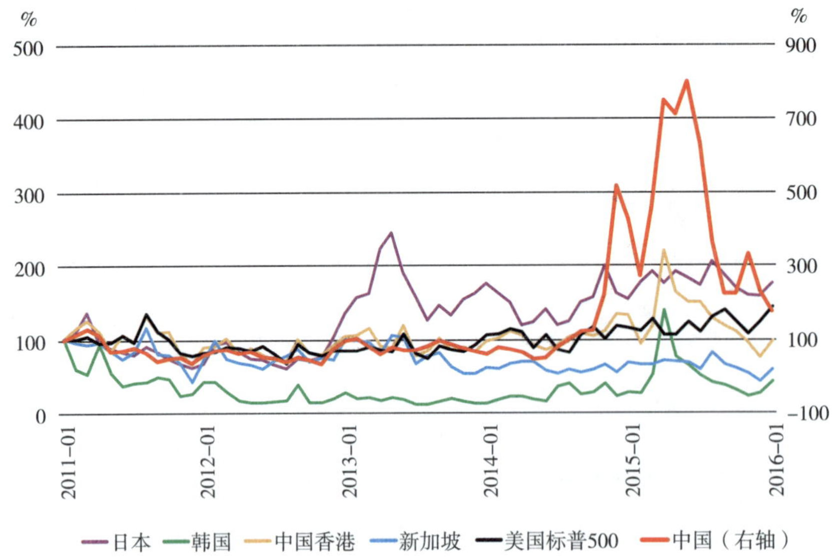

注：2011年1月为100。

资料来源：彭博资讯；作者计算。数据截至2016年1月。

图1–7　股市换手率

从市盈率看，2015年5月的中国股市市盈率已经是2014年6月的2倍，超过美国和中国香港市场的市盈率水平（图1–8）。

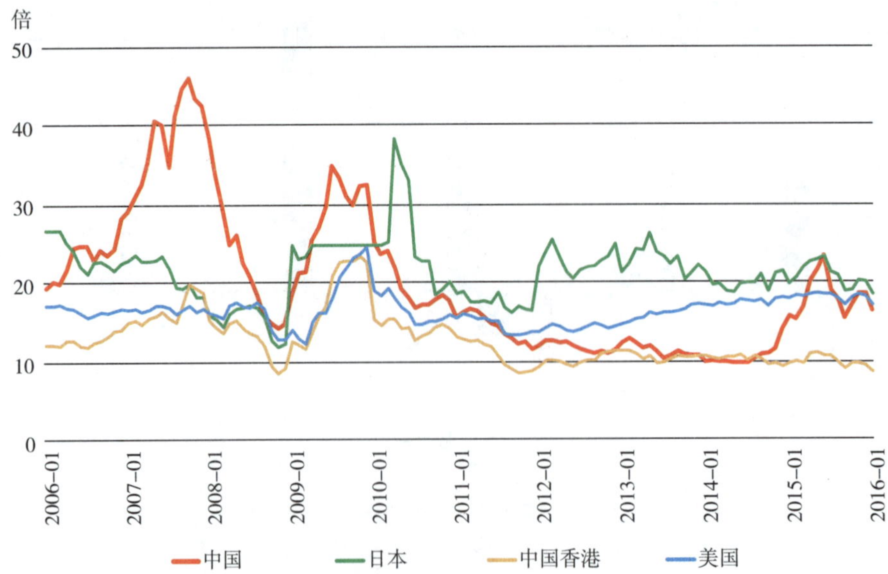

资料来源：彭博资讯；作者计算。数据截至2016年1月。

图1–8　市盈率比较

综上，股价涨幅、换手率、波动性、市盈率等多数指标指向一个判断：2015年上半年股市上涨之快，用狂飙形容不足为过。经济下行、通缩和去杠杆压力下的宽松政策和改革预期推动大量寻求高收益的多渠道资金流入股市。从资金总量看，中国的货币流动性和金融资产为股市提供了巨量资金来源：2015年，中国的货币供应量达139万亿元人民币，占GDP的比重达205%。与货币流动性相伴的是金融资产的迅速上升：2014年，中国的金融资产规模为200多万亿元人民币，占全球金融资产总额的14%，中国成为仅次于美国的金融资产大国。而且，近80%的金融资产为银行资产，股票直接融资所占比重只占不到10%。只要2014年银行资产的12%转化为股市资产，股票市值规模就可翻一番。此外，国际证券投资资金也在持续进入中国股市。例如，中国的净证券资本流入从2013年的301亿美元上升到2014年的505亿美元，增长68%。

从投资者的资金组合看，原来投资于或本打算投资于房地产和理财产品的资金分流到了股市。近年吸纳了数万亿元人民币的房地产市场和吸纳了10多万亿元人民币的理财产品中的一部分资金流向股市。此外，拥有137万亿元人民币存款（其中55万亿元人民币是居民存款）的银行体系也通过伞形信托、券商“两融”受益权质押、委托贷款、个人信用贷款、各类存款等，为股市输送着资金。这些因素都给股市上涨提供了源源不断的资金。

结果，这些分流的资金在金融市场的不同部分体现了出来：第一，股市市值迅速攀升。2014年初股市市值只有23万亿元人民币，而2015年第一季度股市市值已经上升到47万亿元人民币，一年多净增24万亿元人民币。第二，外汇占款下降和存款外流导致存款增长率下降，如2014年第三季度银行存款环比增长率为-1%，与此相应，存贷比（贷款与存款的比率）上升，从2014年第二季度的68%上升到2014年第四季度的72%。第三，个人信用贷款上升。如居民消费贷款从2014年1月的13万亿元人民币增加到2015年3月的16万亿元人民币。第四，房价与股价反向变化：2014年1月到2015年5月，房价下跌了3%，而同期股价却翻了1倍。第五，与股价上涨相伴的是债券收益率下降，尤其是2015年上半年更是如此，出现股债双牛的局面，这说明巨额资金在整个资本市场中寻求高收益。

国际金融危机以来，中国经济增长继续依赖信贷和投资扩张以及预算外财政（如地方政府融资平台）扩张，最终形成了当前的一些经济困难及其背景下的股市狂飙。概言之，三个基本数据即可大体解释中国股市狂飙：170万亿元人民币的总债务、低于7%的经济增长率和200多万亿元人民币的金融资产规模。第一个数据说明国家整体借债太多了（所以不能再大幅借债了），第二个数据说明政府想避免短期经济大幅下滑（所以需要融资支持），第三个数据说明有等待进入股市的大量资金。

中国股市快速上涨伴随着风险：

一是股市长期缺乏实体经济支撑。与其他国家不同，中国股市与实体经济相关度不大。图1-9比较了中国、美国、日本、韩国实体经济的一个重要指标——工业产值——与股价的相关系数。由于货币政策与工业生产和股价均有内生关系，我们在剔除了货币政策影响后，再分别计算中国、美国、日本、韩国股市与工业生产的相关系数。而美国的工业生产与股市高度相关，尤其是在全球金融危机后更是如此；反之，中国的工业生产与股市却显著背离。同样，反映实体经济的另一个指标——零售额——与股市的关系也不显著。

实体经济欠佳并不应该是股市狂飙的背景和借口。曾有观点认为，国际金融危机以来，虽然美国经济不好，但股市向好，原因是美联储以量化宽松（QE）刺激经济。其含义是经济不好时，用宽松货币政策推动股市向好是正常的。然而，美国股市与实体经济正相关，在国际金融危机爆发后尤其如此。特别需要强调的是，美国经济复苏主要不是靠QE，而是靠其弹性的劳动力市场、持续的创新能力和自我调整应对危机的能力，而也是这些要素全面向好推动了美国股市的复苏。美国实体经济和股市的同步健康发展，也进一步说明中国股市与实体经济相背离是不正常的。

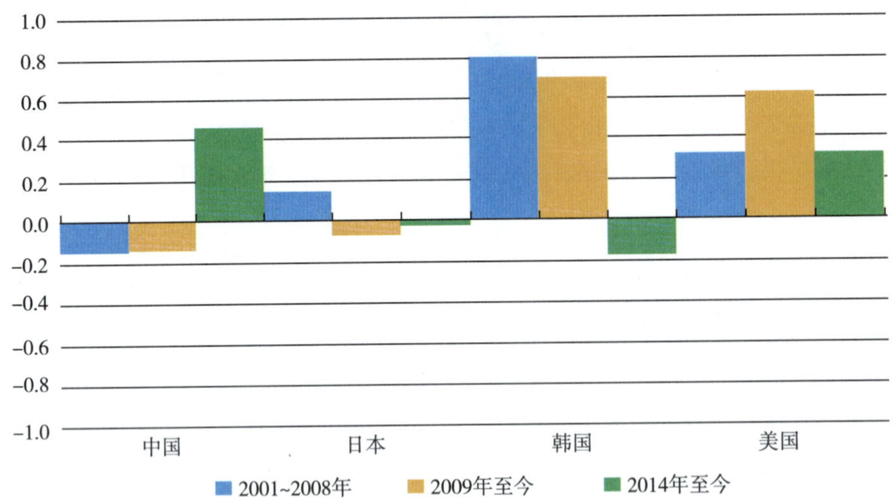

资料来源：CEIC；Haver Analytics；作者计算。

图1–9　中国、美国、日本、韩国工业产值与股价相关系数的比较

二是股市泡沫和大幅波动风险。股市与实体经济背离往往伴随着泡沫的滋生。在中国本轮行情中，股价从最低点的上涨速度不但快于2007年中国股价上涨速度，也高于历史上几个主要股市泡沫时期的上涨速度（图1–10）。如此快的上涨幅度，容易促成投机行为。以股市能解决中国诸多经济问题为由而唱盛牛市的说法也是不合适的，不但有夸大股市作用之嫌，而且可能误导投资者和决策者。中国目前的经济问题是深层次的结构问题，绝不是股市走牛就能解决的。

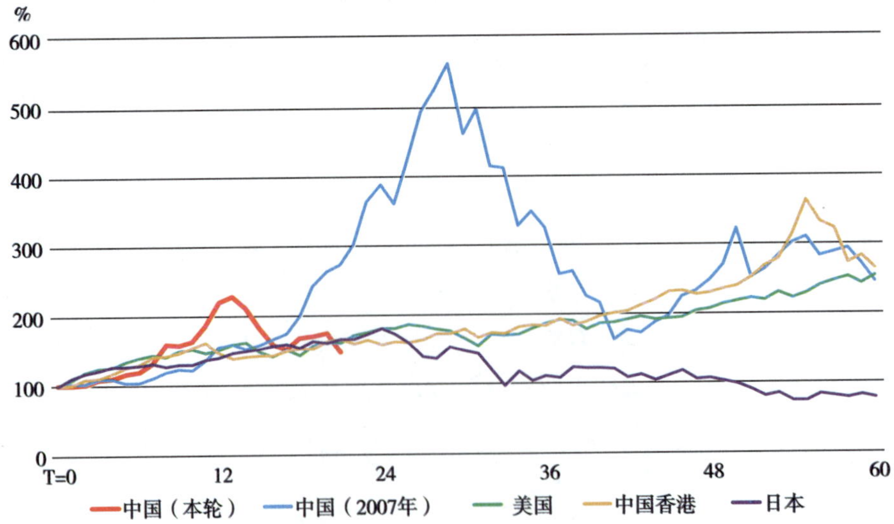

注：最低点的起始点分别为：2009年2月（美国）、1987年12月（日本）、2003年3月（中国香港）、2005年5月（中国）。所有股指均以最低点为基数（=100）进行了指数化处理。

资料来源：彭博资讯；作者计算。数据截至2016年1月。

图1–10　股市涨跌幅速度的国际比较

三是股市加杠杆的风险。股市诱发的加杠杆情况在国际上并不鲜见。例如，近来美国的公司借低利率之机大幅借款并购回本公司股票，推动股价上升，以便高管获取较高的薪金。而其风险在于，在利率较低和股市繁荣时期，大量举债带来的股价飙升最终可能因利率上升、无后续资金而破灭。从中国来看，中国股价的上升伴随着杠杆的上升："两融"余额和买入额占A股成交比例屡创新高。不但机构投资者，而且散户和私募基金都在通过"两融"等加杠杆。此外，还有银行资金和理财产品分流股市。所以，如果股价迅速下降，投资者、银行、信托公司和证券公司都可能遭受损失，并向实体经济传导，影响消费和投资。

四是政府背书和改革迟滞的风险。一方面，中国股市快速上涨说明中国发展金融市场的巨大潜力，说明政府有能力调动资源为经济改革发展服务。另一方面，决策者不得不珍惜这有限的利用民间资源的机会，在稳定增长、降低偿债成本与可能的资产价格泡沫之间艰难取舍：政府既要为防范系统性风险和稳定增长而调低利率，又要避免资金不进入实体经济而导致的资产泡沫。而这种政策两难所形成的宽松货币的市场预期往往又被市场看做是政府背书，并促使投资者忽视风险而单纯追求高收益，导致本已存在于经济金融体系的隐性担保和道德风险在股市继续蔓延。此外，如果十八届三中全会所列举的改革目标和措施不能细化并实施，投资者对改革红利的预期最终会下降，并导致股市大幅波动。

总之，需要采取措施应对股市的大起大落。股市向好，固然可以在一定程度上缓解经济体系的债务压力，但迅速上涨的股市也带来了股市加杠杆和与实体经济继续背离之忧，并最终必然反映为股市的下跌。

（二）房地产市场波动

房地产市场对于中国经济和金融稳定的意义不言而喻。从经济增长看，房地产及其上下游产业链对中国经济增长的贡献度举足轻重；从金融稳定看，房地产吸收了大量金融资源，房地产生产和销售的好坏、房价的高低，直接影响到银行资产质量，影响到地方政府收入和支出，影响到系统性风险大小。

1. 2015年房价情况

从全国看，房价在2010~2012年下探后，在2013年回升，在2014年再度回调，2015年再度回升。从国际比较来看，自2008年以来，中国房价上涨幅度一直高于美国和韩国（图1–11）。

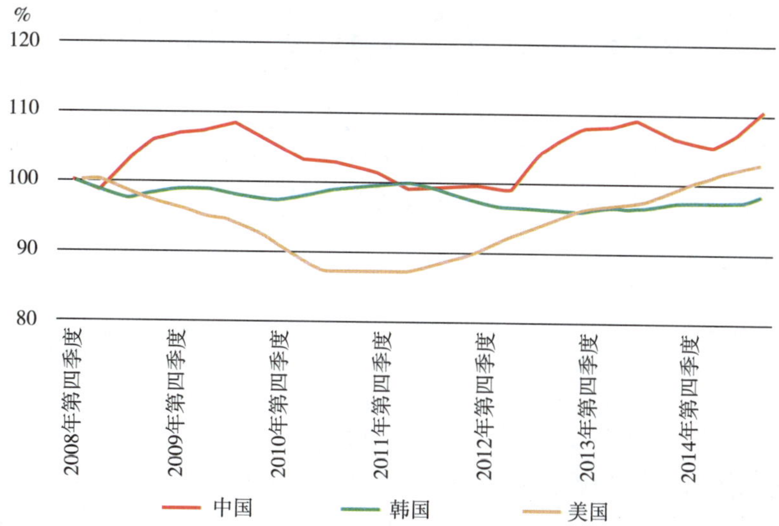

注：数据截至2015年第三季度。

资料来源：OECD和IMF；作者计算。

图1–11 中国、美国和韩国的房价（指数化）比较

从地区看，2015年下半年，一线城市房价开始走高，各城市房价渐次升温。深圳在“3·30”政策后带头领涨，南京、苏州等城市房价在2015年7~8月开始上涨，北京、上海等一线城市2016年元旦前后开始上涨，此上涨势头逐渐向二线城市传导。

2. 原因分析

近期的房价上涨，尤其是一线城市房价上涨，主要是以下因素共同作用的结果：

一是改善性需求。一些没有住房的居民和改善住房条件的居民开始购房，价格上涨又反过来催生刚性和改善性住房需求。

二是加杠杆。各种利好新政的出台，货币政策宽松，消费信贷增长迅速，房地产企业、中介机构参与配资提供贷款影响了人们的心理预期，这些加杠杆因素推动一线城市房价上涨。

三是金融市场波动背景下的微观经济主体资产重置。利率下降和金融市场波动及其引致的资产荒，推动大量资金寻求高收益。尤其是股市大幅震荡使得房地产市场成为保值增值的主要途径。图1–12说明了股价和房价在2014~2015年间的负相关关系。

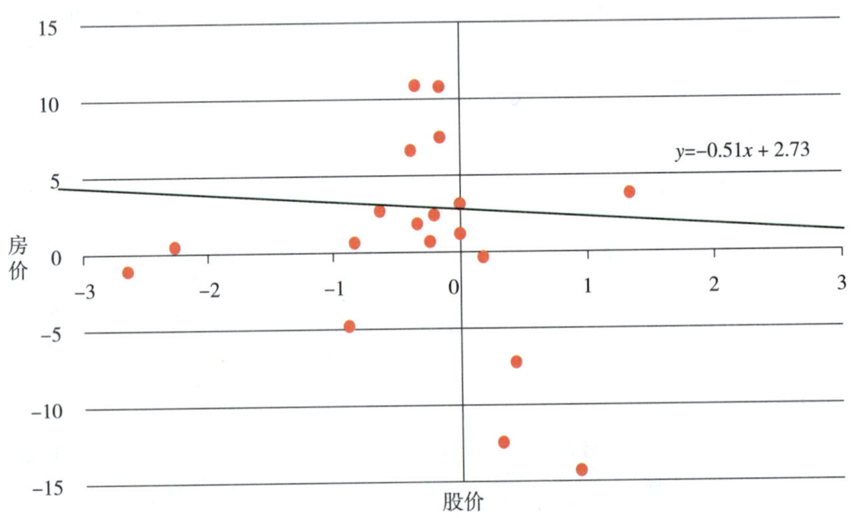

资料来源：彭博资讯；CEIC；作者计算。

图1–12　股价和房价之间的负相关关系（2014~2015年）

四是经济下行背景下的银行激励机制。在经济下行背景下，银行难以向一些传统行业贷款，因此，包括消费信贷在内的房贷成为银行最主要和最稳定的业务和利润来源。这种激励机制使一些银行大力提供消费信贷。

五是一线城市房屋分配不均。由于限购指标的存在，一线城市多套房所有者担心如果将房子卖掉就再也买不回来了，所以除非不得已，这些人不会卖房。也就是说，现行限购政策在抑制需求的同时也在抑制二手房供给。

3. 风险

房地产价格上升可以促进居民财富、消费和经济增长。但是，房地产也可能带来风险，具体体现在三个方面：一是房地产既是债务增加的原因，也是促成债务扩张的动力（如房地产作为银行贷款的抵押品），而房地产价格下降也会通过抵押品渠道恶化银行资产质量；二是银行如果不愿意继续给房地产企业展期债务，则资金链条可能断裂；三是GDP增长率下降导致房地产企业偿债能力下降。房地产风险源于债务，举债越多，风险越大。中国的房价租金比自2008年以来一直高于美国和韩国（图1-13）。

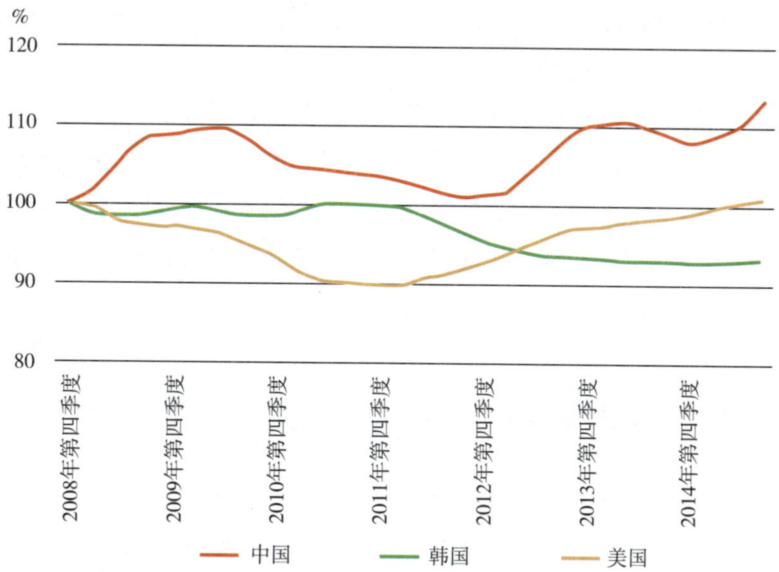

注：数据截至2015年第三季度。

资料来源：OECD和IMF；作者计算。

图1-13 中国、美国和韩国的房价租金比(指数化)比较

具体来说，中国房地产市场面临如下风险：

一是杠杆过大的风险。一些购房者使用首付贷、消费贷等形式加杠杆，加上其他形式的加杠杆（如联合骗贷和众筹投资等），导致债务风险在上升。如果房价大幅下跌，银行和消费者个人会面临信用违约风险。

二是不同城市房价继续分化的风险。在一线、二线城市购置房产的居民，通过卖掉三线、四线的房子，形成资金不断向一线、二线城市集中并推高一线、二线城市房价且资金流出三线、四线城市并拉低三线、四线城市房价的局面，加大了三线、四线城市房地产去库存压力和一线、二线城市房地产市场泡沫风险。

三是国内外流动性波动带来的风险。国内外多年积累的流动性和当前宽松的货币环境，推动中国大量资金流向房地产。然而，如果美联储加息导致全球流动性紧缩或中国资本外流加剧，楼市继续上涨的预期可能就会改变。此外，国内富人和中产阶级在全球范围内加强重新配置资产的趋势，也会进一步加大这种流动性紧缩风险。

四是一线城市人口流入趋缓带来的增量需求不足的风险。近年来，一线城市人口政策呈逐渐收紧的态势，一线城市的人口流入会逐渐趋缓。此外，老龄化也加剧了人口流入趋缓的趋势。放开二胎难以从根本上扭转人口总量下跌的趋势，未来的新人口结构难以撑起新的购房高潮。

五是供需关系变化带来的风险。目前，在一线、二线城市该有房子的家庭都有房子了，买不起的仍将买不起，他们中的绝大多数人，最终会回到三线、四线城市，能留在一线、二线城市的人，难以长期支撑高房价。

六是经济下行带来的风险。过去多年经济增长是支撑房价上涨的一个重要原因，然而，目前中国经济下行使得当前房价持续上升缺乏实体经济基础。

七是高房价带来的贫富差距加大和社会结构不稳定的风险。房价尤其是一线城市房价的持续上涨，已经成为中国社会贫富差距持续恶化的重要原因，是否有房成为划分社会阶层的标准之一，贫富差距的持续恶化积累到一定程度可能引发社会危机。

总之，信贷激增带来的信贷风险与房地产价格互动推升了宏观经济风险，国内货币供应量的持续扩张推高了市场和流动性风险，股市波动加大了投资者的风险偏好，三线、四线城市存在去库存压力等，都在加大房地产市场的风险。鉴于房地产的抵押品性质，一线、二线城市房价一旦下跌可能进一步导致银行和影子银行的信贷损失以及地方财政收入下降，银行信贷损失反过来加剧对房地产业的信贷紧缩和财政注资压力，增大整个经济金融体系的系统性风险。

三、资本外流、外汇储备下降和人民币贬值压力

2015年，中国的资本外流增多，导致外汇储备下降和人民币贬值压力上升。在2015年8月11日汇率贬值后，人民币更多地由市场力量主导并对美元继续贬值，并在2015年12月11日人民银行宣布人民币将参考一篮子货币而不是只盯住美元后继续贬值。外汇储备下降从2015年年中开始，在8月加剧，在10月降速趋缓，但在11月又加速下降。

（一）全球资本流动逆转风险上升

国际金融危机爆发后，美联储不断推出非常规的货币政策并多次推迟加息。重要成效之一是通过通胀（至少避免通缩）来做大名义GDP，促进去杠杆：如表1-1所示，通货膨胀使得美国企业和居民累计降低债务占GDP的比例达16.5个百分点。我们看到，尽管一些重要经济指标（如失业率）早已经达到了几年前联储加息的条件，但各种反对加息的噪音不断涌现，如美元升值将导致出口下降，2015年第一季度美国经济增长率只有0.2%，加上全球贸易占GDP比重已经从20世纪80年代的40%上升到现在的60%，加剧的竞争导致商品通胀下降，由于中国经济增速减缓、再平衡加上日益加大的外溢效应等，美联储一再推迟逐步退出继续实施宽松的货币政策。而这种宽松的政策推动流动性大量向包括中国在内的新兴市场国家传导，把全球股票、债券、房地产的价格推高到前所未有的高度。

表1-1　美国、英国、德国、日本企业债务和居民去杠杆的方式（占GDP的比重）

	企业债务总下降（2007~2014年）	其中：经济增长	通货膨胀	新债务	债务核销	资产积累	资产价值重估
日本	−1.8	−4.9	−7.2	11.1	−1.3	0.6	−0.11
德国	−3.1	−2.5	−13.7	−0.2	4.0	−1.7	0.9
英国	−10.1	−2.2	−4.7	4.7	−0.3	4.5	−12.1
美国	−26.0	−0.6	6.1	−2.6	−0.1	−20.6	−8.2

续表

	居民债务总下降（2007~2014年）	其中：经济增长	通货膨胀	新债务	债务核销	资产积累	资产价值重估
日本	−33.7	−6.1	−9.3	3.7	−7.0	13.0	−28.0
德国	−11.1	−2.9	−14.3	11.3	−3.2	18.5	−20.5
英国	−1.3	−2.7	−5.6	1.2	0.2	0.7	4.9
美国	−30.8	−0.4	3.7	−3.2	−1.0	−28.7	−1.2

注：资产价值重估是指金融资产（包括现金、存款、债权证券、股票以及共同基金）的市值变化。
资料来源：国际货币基金组织，《全球金融稳定报告》，2015。

然而，现在主要国家不同步的货币政策、各主要货币的汇率大幅调整、油价及大宗商品价格剧烈波动，都给全球金融市场带来了较大的外部不确定性，并已经显示出流动性紧缩的征兆：包括中国在内的新兴市场国家的资金外流压力已经显现，15个最大的新兴市场国家在2014年第三季度到2015年第四季度外流的资金达7 000多亿美元，比2008年第三季度到2009年第一季度（国际金融危机爆发初期）的总和还多。从中国看，2015年的前三个季度，其他投资项下共出现3 304亿美元的流出，主要原因是偿还外债、居民主动增持外币资产（尤其是在2015年下半年）和人民币贬值预期（图1–14）。2015年美联储提上日程的逐步加息及其相伴的美元升值可能进一步加剧资金外流风险和股市下跌压力。

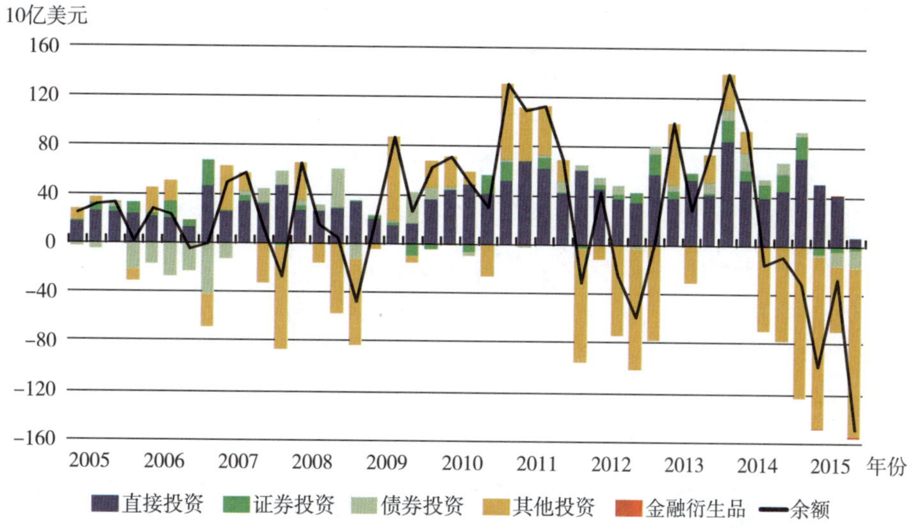

注：正数表示资本流入。
资料来源：Haver Analytics；作者计算。数据截至2015年第三季度。

图1–14　中国金融账户和构成

（二）人民币贬值和外汇储备下降的风险

2015年8月10日到8月13日，人民币对美元的名义汇率贬值。与人民币贬值相伴的是其他亚洲主要国家的货币在原有贬值的基础上进一步贬值（如图1–15所示）。2016年初，人民币对美元继续贬值。

多种因素导致人民币贬值：一是外部环境变化：美元加息背景下的中美利差缩小诱发资本外流。二是国内经济下行：市场认为经济下行可能促使当局推动人民币贬值以促进出口。三是信贷持续扩张和较低的投资回报和银行预期不良贷款增加，国内居民认为外币资产更为安全。四是羊群行为：投资者和居民不理解中国的汇率政策而采取跟风行为。

在汇率波动的同时，中国外汇储备也伴随着全球外汇储备的波动而波动：全球外汇储备从2002年的2.6万亿美元上升到2013年的12.2万亿美元，并在2014年下降到12万亿美元。中国的外汇储备从2012年的3.31万亿美元上升到2013年底的3.84万亿美元，并在2014年全球外汇储备下降的背景下继续上升到3.86万亿美元。然而，在2015年内，中国外汇储备减少了0.5万亿美元，至3.36万亿美元，降幅为13%（如图1-16和图1-17所示）。

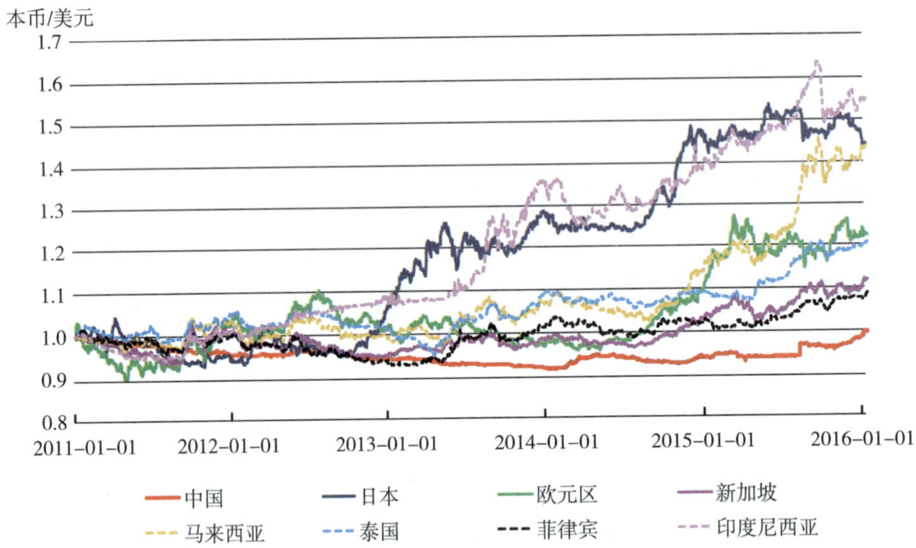

注：图中数据为本币/美元；2011年1月1日=1；正数表示本币贬值。
资料来源：彭博资讯；作者计算。数据截至2016年1月15日。

图1-15　主要国家和地区双边汇率情况

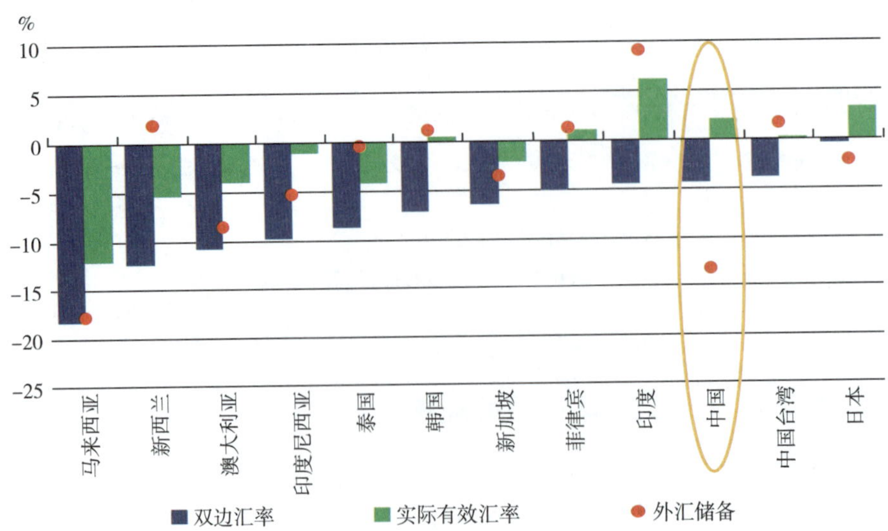

资料来源：彭博资讯；CEIC；Haver Analytics；作者计算。

图1-16　汇率和外汇储备的变化

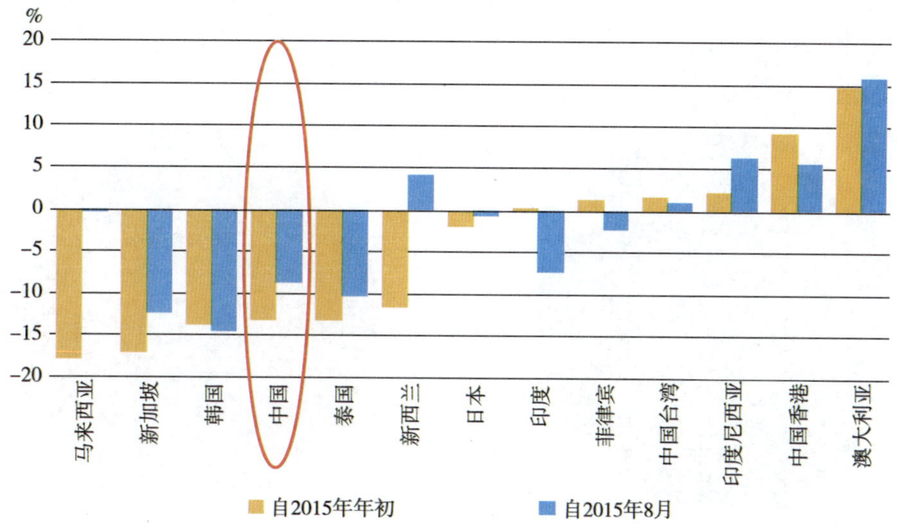

资料来源：CEIC；Haver Analytics；IMF RTTS 数据库数据；作者计算。

图1-17　外汇储备的变化

针对2015年8月中旬人民币对美元汇率的贬值，市场出现不少惶恐、批评之声。有观点认为，人民币贬值说明中国政府为应对国内需求下滑，希望通过贬值来促进或至少稳定出口的政策取向。还有观点认为，人民币贬值诱发/加剧了其他国家和地区货币贬值，导致全球金融市场动荡。我们认为，这些负面评论至少在短期内有过虑之虞。

在金融愈来愈全球化和市场化的今天，没有理由要求任何货币的汇率都只升不贬（或只贬不升）。正如过去10年人民币不断升值一样，现在中国经济的宏观经济面发生了一些变化，走向市场决定的人民币当然可以贬值。在近年来人民币实际有效汇率大幅升值的背景下，尤其是在2014年年底至2015年8月10日，当绝大多数新兴市场国家的货币实际有效汇率都在贬值时，人民币实际有效汇率仍然升值了2.8%。更重要的是，2015年8月10日后人民币对美元贬值幅度实际上还远没有像其他国家那样大：亚洲许多国家货币的名义汇率和实际有效汇率的贬值幅度非常大，如澳大利亚、新西兰和马来西亚。拉长时间看，近期人民币对美元的贬值幅度自2011年以来，远小于包括日元和欧元等主要货币的贬值幅度。如果人民币稍微贬值一点就诟病如潮，那么美联储、欧洲中央银行和日本银行的大幅量化宽松及其诱发的各主要货币贬值的举措，为什么就可以解释为防范风险和促进经济增长的必要手段呢？而对在全球金融危机期间对世界经济增长和稳定作出过巨大贡献的中国而言，适当地增加汇率灵活性以便舒缓近年来实际有效汇率升值，为什么就是风险呢？

同样，市场也高估了中国外汇储备下降的风险。有评论说，中国外汇储备下降太快，以此速度，1~2年内就耗光了这些外汇储备。这种评论忽略了一个事实：其他国家和地区比中国的外汇储备下降得更快，如果担心耗光外汇储备，应该先担心其他国家和地区而不是中国：许多国家，如马来西亚、新西兰和新加坡等国的外汇储备相对下降幅度都大于中国。

从未来应对各种对外支付需求来看，中国外汇储备的充足程度也远远高于其他国家。为说明这个问题，我们从各国的外汇储备总额中扣除短期外债和6个月进口所需外汇储备，得到外汇储备余额。截至2015年年底，与其他国家相比，无论是绝对量（外汇储备缓冲量为1.73万亿美元）还是相对量（占13个月的进口），中国剩余的外汇储备都远高于其他国家，中国外汇储备相当充足（图1-18）。相反，包括韩国、印度和东盟国家在内的国家的外汇储备充足度远远难望中国项背。即使将投资于海外基础设施和各种国际金融机构的外汇储备排除在外，中国当前的外汇储备仍然是充足的。

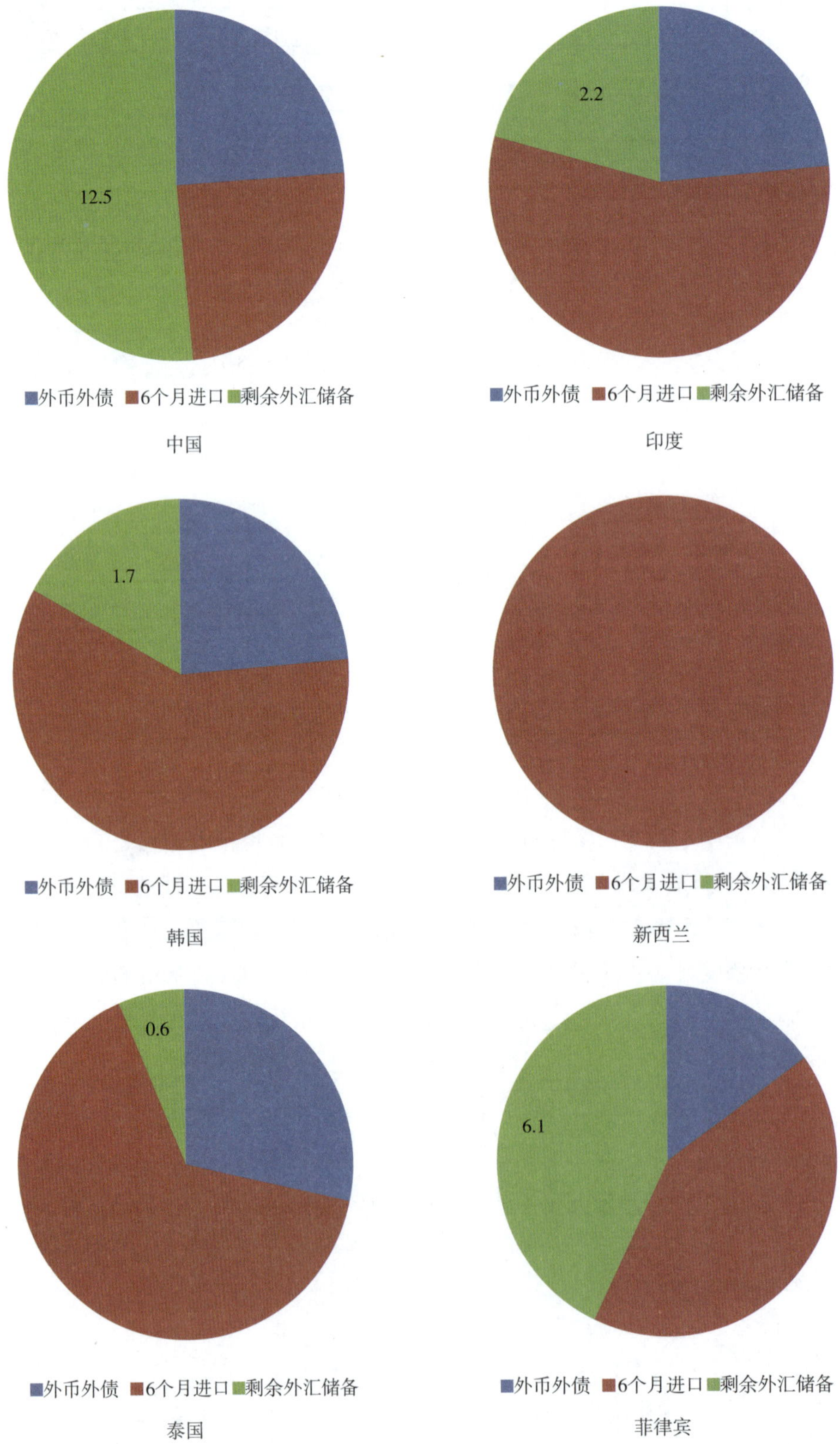

注：绿色部分里面的数字代表剩余外汇储备可等值换算为几个月的进口量。

图1-18　中国外汇储备仍比其他国家充足

此外，从宏观经济管理政策看，外汇储备下降和人民币贬值是应对国际收支风险的两种政策手段，也就是说，一国可以为防止外汇储备下降而让本币贬值，或者为防止本币贬值而让外汇储备下降。国际上通常通过外汇市场的压力指数来进一步审视一国应对国际收支风险的主要方式。外汇市场压力指数把外汇储备下降（上升）幅度和汇率贬值（升值）幅度结合起来，通过汇率和外汇储备的同时波动来反映一国应对本币升值和贬值压力。外汇压力指数表明，近期所有亚太国家都面临本币卖出压力和贬值压力。其中，人民币的卖出压力上升较快。

从中国看，外汇储备增减始终是外汇压力指数升降的主要方式。换言之，如果在2014年前中国可以通过积累外汇储备来化解由热钱流入带来的部分升值压力，现在为什么不可以通过出售外汇储备来缓解资金流出带来的贬值压力呢？而且，从事这种操作的不只是中国，图1–19表明， 进入2015年以来，许多亚太国家都面临着外汇储备和汇率的下行压力：日本、东盟5国、澳大利亚和新西兰所面临的下行压力都远大于中国。即使如日本和印度这样的资本项目比较开放的国家，也在不同程度地依靠外汇储备增减来调整本币升贬值压力。因此，外汇储备升降抑或汇率升贬，都只是一国应对国际收支变化的两种具体手段而已。只要二者发挥合力并能稳定住对外支付能力和市场信心，那么就无须对其大惊小怪。中国的人民币升值压力在以前多反映为外汇储备增加，同样，最近的人民币贬值压力也可反映为外汇储备的减少。多数亚太国家都通过本币贬值来应对外汇压力（图1–20）。

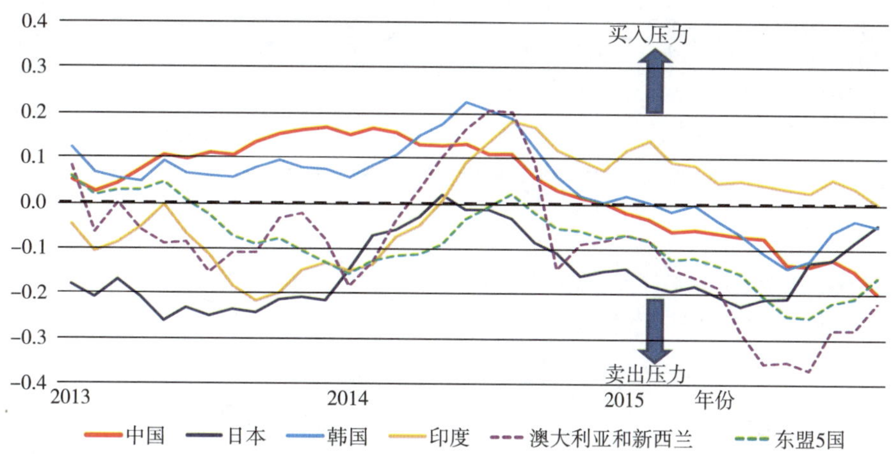

注：图中数据为年度增长率；外汇压力指数=美元/本币汇率变化+外汇储备变化；正数表示买入压力。

资料来源：Haver Analytics；IFS；作者计算。数据截至2015年12月。

图1–19　外汇压力指数

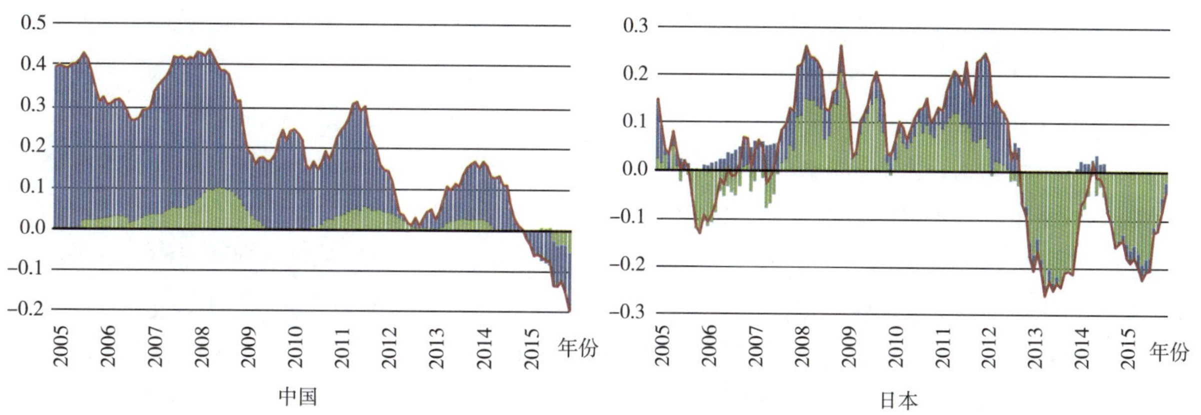

图1–20　外汇市场压力指数

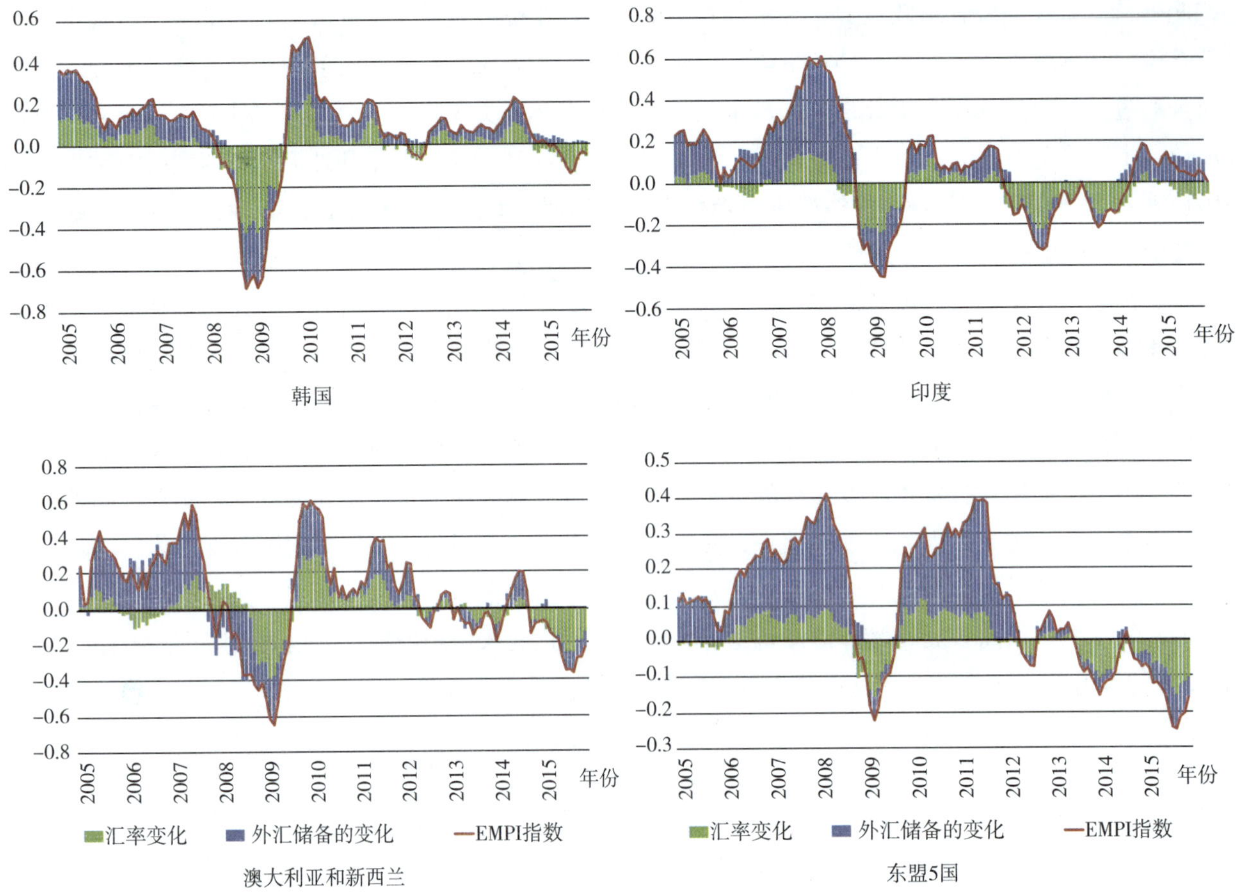

图1-20　外汇市场压力指数（续）

总之，由短期因素造成的汇率波动和外汇储备下降并不可怕，因为目前的外汇储备规模足以满足这种短期需求。如果我们能接受前些年外汇储备的增加，那么也就应能接受现在外汇储备的下降。同样，如果我们能接受前些年人民币汇率的升值，那么也就应能接受现在人民币汇率的贬值。

当然，我们也需要关注中国外汇储备下降速度（图1-21）。国内外投资者对汇率和外汇储备的这么一点升降如此敏感，从一个侧面再次反映了国内外投资者对中国经济下降和改革取向的不确定性和不良预期。中国汇率波动、外汇储备下降是多个因素决定的，既包括短期因素，如人民币实际有效汇率升值过多、美联储加息，也包括长期因素，如国内实质改革迟缓、国内外投资者信心下降及其引致的资金外流。从本质上说，中长期因素引致的不确定性导致国内外投资者对外汇储备下降和汇率波动如此敏感。中国将来为降低巨额债务和清理不良资产而可能采取的发债和注资等政策，将客观要求降低利率以降低重组成本。而中国面临的通货紧缩压力，客观上也需要实施宽松的货币政策。加上中国面临的三难困境——资本自由流动、独立的货币政策和稳定的汇率三者只能取其二，因此，在资本跨境流动愈来愈充分的情况下，资本为寻求最佳收益，便会推动中国的利率或者推动汇率向均衡点移动。这些都可能带来国内通胀压力、人民币贬值压力和资本外流压力。而与之相反，美国则处于提高利率周期，这种中美利差缩小及其导致的套利交易逆转，会进一步推动市场形成人民币贬值预期和外汇储备下降压力。

总之，在当前宏观经济情况下，维持人民币汇率稳定的代价之一，是外汇储备的下降。维持一定汇率水平时可打击做空，但是无法遏制与预期无关的资本流出和经常项目顺差减少，鼓励和刺激了其他类型的资本外流。从趋势上看，中国政府应该更大胆灵活地根据市场基本面，综合运用人民币升贬和外汇储备升降以应对国内外经济金融环境的变化。

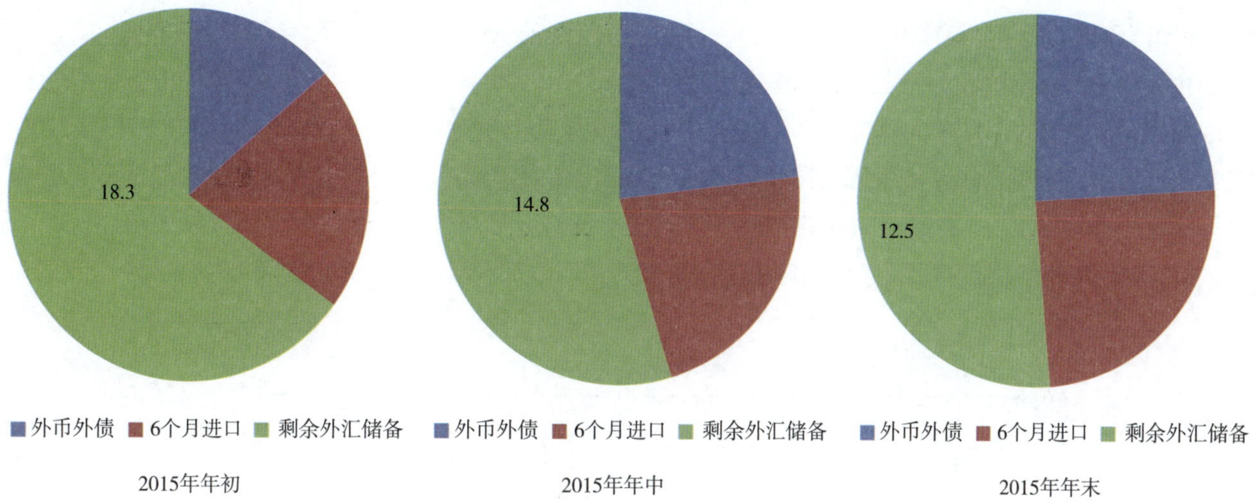

图1-21　需要关注中国外汇储备下降速度

四、中国与全球的风险互溢

世界经济和全球金融稳定情况影响着中国。如美元呈现升值趋势（图1-22），会推动全球流动性进一步趋紧，并可能导致全球资本流动逆转和风险贴水上升。这些趋势给中国外汇储备继续带来下行压力——如果贸易条件恶化、资本外流和以前流入资本的回撤趋势继续下去，人民币汇率也会面临进一步贬值压力，可能迫使中央银行出售所持美国国债，加剧与美联储加息相伴的全球流动性紧缩，并在全球形成连锁反应。

资料来源：彭博资讯；美联储。数据截至2016年1月。

图1-22　贸易加权美元指数和DXY美元指数

与此同时，中国对其他国家和地区的政策和全球金融稳定的影响也越来越大。中国及其与世界发生的巨大的货物流、资金流和人员流决定了中国的宏微观经济金融政策、金融市场的波动和金融稳定情况对世界产生巨大的外溢效应。如在美联储是否加息的例会公开声明中，中国经济金融情况已经成为其参考因素。中国国内投资下降会导致投资品进口下降、大宗商品价格进一步下降，进而影响全球金融环境。

中国经济增长率的波动引起了国际投资者的广泛关注。图1-23表明， 中国对全球GDP增长率的贡献从20世纪80年代的世界经济总增长率（2.3%）中的0.2%上升到2014年世界经济总增长率（3.4%）中的1.2%，尤其在2009年全球经济零增长期间，中国的贡献达1.2%。过去10年来，中国对世界经济增长的贡献大概在三分之一左右，这个巨大贡献导致世界对中国经济增长高度关注。所以，近年来中国经济增长率下滑和前些年高增长的巨大反差引致国内外投资者的担心。

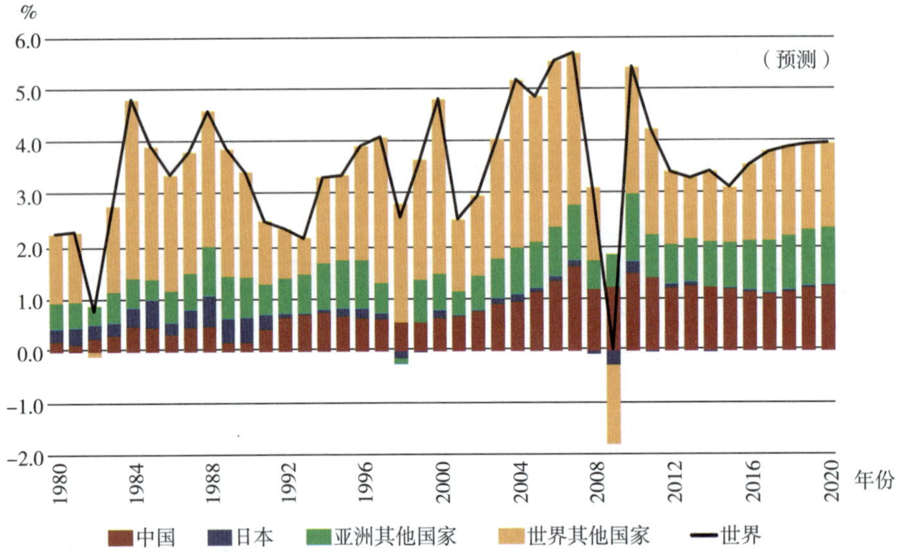

注：以购买力平价为基础。

资料来源：IMF世界经济展望数据库；作者计算。

图1-23　中国经济增长对全球经济增长的巨大贡献

中国已经能够通过贸易、金融和信心渠道对全球产生巨大影响。中国已经成为许多国家的第一出口和进口市场。中国进出口的下降不仅直接导致这些跟中国有大量直接贸易往来的国家和地区的进出口下降进而影响其经济增长，并且通过二次外溢效应对其他国家和地区也产生负面影响。由于中国的金融资产规模已经超过200多万亿元人民币，占全球总金融资产的比重达14%，仅次于美国。显然，中国金融资产的质量、国别配置和种类配置会影响到全球金融资产的质量和表现，中国的贸易、金融和经济增长表现会影响全球市场信心。因此，中国经济好坏对其他国家的巨大溢出效应使得国内外投资者非常关注中国经济金融的任何风吹草动。

从金融市场看，如图1-24和图1-25所示，在2015年8月11日和2016年1月4日，当中国的汇市和股市分别经历重大改革和发生强烈震荡的时候，亚太地区其他主要国家（或地区）无一例外地经历了同样的震荡和考验。

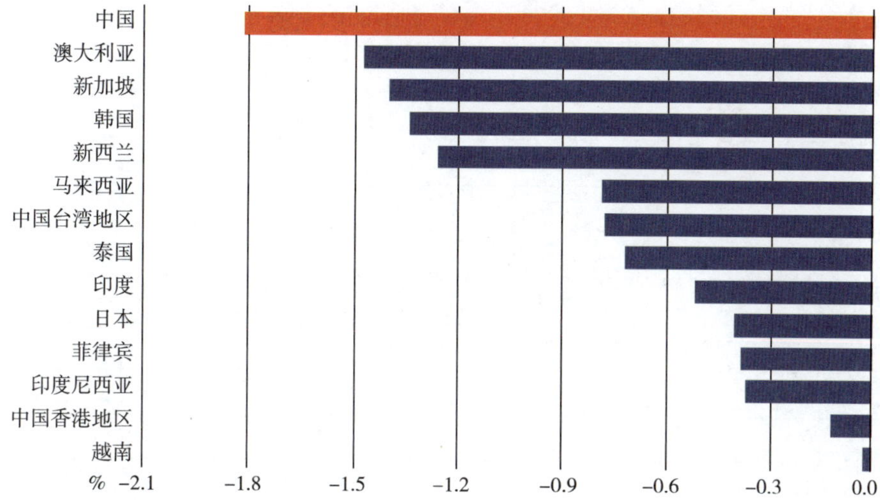

注：图中数据为对美元双边汇率；负数表示贬值。

资料来源：彭博咨询；作者计算。

图1–24　2015年8月11日中国及亚太地区其他主要国家（或地区）汇率的变化

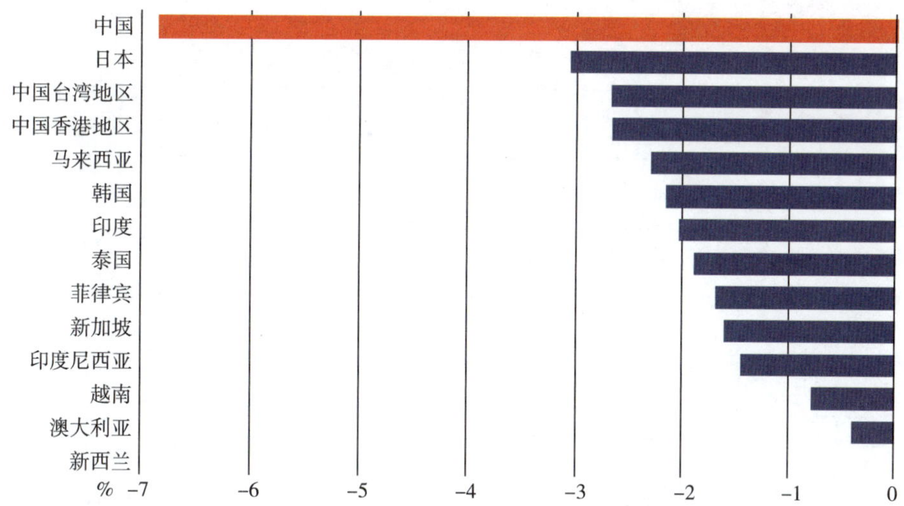

资料来源：彭博咨询；作者计算。

图1–25　2016年1月4日中国及亚太地区其他主要国家（或地区）股价的变化

并且，中国对亚太地区其他国家汇市和股市的影响随着时间的推移而不断增大。为了观察该影响是否是通过贸易渠道而传导的，我们将这些国家（或地区）分为两组。此项分类标准是根据该国家（或地区）与中国贸易联系的相对紧密程度，即该国家（或地区）对中国的最终出口（基于附加值计算）是否大于该国家（或地区）GDP的百分之三。按照这个标准，与中国贸易联系相对比较紧密的国家（或地区）包括：澳大利亚、中国香港地区、韩国、马来西亚、菲律宾、新加坡、中国台湾地区和泰国；相对比较不紧密的国家（或地区）包括：印度、印度尼西亚、日本和新西兰。如图1–26和图1–27所示，与中国贸易联系相对较紧密的国家（或地区）的汇市和股市反应更加剧烈，持续更长。

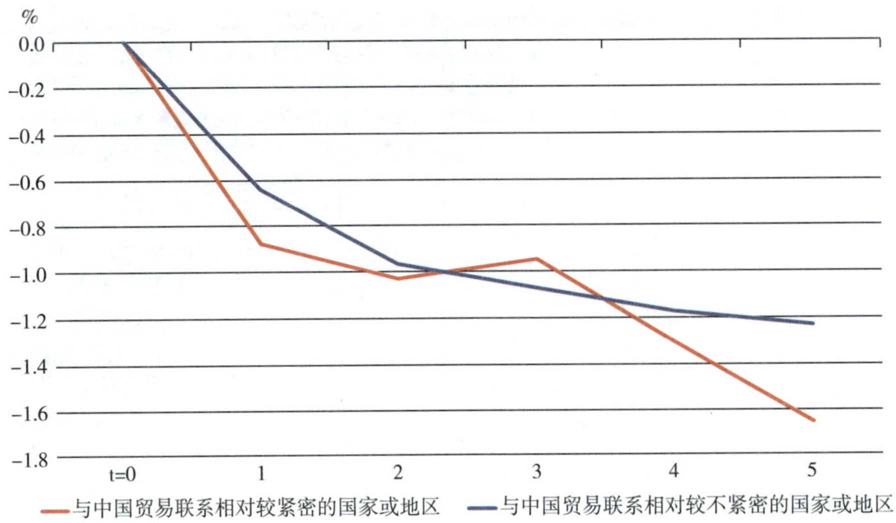

注：图中数据表示对美元双边汇率；负数表示贬值。

资料来源：彭博咨询；作者计算。

图1–26　自2015年8月11日起（t=1）中国及亚太地区其他主要国家（或地区）汇率的累计变化

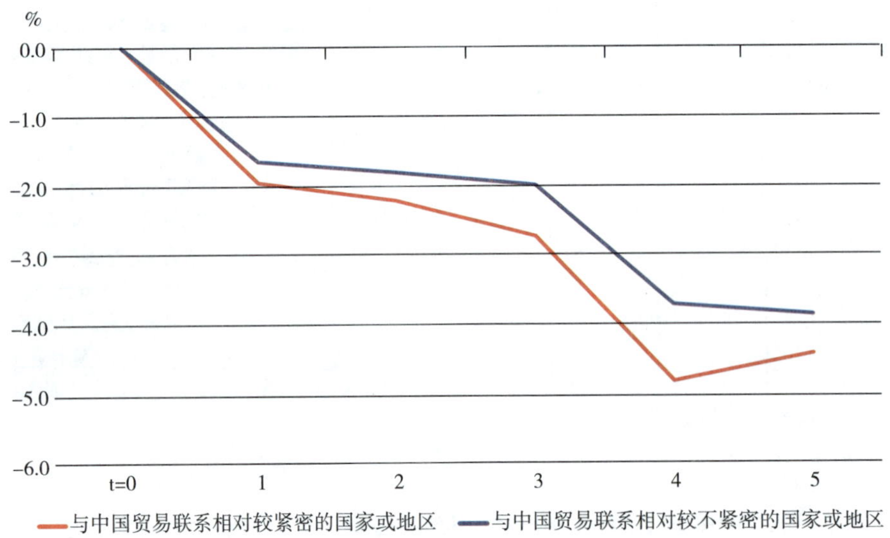

资料来源：彭博咨询；作者计算。

图1–27　自2016年1月4日起（t=1）中国及亚太地区其他主要国家（或地区）股价的累计变化

而且，汇市和股市的影响不是偶然的。利用历史事件分析法，我们选取了2001年1月至2016年1月期间，中国当日股票收益率波动率大于百分之五的所有交易日，观察亚太地区其他主要国家（或地区）当日的股票收益率的变化。该分析通过分段分析，剔除了全球金融危机期间各个国家（地区）的股票收益率相关性倍增等因素，来观察中国股市随着时间变化的溢出效应。如图1–28和图1–29所示，中国股市的溢出效应随着时间而不断增大，特别是自2015年下半年开始，该效应已在统计学意义上显著，既大于该交易日所处时间区段的平均自然波动率。与上面的单一事件分析法得出的结论一致，我们再次证明了与中国贸易联系相对比较紧密的国家（或地区）股市更易受到来自中国股市波动的冲击影响。

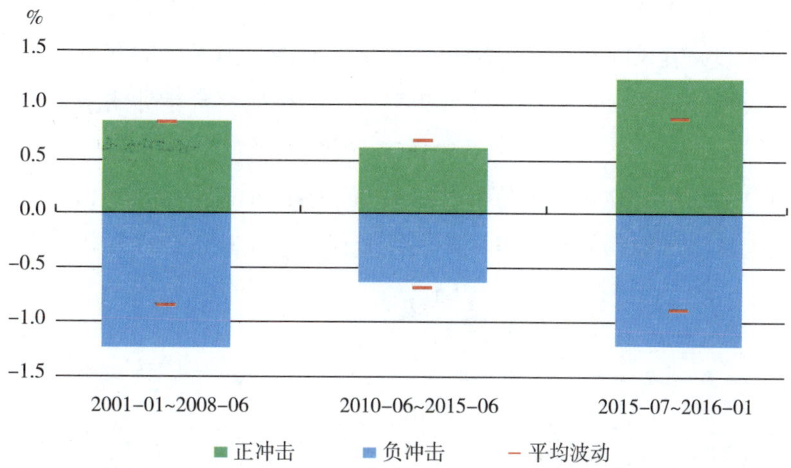

图1-28　与中国贸易联系较紧密国家（或地区）股市对中国股市收益率波动的反应

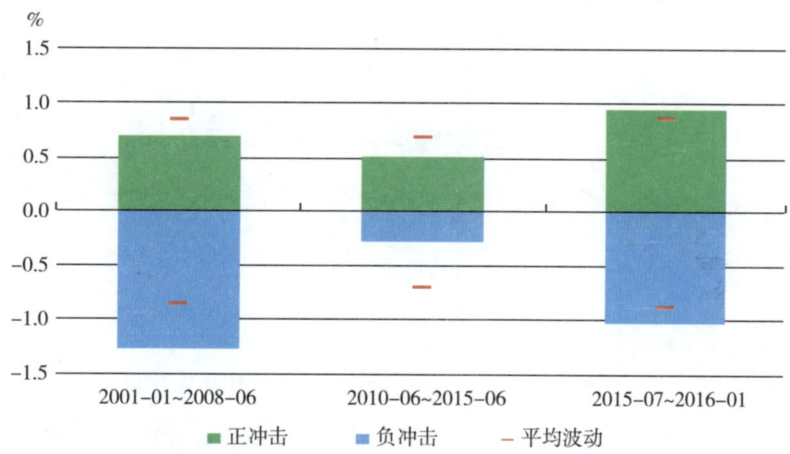

图1-29　与中国贸易联系不紧密国家（或地区）股市对中国股市收益率波动的反应

放眼全球，不仅仅是亚太地区受到了直接的影响，其他主要新兴市场也通过大宗商品渠道遭受了重创。全球大宗商品的价格平均已降为2014年底时的40%，虽然这其中有多少应归咎于中国还有待商榷（因为中国的再平衡过程中消费的增长在一定程度上弥补了投资需求不足带来的对大宗商品的需求不足），但是中国作为众多大宗商品的最大消费国，近年的需求不足在一定程度推动了价格下降。全球股市的表现也表明，大宗商品的出口国，如中东和南美地区在2015年下半年开始已分别下降了25%和30%。

第二节　中国金融稳定图

鉴于中国所面临金融风险的多样性和可能的风险互动效应，我们构建了中国金融稳定图（China Financial Stability Map，CFSM），尝试从整个金融体系的视角，识别金融风险，并分析这些风险传染和互动的源头（方法详见2015年报告《新常态下的非常态金融风险》）。

我们把宏观经济和金融体系的四个风险与两个条件分为不同的时点，在结合全球背景和考虑到数据约束的同时，抓住中国的关键风险和经济金融环境，引入涵盖当前发展的前瞻性指标。为此，我们选择了相关数据、变量、子指标和要素来构建“综合指标”，并根据综合指标的结果，描绘了2014年和2015年中国金融稳定图。

在过去的一年中，中国的主要金融风险仍然在上升。图1–30表明，在2014年第四季度到2015年第四季度期间，中国的宏观经济风险、外部传染风险、信贷风险、风险偏好以及货币金融风险进一步上升，市场和流动性风险下降。

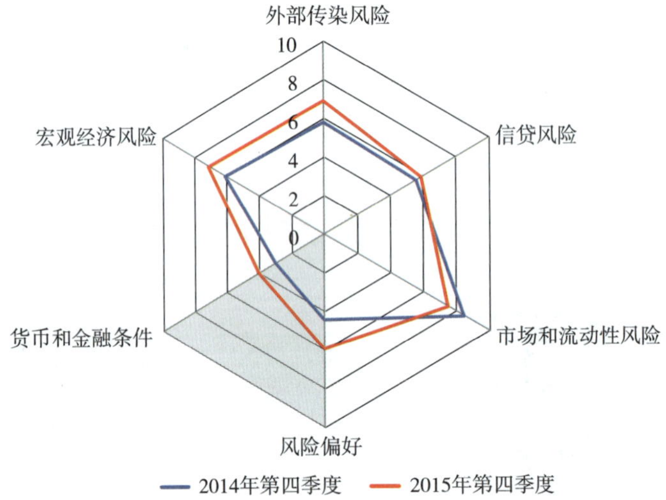

注：离中心越远，则风险越大，货币金融条件越宽松，风险偏好越大。

图1–30　中国金融稳定图：2014年到2015年的变化

中国金融稳定图从一个侧面勾勒出了中国经济金融面临的主要风险：宏观经济风险、外部传染风险、货币和金融及信贷风险增加，风险偏好上升。

那么是什么因素导致了2014年至2015年的变化呢？图1–31显示了2010年到2015年各项综合指标的变化趋势。针对宏观经济风险、外部传染风险、货币金融风险、信贷以及风险偏好这五个风险上升的综合指标，我们下面细化列举每个综合指标背后的具体风险点变化。

图1–31　中国金融稳定图：2010年到2015年各项综合指标的变化

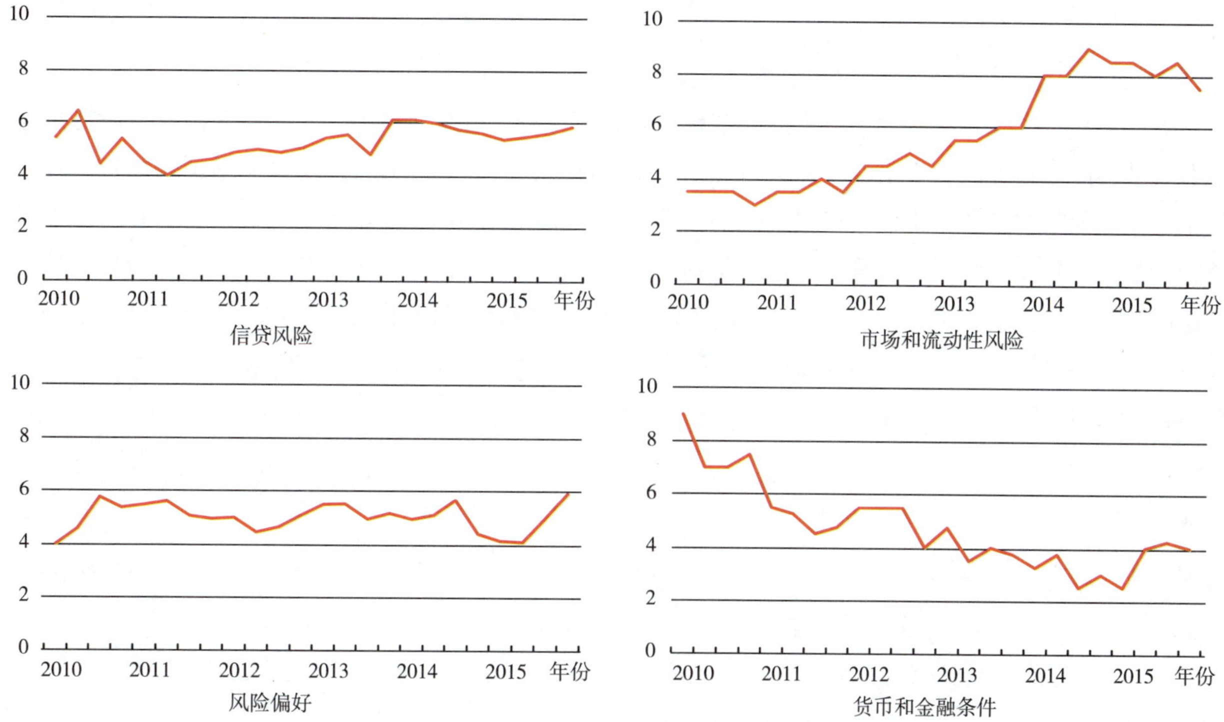

图1–31　中国金融稳定图：2010年到2015年各项综合指标的变化（续）

一、宏观经济风险

图1–32显示了2010年到2015年部分宏观经济风险子指标（变量）的变化。工业产出低速增长、固定资产投资增速放缓、进出口增速下降，均增加了我国经济下行风险。

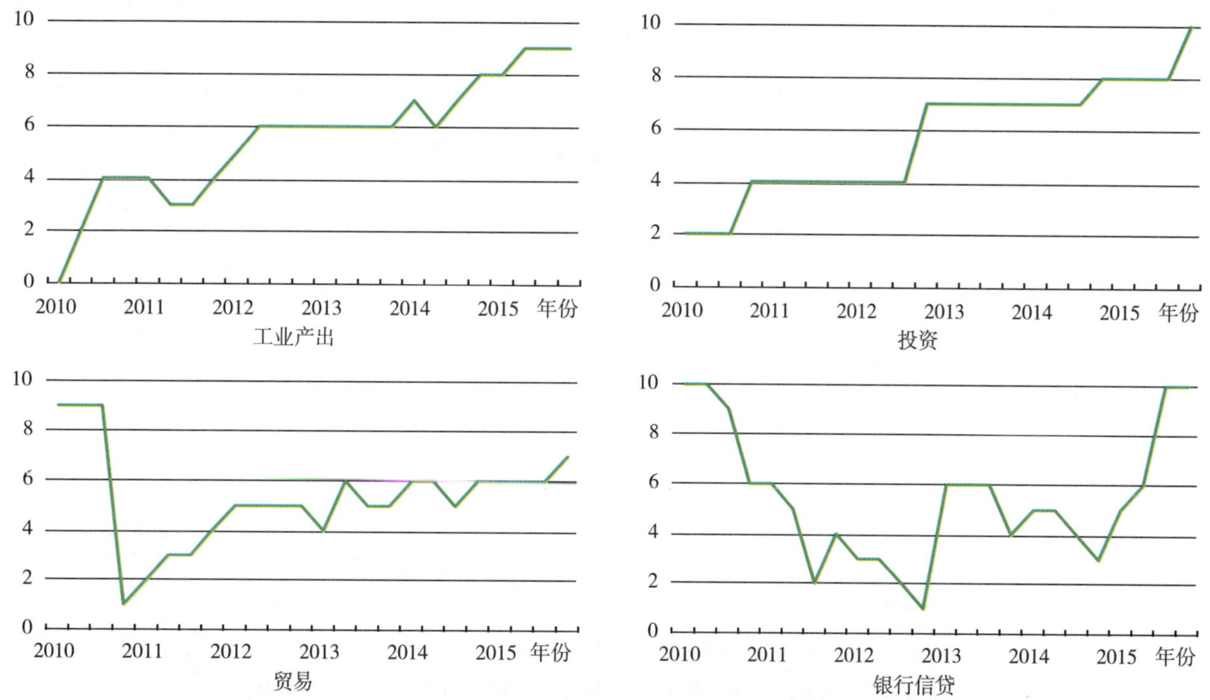

注：纵轴数值是当期与前期相比的排名值，该数值越大，风险越高。以下各图同。

图1–32　中国金融稳定图：2010年到2015年部分宏观经济风险子指标（变量）的变化

二、外部传染风险

图1-33显示了2010年到2015年部分外部传染风险子指标（变量）的变化。金融部门对外敞口加大，资本大量外流导致外汇储备下降，外汇储备充足率下降。此外，全球经济的深度调整、全球货币政策的分化，以及国际大宗商品价格的持续动荡，造成了国际金融市场波动性增大。具体来讲，在发达国家，经济复苏的差异化导致货币政策的分化，美元在首次加息，而欧洲中央银行和日本中央银行仍有扩大量化宽松政策的可能性，由此带来国际资本的流动和外汇市场的乱局还将继续困扰全球经济金融市场。而在新兴市场国家和地区，经济增速下滑、国际大宗商品价格下跌以及国际资本外流引发了政治与经济上的不确定性和金融市场的动荡。

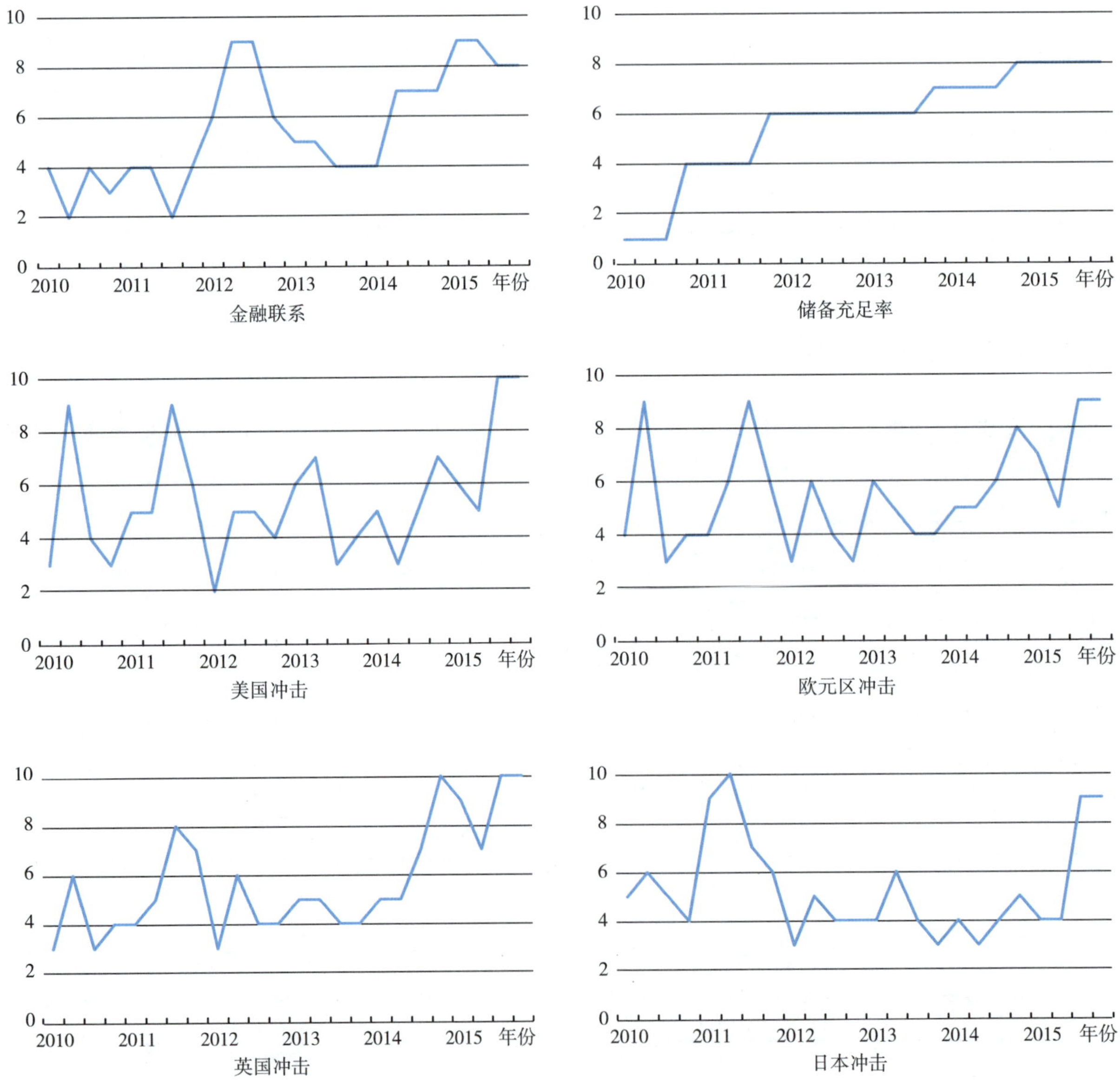

注：冲击是指Libor与OIS之间的息差，主要反映全球银行间的融资压力。息差越高通常意味着银行间拆借意愿越低。

图1-33 中国金融稳定图：2010年到2015年部分外部传染风险子指标（变量）的变化

三、货币和金融条件

图1–34显示了2010年到2015年部分货币和金融条件子指标（变量）的变化。总体来讲，2015年货币和金融条件较之前的几年有所改善，但是较2014年还是略有恶化。

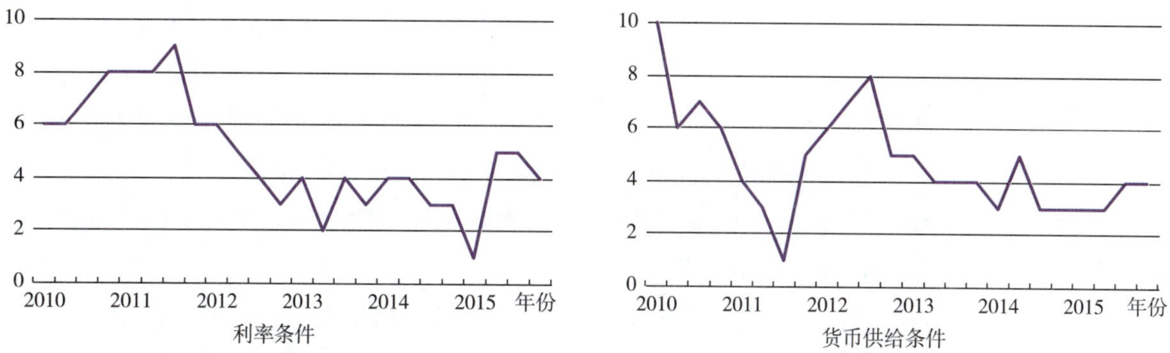

图1–34 中国金融稳定图：2010年到2015年部分货币和金融条件子指标（变量）的变化

四、风险偏好

图1–35显示了2010年到2015年部分风险偏好子指标（变量）的变化。资本外流、股市和汇率空前震荡直接导致了风险溢价在2015年显著增加。

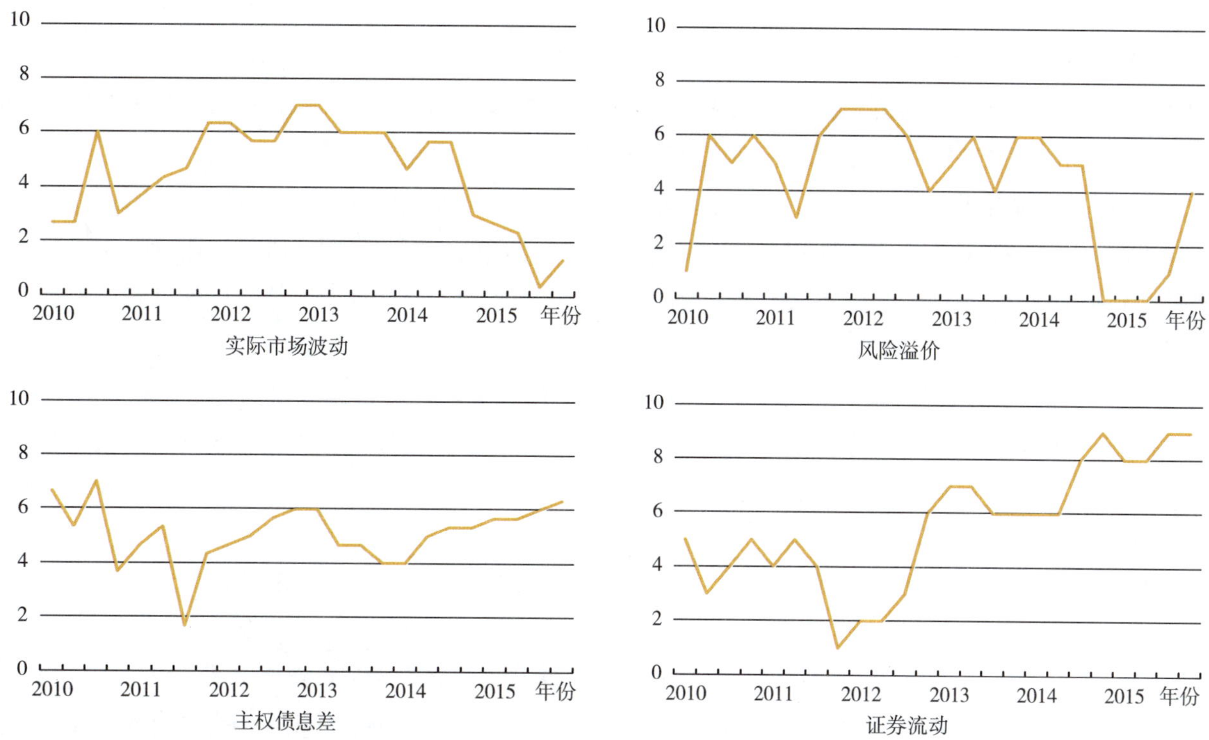

图1–35 中国金融稳定图：2010年到2015年部分风险偏好子指标（变量）的变化

第三节 政策思考

探究影响中国金融稳定的根本原因是维护中国金融稳定的基本前提。2015年中国金融稳定风险事件不是偶然的，而是有着根本原因的。这个原因就是中国经济结构调整仍未完成，经济失衡问题继续存在。长达30多年的经济增长和近10多年的低利率环境，导致居民、企业和（地方）政府风险偏好上升，导致资产价格和抵押品价值上升。国际金融危机期间，为避免因外需下降导致国内经济增长率大幅下滑，中国政府采取的以信贷扩张来刺激投资的政策，导致信贷激增、房地产繁荣和影子银行大发展。尽管经济增长率暂时保住了，但这些政策也导致房地产大量滞积、原材料和中间产品囤积、投资配置效率低下、全要素生产率下降、国家综合负债率上升和经济金融体系脆弱性上升。防止经济硬着陆和债务违约演化为系统性风险，必须提上政策应对日程。

中国需要找到一个平衡点：一方面不能去杠杆太快，否则可能诱发经济无序调整，出现经济增长率下降、银行资产负债表恶化、投资下降和失业率上升之间的恶性循环，形成系统性风险。另一方面，也不能拖延调整，否则会增大以后最终剧烈调整的风险。

维护中国的金融稳定不能为了稳定而稳定。短期的救急政策可能有一时之用，但难呈长期之效。只有推动实质的改革，尽可能消灭滋生风险的源头，尤其是滋生系统性风险的源头，才能从根本上确保中国不会出现系统性风险，维护中国经济金融的长治久安。

一、中国金融风险成因的基本判断

中国金融风险的源头不在于股市和汇市的波动，也不在于经济下行和通缩压力，而在于日益全球化背景下的中国经济金融结构失衡，是不可持续的原有经济增长模式下继续积累的债务及其偿付危机问题。股票市场、房地产市场、汇率市场波动及经济下行只是经济金融失衡的外在反映。2015年的市场波动在一定程度上动摇了国际社会对中国政府管理经济和与市场沟通能力的信心。然而，我们固然要看到提升政府的沟通水平和透明度，也要看到股市和汇市上的市场波动绝非特定监管机构造成的。如果不果断地以牺牲短期增长来稳定整个国家的宏观资产负债表，停止债务扩张周期，那么这种机制可能会不断地把问题往后拖延，增大将来爆发危机的可能性。

综上，要防止中国经济出现产能过剩、通货收缩和债务通缩的恶性循环，当务之急是推动实质改革。而且，我们要尽可能避免像许多其他国家一样，到非改不改的时候才推动实质改革。从国际经验教训看，只有在危机逼近甚至已经爆发时，解决痼疾的改革才提上日程。国际货币基金组织（IMF）的研究表明，1975年以来，世界上主要的结构性改革多出现于危机期间，这是因为：一是危机使现实与理想目标之间的差别越大，改革的动力越强烈。二是来自国际的竞争压力越大，开放程度越高，国内改革动力越大。三是宏观经济环境越困难，尤其是全面的经济和金融危机或者持续、缓慢和负的经济增长，改革越容易推进。例如，新西兰和英国在20世纪80年代的改革都是在经济增长长期低迷的情况下推出的。然而，危机来临时的改革也意味着风险：尽管有部分改革成功，但一些改革可能因为过于迟滞，而最终体现为更剧烈的危机调整，造成极大的经济和社会动荡。中国必须避免这种由改革迟滞带来的风险。

二、应对金融风险的基本思路

金融稳定是个短期和长期的动态过程。维护金融稳定需要一个有的放矢的框架。

（一）金融稳定是短期和长期的动态过程

维护金融稳定是所有国家政府都追求的目标。稳定是个辩证的动态过程。短期稳定不一定意味着长期稳定，但如果没有短期稳定，则长期稳定也就失去了意义，而如果为了维护短期稳定而采取饮鸩止渴的政策，则长期稳定也就失去了基础。因此，寻求短期和长期稳定的动态平衡是维护金融稳定的要义。

从短期来看，中国金融稳定面临的挑战主要来源于偿债压力和资本外流压力。从中长期来看，中国经济面临的风险主要源于政府作用过大所导致的道德风险和主权或有（显性或隐性）负债的上升及其导致的经济增长不可持续和金融危机。这种政府干预及其造成的显性和隐性担保，长期存在于中国经济运行之中，并在2008年次贷危机后政府所采取的信贷扩张和2015年股市涨跌中得到集中体现。

在2008年次贷危机爆发后，中国政府采取的4万亿元刺激和相伴的信贷扩张，尽管带来了中国经济的“率先复苏”，但也耗费了大量真金白银和政策资源，没有及时有效地把握结构调整的良机，导致金融风险和道德风险等后遗症，并被动地承担了本应由危机国家（如美国）承担的成本。

中国面临的另一个政策风险是改革迟滞。在和平时期，尽管大家都意识到一些实质问题需要解决，但较好的经济状况往往使得改革动力不足，规避风险的心态比较普遍，实质改革往往被耽搁。而经济规律的周期性决定了长时间的平静往往孕育着脆弱性：人们往往低估危险，高估机会。经济学家明斯基也警告：“大繁荣”包括着自我毁灭的种子，良好的外部环境和相应的风险规避往往伴随着脆弱性的滋生。

此外，改革预期不兑现也会带来风险。针对中国出现的问题，人们是抱有巨大的改革预期的，并会直接影响甚至反映为经济金融市场的波动。例如，党的十八届三中全会推出了一系列的改革目标和措施，并在一定程度上促进了股市飙升。再如，适时适当降低社会保险费率的养老金政策的改革和渐进式延迟退休年龄政策，均从改革前景和方向上刺激投资者投资于风险资产以获得较高的投资回报率。此外，全会提出的其他改革措施，如财政、金融和国有企业改革都为经济持续增长创造了良好预期。相反，如果这些改革预期不能兑现，实质改革措施不能真正贯彻实施下去，则必然带来金融市场的波动。近一年来股市和汇市的波动也部分地反映了投资者对改革预期不兑现的担心。

（二）进攻是最好的防守：只有推进改革才有真稳定

中国经济将面临两种艰难的选择：一种是当前加快改革和去产能并容忍增长的适度回落；另一种是延缓经济改革深化，将结构性问题延后，则中期内面临相当大的债务压力和经济深度调整的可能性。欲取得长治久安的稳定，必须正视经济转型的挑战，勇于自我改革和创新，实现无危机转型。

1. 坚持主动改革

中国必须避免陷入危机—改革—危机的轮回。由于政府是由人组成的，而人是有切身利益的，这些人又有极大的动力把其积累的政治资源货币化。在作用强大的政府体系中，这种政治资源向经济资源的转换更容易实现，从而使得市场的力量被压缩，市场化改革难以深化。由此，需要警惕以下轮回：危机压力推动改革（规避损失），而改革成绩培育了改革阻力（规避风险），经济社会体系内的风险增加，需要形成新的改革共识和动力及实施改革（以规避损失），而此时却不得不面临前面改革阻力造成的改革滞后所伴生的风险。

中国发展面临的最大风险是未能实现发展方式的转型，特别是未能真正让市场在资源配置中发挥决定性作用。政府过强导致政府背上了各种显性和隐性负债，加剧了各类经济主体的道德风险。如果不能真正发挥市场的决定性作用，中国未来发生经济金融危机是大概率事件。要想从根本上化解主权风险和避免危机，关键在于推进实质性市场化改革。必须提高潜在生产率，以改变市场的负面预期。要打破利益集团和行业垄断，尤其是改革控制着100多万亿元人民币资产、拥有3 500万名员工的15万家国有企业。要允许民营经济参与国有垄断的教育、医疗、养老、金融等行业，必须给私人部门以股权空间和足够的投资回报。否则，私人部门不会愿意投资国有部门。当前实体经济不断下行的走势，说明我们需要尽快下决心真正推进实质改革。

目前，中国所有改革的核心当是如何重塑政府的作用。该问题解决好了，就有利于其他诸多问题的解决，如发挥市场的决定性作用，优化配置资源，打破刚性兑付，避免由国家承担最终风险。避免系统性危机的办法是重塑政府行为，进一步推进混合所有制和国有企业改革，放手发展和支持中小企业，建立和尊重游戏规则。此外，经济改革离不开政治体制改革，单打一的经济改革不可能解决我们经济面临的挑战。只有克服困难，尤其是规范政府的作用，才可能走出新天地。

2. 接受经济增长率下降的事实，避免饮鸩止渴

政府需要明确短痛和长痛的关系，现在要接受GDP增长率下降和违约上升的事实。我们必须勇敢地承认和面对问题，而不是掩盖和拖延问题的解决。2000年中国推动银行业改革，几家大型商业银行注资上市，实际上是在危机爆发出来之前解决潜在问题——不良贷款率已经很高这一事实。而1929年大危机、2007年次贷危机和英国北岩银行挤兑等事件中，在一开始出现危机苗头的时候，美国和英国都是想淡化处理或隐瞒真实情况从而试图稳定市场，但是结果适得其反，最后延误了处置时机，不得不付出更大代价。

3. 重视非常规货币政策（UMP）可能诱发的风险

美国、欧洲、英国和日本的UMP会尽可能延长，而一旦真正退出，退出速度会很快，且退出后，缺乏有力的接盘力量。UMP在过去七年里对新兴市场国家已经产生影响，其退出也必然产生影响。发达国家货币政策回归常规之时，便是新兴市场国家金融风险暴露之时。新兴市场国家所受的影响程度，取决于自身的脆弱性有多大；出现危机与否，取决于其在非常规货币政策实施期间的政策和在金融风险暴露时所掌握的资源。

如果出现系统性风险，需要我们果断采取措施。由于危机对经济有着巨大的负面影响，必须采取防止危机蔓延的措施。就像医生的作用是保证病人活着一样，政策制定者的作用是防止金融体系崩溃，维持需求。同样，也正如担心病人生活方式的时候不是在心脏病爆发的时候，对经济金融体系日程运转方式的担心在此时不是最重要的。像医生需要让病人活着一样，政策制定者需要让整个国家保持运转。

如同心脏病一样，金融危机有着长期的负面影响，体现为金融部门本身的损失和对未来信心的丧失。还有一个挑战是处理危机前积累的债务。如果处理不当就会出现资产负债表衰退——负债人只关注还债而导致信贷和经济紧缩。危机后的政策必须努力抵消这种由私人部门去杠杆化导致的负面影响。因此，采取扩张性的财政和货币政策是必要的。

三、有序去杠杆

有序去杠杆将是中国实现金融稳定的根本环节。我们需要借鉴国际经验，主要通过通货膨胀、经济增长和资产价值重估来去杠杆。

理论上说，去杠杆有六个途径：提高实际经济增长率、提高通货膨胀率（至少避免通货紧缩）、减少债务发行、加大债务核销、促进资产积累和资产价值重估。国际金融危机后的7年中，美国、英国、德国和日本的企业和居民都试图通过上述六个方式去杠杆。例如，美国居民净金融债务（总债务减去金融资产）占GDP的比重从2007年的-84.5%下降到2014年的-118.2%（负数表示居民有净金融资产，7年间杠杆率下降33.7%）。但是，企业的净金融债务却只从2007年的58.7%下降到2014年的56.9%。

是什么因素导致企业和居民去杠杆效果呈现明显差别呢？表1-1表明，在美国企业去杠杆过程中，经济增长和通胀率作出了主要贡献（分别下降4.9和7.2个百分点），而包括股市上涨实现的资产价值重估贡献微乎其微（仅下降0.1个百分点）。在英国，资产价值重估不但没有帮助企业去杠杆，反而引发加杠杆（上升了10.9个百分点）。相反，在德国和日本，资产价值重估在企业去杠杆中发挥了巨大作用（分别下降12.1和8.2个百分点），经济增长的作用相对较小（分别导致杠杆率下降2.2和0.6个百分点）。这说明，在帮助企业去杠杆的效果方面，德国和日本的以银行（间接融资）为主的金融体系强于美国和英国以市场（直接融资）为主的金融体系。

再看居民去杠杆。过去7年中，美国和英国居民去杠杆主要来源于资产价格上升导致的净资产重估（分别下降28个和20.5个百分点）：低利率导致居民不断配置金融资产到股市，资产价值的增加变相抵消债务。另外，通货膨胀率和实际经济增长率对去杠杆也有很大贡献。英国的情况与美国相似。相反，德国和日本的居民去杠杆主要贡献来自于经济增长和通货膨胀。这说明，在帮助居民去杠杆效果方面，美国和英国以市场（直接融资）为主的金融体系强于德国和日本以银行（间接融资）为主的金融体系。

美国、英国、德国和日本的去杠杆经验还表明，六种去杠杆方式的效果既取决于借债主体是居民还是企业，又取决于一国的金融体系是以银行为主还是以资本市场为主。在以资本市场为基础的美国和英国金融体系中，由于居民金融资产配置中证券资产占比较大，股市上涨有助于居民去杠杆；而在德国和日本的以银行为基础的金融体系中，居民金融资产在配置中证券资产占比较小，股市上涨无助于居民去杠杆，反而是居民资产重配到股市时推动了企业的去杠杆。由此，在讨论一国股市在去杠杆中的作用时，必须参考举债主体主要是谁。

从中国来看，中国企业和金融机构债务占GDP的比重在2014年分别达到125%和65%，二者债务合计占GDP比重达190%，而政府和居民分别仅为55%和38%。这与美国的债务主体不同：美国企业和金融机构债务占GDP的比重在2014年分别为67%和36%，二者合计占比仅为103%，而政府和居民债务占GDP比重分别为89%和77%。这说明，中国的债务主要由企业举借，美国的债务主要由政府和居民举借。结合德国和日本的经验来看，中国以企业债务为主的债务结构特点和以银行为基础的金融体系，有可能帮助中国通过股市所推动的资产价值重估来实现最大借债主体——企业——去杠杆。从这个意义上说，采取切实有效的政策来维持股市稳定发展将对解决中国去杠杆问题具有极其重要的意义。

当前，中国经济转型过程中面临的主要挑战是在去杠杆（降低债务占GDP的比重）的同时，实现经济的有序调整（短期内经济增长率平缓下降和中期结构调整）。一方面，高债务率客观上需要去杠杆；另一方面，为防止资产负债表衰退，需要缓慢地去杠杆。

国际经验还表明，通货膨胀和经济增长是去杠杆的基本保证。中国高债务问题最终还是要依靠通货膨胀和经济增长来实现。前者需要通过低利率、扩张货币、中央银行资产结构变化（从外汇储备转向收购金融机构资产）等来实现，后者需要推动实质改革来实现。

四、进一步完善宏观经济政策

需要继续完善宏观经济政策。即使拥有3.3万亿美元的外汇储备，中国也不可能任由外汇储备不断下降，政府也没有办法继续增加融资。提高利率会增大国内投资的吸引力，但不太可能放缓资本流出，而且可能加剧本已出现的经济下行。让人民币贬值可能导致市场巨大波动并冲击世界经济。唯一的选择是资本管制。目前监管当局已经开始加大海外汇款的难度。尽管这不是长期的解决办法，但它可以帮助中国应对困难时刻。更为重要的是，在推动结构改革的同时，需要采取宏观经济政策来稳定增长和信心。

一是提升财政政策在稳增长和清理资产负债表方面的作用。在去杠杆过程中不可避免出现的经济增长下行需要财政政策及时支持，避免经济下行过快产生连锁反应。此外，及时清理地方政府、银行和企业的资产负债表，对于避免中国经济陷入类似日本的资产负债表衰退至关重要。如果继续给没有清偿力的企业输血，延期还贷，这种推迟调整将增大最终调整成本。鉴于至少部分现有债务反映了地方政府在国际金融危机期间刺激经济的后遗症，地方和中央财政有责任来埋单，并以此形成奖惩机制。而且，尽管地方融资平台举借了不少债务，但从国家层面看，中国还有财政空间来帮助清理地方政府、银行和企业的资产负债表。

二是不要期望中央银行包办一切。当前，中央银行的主要职责应是降低债务利息成本和适度推高通胀，避免因通胀率下降而引致的实际利率上升和去杠杆难度上升。而且，不能单靠中央银行来解决许多问题。例如中央银行无力独自防通缩：因为PPI的下降是多年产能过剩的结果，需要结构调整来解决；CPI的下降主要是国际大宗商品价格下降的结果。此外，中国的中央银行似乎也不能效仿美联储来实施QE，以便既稳定短期增长，又帮助化解地方政府融资平台风险和解决企业及银行的资产负债表问题。这是因为中国不具备美国所具有的一个得天独厚的优越条件——人民币还不是国际储备货币。在绝大多数人民币仍然在中国内部使用的情况下，中央银行承载过多的任务将最终引起国内通胀和本币贬值，最终危及金融稳定。

三是要防控内资外流带来的风险。中国固然面临全球流动性紧缩引致的外资撤走风险，但是，中国最大的资金外流风险还在于内资出于各种原因离开中国。中国目前之所以能够如此自如地调动资金配置，发展股市，为地方政府融资平台展期贷款，一个重要原因是中国有巨额储蓄，尤其是稳定的居民储蓄。保证这些储蓄对中国有信心并留在中国至关重要。因此，当前资本项目开放的重点，不在于鼓励居民对外投资，而在于吸引非居民投资国内金融市场。这样，中国不但能留住和用好国内储蓄，而且能吸引国际储蓄资金，吸引长期投资者进入，增强中国资本市场吸纳和吞吐大规模资金的能力，增强经济金融体系抵御国际危机冲击的能力，为人民币国际化提供最有力的支撑。

从人民币汇率看，近一年来的中国外汇储备有一定程度的下降，2015年8月中旬以来人民币汇率有较大波动。解决这些问题的一个自然政策选择是资本外流，人民币贬值和经常项目的大规模盈余重现。这些办法将危及世界经济的稳定，欧元区和日本都已经采取了这些政策。因此，中国政府不得不通过出售外汇储备避免人民币贬值，导致自2014年年底以来，外汇储备下降了5 100亿美元。如果这个趋势延续的话，当局将不得不实施资本管制，而这有悖于改革的方向；而如果任由人民币汇率贬值，则会影响到世界的稳定。

不少国际投资者担心这些调整预示着不断上升的中国经济金融风险。尽管这些议论可能高估了汇率和外汇储备下降的风险，但也反映了中期内国内外投资者对中国经济增长放缓和改革迟滞的担心。短期的人民币汇率贬值和外汇储备下降虽不足虑，中长期的改革停滞及其引致的不良预期却令人担忧。中国政府不但应该根据宏观经济基本面更加大胆灵活地调节和管理外汇储备及汇率，而且应该继续推动实质改革，只有这样才能从根本上打消投资者的顾虑，避免不必要的波动，降低金融风险。

总之，人民币汇率的波动性越来越大是全球大势。通过增减外汇储备调整汇率水平是各国通用的管理方式，短期内对其大惊小怪既不必要也不合理。中国应该根据宏观经济基本面，更加大胆灵活地调节和管理外汇储备及汇率，以应对国内外经济金融变化。当然，解决市场担心之源将日益重要：去杠杆以降低债务风险和推进国企改革以避免新增债务风险将是根本举措。换言之，中国面临的对外风险既不源于短期汇率波动和外汇储备下降，也不来自美联储加息，其根本上取决于投资者和国内居民是否对国内经济金融发展前景有信心、是否愿意把资金留在中国，而这些主要取决于我们是否有决心有能力推进实质改革。

人民币贬值并不可怕，给定中国尚好的外汇市场基本面，人民币不具备大幅贬值的空间，要克服贬值恐惧，可以考虑引入人民币对一篮子汇率的宽幅区间波动的新机制，并在特殊情况下酌情实施宏观审慎监管政策性质的短期资本管制配合措施。在外汇市场干预过程中，需要保持金融政策的一贯性的可信度，避免政策变动的随意性，导致国际市场对人民币政策形成不透明和不可信的预期，并可能导致国际化进展的倒退和下一步继续推进国际化的障碍。需要系统总结股市救市整个过程中的经验教训，避免在外汇市场上出现干预市场—外汇储备消耗—不得不被动让汇率贬值等循环。

五、完善宏观审慎政策框架，监管系统性风险

系统性风险是指一家金融机构的倒闭可能给其他金融机构带来巨大损失，并给金融市场带来不稳定的情况。它因时空、经济环境和金融结构的不同而变化。它具备两个基本特征：一是极强的外部性，风险迅速扩张到整个金融体系，金融服务几乎中断；二是严重冲击实体经济，具体表现为金融机构倒闭，金融市场大幅波动，非金融企业融资困难，经济增长率下降，危机和衰退在国际间蔓延。

本次国际金融危机说明：第一，任何国家，无论大小强弱，在系统性风险面前人人平等——大家都是弱者。第二，监管宽容只会纵容人性贪婪的一面，催生和助长系统性风险。第三，单个金融机构的稳定并不意味着金融体系的稳定，现行的以微观审慎监管为基础的金融监管体制难以应对系统性风险。

当前，中国的金融格局发生了很大变化。二十多年前，中国只有商业银行体系，没有复杂的资本市场和货币市场。服务于农业和工业的金融体系不需要独立高效的金融管理体系也可以。但二十多年后的今天，中国已经建立起一套复杂的金融体系：众多的大小银行，股票、债券、期货、期权和其他衍生品市场，共同基金、对冲基金、信托和保险公司等都取得飞速发展。更为重要的是，各类金融业务相互交织，极大地加剧了各类业务的相互影响和相互传染的可能。面对如此复杂的金融格局和跨业经营局面，中国金融监管仍然缺乏强有力的信息共享和事前监管协调、事中跟踪和事后的快速处置机制。需要考虑这些格局的变化，给予监管机构以更多的独立性和协调空间。

2008年国际金融危机客观上使中国的国际经济金融地位相对上升，中国经济金融体系抵御外来冲击的能力得以展现。为应对与经济金融体系规模扩大和国内外金融关联度增大相伴而生的系统性风险，使风险控制前置，要在事前尽可能规避风险，防患于未然，增强抗危机能力，中国急需研究和完善系统性风险监管体系，建立货币政策、微观审慎监管和宏观审慎监管协调一致的宏观审慎政策框架。

总之，中国已经密切融入全球经济贸易和金融体系，这是不可逆转的时代趋势。然而，我们需要关注在此背景下形成的千丝万缕的联系，避免经济下行、股价震荡、房地产价格波动、汇率波动、资本流动和国内外金融风险互溢带来的系统性风险，避免UMP退出诱发未知的、非线性的系统性风险。因此，从防控系统性风险的视角思考目前的挑战，有助于我们明确政策取向，有的放矢，在化解风险的基础上支持经济持续增长，及时集中国内的各种资源和政策红利，推动关键改革，确保中国经济巨轮安然驶过险滩，努力实现无危机的转型。

因次贷危机爆发而受到批评的格林斯潘，在反思自己执掌美联储期间的经验教训后，写了一本题为《动荡的世界——风险、人性与未来的前景》的书。我们权且引用其中一句话作为本章结尾，以期说明通过深化实质改革促进中国经济健康发展的紧迫感："我对本书最深切的期盼莫过于，我的思考所带来的某些创见能推动在当下或短期内采取必要的行动，这些行动尽管困难且不可避免地造成短期痛苦，却符合我们共同的长期利益。否则，为了可能面临无数更大的痛苦和灾难，我们已没有时间可以浪费。"

参考文献

[1] 孙涛：《亲历全球金融危机》，北京，电子工业出版社，2013。

[2] 廖岷、孙涛、丛阳：《宏观审慎监管理论与实践》，北京，中国经济出版社，2015。

[3] 孙涛：《从美元隐痛看人民币国际化政策的着力点》，载《中国改革》，2015（1）。

[4] 孙涛、朴实：《股市缘何狂飙》，载《中国改革》，2015（6）。

[5] 孙涛、朴实：《无近忧有远虑——评中国外汇储备下降和汇率贬值》，载《中国改革》，2015（11）。

[6] 余永定：《外储减少是否造成国民财富损失》，载《金融时报》中文网，2016年2月。

[7] 格林斯潘：《动荡的世界——风险、人性与未来的前景》，中信出版社，2014。

[8] Ricardo Cervantes，Phakawa Jeasakul，Joseph Maloney，and Li Lian Ong，2014，Ms. Muffet，the Spider（gram）and the Web of Macro-Financial Linkages，IMF WP No. 14/99.

[9] Tao Sun，The Impact of Global Liquidity on Financial Landscapes and Risks in the ASEAN-5 Countries，IMF WP No.15/211.

[10] Min Liao，Tao Sun，and Jinfan Zhang，China's Financial Interlinkages and Implications for Policy Coordination，IMF WP, forthcoming.

[11] Nasha Ananchotikul, Shi Piao, and Edda Zoli, Drivers of Financial Integration-Implications for Asia, IMF WP No.15/160.

[12] Gee Hee Hong, Jaewoo Lee, Carol Liao, Shi Piao, Arslanalp Serkan, Dulani Seneviratne, Rising Tide: Spillovers from China, 2016 IMF Asia and Pacific Regional Economic Outlook, forthcoming.

第二章　债务风险：一个分析框架

■刘煜辉[1]

第一节　中国债务问题现状

一、债务水平描述

现代经济金融危机往往伴随着债务危机的发生，而我国当前的债务率尤其是非金融实体企业和地方政府部门的杠杆率高企问题已经受到广泛重视。为此，描述中国债务现状、分析其成因和进程、揭示背后潜藏的风险并给出相关的对策，具有十分重要的意义。本章旨在搭建一个债务风险的分析框架，揭开层层面纱，探索上述问题。

一国的居民、政府与企业（乃至更细化的部门）之间存在着相互联系、相互制约的关系，这使得部门之间的债务规模和杠杆水平也呈现出某种关联性。例如，企业的去杠杆过程可能伴随着政府的加杠杆，地方政府的负债率下降可能与中央政府的负债率上升并行，而商业银行的缩表也可能伴随着货币当局的扩表。因此，我们有必要首先对中国全社会的总体杠杆率及其大致结构有一个概括性的认知。

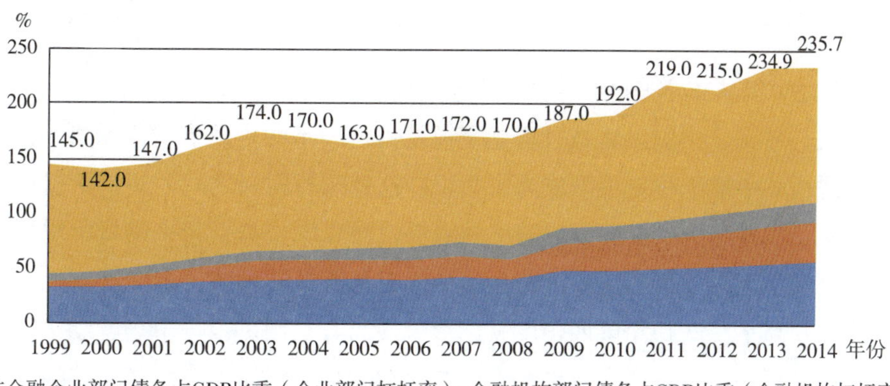

资料来源：李扬等，《中国国家资产负债表2015》，中国社会科学出版社，2015。

图2-1　中国全社会债务水平变动

---

① 刘煜辉：中国社会科学院金融研究所研究员。

根据中国社会科学院的研究，中国全社会杠杆率可以从居民部门、非金融企业部门、政府部门、金融机构部门四个方面进行测算，其比率是各部门负债对GDP比值的加总。通过图2-1我们可以看到，截至2014年年末，中国经济政府债务规模为150.36万亿元，全社会杠杆率达235.7%，较1999年年末的145%上升了90.7个百分点，较2008年年末（2008年末中央政府面对金融危机推出4万亿元刺激计划）的170%上升了65.7个百分点。

如果将这一数字放到国际中比较（如图2-2），则会发现，除了日本总债务占GDP比重达到400%的高位以外，中国的债务率与美国的233%、德国的188%、英国的252%较为接近，高于印度（120%）、巴西（128%）和俄罗斯（65%）等金砖国家。分部门来看，2014年年末，中国的居民部门债务占GDP的比重为36.4%，2008年后增长较快，翻了一倍有余。2014年的时点数字虽然比印度（9%）、巴西（25%）、俄罗斯（16%）这几个金砖国家略高，但仍然远低于美国（77%）、德国（54%）和日本（65%），总体处于较低的水平，存在较大的扩张空间。2014年年末，中国的政府部门债务占比为57.8%，较2008年末增长16.8个百分点，与国际水平比较，日本为234%、美国为89%、德国为80%、英国为92%，其总量增长空间有限，但存在内部腾挪的可能。而中国实体部门（非金融企业）债务率在2014年年末达到了123.1%，高于美国（67%）、日本（101%）、德国（54%），处于绝对高位，是我国总体杠杆率的主要来源。

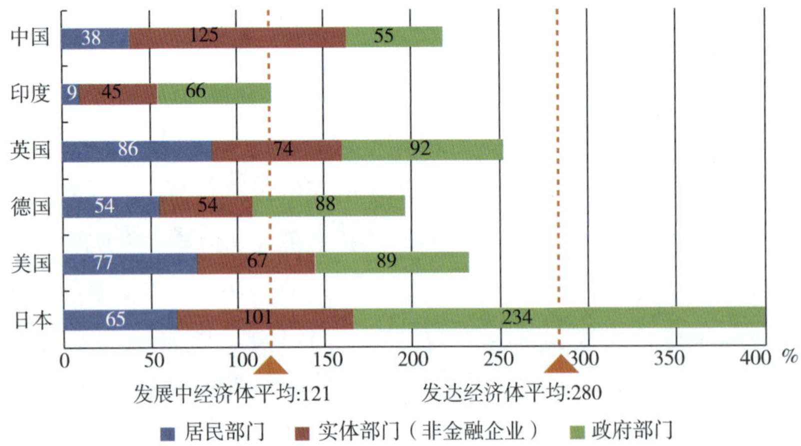

资料来源：Haver Analytics；McKinsey 和 Company。

图2-2　债务率的国际比较

中国的债务问题还可以从M_2增速、社会融资总量对GDP占比分别与名义GDP增速的比较中窥得一斑。从图2-3、图2-4中我们看到，中国以M_2或社会融资总量占比表示的货币信用增速高企，并在最近表现出了上升趋势；而经济增长中枢下移更早已成为了共识：这意味着两者之间的裂口正越来越大。经济增长速度不断下行，反映了实体经济中资产形成速度的减慢；而M_2增长高企带来的货币增量实际上有很多主要沉淀在存量债务周转、滚动、借新还旧、债务转换等财务流转的环节，未能真正投入到实体经济中。事实上，信用扩张的拐点早在2013年第四季度就已形成。当时我们讲“货币热、经济冷”，正是指货币增速很快，但在实体经济层面没有产生效果，直接对应的就是在实体经济没有足够的资产供给的形成，这一形成新的资产的比例，估计仅有30%左右，即有70%的钱在存量债务财务流转的各个环节中。这种情况的出现，无疑表明了我们累积的存量债务的总量越来越大，债务雪球越来越大，而且债务雪球滚动付出的成本非常高昂，反映出经济中的高杠杆问题。

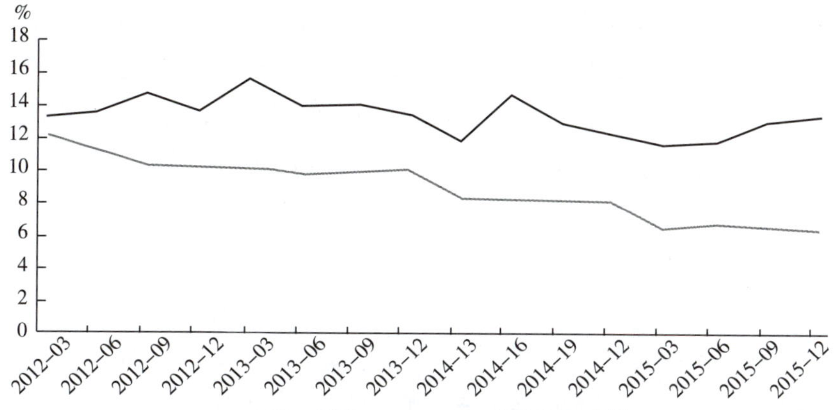

图2-3　中国M_2增速与GDP增速比较

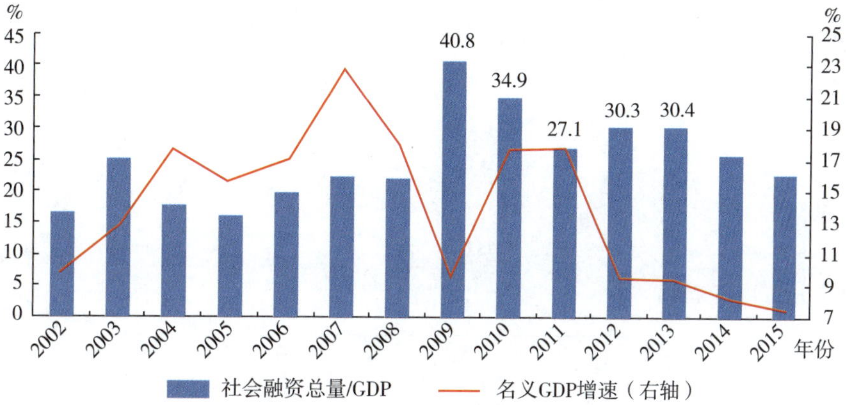

资料来源：Wind资讯。

图2-4　中国社会融资总量占比变动与GDP增速比较

如果没有上述信用扩张的拐点，实际上不可能有过去两年利率中枢下降、利率牛市（债券牛市）的形成。国债和国开债十年期利率从2013年第四季度的4.7%和5.8%一路下降（如图2-5），如果没有信用收缩的话，不可能出现整个利率中枢的大幅度下行。只不过2013年"钱荒"以后，前半段主要通过挤压影子银行的泡沫，到2014年下半年逐步转变为信用扩张的内生性收缩，即银行的风险偏好改变，金融机构惜贷情绪显著。

资料来源：Wind资讯。

图2-5"钱荒"之后利率中枢下行

虽然债务对GDP的比值究竟处于怎样的范围为佳目前尚无定论，但是由上述各个角度的数据分析均可发现，中国全社会债务水平确实处于较高的位置，而其风险主要集中于非金融实体企业，同时政府部门杠杆水平也存在隐患，我国非金融企业的这一发展趋势必须得到应有的重视。为此，我们将在下一小节着重讨论非金融部门（企业+政府）在金融危机后债务率飙升问题的形成过程。

二、债务形成过程

从2009年起中国经济的债务率进入上升通道，从2012年下半年开始至2015年年末的时间内，中国非金融部门债务率上升了50个百分点。如图2-6所示，社会融资总量的增速开始显著超过名义GDP的增速，并持续拉开这一缺口长达五年，特别是地方政府融资平台债务激增和影子银行的信用膨胀尤为突出。

资料来源：CEIC。

图2-6　社会融资总量的增速开始显著超过名义GDP的增速

在上述2009年开始的过程中，中国经济明显经历了两轮加杠杆，2009年到2010年是第一轮加杠杆，2012年后是第二轮加杠杆。而2010年到2011年中国的杠杆率基本上是平的，这得益于中央银行对地方政府信贷平台采取了一系列及时有效的抑制措施，所以2011年中国的债务率没有上升，在这一年得到了抑制。但是，2012年6月以后，由于重新把稳增长提到所有工作中最重要的位置，信用扩张重新开始，进入了新一轮杠杆快速上升的过程（如图2-7所示）。

注：2009~2010年是第一轮加杠杆，2012年后是第二轮加杠杆。

资料来源：CEIC。

图2-7 2009年以来中国信用扩张速度显著超过名义经济增速

2012年之后的债务上升更多呈现出被动加杠杆的特征。实体经济新增的收入不足以覆盖到期债务，越来越多的偿债依靠“借新还旧”，“钱多”和“钱贵”并存。图2-8是债务本息偿付占GDP增量的比例，显示债务本息偿付所需要的现金流已经相当于GDP增量的40%。图2-9则反映了债务利息支出占社会融资年增量的比例高达45%。

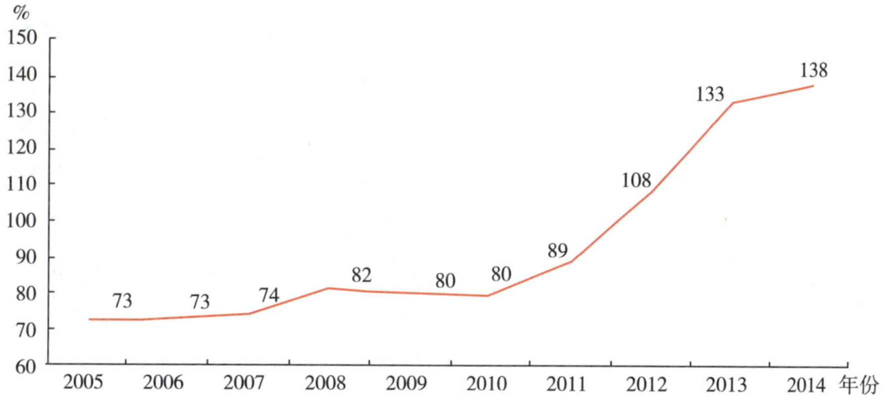

资料来源：中国社科院金融研究所。

图2-8　债务合约本息偿付占GDP增量的比例

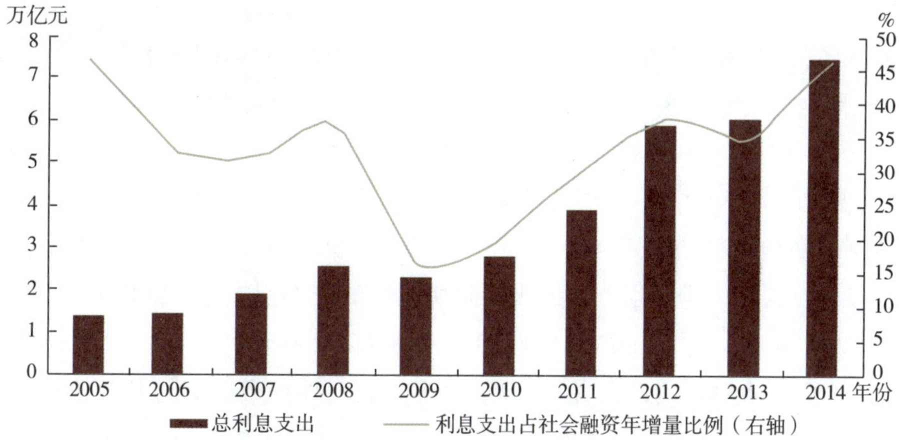

资料来源：敦和资管。

图2-9　债务利息支出占社会融资年增量的比例

第二节　债务扩张的原因

中国出现的上述债务扩张，究其本源是投资报酬率下降和软约束的机制，接下来我们将分析这两者如何结合起来导致经济的资源错配从而使得债务扩张的；针对地方政府性债务问题，我们还将提出更具针对性的原因，揭示其背后的制度推手。

一、投资报酬率下降

要了解投资报酬率的下降如何引致资源错配从而诱发债务扩张，首先要理解何为资产，以及债务合约是如何定价的。实体企业追逐的资产是能够在未来带来一系列现金流的厂房和设备，而它们与出资者签订的债务合约是一种对未来支付的承诺。债务合约在签订时，其价格（利率）的确定取决于双方对未来情形达成的一致估计，然而未来究竟发生什么是不确定的。这里的“不确定性”不同于能够使用概率描述的“风险”。风险是可测的，其状态空间内包含着已知的有限个状态；然而不确定性却不具备一个已知的状态空间，正如未来的可怕不在于某个我们已经预知到的小概率事件发生了，而在于一些完全出乎人们事前想象空间之外的状态的发生。作为配置资源的市场，资金市场不同于一般市场的一个特性就是它实现的即是这种跨期配置。

出于上述原因，未来的演进并不总在人们的概率预计之中，资产与债务的价值会随着未来变成现实的过程不断波动，这要求无论是实体企业还是金融机构都要对其经济行为进行积极的动态调整。对于拥有资产、负担债务的非金融实体来讲，为了提高资本回报率，使其能够覆盖债务合约中要求的还本付息义务，它们就有冲动继续借贷、提高杠杆率，以承担更多风险为代价换取更大的经济收益。相对的，以银行为代表的金融机构则要对风险不断地进行动态评估，调整其借贷行为和风险偏好。这两种相反的行为相互制约，使得市场能够动态有效地配置资源：那些暴露在风险敞口之下的企业或者项目，如果前景黯淡，被确信无法成功地获得预期的现金流，则它将违约或者无法获得债务展期，从而项目宣告失败或者企业面临破产，债务人承担相应的损失，而之前被其占用的经济资源被释放出来，投入到更为有效、有希望的地方中去，经济就在这种不断的试错与结果的往复中达到资源的优化配置。

然而这种动态调整过程并不总能顺利地发生，在经济换挡期，中枢长期持续向下，要素报酬结构转换，即实物资本边际报酬贡献快速向下，伴随着劳动力（人力知识资本）边际报酬贡献持续上升，从而实现结构转型。当前，中国正面临这样的资本回报率下降的经济转型过程。白重恩（2013）计算了调整价格之后的税后投资回报率，2012年中国已经降低到2.7%的新低水平。该数据从1993年的15.67%的高水平持续下降，在2000~2008年还曾稳定在8%~10%，但金融危机之后投资回报率水平大幅下降（如图2–10所示）。考虑了存货、利润中剔除生产税但未剔除所得税的资本回报率，2009年之前均值为10.64%，2009~2013年均值为7.44%，下滑了30%；到2013年更继续降低到5.8%。与之相对，前文的论述已经表明，中国的资金成本一直相对较高，表明资金需求非常旺盛。而在市场机制中，资金需求应是资本回报率的增函数，但中国的资本回报率却是明显衰退的，这就造成了资金成本与资本回报率的背离。

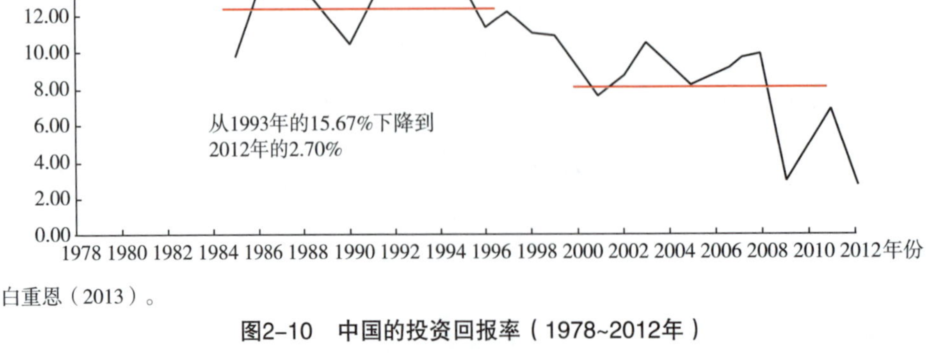

资料来源：白重恩（2013）。

图2–10　中国的投资回报率（1978~2012年）

另一个视角是过剩产能的堆积与债务比例爬升的协同行进。从图2-11中可以清晰地看到，两者正如一个硬币的两面一般，趋势高度吻合。过剩产能正意味着资本报酬率的下降，然而由于下面将要谈到的软约束等种种原因，那些占用了大量资源却难于获得足够回报率的企业和项目没有退出，而是继续保有过剩的产能。由于资产不能够提供债务合约要求的支付现金流，这些企业或项目只能依靠外源融资支撑产能的持续低效利用，这就使负债的占比愈发拉大，造成了债务杠杆率的高企。可以说，债务扩张的最终根源都可以归结到投资回报率不能支撑债务合约支付这一点上，而导致错配的经济及制度原因则包括不健全的约束机制、过度投资、地方政府GDP竞争、税收制度和土地招拍挂制度不完善等诸多方面。

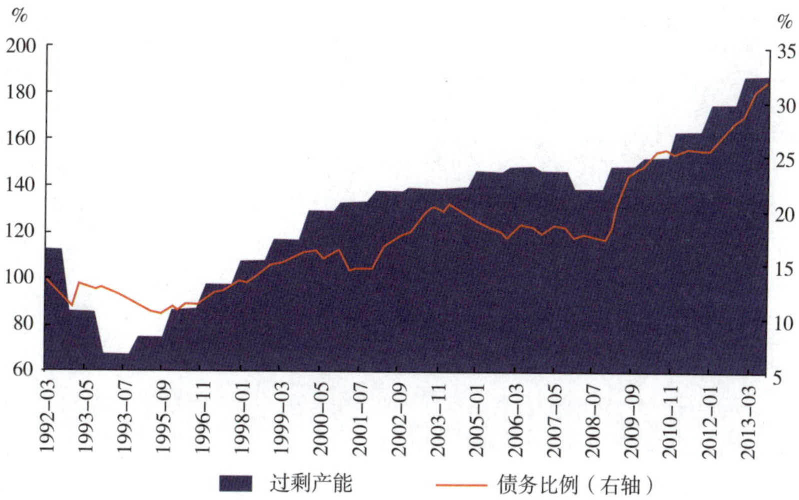

资料来源：刘海影（2014）。

图2-11　债务的堆积与过剩产能是一个硬币的两面

二、约束机制不健全

从更深层次讲，资源的错配其实是一种系统性金融风险，这很大程度上来源于体制和机制层面。中国系统性金融风险产生的症结在于缺乏对投资效果负责的机制和体制（在现代经济里叫债务的约束机制）。

现代经济的债务约束机制，无外乎体现在两个方面。一是制度保证。这对于企业来说即投资审批委员会的审批流程；对于政府来说则是所谓现代国家的预算制度（预算民主、支出透明），政府支出要经过充分反映民意的正当程序，重大项目的实施要经过严格的公众听证程序。二是市场机制。如前文所述，投资是把时间和不确定性引入的消费，所谓投资决定，就是在当下消费和未来消费之间作抉择。在今天的消费与明天的消费之间，要有恰当的比例。这种发挥作用的“相对价格机制”正是经济中那只“看不见的手”。

这两个方面恰恰都是中国经济体制转型中的短板。

第一块短板是中国的国有企业和各级政府没有“谁借钱、谁负责”的机制。“新官”对上新项目、借新债情有独钟，一般都不爱理旧账。中国存在广泛的非市场机制的利益动机，从而刺激投资者和生产者追求收入最大化，而不是利润最大化。

有两个“背离”反映了中国在投资领域中存在非常强的非市场力量。一是前文论述的融资成本与投资回报率的背离。二是在市场机制中，国民生产总值中资本的收入份额会随着资本回报率下降而下降。伍晓鹰（2012）计算的中国数据表明，2000年后的情况是完全违反规律的，即边际资本回报率（MPK）下降的同时，资本收入在国民收入中的份额却在迅速上升（如图2-12所示）。这在很大程度上说明，是资本收入而不是资本效率在吸引投资。

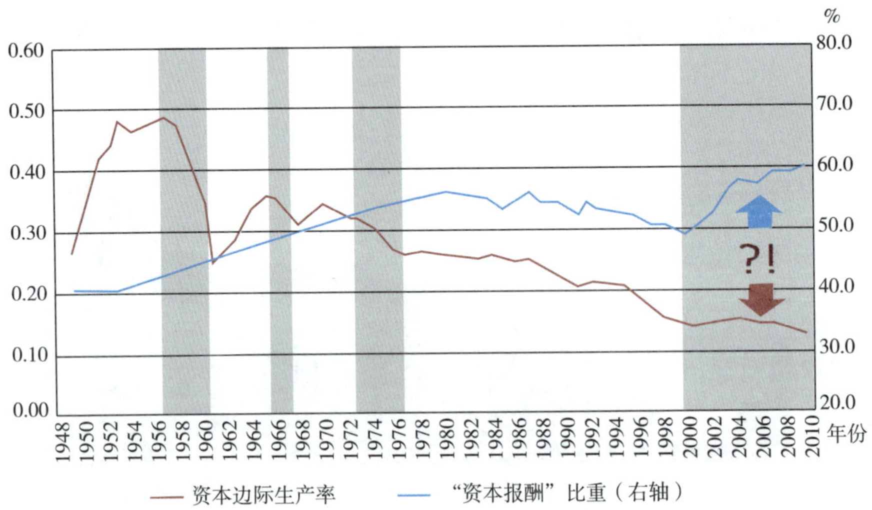

注：根据经济增长理论，在市场机制中，国民生产总值中资本的收入份额会随着资本回报率下降而下降，图中“？！”是说明2000年后中国出现的情况与此相悖。

资料来源：伍晓鹰（2012）。

图2-12　近10年“资本报酬”比重上升与资本边际生产率下降相悖

软预算约束下，未来消费形不成足够的收入，不能为投资埋单，那就只能带来杠杆率的上升。债务快速堆积的实质是收入增长的衰退，简单地讲，就是生产率衰弱了。这就造成了前文所描述的结果，经济体存在大量的资源错配至不具备经济合理性的项目和低效率的部门，以至于许多企业和投资项目已无法产生足够覆盖利息的资产回报率，而在地方政府竞争体制中，许多僵尸企业难以灭亡，这些企业占据大量信用资源而得以存活。如此，收入增长必然变慢，即宏观上是潜在增长水平下沉，微观上是收入增长速度越来越显著落后于债务扩张的速度，杠杆快速上升。

第二块短板是许多资源要素的配置受制于行政力量而不是市场机制。经过30多年的改革开放，产成品价格基本实现了市场化，但在能源、电信、教育、医疗和其他生产性服务等领域存在着严重的垄断，特别是政府对资源要素价格有非常强的影响力，地方政府和国有部门通过各种方式控制土地、矿产等要素的价格，并控制着税收、收费、准入等对经济和金融活动有着绝对影响力的多种要素。掌握着这样一些被银行视为最值得信赖的抵押物，事实上使得地方政府和部分国企更多地掌握了对金融资源的配置权。因此，它们能将要素价格压至均衡价格之下，能将利率压至自然利率之下，从而扭曲了微观投资回报，于是金融信用跟着扭曲的回报走。中国的财政和准财政活动具有极强的货币创生性，这就是货币经济学讲的货币供给的“内生性”，我们称之为“财政决定信用（货币需求）”。财政风险最终都转化为金融风险，以致于中国金融体系的最大脆弱性来自于政府配置资源权力过大所导致的严重的道德风险和债务膨胀。从某种程度上讲，整个信用系统都在套体制的“利”（如图2-13）。

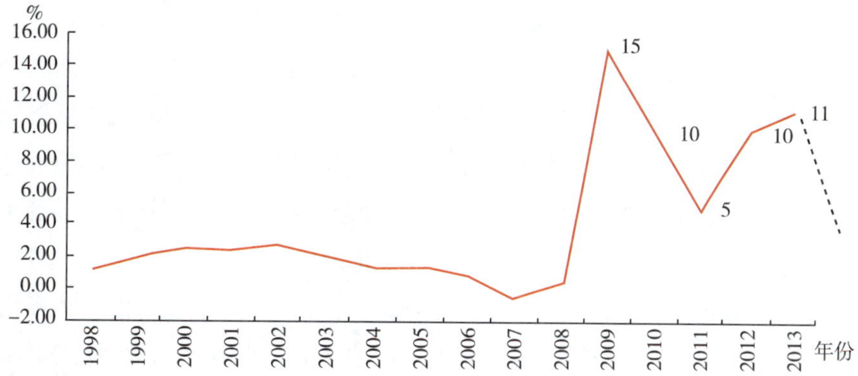

资料来源：刘煜辉（2014）。

图2–13　中国广义财政赤字率进入收缩周期

周小川行长曾讲到："推进软约束主体的改革，是利率市场化改革的必要配套工作。所谓软约束就是借了钱没想还，或者说借钱是我的事，还钱是后面人的事。这里面有两种表现，一种是利用行政权力借到钱，另一种是借钱不怕贵，其实都是不想还钱。这就产生了挤出效应，导致剩下的资金量变小，价格平衡点会更高。所以说，利率市场化改革的直接前提还是要强调减少软约束的行为和实体。"直到2014年，我们才看到中国广义财政结束2009年到2013年的扩张周期转入收缩，而反腐、新预算法、43号文等改革措施意味着这一收缩过程在制度层面得到了可靠执行力的保障，"新常态"的政治范式就是将"诸侯"的权力关进制度的笼子，通过重塑新权威以保障各个领域改革的推进。

可见，软预算约束是地方政府杠杆率高企和国企债务膨胀的关键因素。在这种金融抑制下，资金的价格持续低于其影子价格，形成了利率剪刀差。在这种状态下，获得越多的资金就意味着越大的利益输送，导致了杠杆率不断推高的盛筵狂欢。

三、制度不完善：地方政府债务问题之肇始

地方政府债务在2007年年初仅有约1万亿元余额，到2013年6月全国地方政府债务的审计结果显示这一数字已达到17.9万亿元，相当于年均56%的增长率，过快的增长引起了社会各界的关注。地方政府如饥似渴地进行债务融资，其成因固然与当年应对金融危机而出台的4万亿元刺激计划有关，但在更深层次上则肇始于种种不完善制度的合力。

（一）地方政府间的GDP竞争

长期以来，政府官员的政绩考核一直以GDP表现出来的经济增长为核心，这就造成了把促进经济快速增长作为地方工作主题的行政激励。虽然近几年，学界提出了更多反映社会经济可持续发展、人民生活幸福程度和综合环境治理的考核指标，但是，GDP的主导情况至今仍稳固维持。

众所周知，根据宏观经济学的基本恒等式，GDP增长可以分解为消费、投资和净出口这"三驾马车"的带动。然而，我国消费增长相对缓慢，出口又受制于区位因素而因地不同，唯有投资是放之四海而皆准的拉动GDP的增效剂。

这种典型的"建设型"和"投资型"政府，在中国的改革开放进程中曾为世人展现了增长的奇迹。张五常认为，县与县之间的竞争是理解中国经济奇迹般崛起的关键；诺贝尔经济学奖得主科斯则更为深

刻地阐释道：各级政府都借助各自的工业园、开发区，尝试寻找最适合自身经济发展的方法，整个中国变成了一个大实验室，各种不同的经济实验遍地开花。在辽阔的中华大地上，不同的制度安排、不同的经济发展方法以及对新产业前景或现有产业未来的判断，在同一时刻不同的地方经济试验中全部付诸实践，地方竞争直接被转化成经济发展的速度。然而“福兮祸所伏”，地方政府间GDP竞争的弊端在2008年之后被人们逐渐意识到。2008年美国的次贷危机演化成金融海啸，迅速席卷了世界的绝大部分国家和地区，中国政府为了应对危机推出了4万亿元刺激计划。以此为契机，地方政府通过“地方融资平台”进行城市经济运作，这与地方政府不断扩大投资的激励结合，外加前文论述过的市场约束机制缺位，地方官员得以动用一切可得资源和渠道大量举债，催生了大量政府负有担保责任和救助责任的债务。

（二）基础设施融资需求巨大

地方政府投资的一大标的是城市化的基础设施建设。按照人类社会发展的大致规律，国家和地区都将经历农业化、工业化和城市化三个阶段，经济活动由小规模生产产品到专业化的大规模分工，再到生产性服务业为核心集聚产生规模效应和创新成果。中国当下的城市化进程就是要将这条漫长的发展道路在尽量缩短的时间内快速完成，也即面临着补足城市化与工业化两个阶段的长期缺口的任务。伴随这一艰巨任务而来的就是大量公共基础设施的建设需求。根据经济学的公共物品理论，私人部门难于提供合意规模的公共产品，这一责任自然而然地要落到地方政府的肩膀上。根据前文的分析，这既是中国现行体制的优势，也是面对GDP竞争的地方政府乐意为之的。强烈的基础设施投资欲望带来的是巨大的相关融资需求，国家开发银行预测，未来3年我国城镇化投融资资金需求将达25万亿元，这无疑会增加地方政府的债务杠杆水平。

（三）分税制改革造成财权上收

地方政府以“地方融资平台”为渠道实现巨大的基础设施融资需求，其背后的一个原因是我国的税收制度。我国自1994年开始实行分税制改革，改革的主要结果是财权和财源的上收：1994年消费税直接划归中央，增值税中央分享75%，屠宰税、筵席税等小税种留在地方（这两个税种在2000年取消）；2002年所得税改革中，中央分享比例进一步提高，分税制使得最终留在地方的主要税种为营业税；2012年“营改增”试点逐步推开。

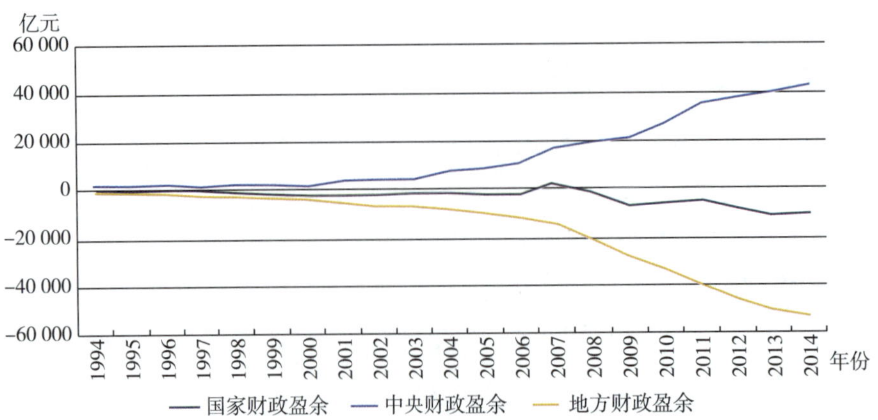

资料来源：CEIC。

图2-14　分税制改革以来中央和地方财政盈余

图2–14展现了中央财政盈余和地方财政盈余在分税制改革以后走出的一个“喇叭形”开口，反映了两者在数值上的逐渐背离。中央财政盈余逐年增加，地方赤字也逐年扩大，在这种模式下，地方政府的财政开支极大受限，而以基础设施建设为主的投资项目显然又更多地具备外部效应而不总能够提供可观的现金流。于是，“地方融资平台”这种创新方式应运而生，它使地方政府如同经营一个巨大的公司一般来经营地方经济，它们能够运用手里的各类资源，从商业银行等金融机构获取信贷支持，从而以较小的资金投入撬动数倍的总资产规模。

（四）土地出让制度

与分税制改革导致财权上收相伴而成为地方政府债务高企的另一个原因，是以土地招拍挂为主的土地出让制度。前文提到，地方政府运用它们能够动用的一切资源以获取信贷支持，这些所谓的资源中，大头当属土地招拍挂制度，它为地方政府提供了举债担保条件。

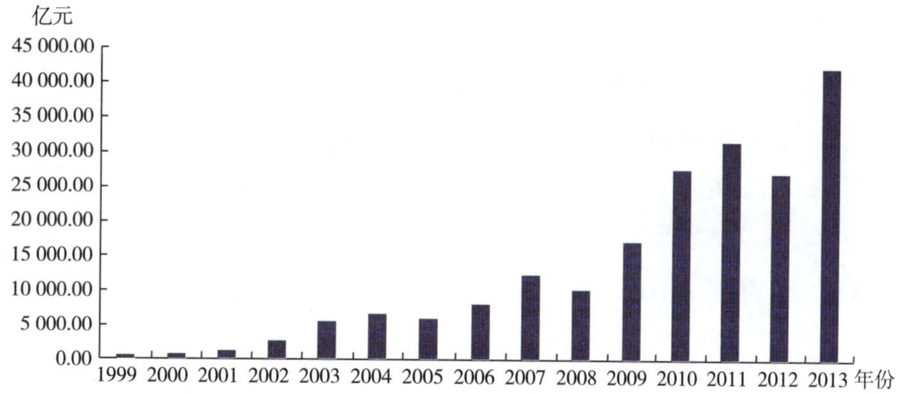

资料来源：CEIC。

图2–15　土地出让金收入趋势

图2–15描绘了1999年到2013年，我国每年土地出让金收入的情况。分析对比图2–14和图2–15，我们会发现两张图走势的微妙关联：在1998年前，地方政府没有大规模地土地出让，而这一期间，即便已经完成了税制改革，地方财政赤字也较为稳定，保持在2 000亿元左右的低位。自1998年起，我国开始实行住房货币化改革，从1999年开始，地方政府开始拥有土地出让收入，伴随而来的是财政赤字以每年1 000亿元的速度增长，到2003年地方政府财政赤字已经达到7 379亿元。2003年，土地招拍挂制度开始实行，地方政府在土地出让中获得更大的定价权，同期，财政赤字的扩张斜率明显增加，年均增速从每年1 000亿元上涨到每年1 800亿元，到2007年，赤字为14 766.67亿元。而2008年到2013年这一阶段，土地出让方式中招拍挂已占到90%以上，地方政府土地收入急剧扩张，伴随着财政赤字以每年6 000亿元的速度递增，2013年地方政府形成赤字达5 0729.18亿元。依靠土地招拍挂制度获取的大量出让金使得面临财政开支上限的地方政府不必“勒紧裤腰带”地缩减支出，而可以借助这一制度方便地进行借贷，因此，这无疑是地方政府债务高企的又一大制度条件。

至此，中国非金融部门债务高企的原因已经呈现得十分明朗。面临以经济增长为核心的政绩考核体系，地方政府对城市化基础设施建设等投资需求表现出极大的热情，在当前税制造成的财权上收的背景下，地方依靠土地出让制度，获取了信贷扩张的担保条件。这些因素与预算软约束和投资回报率下降这两大主线汇合，导致大量的资源配置到无效的投资项目上。原本，如果市场运作健康的话，这些无效的投资项目将会退出，资源能够得到释放，但是要素资源受到行政干预而非市场约束，大量的无效投资继续得到融资支持，持续的输血推高了过剩产能与债务杠杆，也进一步导致资本回报率的下滑，构建了一个债务扩张的恶性循环。

第三节　债务高企的风险

纵观历史经验，我们发现金融危机的发生往往伴随着过高的债务杠杆率。在危机发生时，金融机构为了保持资产负债表的相对健康，将趋向于增加资产流动性、降低久期，收紧给予实体企业的授信；这又使得资产价格下滑、需求降低，进一步挤压实体企业资产的投资回报率。这会导致一连串的连锁反应，金融恐慌逐步发酵，形成经济衰退的正反馈循环。

正如前文所指出的，债务扩张归根结底是一种资源错配，很可能经济风险究其本因也将来源于资源的不合理配置，如果这种错配积累到一定的体量，市场机制的调节能力已经力不从心，政府又不能实行合理的政策引导，那么经济规律的大手将把整个系统引向危机，以毁灭为创生，打碎不合理的配置关系和过剩的产能堆积，重新构建新的配置。

当前，中国的债务问题确实存在着诸多的风险，可以归结为如下几种情形。

一、流动性风险

2013年6~7月中国的金融市场经历了比较严重的流动性冲击，此后金融体系的流动性压力丝毫没有得到舒缓，并有频繁发生的迹象。

从经济体内部状态看，流动性错配可能已累积到了相当严重的程度。从非金融部门的资产负债表看，负债端的久期明显变短，这是因为近年来以“票据+非银”的影子银行业务规模迅速地膨胀，但资产端的久期却明显变长，大量资金流向基建等地方政府项目，形成资金的沉淀，资产周转率大幅下降。从银行的资产负债表看，由于外汇占款的萎缩和产业部门回报率的下降，银行体系低成本负债资源趋于枯竭，近年来只能用更短的、不稳定的、高成本的负债（同业+理财）去支持其信用资产扩张，进一步累积了信用系统的脆弱性。

当长期资产的现金流不能够覆盖短期负债的成本时，即投入的项目长期不能产生足够的现金流来自我维持（这种状态即庞氏融资）时，举新债还本息模式便开始繁荣。如此滚动下来使得任何此类债务都陷于无解。因为市场会充斥着借短钱的融资客，这时候要求中央银行必须时刻保证货币市场流动性充沛，一旦中央银行不及时对冲，短端利率就会快速飙升，这便是2013年6月我们观察到的场景。而长短端利息倒挂不可能持续太久，因为短端被“冰冻”后必然传递至长端，高利息会导致经济加速下行和资产价格下跌，局部资金链断裂的风险就可能爆发。

关键在于，很多时候流动性风险会触发信用风险，导致原本具有合格资产回报率的项目也被迫退出。在企业破产的案例中，很多公司并非因为教科书式的“资不抵债”而导致清偿，而常常仅因为短期内流动性枯竭同时找不到外部融资，从而葬送了本来能够健康运作的项目。在积累了大量流动性风险的经济内，那些不足以产生覆盖债务成本现金流的企业或项目，在退出之前，各利益相关方使尽浑身解数将风险推迟到未来；而这些僵尸企业又与其他的企业（包括僵尸企业，也包括健康经营的公司）形成诸多联系，构建成一张大的关联网络。当债务问题最终破局的时候，几家僵尸企业的退出可能迅速导致这张关联网络上资金链条的断裂，迫使那些正常运转的关联公司也遭受致命的冲击，后者的流动性储备迅速耗尽，投资缩减，项目烂尾，在更极端的情况下，一家倒闭将导致一连串的倒闭。这种描述并非危言耸听，只不过是历史上多次金融危机的一个老套的铺叙和总括。

二、资产价格逆转风险

除了上述流动性崩塌导致危机外，另一条可能的危机路线，是资产价格下滑。在流动性枯竭以前，企业很有可能背水一战，试图将部分资产卖出变现。然而在危机来临前的摇摇欲坠之中，“山雨欲来风满楼”，这些资产常常缺乏活跃的买家，不得不大打折扣。如果造成供求的剧烈反转，使得原先作为抵押品的一类资产价格下滑，一方面实体企业的资产负债表将遭受冲击，另一方面金融机构也将因此收紧授信额度，拒绝债务展期，从而催生金融危机。

在中国，资产价格危机的主要关注点在于房地产价格。众所周知，我国非金融部门赖以作为贷款担保品从而获取信贷支持的最主要资产就是房地产，房地产市场价格的上涨预期对于维持并推高债务杠杆具有重要作用。房地产价格一旦下跌，自然会影响到整个房地产产业链条，从而对煤炭、钢铁、水泥等国民经济的支柱产业造成冲击，然而，更严重的将是以房地产作为贷款抵押的融资扩张活动的受挫乃至反转。

事实上，房地产作为一种投资品和融资抵押品，其价格的走势暗含了投融资双方对于整个中国经济的增长预期。一方面，房价的上涨有居民收入的快速扩张作为支持，其涨幅如在人均GDP增速以下，即人民富裕起来的速度足够快，且他们将增加收入的相当比例配置在房屋上，则高房价具备一定的经济合理性。但是另一方面，中国目前的房地产市场价格维持在一个很高的房价收入比上，这表明房地产价格中包含了对中国经济持续较快增长的市场预期。一旦这种预期被证伪，房地产市场的活动就将快速降温，房地产价格的上升速度（或者更高阶导数）放缓，许多企业的资产负债表将迅速恶化，银行为了修复其自身的资产负债表就会缩减给予企业的信贷支持，从而可能逆转债务比例的上升，这一变化将反过来进一步否定维持房价上涨的风险偏好和投资理由，从而进一步将经济拉入危机的深渊。然而，当房屋去库存化速度降低时，那些自身使用高杠杆的房地产企业的资金支付链条也将受阻，从而发生前文分析的流动性危机甚至信用危机。

如上所述，流动性危机和资产价格危机可能是相互交织的。流动性危机可能促使实体企业贱卖各类资产以偿付债务合约，破产的企业所拥有的各类抵押品可能会遭到银行的拍卖，这些都会对资产价格形成向下的压力，诱发资产价格危机的发生。反过来，房地产市场也可能如前文描述的一般，改变投资人风险偏好和银行的信贷政策，促使难以获得流动性、依赖庞氏融资、缺乏支付能力的企业走到无力展期债务从而宣告破产的终点。所有这些问题，最开始都可能只表现为个体的局部显现，然而随着风险向着未来不断累加，以及违约案例不断释放，非标产品的刚性兑付一旦集中突破，其连锁效应将不容忽视。

三、蔓延与传染——系统性风险

风险沿着某种关联路径进行传导则构成了系统性风险。风险传染的一种途径是在国民经济各部门之间蔓延。例如，居民和非金融实体企业两个部门都与金融机构之间存在着存贷双向关系，如果居民或非金融企业的贷款大量违约，则金融机构的资产负债表将恶化；反过来，如果金融机构不能兑现居民或企业的存款，也会造成危机的传播。又如，政府部门既要负担居民部门的社会保障责任，又要考虑实体企业的税收和国有企业的利润，同时中央银行还要时刻准备好为银行等系统重要性金融机构做最后贷款人的角色，这些无疑都与风险的传导密切相关。

2008年美国金融危机以后，“系统重要性风险”这一概念被提出，它是指单个金融机构的破产产生的负面影响看似不大，但由于其较大的规模以及与整个金融体系的关联渗透性，可能产生系统性的风险。而具有这种特征的机构则被称为系统重要性机构。在我国，国有银行显然是系统重要性机构，它们在整个机构的资产中占大约60%的份额，在中国经济体制中具有不可替代的地位，与其他的金融机构存在着广泛的市场和非市场联系。就银行间市场而言，国有银行长期扮演资金融出方的角色；在与地方债融资平台的关系里，后者所需要的融资规模巨大，无论在体量上还是行政级别对等上，都主要依靠国有银行与之合作；在实体企业中，很多行业的领头企业也都和国有银行保持着长期的对接关系。众所周知，债权债务关系是具有法律约束力的，按照市场经济优胜劣汰的丛林法则，当一家企业无法履行债务合同时，就应当履行破产清算程序。当被清算的企业或者银行处于经济体系的边缘地带时，政府和中央银行自然可以作壁上观。但如果即将倒闭的是系统重要性机构时，即便最信仰自由市场的美国中央银行也必将挽狂澜于既倒、扶大厦之将倾，出手救助。因为银行的经营都使用巨大的杠杆，如果政府坐视不管，那么其他银行、实体企业乃至政府机构的倒闭狂潮将迅速席卷整个经济体。

另一条可能的风险传染路径是地理上的蔓延。在中国的经济发展过程中，地区间发展虽不均衡，但是相互关联仍然很强。无论是东、中、西部地区，还是按省划分，各地方都会产生一个中心城市作为当地政治、经济、文化的枢纽，在该区域中发挥着不可替代的作用。一旦中心城市发生支付危机或者资产价格趋势发生逆转，那么立刻会在其具有影响力的范围内产生示范效应，使风险迅速蔓延。例如，西部省份以及中部地区以安徽为中心的城市群，这些地方大都具有较高的债务杠杆，一旦各自中心城市的房价进入下跌周期，其影响将不言自明。

四、地方政府债务风险

地方政府债务之所以单独拿出来讨论，是由于其来源和可能的释放路径具有不同于一般实体企业债务风险的特征。地方政府债务高企的原因已经在前文介绍过，本节将分析其风险。

在高需求、高增速的同时，地方政府债务在近几年迎来了一次集中兑付的关键期。中国政府通过债务置换的手段缓解了一时之难，但是地方政府债务问题仍未得到根本性的解决。其中一大问题是地方政府的筹资已经更多地依靠影子银行而非传统渠道了。影子银行由于相对更远离监管，其“借短贷长”的期限错配风险更加严重。很多项目的投资周期很长，却通过影子银行的渠道使用高成本的短期理财产品不断获取资金，每次的还本付息都要以下一期理财产品所募集的资金为前提，潜藏着巨大的流动性风险。另外，由于监管缺位，导致项目资金的实际用途不透明，其投资结构不能得到有效的监督管控，信用风险也很大。诚然，影子银行确实在利率管制时期部分纠正了被扭曲的资金价格，使其相对更加接近真实的资本回报率，缩小利率剪刀差，但是其代价也是高昂的。更为关键的是，理财产品始终笼罩在刚性兑付的保护伞之下，政府成为了为其做隐形兜底的担保方。银行、信托公司以及出资人、资金使用者出于各自利益的考虑，都希望力保刚性兑付的“不破金身”：当一个产品面临违约的时候，银行联合地方政府通过种种手段（往往是非市场的）找到接盘资金，这样，扭曲的资金成本、广泛的监管套利、对预算软约束机构的信用兜底这三者合力使风险被不断积累并推迟到未来，将从个别风险走向系统性风险的深渊。

地方政府债务的偿债基础关系到期其债务风险大小。如前文所述，土地出让金一直是地方政府弥补赤字、偿还债务的一大保障，然而诸多研究证明，人口结构的变化、居民资产配置结构的趋势性转移都有可能改变住房市场进而改变土地供求的现期结构，动摇地方政府的偿债基础。因此，土地制度改革的进程，以及市政债、专项债、PPP模式作为新的资金来源的相对体量和可靠性将影响地方债的风险敞口规模。此外，还应该提防或有债务过快增长带来的潜在风险。或有债务是基于特定事件发生，导致政府需要承担支付责任的债务，这类责任多属于底线责任。数据显示，政府或有债务在两次审计期间增加了2.6万亿元，增长159.9%，年化增速为46.5%，远高于直接债务增速，值得密切关注。

无论如何，较为明显的是，现有的地方政府举债模式得以维持下去的前提条件相当苛刻。来自中央政府转移支付的减少，土地出让金获取能力的降低，既有投资项目后期产生的现金流低于乐观预期，金融机构改变风险偏好从而紧缩信贷，无论以上哪个假设发生，都会导致该模式被迫降低投资增速，诱发债务风险。

第四节　评估与政策建议

一、现状评估

从目前的债务规模来看，尽管近年来杠杆率增长较快，但我国的债务风险整体可控。

第一，中央和地方政府（与财政责任相关的）的债务规模占GDP的比例仍然控制在60%以内。全国各级政府债务的审计结果显示，截至2012年年底，全国政府负有偿还责任债务占GDP的比例为36.7%。若将政府负有担保责任的债务按照19.13%、可能承担一定救助责任的债务按照14.64%的比率折算，总债务占GDP的比例为39.4%，均处于IMF确定的债务率控制标准参考值范围之内，这表明政府部门对总体债务仍具有一定的调节余地。

第二，在单一制国家中，政府有很强的控制力，能将债务在中央政府、地方政府、企业和住户部门之间转移，一个部门的负债对应的往往是另一个部门的资产，只要国家对国外经济部门保持相当规模的净债权状态，发生债务危机的概率不大。常见的杠杆转移方向有：地方政府与中央政府间的转移；政府部门与私人部门间的转移，通货膨胀税和美国的QE即是此类当中两个方向相反的策略；私人部门之间的转移，这里的私人部门包含非国有企业部门和居民部门。

基于我国资产负债表总体相对健康而局部存在结构风险的现状，在去杠杆的过程中，使用杠杆调整和杠杆转移的方式化解结构性风险，确实是可行的。我国中央政府的杠杆率仅为15.1%，相对于地方政府的42.7%来讲具有很大的腾挪空间，因此，地方政府杠杆可以向中央政府转移，政策当局也确实使用地方政府债务置换的方式在沿着这个方向施为。同时，鉴于前述的居民部门杠杆率较低，可以通过资本市场的发展使企业部门杠杆转向居民部门。

第三，从短期看，我们可供选择的减杠杆的政策空间很大，包括政府资产的转卖、债转股、用长期债务替换短期债务从而将负债久期拉长、减少错配的风险等。

对于地方政府性债务，未来中央政府信用的救助是可以考虑的重要手段。在单一制下，地方政府实际上是没有单独的承担风险的能力的主体（它的行为可以公司化，但产权关系是模糊的），这好似一艘没有做底舱隔段的船，任何一级政府的风险都可能成为上级政府和中央政府的风险。所以，中国未来要利用好仍处于健康状态的中央政府的资产负债表，通过低成本融资将企业和地方政府的存量债务逐步有序地转移至中央政府的资产负债表上，集中进行债务重组；当然，具体执行的技术细节可以再进一步探讨，例如，中央可能要与地方和银行达成一个价格协议，不能全额埋单，要倒逼硬化约束机制的建立，减少未来道德风险的发生。

先转移杠杆，再行去杠杆，如果组织有序的话，能最大限度避免减杠杆过程中的无序相互践踏风险，将有效缓解流动性紧张，可以降低存量债务系统循环的成本，也可以为实体经济提供充裕的流动性。

二、政策建议

（一）宏观路径选择

在近几年的宏观政策中，政府事实上已经试验了一些宏观的改革方式。在某些时期，政府难以接受经济增速的快速下滑，采取了刺激性政策，这虽然使经济出现了短暂的回稳，但是债务杠杆也随之上扬，导致风险集聚。另一些时期，政府及中央银行“保持定力”，试图约束投资，挤出杠杆，这又导致市场利率的抬头。不幸的是，不同的融资者对利率具备不同的敏感度，那些使用高杠杆、产能堆积的企业和具有行政控制力的政府，能不能获得资金是硬约束，而它们对资金成本则不甚敏感；真正对利率敏感的则是按照市场化规则经营的中小企业和民营企业。这样一来，被上升的利率挤出的反而是更具市场效率的项目投资，目的和效果南辕北辙，使得资源配置进一步恶化。

在这种两难的困境下，破局之路无非要从债务率这一比值的分子和分母上寻找。从分子的角度，第一种方式是快速减小分子，即放任市场规律发生作用，允许经济以危机的方式洗牌，其表现可能是打破庞氏融资进行债务清偿，甚至出售资产，允许不能兑现债务合约的企业破产或重组，也可能通过通货膨胀等更加隐蔽的方式进行。但是任何减少债务的方式都伴随着紧缩作用。这一路径下，经济增速将明显降低，产出将减少；更重要的是，如果经济体中的决策人都不约而同地以出售资产的方式偿债，就可能导致资产价格的大幅度下跌，带来前文所述的资产价格逆转风险。第二种方式是力求缓慢减小分子规模，即在维护稳增长的前提下挤出杠杆。这也可能会回到过去一段时间那种别别扭扭的状态。第三种方式是分母视角，即提高经济生产率，推动供给侧改革、结构性改革，以增长化解债务负担，这看起来是最具有活力的方式。

现实中，政府往往会在不同的时期、不同的领域综合采取不同的方法。目前，去杠杆和维持总需求仍是大局之导向。从图2-16中我们可以看到一个有意思的数据：自2009年以后，中央银行的杠杆（资产占GDP比例）持续下降，从66%高位回落了近19个百分点，至2015年该比例已经降至47%。其他存款性公司（商业银行+政策性银行）资产占GDP比例持续上升，从202%上升近至294%。这说明，经济一直在持续地加杠杆，而中央银行（无论是主动地还是被动地）则在控制这个过程。

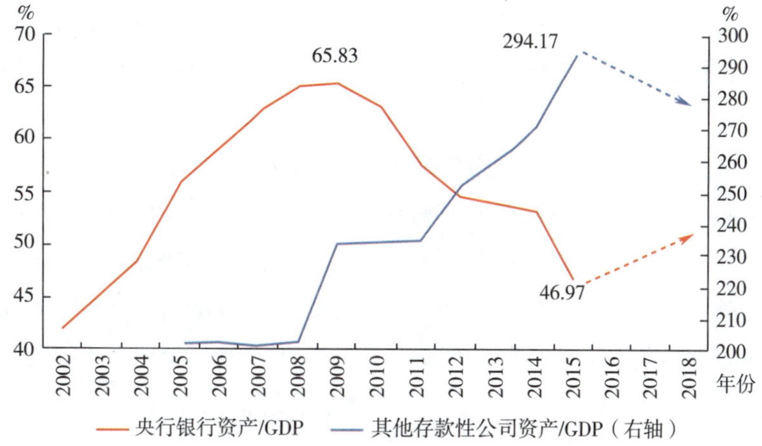

资料来源：CEIC。

图2–16　中央银行和商业金融系统的杠杆率呈现反向运动

可见，在短期内，由中央银行承接债务的方法是具有现实可行性的。未来如果能进入真正的去杠杆路径，我们应该看到，其他存款性公司即商业金融系统的杠杆应该开始下降，而中央银行的资产负债表应该反向运动，表现为扩张。解决问题的办法只有一个，就是要用果断的手段把已经僵尸化的信用资产从信用融资市场中剥离出来，停息挂账，进入债务重组清算的程序，当然这个程序很可能对应的是财政货币化的过程，这就需要一个强大的接盘者，即意味着中央银行的资产负债表一定要扩张。伴随着这一过程，我们可以预期看到这样几个变化：M_2减速，同业资产扩张速度会显著下降，货币利率下降不再靠中央银行推动，长端利率进一步下行等。但是我们也要清楚地认识到，杠杆并不能因此而消弭，仅仅是转移到了政府或者中央银行的手上。在未来中央银行仍将面临类似于目前美联储的困境，也需要在某个时候退出这一非常规操作并收缩其资产负债表。

（二）着力推进供给侧改革

从长期经济增长的角度来讲，供给侧改革就是要改造经济的供给端，实际上就是要改变生产结构即生产函数。一个经济的长期增长主要由三部分组成：资本、劳动力和效率，通常我们叫做全要素生产率。过去我们的经济增长更多是靠大量的投入和劳动力的红利相结合。完成工业化以后，整个经济的结构开始出现一个负向的变化，即资本密集程度越来越高，面对产能过剩、债务杠杆升至高位的压力，我们强调要改变。

"供给侧改革"这样一个学术性的词被用于官方的政策语境中，按照中国的惯例，应该有更明确的专指，据我们检索，应该是在党的十八届五中全会前夕，中财办主任刘鹤在广东调研时首次提出了"供给侧改革"的说法，主要是针对消化过剩产能。供给侧改革当前可能更注重的是"破"的方向，主要强调的是做减法，即面对高企的债务杠杆和过剩的产能，怎样去压缩和化解，清除僵尸企业，降低经济的尾部风险。事实上，供给侧改革与之前政策层面提到的"转变经济发展方式"和"结构性改革"基本上是同义语，只是换了个说法，都表明未来经济的增长要靠效率的提升，靠全要素生产率的提高，要减少要素投入对经济的驱动。从政府的文件来看，党的十八届三中、四中和五中全会其实都已经把具体做法勾勒清晰了，整个过程实际上应该成为利益结构调整的一个过程。并且，政府对资源分配的主导作用要降低。过去是“大政府、小市场”，现在要转变为“小政府、大市场”，要逐步释放经济的活力，政府要把利益、空间和机会更多地让出来，要把市场有活力的部分激发出来，私人都愿意投资，愿意加杠杆，中产阶级能够安心、稳定，能够不断地成长，整个社会要呈现出有越来越多的机会，实现底层能够向上跃升的保障机制。

为此，正确的操作目标是降低中国企业融资成本、土地成本，降低中国企业并购成本以及鼓励私人资本进入创新型、知识服务型行业，激发企业家精神，建立自主创新的体系。这些目标能够实现的重要保证就是改革，具体讲就是，建立大市场资源配置框架，包括高效的法律制度、有效的监管框架、能够消灭产权侵犯的保护品牌的政府、可靠的物流和分销网络以及清廉的官员体系；削减没有回报的政府投资；让本应倒闭的僵尸企业倒闭，对高负债部门进行资产重组，盘活存量资产；银行应加大坏账拨备与强化资本金同步推进，开始有序出售部分国企股权，补充社保，从而降低国家负债和杠杆。

（三）化解地方债风险

从长期来看，我们认为地方债务治理机制要着力解决两个方面的问题。

第一个问题是，切实推进政府职能转变，强化债务约束的预算改革。这是落实市场在资源配置中起决定作用的关键所在，是个系统工程，即习近平总书记所说的“啃硬骨头”。这可能要改变中国的分权式竞争体制（GDP竞争的政绩考核制度），重构中国经济增长的引擎。只要仍处在分权式竞争体制下，一旦经济下滑，重启地方融资和进行竞争性发展的这种特征就顽强存在。治一阵子又起来一段，起来一段又治一阵子，永远跳不出“治乱”这个循环。

第二个问题是，地方政府未来要成为一个真正合格的市场融资主体，必须要有配套的制度的保障，使其能获得相应的与债务匹配的偿债收入，这样才能为其设计对应的金融解决方案。在成熟国家中，与地方政府举债相对应的偿债结构主要有两个制度安排。第一个制度安排是高效率的城市基础设施的市场化运营机制。基础设施的运营不是完全靠政府财政补贴，相当部分是靠市场化运营和使用者付费，而中国目前主要靠财政补贴，例如，北京拥有全世界最完善的基础设施，但收费可能是最便宜的。党的十八届三中全会提出，在自然垄断性领域（电网、铁路、油气、水网等），可以根据不同行业特点实行网运分开、放开竞争性业务，推进公共资源配置市场化，进一步破除各种形式的行政垄断。这有利于形成支撑公共基础设施项目的合理偿债收入。第二个制度安排是地方政府要有稳定的主体税源。在成熟国家，地方政府的收入是以不动产税、消费税和资源税为主体的。然而如前文所述，由于分税制没有形成地方财力与事权相匹配的体制，中国的地方政府越来越求诸于“土地财政”，行为短期化导致了越来越严重的道德风险和届别机会主义：通过土地出让，50年或70年的土地租金事实上被政府一次性收取，而一届政府的任期只有3~5年。这种不对称性是诱使地方政府无休止地占用辖地土地资源的根本原因。

2014年8月《预算法》修正案通过，同年9月《国务院关于加强地方政府性债务管理的意见》（43号文）出台，新修订的《预算法》自2015年起正式实施，我国开始对地方政府债务余额实行限额管理，地方政府举债规模需由国务院报全国人民代表大会或者全国人民代表大会常务委员会批准。这样，在关闭地方政府通过融资平台公司举债通道的同时，给予了地方通过正规透明途径融资的权限。其中，对于没有收益的公益性项目，可以由地方政府发行一般债券融资，主要以一般公共预算收入偿还；对于有一定收益的公益性事业则举借专项债务，以对应的政府性基金或专项收入偿还；同时，引入国际上通行的是公共部门—私人企业—合作模式（PPP模式）。这些变革都标志着对地方债的治理进入新阶段。当然，如市政债，要构建一个完善的新债券子市场并非一蹴而就，有很多问题等待解决。一是目前我国债券市场评级体系不够完备，原先城投债与其他企业债在同一个池子里评级，就与同期限、同等级的普通企业债存在持续的单向利差；另外，评级易上难下，很多同样评级的债券却在实际交易中按照不同级别的价格在交易。二是市政债定价模式市场化不足，行政干预仍然在背后起作用，其发行利率一度有低于同期限国债的倾向。三是要完善市场的投资者结构，增强该类债券的流动性，只有在流动性充裕的市场里，“看不见的手”才能充分发挥资源的调配机制。

（四）严防短期风险和外溢效应

改革既要着眼于长期发展也要严控短期风险的爆发。中国未来的经济转型期，实际上是一个经济杠杆的调整期。在这个调整期，经济的不确定性会上升，宏观风险肯定会上升，这是必然的。在这个过程中，中央银行有必要准备一套非常规的货币的操作机制，来应对宏观条件的不确定性变化。近一段时间以来，通过中央银行的一系列操作，我们渐渐看到，中国的货币政策的锚开始慢慢地锁定在“金融稳定”的目标上，即“牢牢守住不发生系统性风险、区域性风险的底线”。

如前文所述，当前中国主要面临着流动性风险、宏观系统稳定风险和外部溢出风险。由于资金在金融机构、实体企业和地方政府的期限错配，经济面临巨大的流动性风险，政府应该建立利率走廊，在有风险外溢的时候，及时向处于困境的机构提供必要的流动性支持，或者向金融市场及时注入流动性，或者提供窗口指导。非金融实体部门债务杠杆高企，意味着资本结构的错配，面对过高的负债率，治本之道是认真落实党的十八届三中全会决定，努力“健全多层次资本市场体系，推进股票发行注册制改革，多渠道推动股权融资，发展并规范债券市场，提高直接融资比重”。

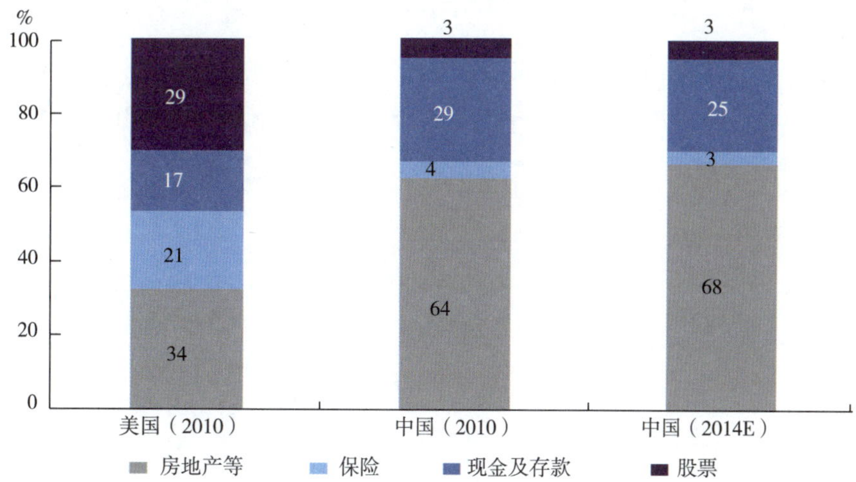

资料来源：敦和资管。

图2–17　中国的资本市场存在巨大的空间

中国经济最大的基本面仍是高储蓄国家，核心矛盾还是储蓄不能高效率转化为资产形成，所以有资产荒、有货币堰塞湖。这个问题的核心是金融较弱，资本市场广度和深度差（如图2–17所示），周小川行长在《〈中共中央关于制定国民经济和社会发展第十三个五年规划的建议〉辅导读本》中讲到未来五年要大力推进高收益债券和股债结合的融资工具的发展。资本市场的广谱一定会大幅扩容，让储蓄实现合意收益的机会将越来越多，而非在局部再度诱发泡沫。如此，则能够将储蓄通过资本市场创造的各种风险收益结构高效率地转化为实体经济的资产形成。

我们也应该注意到，中央银行行使最后贷款人职责，固然能缓解对内的流动性匮乏，从而降低该类金融危机的发生概率，但是面对外币债务问题，即对外资产和对外负债的错配导致危机，一旦国家流动性缺乏，即便中央银行也无力回天。目前，我国外汇储备充裕，但是对外资产和对外负债的投资收益差额长期为负，这提醒我们也应该关注此类风险，在放松对资本和金融项目管制的过程中，我们可以借助人民币国际化、“一带一路”战略和自贸区建设，增加以人民币计价的对外负债，降低我国对外负债的成本和风险；同时通过“藏汇于民”战略，将一部分固定收益外币资产转化为股权形式，以分享全球经济增长的收益，达到调控对外资产和负债的目标。

参考文献

[1] 白重恩：《从收入分配的角度看经济结构的调整》，载《当代财经》，2013（1）。

[2] 李扬等：《中国国家资产负债表2013——理论、方法与风险评估》，北京，中国社会科学出版社，2013。

[3] 李扬等：《中国国家资产负债表2015——杠杆调整与风险管理》，北京，中国社会科学出版社，2015。

[4] 刘海影：《中国巨债》，北京，中信出版社，2014。

[5] 罗纳德·哈里·科斯等著，徐尧、李哲民译：《变革中国：市场经济的中国之路》，北京，中信出版社，2013。

[6] 王国刚、冯光华：《中国地区金融生态环境评价（2013~2014）》，北京，中国社会科学出版社，2015。

[7] 伍晓鹰：《中国的比较优势陷阱》，载《财经》，2012（27）。

[8] 袁满、由曦：《金融市场化攻坚——专访中国人民银行行长周小川》，载《财经》，2013（36）。

第三章　股灾和救市：系统性风险防范

巴曙松　沈长征　朱虹[①]

本章从2015年以来中国股市波动呈现出的新特征出发，从基础交易制度、股指期货以及金融监管等方面对2015年6月中旬爆发的中国股市剧烈波动进行分析和反思，同时，在梳理境外股灾救市政策和效果以及新中国证券市场成立以来的主要救市措施的基础上，对本轮股市危机中中国政府救市政策及影响进行评估。最后，本章从完善股市基础交易制度、加快推进金融监管体制改革、加强资本市场基础设施建设、加强股指期货评估以及建立金融行业系统性风险应急预案等方面对中国股市系统性风险防范提出若干政策建议。

第一节　2015年以来中国股市波动新特征

自2014年年末以来，中国A股市场状态总体表现为短期内指数快速增长，之后经历剧烈波动，目前处于修复阶段。相比于2008年国际金融危机中中国股票市场的表现，2015年中国A股市场波动的新特征主要体现在为杠杆化、期现联动以及金融行业联动特征明显。

一、本轮股票市场波动概述

对比2008年前后发生的国际金融危机，2015年中国股票市场经历的波动幅度更大，市场极端状态更多。以上证综指为例（见图3–1），首先，从涨跌幅水平分析，国际金融危机前后，上证综指的周均涨跌幅保持在10%以内，仅在金融危机爆发之后的几周出现超过10%的跌幅，而在金融危机之前出现的周涨幅也少有超过5%，周间涨跌幅总体保持较为温和的水平，涨跌间隔出现，并未体现出持续趋势。而从2014年下半年开始，上证综指的周涨幅多次超过5%，且这种涨幅是在过去几期持续上涨的背景下出现的，这反映出股票市场的资产价格泡沫开始集聚。从2015年6月下旬开始，上证综指多次出现超过10%的跌幅，

① 巴曙松：香港交易所首席中国经济学家、中国银行业协会首席经济学家，邮箱bashusong@qq.com。沈长征：华中科技大学经济学院博士生。朱虹：南开大学金融学院博士生。本章仅代表作者个人作为研究人员的看法，不代表任何机构的意见。

且这种剧烈的下跌也具有2~3周的持续性，这种连续剧烈上涨/下跌的市场状态在2008年国际金融危机中的中国A股市场是没有出现的。

其次，从涨跌幅的波动率分析，在国际金融危机集中爆发期间，中国A股市场涨跌幅波动幅度最高达7.66%，而自2015年6月以来的股市涨跌幅波动幅度甚至大于2008年国际金融危机期间的最大波动幅度，达到7.90%，体现出更极端的市场状态。

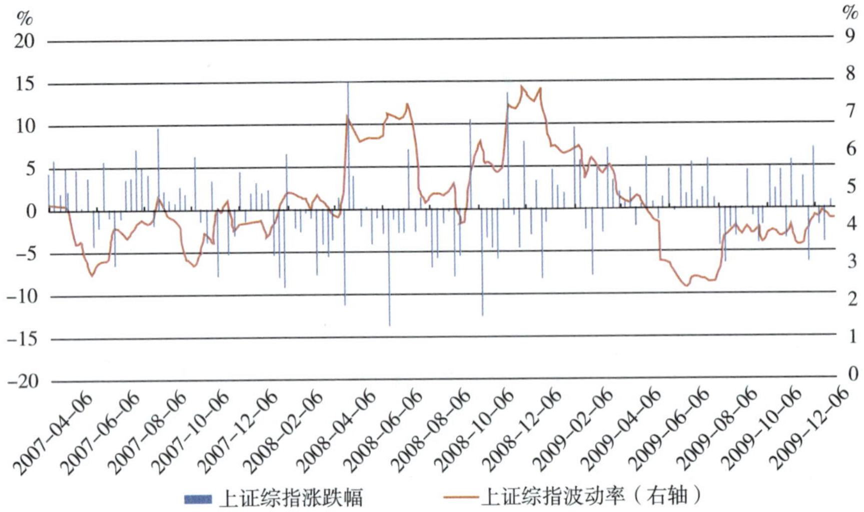

资料来源：Wind资讯。

图3-1 全球金融危机期间上证综指波动（2007~2009年）

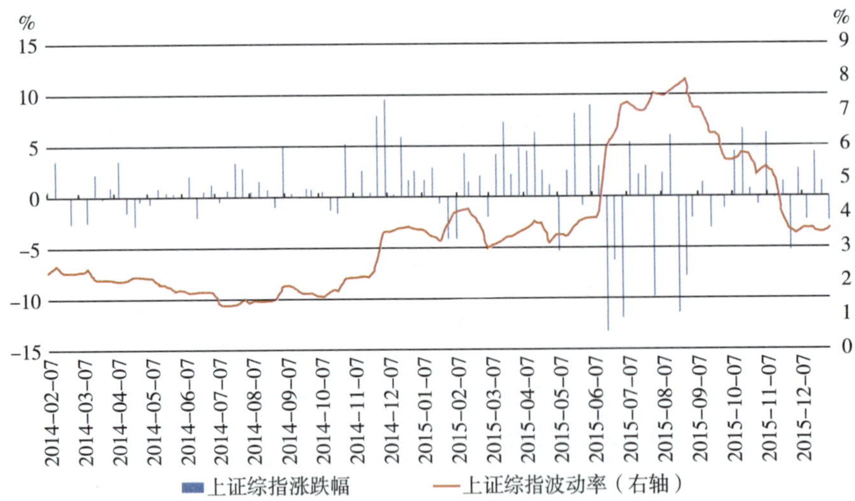

资料来源：Wind资讯及作者测算。

图3-2 上证综指波动（2014~2015年）

再次，从内地证券市场和香港证券市场的联动情况比较来看，2008年国际金融危机发生之前，AH股溢价最高达到206%，在危机开始之时，AH股溢价最低为106%（见图3-3）；自2014年以来，随着沪港通开通，内地证券市场与香港证券市场的联系程度逐渐加强，在沪港通交易频繁的时期，AH股溢价指数下降，在2015年6月末内地证券市场发生剧烈震荡之前，AH股溢价最高达到149%，相比于2008年国际金融危机中AH股溢价的最高点降低了50%（见图3-4）。尽管沪港通的交易机制降低了AH股溢价比率，但在股市剧烈波动前仍存在较大的溢价比率，这从另一方面表明可能是因为A股市场存在一定的泡沫聚集，在股市发生剧烈波动之后，AH股溢价指数亦频繁大幅波动，可以观察到这一去泡沫的过程是较为波折的（见图3-5）。

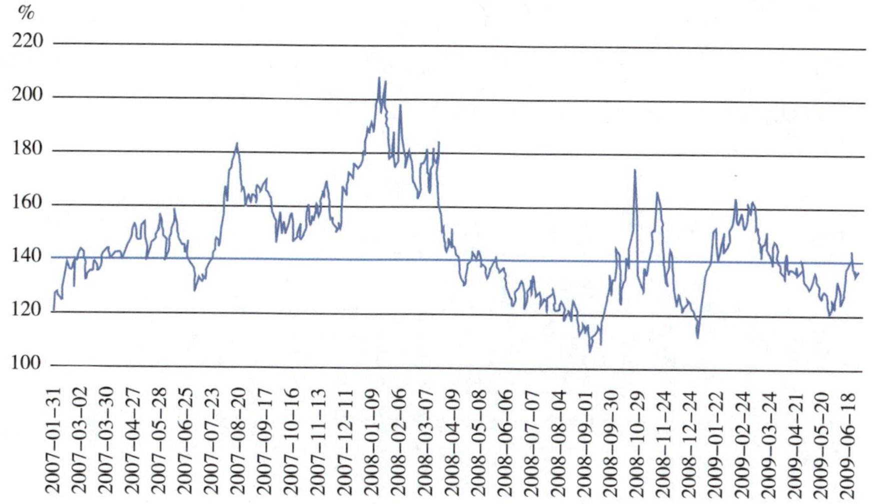

资料来源：Wind资讯。

图3-3　恒生AH股溢价指数（2007~2009年）

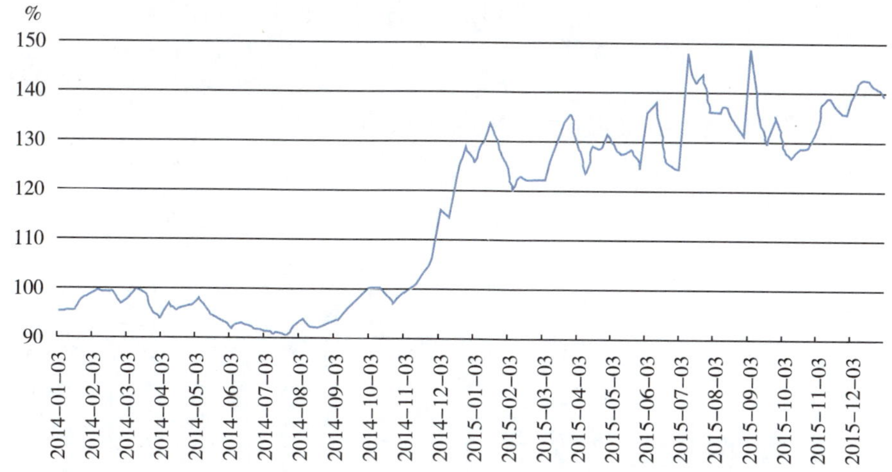

资料来源：Wind资讯。

图3-4　恒生AH股溢价指数（2014~2015年）

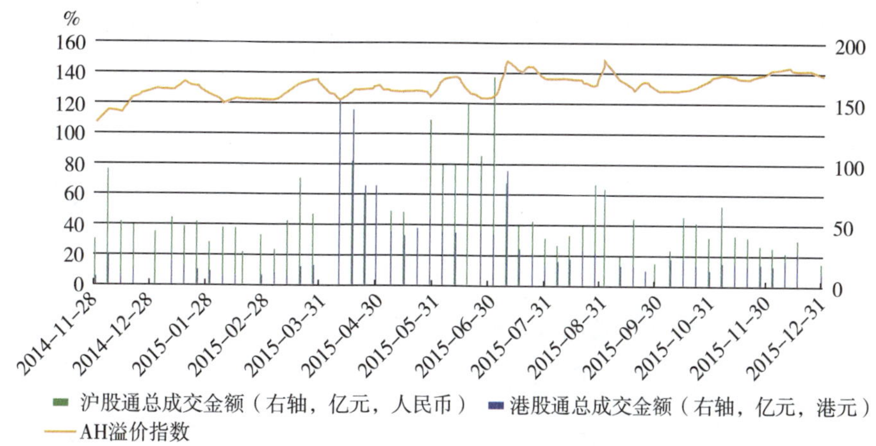

资料来源：Wind资讯。

图3-5　AH溢价指数与沪港通交易情况

最后，从流通市值变动角度看，2015年股市波动引起的流通市值变动也远高于2008年国际金融危机中的中国股票流通市值变动。从绝对水平上看，2008年国际金融危机期间，境内上市公司流通市值从最高时的9.31万亿元下降至3.77万亿元；而2015年7月股市波动最剧烈之时，境内上市公司流通市值从最高时的58.46万亿元陡降至33.93万亿元，期间市值蒸发达24.53万亿元。从相对水平上看，2015年股市波动期间，境内上市公司流通市值月增长率最低达到-30.68%，相比于2008年国际金融危机期间最低值-24.61%，超出6个百分点。

资料来源：Wind资讯。

图3-6　境内上市公司流通市值变动（2007~2009年）

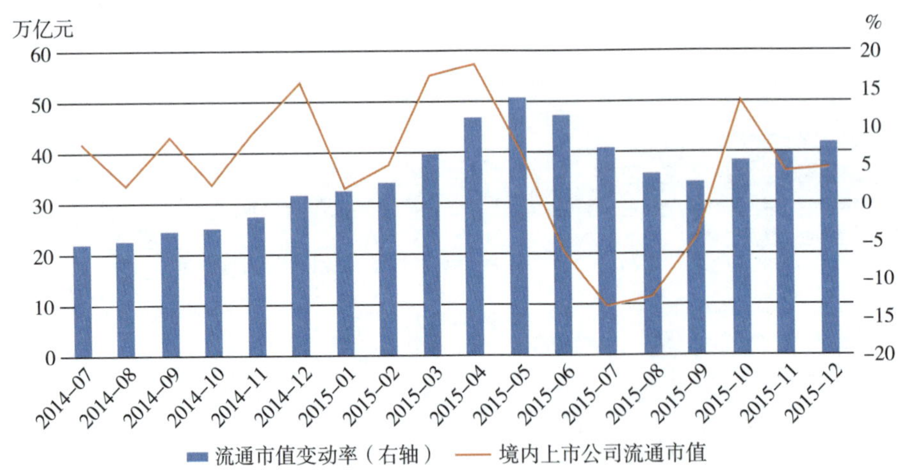

资料来源：Wind资讯。

图3-7　境内上市公司流通市值变动

二、2015年以来中国股市波动新特征

（一）资金杠杆化明显

融资杠杆化是推动2015年股票市场波动的最为典型的新特征之一，融资杠杆对于金融市场具有双重

影响：当证券价格未来走势与投资者的预期一致时，投资者的收益被放大，获得更大收益；而当证券价格未来走势与投资者预期相悖时，投资者收益被逆向放大，所承受损失也加倍放大。

根据来源，融资可进一步分为场内融资以及场外融资。场内融资以融资融券业务为主要代表。作为典型的证券信用交易，融资融券投资者在获得信用后，可用较少的资金购买更多的证券，从而提高财务杠杆比率。自2010年3月融资融券业务重新启动以来，一直平稳发展，两融余额的最初规模从700万元稳步上升至2013年末的3 465亿元（见图3-8）。2012年，转融通业务开始展开，是证券公司融资融券业务的配套性措施，证券公司融资的资金来源和融券的证券来源得以补充，对于完善整个资本市场上的交易制度具有积极的作用。从2014年开始，随着融券标的从最初的90只股票扩大为900只股票和ETF，以及具有业务资格的证券公司范围逐步扩大，融资融券业务开始出现大幅度扩张的趋势。2015年7月，融资融券余额的规模峰值高达2.27万亿元，是2014年年初的6倍。而随着2015年7月股市进入波动期，融资融券交易也大幅收缩，截至2015年9月末，融资融券余额骤减至9 067亿元，三个月内下降幅度达60%。而在融资融券交易中，融资交易规模远大于融券交易（见图3-10），当周融资余额最高达到2.26万亿元的规模时，融券余额仅为93.02亿元，融资余额是融券余额的243倍。相对于国际其他证券市场而言，中国A股市场融资与融券规模比率过高。这说明中国融资融券交易虽然发展迅速，但结构发展不平衡，未能有效起到避险对冲的作用，而投资者更多倾向于通过融资渠道实现杠杆交易。就增速而言，2015年上半年融资余额周增速保持着始终为正（春节一周除外）的趋势，最高达到近7%；相比而言，融券余额周增速波动较大，呈现出周增速正负相间的状态，增速最高达36%，最低也出现过-47%的负增长。在这种融资规模远大于融券规模，融资增长率持续为正、融券增长率正负波动的情形下，融资融券业务整体必然表现出强杠杆、弱套期保值的效果。大规模的杠杆资金进入股市，进而推动了股市资金泡沫的生成以及投资者情绪的高涨（见图3-11）。在中国证券市场散户影响力大、不少交易时间存在"单边市"特征的状态下，融资融券现阶段实际上在多数时间内未能起到市场稳定器的作用，反而助推了近期股票市场的快速上涨和下跌，加剧了市场波动。从根本上讲，融券交易发展的迟缓使得融券本应起到的市场对冲风险作用有限，远小于融资交易的杠杆负反馈影响，因而加剧了市场风险。

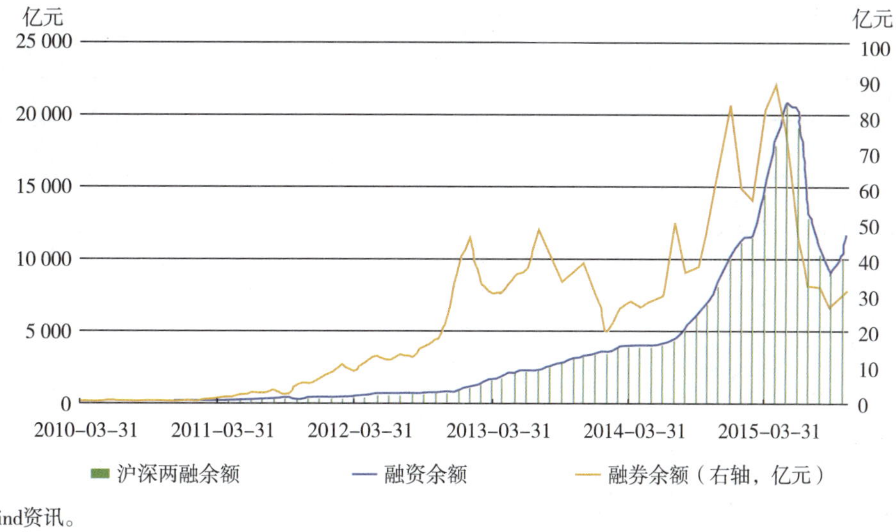

资料来源：Wind资讯。

图3-8 融资融券交易概况

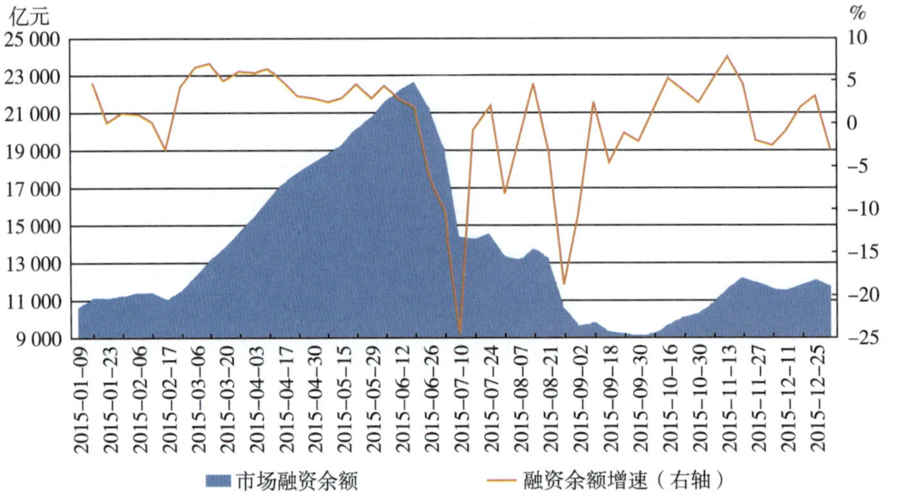

资料来源：Wind资讯。

图3-9　融资余额及增速（2015年）

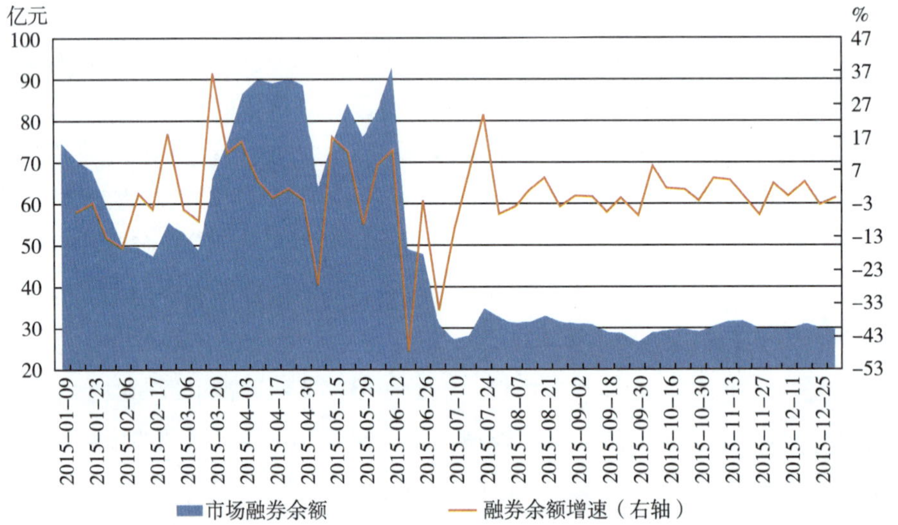

资料来源：Wind资讯。

图3-10　融券余额及增速（2015年）

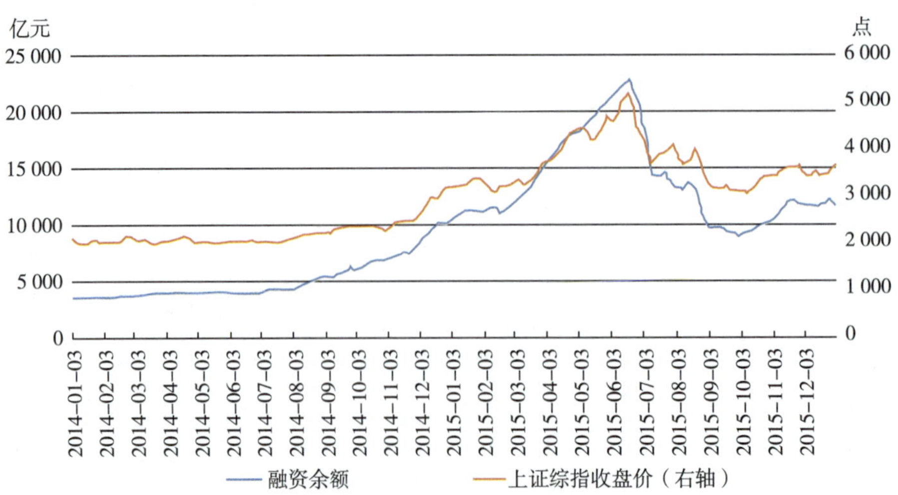

资料来源：Wind资讯。

图3-11　上证综指与融资余额

此外，场外配资也是杠杆资金的重要来源。场外配资的渠道具有多样化特征，主要形式为系统分仓模式（HOMS系统和非HOMS系统）、人工分仓模式、互联网平台模式（P2P等融资平台）、私募基金配资模式以及员工持股计划带杠杆模式等，参与主体涉及互联网平台、各类金融机构、配资公司和个人投资者等多个主体。由于当时尚处于灰色地带，场外配资规模尚无统一的统计数据。根据中国证监会在2015年6月末披露的数据，场外通过恒生HOMS系统形成的总杠杆资金规模（包含本金和融资两部分）为4 400亿元，铭创和同花顺分别为360亿元和60亿元，此外还有线上P2P等其他途径的配资量未纳入统计，场外配资规模不可小视。不同于场内融资融券配资处于实时监控中，场外配资公司配资业务具有隐蔽性。配资公司首先通过商业银行融资，以较低的杠杆和利率融入原始资金，再借助HOMS等软件的二级分仓功能，将一个母账户分为众多子账户，不断放大杠杆。而由于监管真空的事实存在，配资公司基本上不受资本充足率、资本准备金等监管要求的限制，配资杠杆比例一般可达到1：4 或1：5，甚至可以达到1：10。尤其是近年来新兴起的互联网融资借贷，具有参与主体多样化，业务模式差异大，网络借贷跨行业、跨区域等新型特征，这使得场外配资的杠杆率与杠杆规模难以判断，进一步加剧了潜在的风险传染性，影响了监管层对系统性风险的判断与防范。

以融资融券为代表的场内融资以及场外配资等信用交易，涉及资金、证券两类财产，分别与货币市场和资本市场紧密相关，因此，这种跨市场、全行业的融资的杠杆特征在扩张到一定规模时，必然会对整个金融行业产生潜在的系统性风险。投资者将本金和杠杆融资投入证券市场，扩大了交易规模。杠杆融资交易规模与股票市场行情呈正相关关系，当股票市场存在上涨的一致性预期时，杠杆资金的注入加速了投资者预期的实现；当市场出现调整状态时，去杠杆加剧了市场的波动性。

（二）卖空交易活跃但交易机制有待完善

自2010年以来，随着股指期货和融资融券业务的开展，中国股票市场开始引入做空机制，市场定价体制日趋完善。与之伴随而来的是，各类高频交易策略进入市场，如套利（期现套利、跨期套利、alpha套利等）、趋势交易等。高频交易需要“T+0”交易机制的支持，而融资融券标的股票、股指期货、ETF等均为其提供了交易品种。融资融券套利主要体现在，目前中国A股市场实行“T+1”交易制度，而融资融券业务可以成功避开“T+1”的制度要求，通过向证券公司借入股票卖出的方式，实现当日买入股票的盈亏。股指期货套利一般同时参与股票现货市场与股指期货市场的交易，并利用期货合约和对应现货指数之间的定价差异进行套利交易。ETF套利则一般通过ETF市场价格与基金单位净值之间存在的价差进行套利。中国股票市场也面临着交易频率更高、变化更复杂的市场交易环境。2015年6月以来的股市巨幅波动中，一方面，卖空交易和高频交易的确伴随着本轮股市巨幅波动出现，另一方面，也不能否认卖空交易在一定程度上发挥着修复市场定价机制的作用。

1. 期现货联动

以沪深300股指期货为例，在2015年6月中旬股市发生剧烈波动之前，IF1512合约的交易始终保持在持仓量不低于成交量的水平，且成交量一直维持在1万手以内，周间变动率较低且平稳（见图3-13）；在此期间，沪深300期现货一直保持着期货溢价或几乎平价的状态，此时，股指期货市场多方占主导位置（见图3-14）。随后，从2015年6月下旬开始，股指期货市场开始出现成交量远远超过持仓量的局面，日成交量最高达到2.99万手，是持仓量的2.36倍；从交易变化量的角度来看，股市波动期间股指期货市场的日间成交量也出现±10 000手的异常交易数据。从价差角度来看，股票市场开始出现沪深300现货溢价，且出现了价差持续加大的状态。当股指期货持仓量下降幅度达最大值（1 014手）前后，期现货价差也出现最大值，现货溢价690点。综合来看，在此次股市剧烈波动期间，股指期货市场的空头交易显著活跃，期现货市场联动，这是伴随股市波动的特征之一。

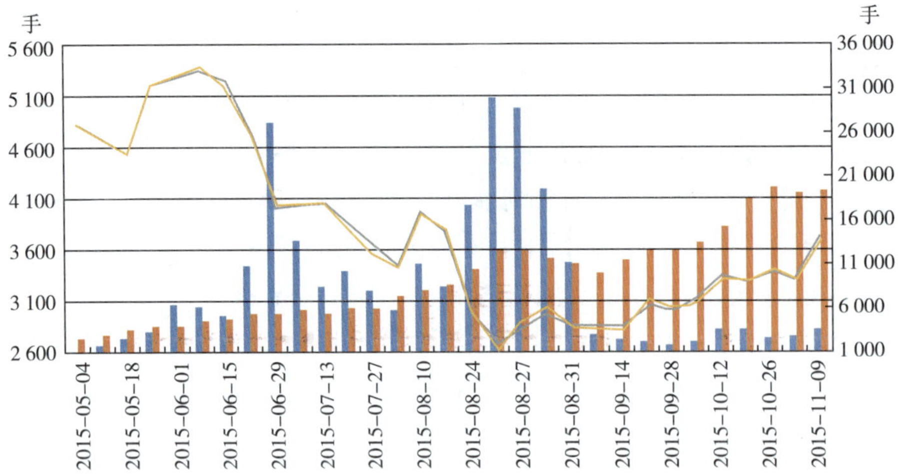

资料来源：Wind资讯。

图3-12　IF1512交易概况（全价）

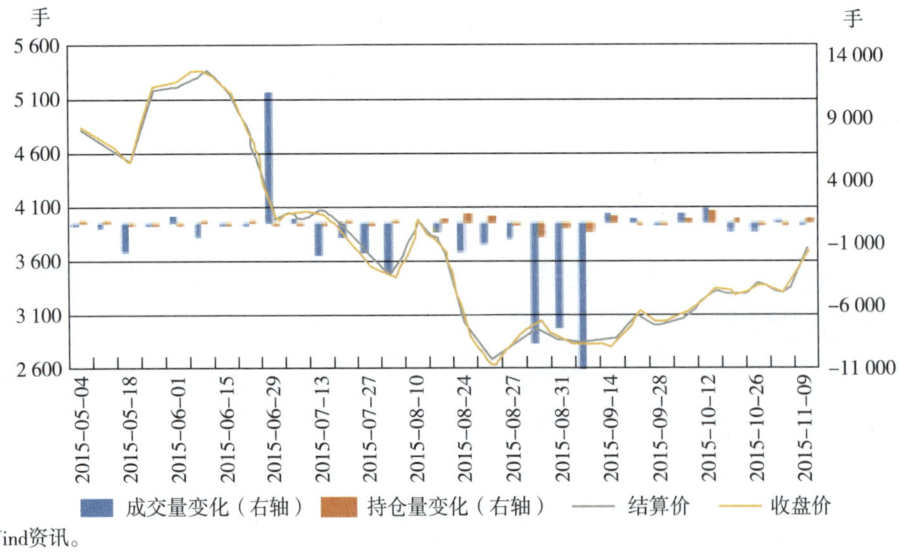

资料来源：Wind资讯。

图3-13　IF1512交易概况（差价）

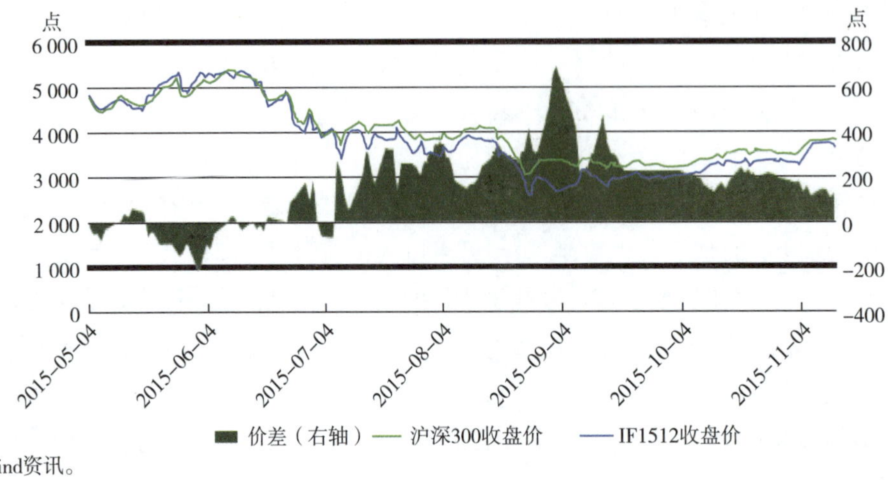

资料来源：Wind资讯。

图3-14　沪深300期现货价差

2. 融券做空

融资融券的日内做空机制与个股交易“T+1”制度上的不统一使不同投资者主体处于不平等的交易地位，参与融资融券的投资者通过这种隐性日内回转机制实现日内盈亏，投机者甚至可以通过频繁交易增加市场波动性，而中小型投资者只能通过下一个交易日实现投资盈亏。

以股市波动较剧烈的2015年6月26日为例，对893只融券标的股票的振幅与融券卖出交易量作散点图相关分析（见图3-15），可观察到融券卖出量与标的股票振幅基本呈现正相关关系，融券卖出量越大，该股当日振幅越明显。再以标的股票换手率与融券卖出交易量作散点图分析（见图3-16），同样得到两者的正相关性，当日融券卖出交易量越大，标的股票当日换手率越高，进而可以推测日内存在融资融券类型高频交易的可能性。

从另一方面，虽然融券交易引发了交易当日的交易频率以及震荡幅度加大，但从单日涨跌幅表现来看（见图3-17），融券卖出量越大的标的股票，当日跌幅反而有所收敛，我们从图3-17中可以发现，当日发生跌停的融券标的股票集中在交易量小于1 000万股的范围，而融券卖出量较大的标的股票未出现跌停现象，因此，可以推断做空机制在一定程度上也发挥了提高市场定价效率的功能。

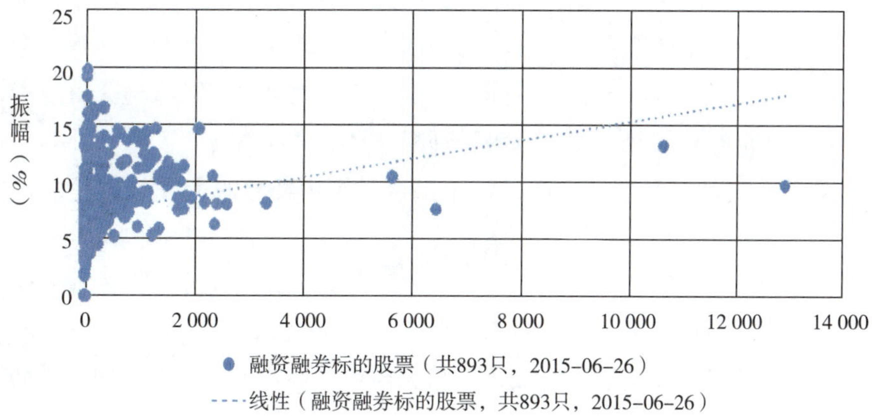

资料来源：Wind资讯。

图3-15　融券卖出量与标的股票振幅

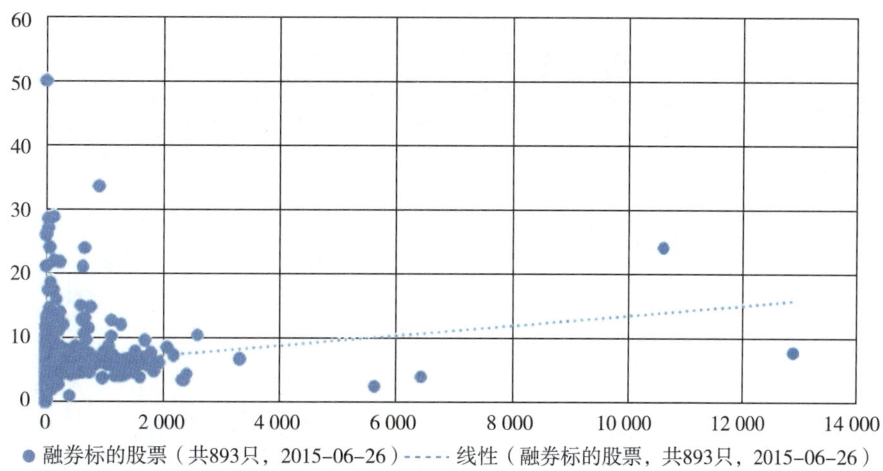

资料来源：Wind资讯。

图3-16　融券标的股票换手率与融券卖出量

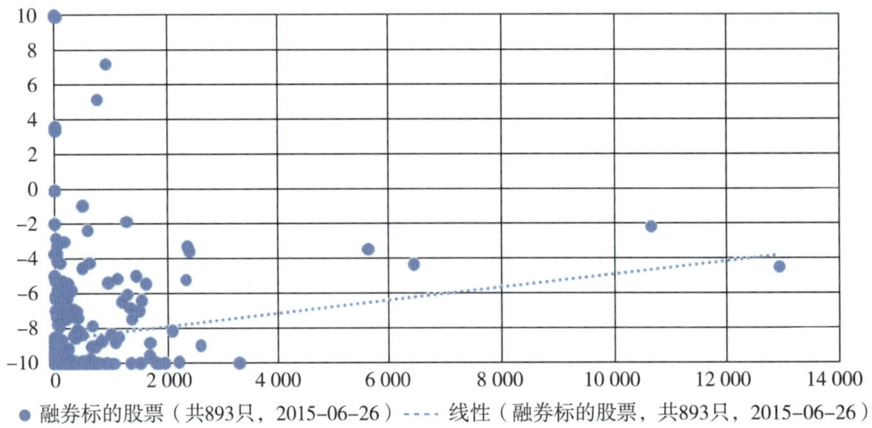

资料来源：Wind资讯。

图3-17　融券标的股票卖出量与涨幅

（三）跨行业联动特征明显

近年来，资产管理行业的不断创新使各金融机构之间的经营壁垒逐渐被打破，证券市场交易也开始形成跨市场关联、全行业联动的特征。这种联动关系主要体现在三个方面：一是证券业务的跨市场关联，如证券公司在向客户提供融资融券业务的同时，还需要从银行等金融机构获得融资，形成多重信用关系；二是产品的内生性全行业关联，如包含银行理财产品、券商集合资产管理计划、基金管理公司特定客户资产管理计划等在内的交叉型证券产品；三是金融机构经营的全行业关联，如金融机构牌照放开、交叉持牌而形成的金融控股集团。

以各金融机构披露的重仓股数据为例，2015年第二季度，信托与保险所持重仓股中有10股重合，占信托该季度所有重仓股个数的10.10%，与券商重合17股（占17.17%），与基金重合14股（占14.14%），与阳光私募重合35股（占35.35%）。其余各类金融机构所持重仓股中也存在不同程度的重合，其中，保险与基金所持重仓股重合只数最多，有170股，占基金所有重仓股个数的29.82%。这一统计间接反映出不同类型金融机构在股票市场投资行为的相似性，也反映了不同机构在业务类型方面存在着全行业关联的交叉性业务及产品。

表3-1　2015年第二季度各类金融机构重仓股重合统计

	信托	保险	券商	基金
保险	10			
券商	17	78		
基金	14	170	77	
阳光私募	35	121	159	103

资料来源：由Wind资讯数据整理而成。

从各金融机构持有基金行为的角度来看，可以发现各类金融产品的相关度正在不断提升。资产管理行业的业务准入标准不断放开，从扩大投资范围、降低行业的准入门槛、减少相关比例的限制等方面，打破了券商、保险、银行、基金、信托乃至私募基金之间的业务壁垒，直接带来泛资产管理行业格局的市场化的重构。以基金机构披露关联方持基比例为例（见图3-19、图3-20），2015年第二季度，银行资产管理计划持有相关基金资产平均达5.34%，资产管理公司持有相关基金比例均值达9.06%，其他类型机构资产管理计划持有相关基金比例平均达4.81%。再从基金行业的机构投资者持股数据角度来看（见表3-2），2015年第二季度券商及其资产管理计划对基金持仓128.50亿份，平均各家（计划）持仓达6 238.06万份，占基金总份额的3.34%。保险行业对基金产品的持仓也高达583.97万份，平均各家保险公司（或计划）持仓比例达6.77%。这使得当股市出现波动时，各行业各类型金融机构投资相关度提高，金融机构整体潜在的系统性风险加大，同时，某一类机构的行为也会对其他机构的持仓决策及行为产生影响，进而加大了股市波动时的负反馈幅度。

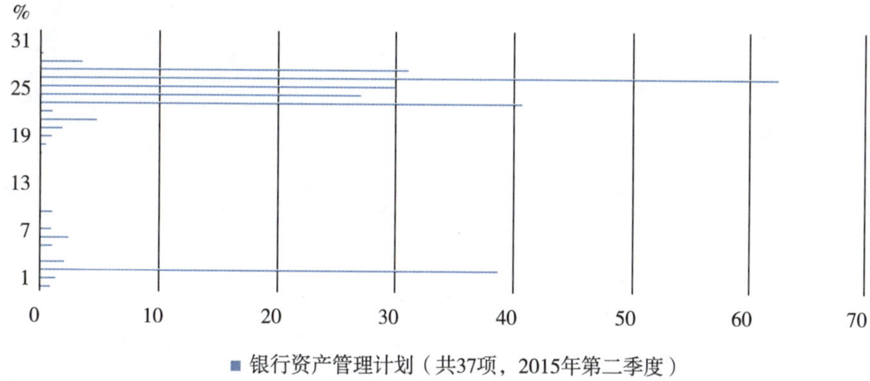

资料来源：由Wind资讯数据整理而成

图3-18 银行资产管理计划占关联方持有基金比例

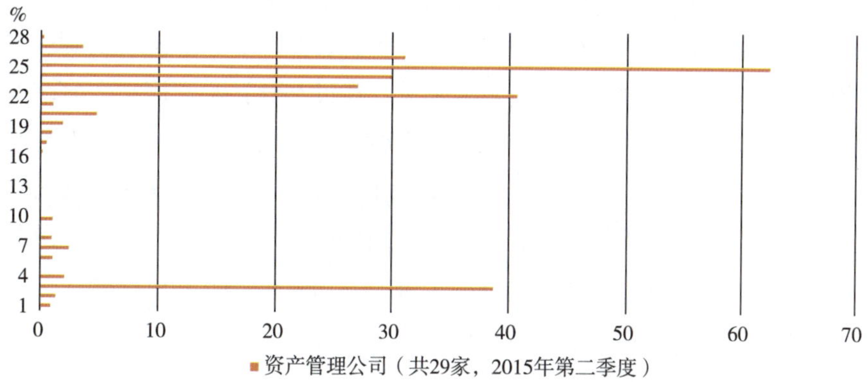

资料来源：由Wind资讯数据整理而成。

图3-19 资产管理公司持关联方基金比例

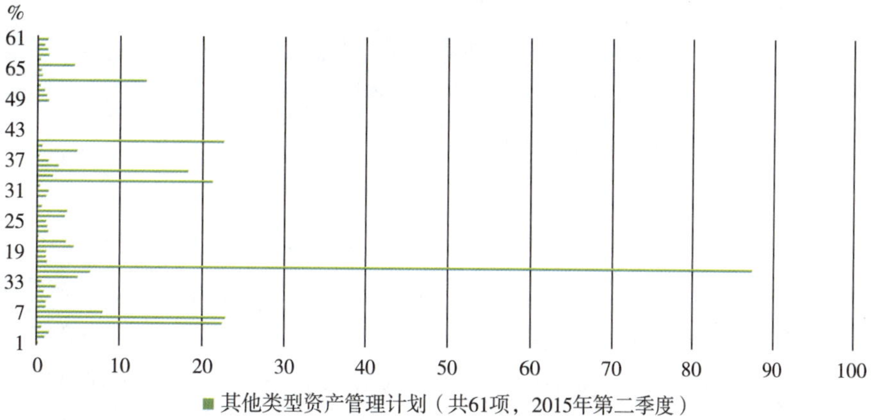

资料来源：由Wind资讯数据整理而成。

图3-20 其他类型资产管理计划占关联基金比例

表3-2 上市基金持有人（按金融机构类型）

	持有基金数量（总计，亿份）	平均持仓数量（万份）	平均持仓比例（%）	平均持仓比例增减（%）
券商（含券商资产管理计划）	128.50	6 238.06	3.34	1.25
基金（含基金资产管理计划）	297.69	17 510.98	26.98	-2.35
保险（含年金计划及资产管理计划）	583.97	42 938.83	6.77	1.28
私募证券投资基金	0.85	1 058.11	2.76	3.33

资料来源：由Wind资讯数据整理而成。

第二节　对本轮中国股市剧烈波动的原因分析

一、股市剧烈波动与基础交易制度

（一）融资融券结构失衡

在中国建立股票市场之后相当长的时间内，可以说股票市场里基本只存在股票一种投资交易工具，市场结构单一，缺乏风险对冲的交易工具与机制，2010年融资融券业务的设立是对资本市场的创新，其初衷是为投资者提供风险对冲的工具。从理论角度来看，在没有融券业务机制之前，投资者无法根据市场风险变动情况主动调整资产结构，只能通过抛售已有股票的方式来表达对未来市场的预期，而这进一步加大了市场波动的可能性。在具有融资融券机制后，无论市场未来的预期是上涨还是下跌，投资者均可以在自身投资组合中加入融资或融券，来对冲组合风险，减少投资波动。从理论预期方面来看，融资融券业务提供了更加灵活的投资方式，同时也提高了资金利用效率和证券市场流动性。尤其是融券业务的卖空机制，如果作用发挥到位，就为投资者提供了合适的避险工具，有利于市场均衡价格的发现，弥补中国证券市场“单边市”的非成熟状态。

然而，从实践的角度来看，融资融券的两大特征决定了对融资融券业务自身的风险控制要格外注意，如果风险控制不当，则会适得其反。

一方面，融资融券交易具有杠杆效应。客户从证券公司借入资金和证券，将本金和杠杆融资投入证券市场，扩大了交易规模。杠杆融资交易规模与股票市场行情呈正相关关系，当股票市场存在上涨的一致性预期时，杠杆资金的注入加速了投资者预期的实现；当市场出现调整状态时，去杠杆加剧了市场的波动性。

另一方面，融资业务与融券业务的结构也决定了该机制能否实现风险对冲和价格发现功能的正常运行。就中国目前情况而言，相比于融资渠道，证券公司的融券渠道更为狭窄，仅限于900只股票和ETF（见表3-3），仅占上市公司股票的32%，而相比于其他的国家和地区（美国为93%，中国台湾地区为78%）的融资融券业务，可融券的标的占比相对过低。相比而言，在欧美发达市场，融券标的不仅包括大盘蓝筹股，同时也包含中小盘股票，不同的融券标的满足了客户对不同类型融券的需求，也扩大了股票价格发现的范围。此外，对冲机制和转融券机制不完善，由于缺乏对冲工具，证券公司的自有资金一般通过购入沪深300成分股用于股指对冲，这意味着投资者实际能够融入的标的券更少。转融券机制方面，欧美发达市场对融券期限的设定较为灵活，但国内市场仅设定5个固定期限，且仅有机构客户才能向证金公司出借证券，使得该业务缺乏自由度和吸引力，致使市场转融券出借规模较小。

表3–3 融资融券标的股票几次主要调整变化情况

单位：只

事件日	公告日	融资融券标的股票	增加标的股票
2010–03–31	2010–02–12	90	90
2011–12–05	2011–11–25	278	188
2013–01–31	2013–01–25	500	222
2013–09–16	2013–09–06	700	200
2014–09–22	2014–09–12	900	200

2015年以来股票市场的大幅波动现象，反映出目前市场对融资融券业务风险控制程度不足。在两融总规模呈高倍速增长的背景下，两融业务的结构发展是极其不平衡的，融资业务井喷式发展，而融券业务却发展缓慢。就增速而言，融资业务从2014年年初至两融规模达到峰值之时，其规模增长达到503%，而相比之下，融券业务仅增长148%。当2015年6月末股市发生大幅波动时，融资规模的下降幅度为36.5%，而融券规模的下降幅度为57.5%。融券在市场下跌时波动更大，未能实现有效对冲，反而加剧了市场卖空压力。就融资融券比值而言，截至2015年7月，融资余额与融券余额的比率最高达500倍，年均也高达200倍左右，相对于国际上其他证券市场而言，中国A股市场融资与融券规模比率过高。以日本为例，融资规模仅是融券规模的4.38倍，而中国台湾地区约为5.68倍。这说明中国融资融券交易虽然发展迅速，但结构发展不平衡，往往难以有效发挥避险对冲的作用，而投资者更多倾向于通过融资渠道实现杠杆交易。在中国证券市场存在阶段性的“单边市”的状态下，融资融券现阶段实际上未能起到市场稳定器的作用，反而助推了股票市场的快速上涨和下跌，加剧了市场波动。从根本上讲，融券交易发展迟缓使得融券本应起到的市场对冲风险作用有限，远小于融资交易的杠杆负反馈影响，因而加剧了市场风险。

（二）股指期货的再认识

从2015年6月15日至今，伴随着上证综指的大幅震荡，股指期货作为风险管理、风险转移的市场工具，再次被放到了风口浪尖。以股指期货为代表的金融衍生品市场，是20世纪70年代布雷顿森林体系瓦解后的重要创新，历经40余年的发展已成为资本市场最重要的风险管理工具和金融市场基础设施中不可或缺的重要组件，是一个金融市场核心竞争力与话语权的重要载体。

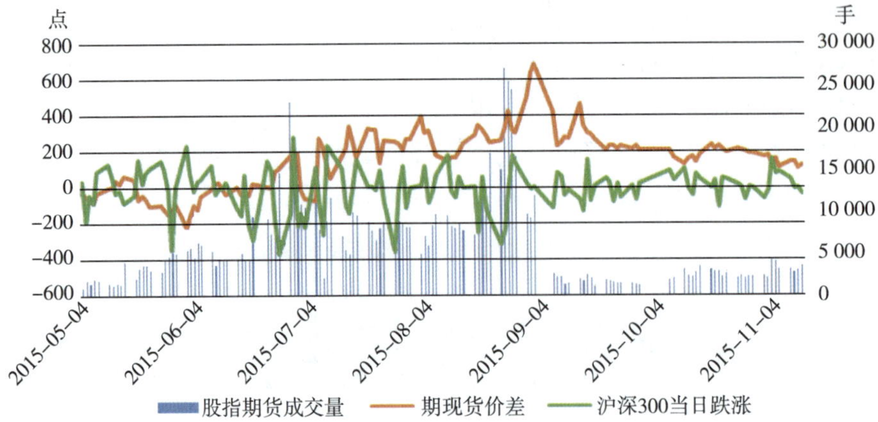

资料来源：Wind资讯。

图3-21　股指期货交易与现货市场涨跌

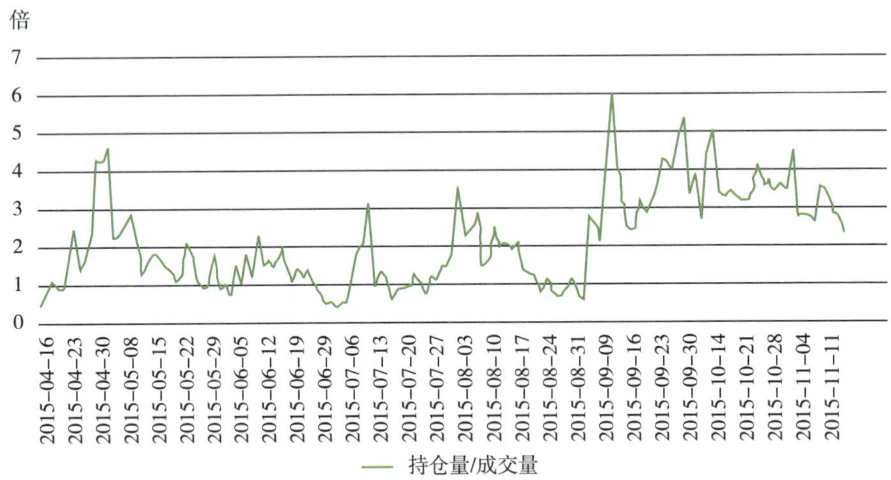

资料来源：Wind资讯。

图3-22　股指期货持仓量/成交量比率

尽管我们在本轮股市巨幅波动中发现在波动幅度较大的当日，期现货联动现象较为明显（见图3-13），有高频交易的可能性存在；但从一段时间内观察，市场状态涨跌是伴随着期现货价差调整存在的（见图3-21），股指期货在一定程度上发挥着市场价格发现的作用。从持仓量与成交量的比率来看，除了股市极端波动的几个交易日外，在股指期货整体运行区间范围内，持仓量/成交量基本保持1：1甚至大于1的情况（见图3-22），说明在股指期货市场所进行的看空投资者与看多投资者的交易比例相当，一定程度上发挥着价格发现的功能。从持仓结构看，中国股指期货市场的空头持仓主要是机构投资者的套期保值持仓，此类套保空头持仓的目的不是打压市场，反而有助于缓解股市抛压、提高股市稳定性。机构投资者的空头套保持仓没有打压市场，反而有助于缓解股市抛压、提高股市稳定性，这可以从以下几个方面理解：

第一，机构参与股指期货主要是进行套期保值，空头持仓对应着其持有的股票现货。机构投资者通过持有期货空仓管理了现货价格风险，提升了其持有股票现货的信心，在市场下跌时不需要抛售股票。

第二，机构投资者空头持仓规模远小于其股票市值，整体上仍是净多头。以2015年6月15日股市大跌时为例，参与股指期货交易的证券公司合计期指空仓金额为1 203.78亿元，而合计持有A股现货市值达2 598.69

亿元，多空比例是2.16：1。

第三，机构套保持有空仓是为了管理现货风险，投机多头承接了套保空头，进而承接了转移而来的现货风险。股指期货市场始终自身多空平衡，没有给股市施加压力，反而承接了股市抛压。据统计，2015年6月15日至7月31日，股指期货日均吸收的净卖压约为25.8万手，合约面值近3 600亿元，这相当于减轻了现货市场3 600亿元的抛压。

另外，中国股指期货的合约设计、交易机制、交割结算等制度及措施，基于审慎的考虑，较之许多海外市场，更能防范、隔离和化解市场操纵风险。一是股指期货标的指数结构分散、市值较大，指数抗操纵性强。沪深300、上证50、中证500指数总市值分别占A股市场总市值的46.55%、24.75%、11.76%；三个指数成分股集中度不高，沪深300、上证50、中证500指数前10大成分股权重一般分别维持在35%、65%、7%左右，与境外KOSPI200指数等指数的股份权重高度集中形成了鲜明对比。二是股指期货合约面值较大，不易操纵。沪深300、上证50、中证500股指期货合约面值分别约为90万元、60万元和130万元，在全球范围内与同类股指期货合约比较，都属于规模较大的股指期货产品。三是交割价计算机制强制期现价格收敛，股指期货并未走出“独立行情”。股指期货合约按照最后交易日标的指数的最后两个小时的算术平均价作为交割结算价，这样的设计使得期指合约的最终走势取决于股票现货市场的走向，两者价格最终将收敛，有效增加了操纵的难度。此外，在股指期货上成功引入现金交割、分层结算、适当性制度、跨市场监管等制度及措施，有效防范、隔离和化解风险，没有出现强平、强减等情形，交割期间期现货市场价、量均保持平稳，没有出现“上蹿下跳”的“到期日效应”。

股指期货在海外市场已经成功运行多年，中国股指期货推出至今，持续健康成长，功能逐步发挥，实际上它并不应该作为因做空中国股市而受到批判的金融工具，而应作为逐渐成长中的中国股市稳定器之一。我们不应因可能出现的个别做空案例而全面否定卖空机制，应在完善监管制度的基础上充分发挥卖空机制为市场提供的自我稳定机制。这一次中国股市的大震荡，恰恰反映出了风险管理能力是市场短板，而股指期货正好发挥了这样的风险管理作用。

（三）熔断机制与“磁吸效应”

熔断机制是指当股指波幅达到规定的熔断点时，交易所为控制风险采取的暂停交易措施。它最早起源于美国，在1987年美国股市遭遇“黑色星期一”之后，美国证券与期货部门为防止类似股灾重演而引入了熔断机制。当时的熔断机制规定，当道琼斯工业指数下跌超过250点时，暂停交易一小时；当道琼斯工业指数下跌超过400点时，暂停交易两小时。2012年5月31日，美国商品交易委员会对指数熔断机制进行了修改，用标普500指数取代道琼斯工业指数作为熔断基准指数，同时将熔断阈值修改为7%、13%和20%三档。自实施熔断机制以后，美国股市到目前为止再也没有发生过类似“黑色星期一”那样的股灾，熔断机制在保证美国股市整体相对稳定、防止出现非理性股票价格波动以及系统性的恐慌和暴跌方面确实发挥了积极作用。目前，除美国外，日本、法国、韩国、新加坡等国的证券市场都引入了熔断机制，并取得了相应的效果。在2015年中国股市发生异常波动以后，中国证监会开始启动中国版的熔断机制方案设计和研究，并在2015年12月4日由上海证券交易所、深圳证券交易所和中国金融期货交易所三家交易所发布了熔断机制相关规定。与境外市场熔断机制相比，中国A股市场指数熔断机制具有如下特点：一是指数熔断第一档阈值较低。中国熔断机制规定，当日内基准指数较上一交易日收盘价涨跌幅度达到5%就要实施第一次熔断，与美国的7%、韩国的10%且持续1分钟和印度的10%相比处于较低的水平，加上中国股市的波动性也较高，中国触发第一次熔断的可能性要高于其他国家。二是两档熔断阈值间的间距较小。中国指数熔断机制设置了两档熔断，两档熔断阈值间距仅为2%，远低于美国市场的第一档间隔6%、第二档间隔7%以及印度市场5%的间隔。三是最后一档熔断阈值设置过低。中国熔断机制设计该幅度为7%，而美国和印度均为20%，最后一档熔断的发生往往意味着交易暂停将持续到当天交易时间结束，这意味着中国触发全天暂停交易的概率要更高。四是熔断的时长占日交易总时间的比例较高。虽然中国的熔断时长与美国和印度一样，但由于中国股市交易时间相对较短，同时中国最后一档熔断阈值较低，触发熔断后暂停当日交易概率更大，因此，中国股市熔断暂停交易时长占交易总时间的比例更高。综合以上因素，在熔断机制设计上，中国触发熔断的门槛较其他国家更低，或者说更容易触发熔断。

与熔断机制密切相关的一个概念是"磁吸效应"，它是指实行涨跌停和熔断等机制后，证券价格将要触发强制措施时，同方向的投资者害怕流动性丧失而抢先交易，反方向的投资者为等待更好的价格而延后交易，造成证券价格加速达到该价格水平的现象。市场表现为涨跌停和熔断的价位附近存在"磁吸力"，所以称为"磁吸效应"。美国在1987年引入熔断机制时一些学者就曾预测这可能引发"磁吸效应"，后来包括Fama、Telser在内的学者从理论上对熔断机制的磁吸效应进行了论证。在此之后，国内外学者也利用各国数据进行实证研究，大多数都支持磁吸效应的存在，但也有少数研究持相反结论。在中国，由于投资者以散户为主，羊群效应更为突出，加上A股实行"T+1"交易制度，同时在熔断机制设计上触发熔断的门槛较低，两档熔断阈值间隔较短，因此理论上的磁吸效应更为突出。对此，厦门大学金融工程研究中心陈蓉教授带领的期权研究小组在三家交易所公布熔断机制方案后对熔断机制的磁吸效应进行了研究，并对中国熔断机制档位设计的合理性以及熔断机制对股指期货波动限制的影响进行了预测，认为由于两档熔断阈值间隔较低，在触发第一档熔断并恢复交易后可能会加速上涨或下跌至7%的幅度，变相提高了涨跌幅度达到7%的概率。在中国指数熔断机制正式实施以后，其在A股市场的运行情况基本印证了陈蓉教授的判断。在2016年1月4日中国推出熔断机制的首日，沪深300指数在下午开盘不到15分钟触发第一档熔断，在恢复交易后不到7分钟即触发第二档熔断，全天交易结束（见图3-23）；在2016年1月7日早盘开市不到15分钟沪深300指数即触发第一档熔断，在恢复交易后不到3分钟即触发第二档熔断，当日结束（见图3-24）。从事后分析来看，在2016年1月4日和1月7日两个交易日，虽然市场上存在大小非减持限制到期政策以及离岸市场人民币汇率波动的影响，但熔断机制的磁吸效应被认为是加剧市场剧烈波动的重要因素之一，在权衡利弊后监管部门决定暂停熔断机制。

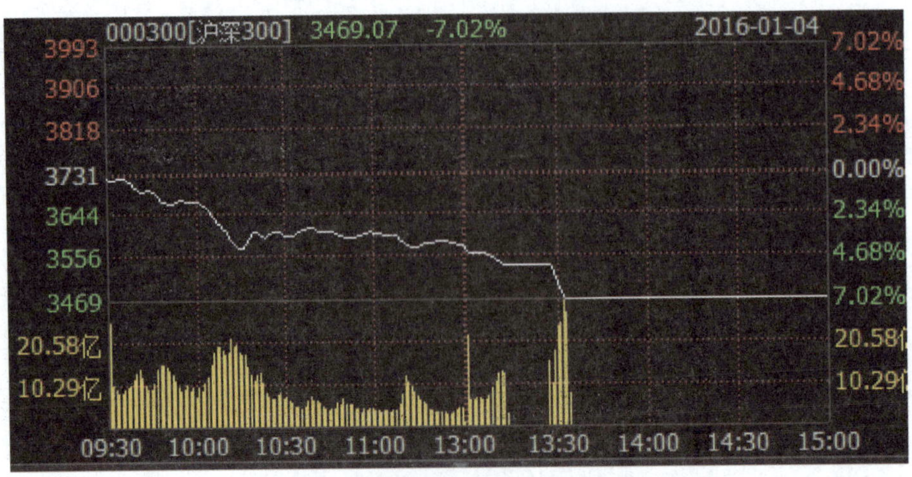

图3-23　沪深300指数2016年1月4日分时数据

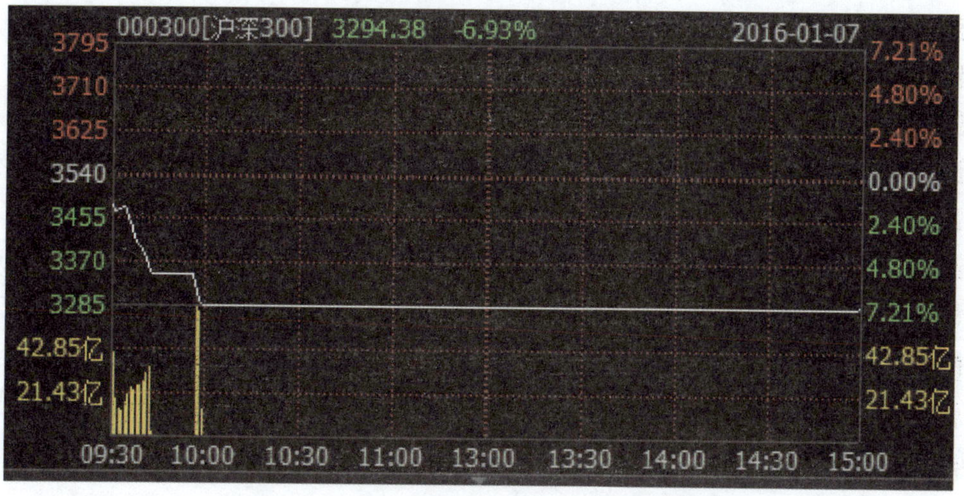

图3-24　沪深300指数2016年1月7日分时数据

二、股市剧烈波动与金融监管

（一）场外配资监管缺失

不同于场内融资融券配资处于实时监控中，场外配资公司配资业务具有隐蔽性，其风险在于杠杆比例和杠杆规模等因素的不可测和不可控，以及杠杆资金的流转不清晰和不实名，从而影响监管层对整个金融体系中的金融杠杆判断以及系统性风险的防范。尤其是近年来新兴起的互联网融资借贷，具有参与主体多样化，业务模式差异大，网络借贷跨行业、跨区域等新型特征，进一步加剧了潜在的风险传染性和监管的难度。因此，在监管部门清理场外配资的过程中，由于对场外资金进入股票市场的规模估计不足，清理场外配资引发的账户强制平仓进一步引起了流动性风险加大，短时间内大规模出售股票资产引发资产价格下跌，更广泛的投资者和金融机构间接受到影响，导致了资产价格螺旋式下跌和金融全行业的系统性风险加大。

反思近期A股市场的场外配资高杠杆业务对股市波动的负反馈效应，与2008年国际金融危机中投资银行在监管宽松的场外市场（OTC）进行的高杠杆衍生品业务操作，引发市场螺旋式下跌的情况具有相似性。由于OTC金融衍生品市场极低的透明度与监管缺失，造成参与交易的金融机构对交易对手的实际交易头寸情况一无所知，交易所及结算机构也无法了解市场实际交易头寸与杠杆比例的真实情况。一旦一家交易商出现流动性问题，就会出现连锁反应。在国际金融危机之后，国际主要金融市场认为对于场外衍生品市场的监管重在解决清算问题，建议引入中央交易对手（CCP）。相似地，在解决场外配资的监管问题上，可参考中央交易对手的思路。第一，将创新型金融机构统一纳入会员平台，在交易之初，会员须缴纳足额保证金，并在交易过程中根据每日盯市的结果，重估头寸价值，及时追缴变动保证金。第二，采用多边净额结算制度，所有交易均通过中央交易对手完成，实行净额结算，降低总风险暴露头寸。第三，采用共同分担损失机制，当市场极端情况发生，保证金无法覆盖参与者违约行为引发的CCP损失时，CCP可动用储备资金进行风险覆盖，避免引发市场进一步波动。第三，由于所有交易对手均与CCP完成，CCP可以收集大量市场交易活动、风险暴露以及杠杆情况的高频数据，从而从微观数据方面估计市场总体运行情况，便于监管层面在实施监管调控时估计政策实施后的程度如何，不会发生市场过度反应或者反应不足的情况。

此外，互联网金融方面的监管缺失也同样值得反思。互联网金融所具有的一项特殊风险是“长尾风险”。其长尾特征体现在，由于互联网金融拓展了交易的可能性边界，服务了大量不被传统金融渠道覆盖的人群，即具有不同于传统金融的风险特征。首先，互联网金融服务人群的金融专业水平、风险识别和风险承担等特征差异性大，非理性情绪是其作出投资决策的重要影响因素。其次，参与互联网金融的投资者投资额度偏小，投资范围分散，作为个体投入精力监督互联网金融机构的成本远高于收益，一方面导致“搭便车”的特征突出，另一方面也使金融机构接受监管力度不足，更容易集聚金融系统性风险。最后，一旦互联网金融机构出现风险，从涉及的参与者人数角度来看，对社会的负外部性更大。因此，监管部门对于互联网金融机构的持续监管是亟待完善的。

（二）金融行业联动特征与分业监管制度的不匹配

随着金融业务的创新和产品的创新，以及互联网金融的发展，金融机构间的功能边界逐渐模糊，不同类型的金融机构能够提供功能相同或相似的金融产品或服务，按机构类型进行分业监管容易产生监管标准不统一与监管真空的情况，使监管套利问题非常突出，形成金融体系的潜在风险隐患；特别是在分业监管体制下，不同监管者之间沟通和信息交换不充分，就会显著削弱监管部门对整个金融市场的监测能力，无法及时发现影响金融稳定的因素，这也会极大降低危机时期的沟通效率。从操作角度来看，分业监管也会明显增加整个金融体系的运行成本，金融机构往往需要用不同的格式向不同监管者报送大量数据，难以形成信息的充分共享。2008年国际金融危机以后，中国“影子银行”体系的快速发展也是一个典型的例证。此次股市动荡中，金融市场间的不同部分实际上已经形成了紧密的联系，但是基于分业为特征的监管体制，在制定市场动荡的对策时，缺乏覆盖各个不同金融市场的完整信息，制约了决策的效率和针对性。

此外，与金融业务全联动同时出现的是，不同类型金融机构之间的相互风险敞口正在逐步加大，这使得金融风险在危机时刻传递更加迅速和普遍，如果监管协调力度不足，在分业监管体制下独立的金融监管机构在风险识别和风险防范方面必然显得力不从心。例如，在本轮股市大幅波动前，银行资金通过多种渠道和形式进入股市，证监会和银监会等单一监管机构实际上都难以掌握这些资金的确切数据以及杠杆率水平；在股市暴跌的过程中，监管部门常常缺乏对这些数据及其影响的客观评估，各种猜测很容易通过互联网在市场中快速传播，这进一步加剧了市场恐慌和波动；而在救市进程中，各个监管部门的反馈和步调如果协调不力，就容易使得救市错过恰当的时点，可能导致市场风险不断恶化。

资产管理行业的不断创新使各金融机构之间的经营壁垒逐渐被打破，证券市场交易也开始形成跨市场关联、全行业联动的特征。与金融机构跨市场关联、全行业联动现象形成鲜明对比的是混业监管改革的迟滞。目前，分业监管的局面使得交叉业务领域发生风险时，出现监管职责划分不明确的现象。监管标准的差异、监管分工不明确成为配资主体进行股市投机套利的原动力。不同监管部门对监管范围内的机构和业务进行监管，由于缺乏监管协调，不同机构和业务的监管存在较大的不一致性，带来了巨大的监管套利空间。例如，当前券商和基金公司资产管理业务的监管要求相对较为宽松，银行体系、信托类金融机构的资产管理业务监管较为严格，而以P2P借贷平台为代表的互联网融资平台的监管还处于真空地带。

就此次股票市场的波动来看，场外配资渠道的多样化，包括银行理财资金、伞形信托、私募基金配资模式、员工持股计划配资模式等使得不同类型的金融机构业务相关性大幅度提高。因此，在监管方面也应顺应金融市场的发展方向，在具体的监管框架改革趋势上，重新整合中央银行与不同领域监管机构的功能，发挥中央银行在应对金融危机中的主导作用，加速金融监管改革的转型，宏观审慎与微观审慎双管齐下，功能监管与机构监管并重。此外，利用互联网时代的大数据技术特征，实现银行、证券等监管领域数据的整合和共享，通过高效分析手段及处理技术，降低跨领域监管成本与难度，使跨领域合作与监管成为可能。

第三节　境内外股灾救市政策回顾与分析

从特定角度评估，较大规模的股灾实际上可以说是一种系统性的金融风险。为了避免股灾造成的资本市场功能失灵，同时防止由股市危机演变为系统性金融危机甚至经济危机，在股票市场出现剧烈波动时，政府采取一定措施对股市进行干预，促进市场功能恢复，已经成为国际上通行的做法。为了更好地评估本轮股灾中政府救市政策的影响，本节系统梳理境外历次股灾救市情况以及自中国股市成立以来的各种主要救市措施。

一、境外历次股灾救市政策综述

1720年法国密西西比股灾和英国南海股灾是自世界股市建立以来发生的最早股灾。在此之后的两百多年里，几乎每一个拥有股市的国家和地区都发生过股灾，而几乎所有的国家和地区在股灾爆发过程中或在股灾爆发后均采取了相应措施，或对股市进行直接干预，或者在股灾后对金融体系进行改革。在众多的股灾及救市政策中，美国1929年、1987年、2001年和2008年爆发的股灾及救市政策最有代表性，同时日本1989年以及中国香港1997~1998年爆发的股灾及救市措施值得研究，对完善中国股灾应急救市措施，防范股市系统性风险具有一定借鉴参考意义。为了更好地归纳和总结境外政府对待股灾的救市态度，笔者通过表格对比的形式对境外历次重要的股灾发生的背景、股灾期间股市的跌幅、政府救市的政策以及救市以后的效果进行简要汇总（见表3-4）。

表3-4　境外历次股灾及政府救市情况汇总分析

股灾发生时间	股灾发生背景	股灾期间股市跌幅	股灾期间救市或后续改革措施	救市效果及后续影响
美国：1929年“黑色星期二”	1. 第一次世界大战以后，美国经济迅速恢复，道琼斯工业平均指数从1921年6月的60余点涨到1929年9月的最高点381点，涨幅高达5倍多。 2. 当时美国政府对股市实行自由放任政策，缺乏专门的证券法规和监管机构，	1. 最大区间跌幅：1929年10月21日至10月29日，道琼斯工业平均指数一周跌幅为30.97%。 2. 最大单日跌幅：1929年10月28日和29日，股市当日跌幅分别为13.47%和11.73%，其中10月29日史	1. 市场自主救市：纽约数家主要银行组成“救市基金”，纽约证券交易所总裁理查德·韦尼亲自购入股票。 2. 政府表态：胡佛总统发表文告说：“美国的基本企业，即商品的生产与分配，是立足于健全和繁荣的基础之上的”，力图以此刺激新一轮投资。 3. 股灾以后：通过了在金融监管史上具有里	由于银行资金大量进入股市，1929年至1933年美国超过五分之一的银行倒闭，货币供应收缩，美国经济社会由股市危机转为经济危机，进入“大

续表

股灾发生时间	股灾发生背景	股灾期间股市跌幅	股灾期间救市或后续改革措施	救市效果及后续影响
美国：1929年“黑色星期二”	内幕交易、联合坐庄等丑恶现象盛行。 3. 股市赚钱效应导致杠杆交易、信用交易，银行资金可以自由进入股市，杠杆比率甚至高达1：10。	称“黑色星期二”。 3. 最大累计跌幅:1932年7月8日，道琼斯工业平均指数最低达到40.6点，与1929年9月最高点比跌幅近90%。	程碑意义的《格拉斯–斯蒂格尔法案》，要求投资银行和商业银行分业经营，避免股市崩溃直接冲击商业银行体系，进而导致连锁反应。 4. 放弃自由不干预政策，相继通过《1933年证券法案》和《1934年证券交易法案》，并成立美国证券交易委员会，构建证券监管体系。	萧条”。
美国：1987年“黑色星期一”	1. 20世纪80年代初，美国政府实施“新经济政策”，全球资本进入美国股票市场，截至1987年8月底，道琼斯工业平均指数相较1984年的最低点上涨254%，当年累计涨幅45%。 2. 1987年10月18日，美国财长宣布美元或主动贬值，加上上市公司并购税收优惠取消、海湾战争升级的传言等坏消息的冲击，叠加3~9月联邦基金利率上调的影响，美国股市开始调整。	1. 最大期间跌幅：1987年10月6日至10月14日，道琼斯工业平均指数跌幅为34%。 2. 单日最大跌幅：1987年10月19日，道琼斯工业平均指数跌幅为22.61%，史称“黑色星期一”。 3. 累计最大跌幅：以1987年8月25日最高点2 736.60与1987年10月20日最低点1 616.21计算，最大跌幅为41%。	1. 政府声明：1987年10月20日开盘前美联储发表紧急声明，已准备就绪为支撑经济和金融体系提供流动性，支持商业银行为股票交易商继续发放贷款。里根总统和财长贝克均表示，“这次股市崩盘与美国健康的经济是不相称的，美国经济非常稳定”。随后，在1987年10月20日美联储大量购买政府债券并降低利率，1987年11月4日降息，同时宣布联储立即向银行注资。 2. 保证贷款续贷：美联储鼓励金融机构与客户共渡难关，特别是商业银行对经纪商和交易商的贷款不能断。由于美联储流动性供给承诺，各州主要商业银行马上宣布降低优惠利率，增加证券贷款，保证客户资金需要。 3. 美国政府向多家大公司提供资金回购股票。在股灾发生的一周内，约有650家公司宣布在公开市场上回购公司的股票，且大部分发生在“黑色星期一”当天。 4. 美国政府与各主要国家协调汇率政策，干预外汇，稳定美元汇率。 5. 阻断程序化交易的恶性循环。1987年10月20日中午，芝加哥商品交易所和期货交易所相继暂停交易，SEC随后引入熔断机制。	市场恐慌情绪逐渐缓解，1987年10月20日以后股市开始反弹，并在两年后回到1987年的高点。1987年股灾后，美国股市上涨更多的是受盈利上升的驱动，估值提升不多，原因在于暴跌后市场重回理性。
中国香港：1997~1998年亚洲金融风暴	1. 受益于国内改革开放以及香港回归，中国香港地区经济在20世纪90年代初保持高速增长，1997年8月7日恒生指数创造16 673点的历史新高，较1990年的2 918点，涨幅达到471%。 2. 由于美元加息，“热钱”纷纷从东南亚国家流出，泰国、菲律宾、印度尼西亚和马来西亚相继放弃固定汇率，中国台湾主动开始贬值，中国香港成为索罗斯等国际炒家攻击的目标。 3. 1997年10月，国际炒家纷纷围攻中国香港，分别做空港股和港元。	1. 最大期间跌幅：1997年10月7日至10月28日，恒生指数下跌5 716点，累计跌幅达38.69%。 2. 单日最大跌幅：1997年10月23日和28日跌幅分别为10.4%和13.7%。 3. 累计最大跌幅：从1997年8月13日至1998年8月13日，一年间累计跌幅近60%。	1. 中国香港政府和金管局直接进入股市。香港金管局动用约1 200亿港元外汇基金购买恒生指数成分股和股指期货。 2. 香港金管局直接进入汇市，稳定汇率和利率。香港政府用外汇基金买入港元，同时把买到的港元存到香港银行，使得机构投资者从银行借走的港元能够得到补充，使港元的供求平稳，汇率和利率保持稳定。 3. 限制恶意卖空行为。8月31日到9月7日，香港政府、金融管理局分别颁布限制卖空和外汇、证券交易和结算的新规定，使炒家的投机大受限制。香港政府限制放空港元，将股票和期货的交割期限由14天大大减少为2天，裸卖空受到极大限制。为了降低期指的杠杆作用，香港政府将每张期货的面值由5万港元/万点提升到12万港元/万点，香港政府还将持仓申报的限额从500单位降为250单位，加设空头未平仓合约的申报机制，使得金融炒家暴露身份。	1. 市场信心逐步恢复，恒生指数逐渐企稳回升，到1999年7月重上14 000点。 2. 中国香港政府的直接入市干预维护了香港金融市场的稳定，非常时期的大规模救市更是在十年之后的国际金融危机中成为各国政府普遍的选择。

续表

股灾发生时间	股灾发生背景	股灾期间股市跌幅	股灾期间救市或后续改革措施	救市效果及后续影响
日本：1990年至1991年泡沫经济型股灾	1. 1985年9月"广场协议"造成日元大幅升值，日本中央银行为应对经济下滑的风险，采取过于宽松的货币政策，造成严重的资产泡沫，日经指数从1985年12月的13 113点上升到1989年12月19日的38 915点，涨幅近2倍。 2. 1989年，日本政府为抑制泡沫经济，采取紧缩性货币政策，连续5次提高官方利率，加上1990年的海湾战争爆发，日本股市大挫，1992年8月18日日经指数跌至14 304点。	1. 较大期间跌幅：1990年2月9日至4月12日，日经指数跌幅达25%；1990年7月23日至10月1日跌幅达37.6%。 2. 最大单日跌幅：1990年4月2日跌幅为6.6%。 3. 累计最大跌幅：1989年12月29日至1992年8月18日，日经指数累计跌幅达62%。	1. 从1990年8月起，大阪交易所不断采取各种限制措施，限制股指期货交易，包括提高保证金，日经225股指期货的委托保证金率从最初的9%上升到30%，交易保证金率从最初的6%上升到25%；手续费翻倍，交易费用从原有的万分之四左右的水平大幅上升至万分之八，但该措施并未阻挡股市下跌。 2. 面对股市的大跌，日本政府在1995年重新转向扩张性的货币政策和财政政策，连续降低利率（在随后"失去的十年"中，利率降低到零）增加货币供应，但是收效甚微。 3. 1998年6月成立新的金融监管机构——金融监督厅，接管大藏省的监管职能。1998年10月通过了以金融机构破产处理为核心的《金融再生法案》和以事前防范金融危机为目的的《金融健全化法案》。 4. 日本政府在1998年10月开始直接将资金注入到问题金融机构。	限制股指期货、扩张性货币政策和财政政策并未阻止股市下跌，但市场对于政府直接注资金融机构反应强烈，日本银行类股票在救援计划公布后三个月内上涨20%，一年后上涨88%。
美国：2001年网络泡沫破灭	1. 美国信息技术革命推动了纳斯达克指数快速上涨，2000年3月10日，美国纳斯达克指数达到历史最高点5 048.62，比1998年10月份低点上涨了255%。 2. 2000年第一季度，很多互联网企业出现连续较大亏损，引起人们对投资互联网的反思，随即股价下跌，导致股市"崩盘"。	1. 最大期间跌幅：从2000年3月24日至4月14日，纳斯达克指数下跌34%。 2. 最大当日跌幅：2000年4月14日，纳斯达克指数下跌9.67%。 3. 累计最大跌幅：从2000年3月10日最高点至2012年10月10日最低点，纳斯达克指数跌幅高达78.4%。	1. 在互联网泡沫破灭以及"9·11"恐怖袭击双重打击下，美联储在2000年至2003年期间连续降息，将联邦基金利率从6.5%下调至1.0%。 2. 布什政府及时推出减税政策。	美国政府的救市政策有效救助股市的同时，导致了消费和借贷过快增长，从而造成了房地产市场的泡沫。
美国：2008年次贷危机	1. 美国维持低利率政策，刺激房市和股市暴涨，标普500指数从2003年3月的800余点涨到2007年9月的近1 600点，涨幅近1倍。 2. 从2004年开始美国进入加息周期，房地产逐步陷入困境，次贷持有人损失惨重，并逐步向金融体系蔓延。 3. 2008年9月次贷危机集中爆发，两房被接管、雷曼兄弟倒闭、美林证券被美国银行收购、保险巨头AIG接受联邦援助、摩根斯坦利和高盛由投资银行转为银行持股公司以接受联储更严格的监管。	1. 最大期间跌幅：标普500指数从2008年9月26日的1 213.01点下跌到2008年10月10日的899.22点，跌幅高达26%。 2. 当日最大跌幅：2008年9月29日和2008年10月9日，跌幅分别为8.79%和7.62%。 3. 最大累计跌幅：从2007年9月最高点至2009年3月最低点，跌幅高达57%。	1. 政府并未直接干预股市，而是通过向金融机构注资的方式向市场提供流动性，稳定市场信息，具体措施包括向贝尔斯登提供紧急资金，联邦政府接管两房，援助AIG、花旗等金融机构。 2. 危机以后，政府对金融监管体制进行改革，2010年1月，总统奥巴马公布"沃尔克规则"，强调将自营业务从商业银行剥离；6月25日，国会通过《多德-弗兰克法案》，主要内容包括成立金融稳定监管委员会、设立消费者金融保护局、将场外衍生品纳入监管、限制商业银行自营交易、设立新的破产清算机制、美联储被赋予更大的监管职责等。	在联邦政府的积极救助下，市场恐慌情绪开始缓解，美股自2009年3月起触底反弹，并在2013年5月创出历史新高。

研究和分析境外历次股灾发生的背景、股灾期间股市的表现以及主要救市和改革措施、救市效果等因素，我们可以归纳和总结出以下规律：

1. 政府对股灾救市态度经历了由自由放任到逐步干预和直接救市的过程。例如，在美国1929年爆发股灾过程中，政府几乎未采取任何救市措施，当时仅有几家大型银行组织自救，胡佛总统在股灾初期发表文告后再没有任何声音。而在1987年美国爆发股灾以后，美国政府采取了全方位措施对股市进行干预，包括政府第一时间出面声明、美联储主动向市场提供流动性、干预外汇汇率、期货交易所暂停交易等。而在1997年香港爆发股灾和2008年美国爆发次贷危机后，香港政府直接入市进行干预，美国政府在争取国会授权后直接救助处于危机状态的金融机构。

2. 政府的救市措施与股灾期间股市波动程度直接相关。一般而言，股灾期间股市的波动程度越剧烈，政府的救市措施越直接和迅速，例如，在美国1987年股灾和香港1997年股灾期间，股市的单日最大跌幅都超过10%，其中1987年"黑色星期二"单日跌幅达到22%，股市的剧烈波动给投资者心理上造成了巨大恐慌，这客观上要求政府加快对股市的干预，减缓投资者恐慌，避免危机的进一步恶化。而日本在1990年以后，虽然股市经历了近20年的熊市，但在此期间股指单日最大跌幅仅为6.6%，因此，日本1990年的股灾更多的是股市泡沫破灭以后的逐步回归，股市的基本功能并未丧失，所以政府在救市问题上迟迟没有动作。

3. 在历次股灾救市中，政府通常以间接影响为主，直接入市干预措施相对谨慎。在美国爆发的四次股灾中，虽然美国1987年股灾、2001年网络泡沫破灭以及2008年次贷危机过程中股市跌幅都很大，但是美国政府均未直接进入股市进行干预，而是以间接影响为主，包括提供流动性、降息减税以及救助处于危机边缘的金融机构；在1997年中国香港股灾中，香港政府和金融监管局同时进入股市和汇市进行干预，其目的主要是狙击国际游资对香港金融市场的冲击。

4. 股灾救市措施是否恰当对于金融经济的恢复非常重要。在美国1929年股灾中，美国政府由于采取自由放任和对股灾不干预政策，最后由股市危机演变为金融危机和经济危机，形成了美国历史上著名的"大萧条"。而在美国1987年股灾以及中国香港1997年股灾中，政府果断地采取了"救市"，经济金融体系没有因为股灾受到过度伤害，在股灾发生后经济很快就恢复了，而且股市也逐步再创新高。

二、中国A股市场主要救市政策分析

由于中国股市新兴加转轨的特征，政府政策对股市的影响一直都非常明显，"救市"与"控市"往往成为左右市场运行的主要因素。在股市发生异常波动的情况下，政府的救市措施对于重塑投资者信心、缓解股票的下跌甚至推动股市的反转往往能发挥积极的作用。从上证综指的月度K线统计数据看，自上海证券交易所成立以来，中国A股市场共发生过七轮幅度较大的下跌[①]（见图3-25）。在应对股市剧烈波动中，《人民日报》或新华社评论性文章、暂停新股发行、调整印花税、降息或降准等政策是中国政

① 中国A股七次幅度较大的下跌分别为：一是从1992年7月至10月，上证综指在4个月内累计下跌57%；二是从1993年5月至1994年7月，上证综指在15个月内累计下跌75%；三是从2001年6月至2003年10月，上证综指在29个月内累计下跌39%；四是从2004年6月至2005年6月，上证综指在15个月内累计下跌38%；五是从2007年11月至2008年10月，上证综指在12个月内累计下跌71%；六是从2011年3月至2014年3月，上证综指在36个月内累计下跌30%；七是从2015年6月至2015年9月，上证综指在4个月内振幅达50%。

府常用的救市政策，另外在股市的关键时点政府直接入市干预对股市的影响效果也非常显著。为客观评估本轮股灾救市政策及影响，笔者结合A股市场的主要波动情况对中国历史上的股市救市政策的背景及效果进行回顾与分析。

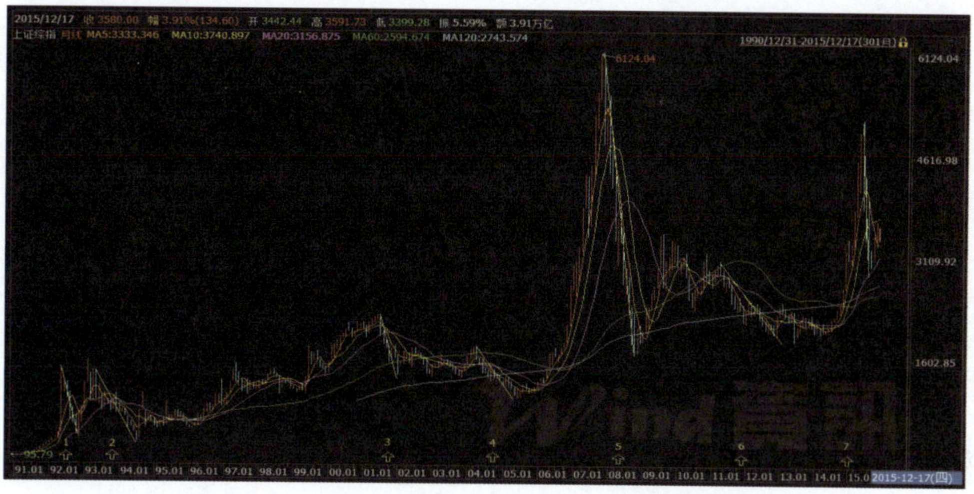

图3-25　上证综指月度K线（1991年1月至2015年12月）

（一）救市政策一：《人民日报》或新华社评论性文章

由于《人民日报》和新华社是中国主流官方媒体，《人民日报》或新华社关于股市的评论文章间接传递了管理层对股市的态度，因此在中国A股市场发展早期，《人民日报》或新华社关于股市的评论文章对股市的影响非常明显，往往成为政府“救市”和“控市”的主要手段之一，其中在股市下跌过程中的救市措施至少有四次：一是在1994年7月30日，当时股市从1993年5月至1994年7月持续下跌，上证指数在15个月内累计下跌75%，此时《人民日报》发表了中国证监会与国务院有关部门共商稳定和发展股票市场措施的文章，推出“停发新股、允许券商融资、成立中外合资基金”三大利好救市政策，随后上证指数在两个月不到的时间里累计上涨近180%。二是在1999年6月15日，当时股市在经历了近两年的低迷后启动了“5·19”行情，在不到1个月的时间里上证指数上涨了30%，此时《人民日报》头版发表题为《坚定信心，规范发展》的特约评论员文章，对自1999年5月19日以来的行情进行正面评价，同时指出证券市场的良好局面来之不易，各方面都要倍加珍惜。此文发表后，股市继续大涨，到6月30日上涨近20%，并达到当时的历史最高点1 756点。三是在2001年11月10日，当时上证指数在2001年6月24日达到历史高点2 245点以后受到国有股减持政策影响持续下跌，到11月9日，在不到五个月时间里累计下跌近30%，此时《人民日报》发表了题为《中国股市能不能推倒重来》的文章，提出如果现在不善待股市，宏观经济将受到强烈报复的观点，随后股市经历了近1个月的反弹，止住了凶猛的跌势。然而，在此之后股市经历了长达5年的熊市。四是在2008年7月，当时A股在2007年10月16日达到历史顶点以后由于受国内外经济形势的影响持续下跌，上证指数到2008年7月与最高点比已经下跌50%。在上证指数跌破3 000点的重要关口，新华社在7月1日、7月7日先后发表关于股市的评论文章，同时《人民日报》在7月14日以罕见的整版篇幅，以《全力维护资本市场稳定运行》为总标题，探讨维护资本市场稳定，传递维护资本市场稳定的声音。然而，相关措施并未阻止A股的下跌趋势，在相关文章发表的2008年7月，股市下跌经历了短暂休息以后继续下跌，从2008年7月末至11月初，上证指数累计下跌了近40%。

研究和分析历次《人民日报》或新华社发表有关评论后股市的走势后，我们可以归纳和总结出以下规律：

1. 在中国股市成立早期，《人民日报》和新华社有关股市的评论文章对股市的影响非常显著，救市效果也比较突出，例如，在1997年《人民日报》发表评论员文章对“5·19”行情进行正面评价后，股市继续大涨并创新高，2011年11月在《人民日报》发表相关评论文章后，股市加速下跌的趋势得以遏制。但是，随着资本市场的逐步成熟以及新媒体和自媒体的逐步普及，《人民日报》或新华社相关文章对股灾的救市效果并没有那么突出。

2. 股市本身有其自身的运行规律，《人民日报》或新华社的评论文章本身不能显著改变股市运行规律，但在恰当的时点上《人民日报》或新华社对股市进行评论，反映了管理层对当前股市的态度，在某种程度上反而起到催化剂或助燃剂的效果，如在2007年股市暴跌后《人民日报》的评论性文章并未阻止股市的继续下跌。

（二）救市政策二：暂停新股发行

由于新股发行直接反映了股票市场的供求情况，IPO的暂停或重启一直是牵动市场神经的重要信息。在股市发生剧烈波动的情况下，政府往往被迫采取暂停IPO的措施，以缓解市场恐慌情绪，因此，暂停IPO就顺理成章地成为了政府的救市政策之一。自A股市场建立以来，中国先后共有9次暂停IPO，而且几乎都是发生在股市暴跌或长期低迷的阶段。下面结合上证综合指数的走势对历次IPO暂停的影响效果进行分析（见表3-5）。

表3-5　中国历次暂停IPO对股市的影响

次数	暂停期间	暂停IPO的主要背景	暂停及恢复后的股市表现	评价
1	1994年7月30日至1994年12月7日	1. 股市长期低迷：从1993年5月至1994年7月，上证综指在15个月内累计下跌75%。 2. 股市呈加速下跌态势：1994年7月15日至7月28日，10个交易日下跌21.30%。	1. 暂停期间：政策公布次日（1994年8月1日）上证综指上涨33.46%，政策公布后33个交易日内上证综指最高上涨170%，随后下跌并维持震荡。 2. 恢复后：股市加速下跌，36个交易日下跌16%。	暂停IPO后，指数虽有反弹，但为时不长，不能根本改变股市的原有运行趋势。
2	1995年1月19日至1995年6月9日	受IPO重启和“327”国债期货事件冲击，股市加速下跌，上证综指在1994年12月中旬至1995年2月中旬下跌20%。	1. 暂停期间：政策公布后股市并未止跌，随后经历了幅度为25%的下跌后维持震荡。 2. 恢复后：股市加速下跌后震荡向上。	由于IPO暂停距离重启仅一个月，新股停发在短期内并未刺激股市的上涨，在恢复新股发行后股市加速下跌。
3	1995年7月5日至1996年1月3日	IPO重启后股市加速下跌，1995年6月9日至7月3日17个工作日内跌幅达11.89%。	1. 暂停期间：IPO暂停后股市反弹，4个交易日内上证综指上涨8.74%；随后，股市在经历了1个半月的反弹后继续下跌，并跌破了本次暂停发行前低点。 2. 恢复后：IPO恢复后股市迎来了近一年半的小牛市，在300个交易日内股市上涨近180%。	由于新股停发距离重启仅一个月，新股停发虽然在短期内刺激股市反弹，但随后股市继续下跌至新低；恢复新股发行后股市迎来一波牛市。

续表

次数	暂停期间	暂停IPO的主要背景	暂停及恢复后的股市表现	评价
4	2001年7月31日至2001年11月2日	在2001年6月22日公布国有股减持方案以后，股市加速下跌，从7月29日至7月31日8个交易日内下跌10.69%。	1. 暂停期间：当天上证综指上涨3.47%，但暂停IPO并未阻止股市下跌趋势，从2011年8月初至10月底，上证综指最大跌幅超过20%。 2. 恢复后：股市经过短暂加速下跌后开始反弹，然后继续跌破暂停前低点。	IPO暂停没有阻止股市的继续下跌，IPO恢复后股市虽然继续下跌，但跌幅相对有限。
5	2004年8月26日至2005年1月23日	1. 暂停IPO前四个月股市连续下跌近25%。 2. 证监会在2014年12月出台《关于首次公开发行股票试行询价制度若干问题的通知》，而在方案正式出台前，IPO被暂停。	1. 暂停期间：A股市场虽然出现多次反弹，但是下降趋势十分明显，市场再度创出新低。 2. 恢复后：股市继续下跌，跌破1 000点。	IPO暂停并未改变股市下跌趋势。
6	2005年5月25日至2006年6月2日	1. IPO重启后股市震荡下跌并创新低。 2. 启动股权改革试点。2005年4月29日发布了《关于上市公司股权分置改革试点有关问题的通知》，宣布启动股权分置改革试点工作。	1. 暂停期间：股市虽然经历了震荡，最低跌破1 000点，但受股改和汇改利好影响，A股迎来牛市，暂停IPO期间上证综合指数上涨近60%。 2. 恢复后：受股改和汇改影响，股市继续上涨，在一年半内最高涨幅达280%。	随着市场化改革的逐步推进，想用停发新股来救市，效果已越来越不明显。新股发行与否对市场的影响只是短期的，绝不能改变市场的大趋势。
7	2008年9月16日至2009年7月10日	1. 受国际金融危机影响，A股自2007年10月高点已经累计下跌64%。 2. 2009年5月，证监会发布《关于进一步改革和完善新股发行体制的指导意见》，向社会公开征求意见，拉开了新一轮中国股市新股发行体制改革的大幕。	1. 暂停期间：受暂停新股和降低印花税等多种政策影响，在政策出台后一周内股市强劲反弹20%后继续下跌并创新低，随后受经济刺激政策影响股市反弹，并走出一波牛市。 2. 恢复后：股市震荡下跌。	暂停新股发行并未改变股市趋势。
8	2012年11月16日至2013年12月	1. 股市持续低迷：2012年上证综指震荡下跌近20%。 2. IPO财务核查：要求中介机构自查，证监会进行抽查。	1. 暂停期间：股市在经历了反弹后持续震荡。 2. 恢复后：股市维持震荡不变。	暂停新股发行并未改变股市趋势。
9	2015年7月至2015年11月中旬	受股灾影响股市大幅下跌，从2015年6月中旬至2015年9月，最大跌幅达40%。	1. 暂停期间：股市震荡并创新低。 2. 恢复后：股市震荡向上。	暂停新股发行并未改变股市趋势。

研究和分析表3-5中A股市场在历次暂停IPO后的表现，我们可以归纳和总结出以下规律：

1. 暂停IPO对股市具有短期提振效应，但不能改变股市长期趋势。研究中国股市上的九次暂停IPO，虽然每次IPO暂停对股市或者有短期的刺激效果，或者对市场的下跌有短期抑制，但在市场经历过反弹或短暂抑制后，股市的中长期趋势并未发生改变。其中唯一的例外是2005年第六次暂停IPO后，市场在经历短暂震荡以后形成了一波牛市，但从事后分析看，那一轮牛市更多的是受当时股权分置改革和汇率改革的影响。

2. 随着中国资本市场市场化改革的逐步推进，暂停IPO对股市的短期提振效应在逐步下降。在中国股市成立早期，由于市场规模较小，暂停IPO对市场的提振作用比较明显，但是随着市场化改革的深入以及资本市场深度和广度的拓展，IPO的暂停或重启对市场的影响越来越不明显。

（三）救市政策三：调整印花税

股票交易印花税直接影响股票短期炒作成本，因此，调整印花税是中国政府抑制股市过度投机或刺激股市常用的政策之一。自股市成立以来，中国调整印花税共有12次，其中，发生在股市下跌阶段、属于救市性质的调整共有5次，下面在对历次调整分析的基础上总结通过调整印花税的救市政策的效果。

表3-6　A股历史上股市下跌阶段调整印花税政策效果

次数	时间	证券交易印花税调整幅度	调整背景	调整后股市表现
1	2008年9月19日	由双边改为单边征收，税率保持1%，卖方收，买方不收	从上轮印花税调整反弹高点起，股市继续下跌近50%。	下调后股市经历了一周的反弹，沪指从1 800点上涨至2 300点，深指从6 500点上涨至7 500点，随后股指继续下跌，其中，沪指下跌至1 664.93点，深指下跌至5 577.23点。
2	2008年4月24日	从3‰调整为1‰	上证综指从2007年10月最高点下跌45%。	下调后股市经历了近一周的反弹，反弹幅度近20%，其中，沪指从3 000点上涨至3750点，深指从11 000点上涨至14 000点。反弹后沪深两市继续下跌。
4	2005年1月23日	从2‰调整为1‰	股市经历了近一年时间的持续下跌，其中，沪指下跌近30%，深指下跌近25%。在印花税下调前一交易日，沪指上涨2.5%，深指上涨2.9%。	政策公布后次日，股市高开并随后下跌近一周，随后股市经历1个月时间的反弹，其中，沪指反弹涨幅10%，深指反弹涨幅13%。经历反弹后股市继续下跌，其中，沪指最低点998点，深指最低点2 500点。
5	2001年11月16日	从4‰调整为2‰	股市从2001年6月高点持续下跌，其中，沪指在不到半年时间里下跌27%，深指下跌36%。	下调后股市经历三周的反弹，其中，沪指反弹近10%，深指反弹7.5%，随后股市继续下跌。

研究和分析表3-6中A股市场在历次股市下跌阶段调整印花税的政策效果，我们可以归纳和总结出以下规律：

1. 在股市下跌阶段下调股票交易印花税对股市具有明显的救市效果。从A股成立以来股票交易印花税先后调整共有12次，其中调整的背景是在股市下跌阶段的共有5次，除了2005年1月23日的印花税调整政策之外，其他4次印花税下调后股市均经历了至少1周时间的反弹，反弹幅度均超过10%。而对于2005年1月23日的印花税下调，由于前一交易日股市在弱势背景下经历了强劲上涨，在政策出台次日股市高开后开始下跌，因此存在政策提前泄露的嫌疑。然后，在经历了一周的调整后，股市再次反弹更是印证了印花税调整政策对股市的刺激效果。

2. 在股市下跌阶段的印花税调整并未改变股市长期运行趋势。分析5次在股市下跌阶段的印花税下调后股市的走势，虽然每次印花税下调后股市均经历了反弹，但是股市在经历反弹后均继续下跌，并跌破印花税政策出台时点位，这说明通过下调印花税救市总体并未改变股市运行趋势。

（四）救市政策四：降息或降准

降息或降准是中央银行常用的货币政策工具。自中国股市成立以来，市场先后经历了多轮降息周期[①]和存款准备金率下调[②]过程（见图3-26），而且总体上看，存款准备金率下调与存贷款利率下调步伐基本一致。

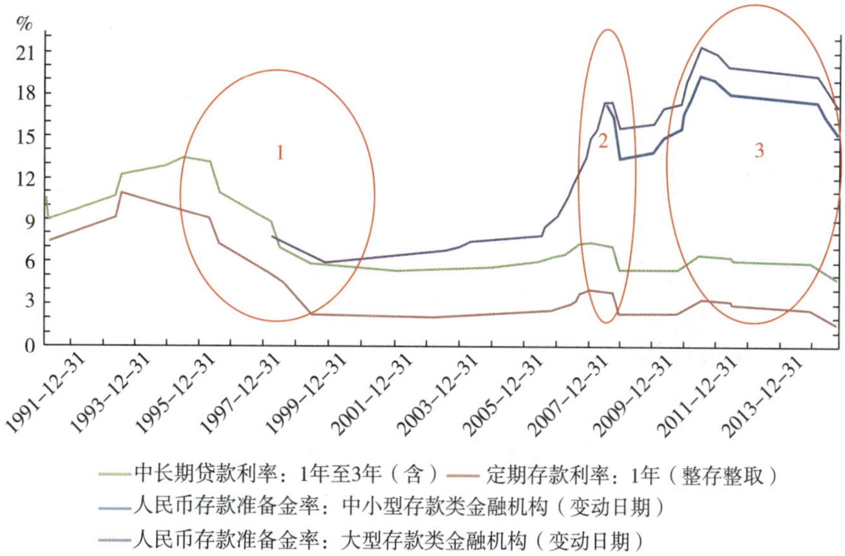

资料来源：Wind资讯。

图3-26 存贷款利率与存款准备金率变化趋势

考察降息降准周期与A股市场大波段的历史走势我们发现，伴随着降息降准周期，A股市场往往会经历一波上涨行情（见图3-27、图3-28）。例如，第一轮降息周期从1996年5月1日开始，持续到2002年2月21日，期间经历8次降息和1次降准，而在此期间上证综指从1996年最低点566点上涨至2001年最高点2 245点，区间涨幅近四倍。第二轮降息周期发生在2007年12月21日至2008年12月23日，当时为应对国际金融危机的影响，国务院果断采取强刺激性政策，中央银行在不到半年时间里连续降息5次，期间存款准备金率下调4次。受连续降息降准以及宏观刺激政策影响，上证综指从2008年10月最低点1 664.93点上涨至2009年8月最高点3 478.01点，区间涨幅超过一倍。第三轮降息周期从2012年6月8日开始，中间分两个阶段，第一阶段是2012年6月8日至2014年11月，这一阶段属于缓慢降息阶段，在两年多时间里中央银行仅在2012年6月和7月降息两次，而在此期间A股主板市场仍处于下跌阶段，但是创业板已经逐步开始复苏，创业板指数从2012年12月最低点585.44点上涨至2014年2月最高点1 571点，期间涨幅近1.7倍。第二阶段从

① 降息周期：第一轮降息周期发生在1996年5月1日至1999年6月10日，在三年时间里累计降息6次；第二轮降息周期发生在2007年12月21日至2008年12月23日，在一年时间里累计降息5次；第三轮降息发生在2012年6月8日至今。

② 存款准备金下调：第一轮发生在1999年11月21日，存款准备金率首次下调，本轮仅此1次；第二轮发生在2008年9月25日至2008年12月25日，存款准备金率下调4次；第三轮发生在2011年12月5日至2015年年底，存款准备金率下调8次，目前仍未结束。

2014年11月截至目前，已累计降息6次，降准5次，而在此期间A股主板市场在经历快速上涨以后剧烈波动。

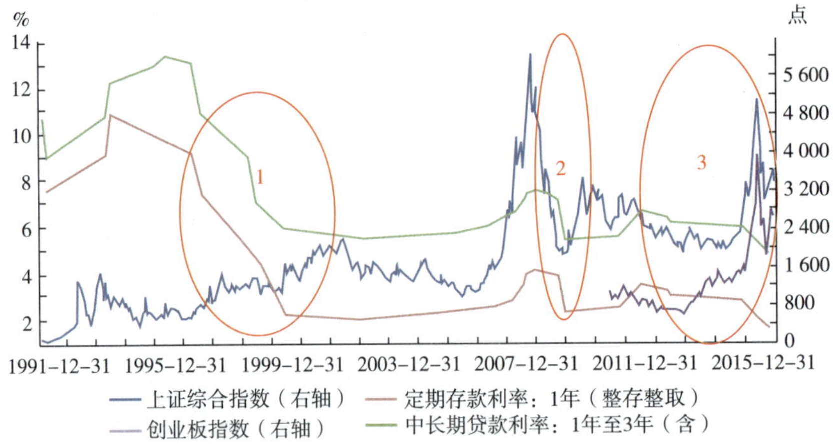

资料来源：Wind资讯。

图3-27　存贷款利率与股票价格走势

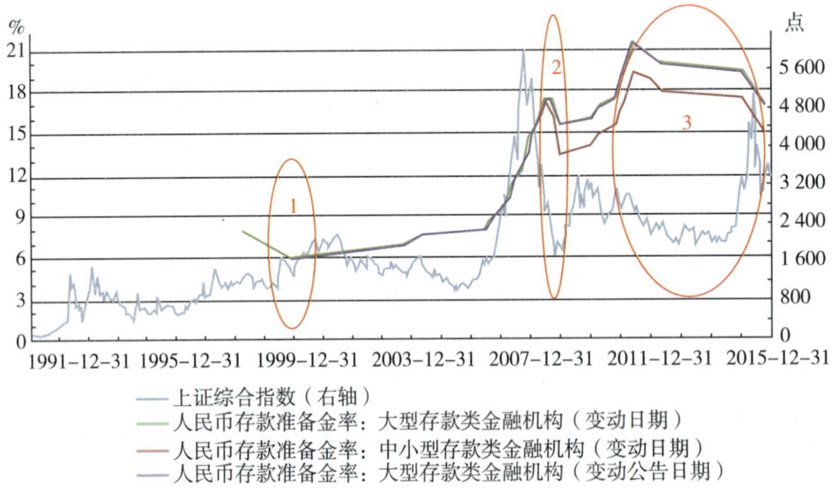

资料来源：Wind资讯。

图3-28　存款准备金率与股票价格走势

关注降息或降准在股灾或股市持续低迷期间的救市效果，我们重点考察2001年6月A股急剧下跌以后、2011年3月至2014年3月A股市场的持续低迷期间以及2015年6月中旬以后A股市场暴跌以后中央银行降息降准政策对股市价格的短期影响。在2001年6月开始的股市下跌中，中央银行在2002年2月21日宣布了自2000年以来的又一次降息，一年期存款利率降至1.98%的历史最低水平。在本轮降息前，从2001年6月至2002年2月，上证综指已经累计下跌30%；受降息政策的刺激，A股经历了近两个月的反弹，上证综指反弹近20%，随后继续下跌。在本轮股市下跌中，中央银行的降息政策对股市有短期刺激效果，但并未改变市场中长期运行趋势。在2011年4月至2014年3月的股市低迷中，中央银行在2012年6月8日宣布了自2008年12月以来的首次降息，并在2012年7月6日进行了再次降息，但是两次降息政策并未减缓股市的短期下跌，上证综指和创业板指数在宣布降息后继续下跌，直至2012年12月分别创新历史低点后，上证指数开始反弹并持续盘整，创业板指数在创历史低点后开始反转。本次降息后股市的短期表现表明，降息政策并未对股市短期走势产生刺激效果。在自2015年6月中旬开始的A股市场剧烈下跌中，中央银行在2015年6月28日宣布降息降准，当时上证指数在两周内已经下跌30%，但是本次降息并未阻止下跌趋势，当日上证综指高开低走并下跌7.9%；随后在2015年8月28日、9月6日和10月24日先后宣布降息和降准，股市逐步企稳。在本轮股市下跌中，降息降准并未对股灾急剧下跌起到立竿见影的止跌效果，但降息降准释放出的宽松信号，加上政府直接入市干预等综合救市措施，对于遏制市场恐慌发挥了积极作用。

结合降息降准周期与A股市场大波段的历史走势以及在股市剧烈波动期间降息降准政策的影响，我们发现降息降准政策对股市长周期影响较为明显，对股市短期波动，特别是在抑制股市短期剧烈下跌方面，效果相对有限。市场更加关注降息或降准的趋势性变化，偶尔的降息降准刺激效果以及在降息降准周期尾端的政策效果相对有限。

（五）救市政策五：政府直接入市干预

从境外市场救市经验来看，政府在股灾期间直接入市干预通常比较慎重，中国也不例外。自中国股市建立以来，虽然A股市场经历了七轮幅度较大的波动，但政府明确直接入市干预的仅有两次。第一次是在1991年8月，当时深圳股市连续9个月下跌，深圳证券交易所在1991年4月甚至出现了罕见的日零成交记录。为缓解市场的长期低迷，深交所向深圳市政府上报《关于“调节基金”入市的建议》，并获得深圳市政府的支持。由于当时深证股市规模非常小，受调节基金入市利好的政策影响，加上其他救市措施，深圳市场经历了持续两年的牛市。第二次政府明确大规模入市干预发生在本次股市异常波动期间。2015年7月7日至9日，A股市场出现了大量股票连续跌停、市场流动性接近枯竭的异常状况。在此背景下，一方面中国证监会组织和号召证券公司以自有资金救市，另一方面政府通过向中国证券金融股份有限公司（以下简称证金公司）提供流动性的方式对A股市场进行了大规模直接干预。从目前的政策效果来看，政府直接入市干预对于抑制股市剧烈下跌能起到立竿见影的效果，有效抑制了市场恐慌，解决了市场流动性枯竭现象。但是在政府大规模直接入市干预以后，A股市场的成交量以及波动性明显降低，对股市的长期影响有待进一步观察和评估。

第四节 股灾救市政策评估及政策建议

一、本轮股灾救市政策的影响及评估

2015年6月15日至7月8日，在不到20个交易日里上证指数、深证指数、创业板指数分别下跌32%、38.9%和39.4%，A股出现大面积跌停和停盘现象，市场出现了流动性接近枯竭的极端情况。在本轮股灾救市过程中，中国证监会采取了暂停IPO发行、紧急发布《证券公司融资融券业务管理办法》、推动证券公司自发发布不减持倡议、鼓励上市公司大股东或董监高等增持公司股票、对股指期货采取非对称收取保证金、限制股指期货交易笔数、对频繁做空账户实施临时暂停交易等救市措施，人民银行采取了降息并定向降准、向证金公司提供紧急流动性进行入市干预以及通过证金公司向证券公司提供流动性等风险应对措施，这些政策对于稳定市场、防止股市危机演变为系统性金融危机发挥了积极的作用。然而，由于本轮股灾救市是中国证券市场成立以来规模最大和采取措施最多的一次救市，救市政策本身对中国金融市场发展必将产生长远的影响。为增强中国金融体系在未来对金融市场动荡的应对能力，有必要对本轮股灾的救市政策的不足及负面影响进行冷静分析，为防范未来股市系统性风险作好提前准备。

（一）本轮股灾救市中存在值得改进的做法

由于在股灾爆发过程中，监管部门对场外资金规模和杠杆构成状况实际上处于黑箱状况，如果放任市场短期内踩踏式地去杠杆可能导致风险的蔓延和局部风险失控，甚至可能会引发系统性金融危机。对于救市的必要性问题，市场各方都不存在争议，但对于救市的具体方式，结合中国历史的救市经验以及国外成熟市场上的普遍做法，仍有一定的改进空间。

首先，具体的救市时点及措施存在进一步改进空间。本轮股灾的起因是监管部门清理场外配资，但对于清理场外配资的影响可能存在一定的估计不足，特别是当市场已经出现了强烈反应时监管部门未采取必要的措施。从中国历史上的经验以及国外成熟市场的做法来看，在市场剧烈波动初期，政府部门如果出面对市场关注的问题进行澄清，有利于稳定市场信心，防止出现踩踏事件。但是从2015年6月15日市场开始逐步显示出疲态到6月19日市场经历了本轮股灾的第一次大跌（上证指数当日跌幅达6.42%），主流官方媒体失声，与在股灾爆发前的一致唱多形成强烈对比，这客观上起到加剧市场波动的效果。

其次，在成熟市场上的风险救助中，最为关键的举措之一是迅速切断风险爆发点与其他金融领域的关联和传染渠道，将风险控制在一定的范围内，而在此次股灾救市中，监管部门通过广泛动员各类金融机构以不同方式参加，实际上反而把原来直接受股市波动影响不大的金融机构（如商业银行、保险公司、基金公司、券商和上市公司等）关联起来了，这样十分容易在下一步形成风险的迅速传染，并导致“火烧连营”的被动局面。在成熟市场上，救市的重点是可能产生系统性风险的少数金融机构的流动性风险，通常采取中央银行提供流动性的方式；此次中国救市采取的则是证金公司直接入市购买股票的方式，导致将来会产生一系列退出时的问题，如损益的分担计算、可能对市场带来的冲击等。参考美国实施QE不同阶段的做法，在开始启动QE等救市举措时，通常会配套宣布这些刺激政策的政策目标、将来退市的标准等，这样才构成一个完整的救市政策。

最后，在股灾救市过程中的监管协调问题值得关注。随着金融机构间的业务融合不断加深，不同类型金融机构之间的相互风险敞口在逐步加大，同时，金融机构的资产与金融市场的关联度也在逐步提升，这使得在危机时刻金融风险传递更加迅速和普遍，如果监管协调不足，在分业监管体制下独立的金融监管机构在风险识别和风险防范方面必然显得力不从心。例如，在本轮股市大幅波动前，银行资金通过多种渠道和形式进入股市，证监会和银监会等单一监管机构实际上都难以掌握这些资金的确切数据以及杠杆率水平；在股市暴跌过程中，监管部门常常缺乏对这些数据及其影响的客观评估，各种猜测很容易通过互联网在市场中快速传播，这进一步加剧了市场恐慌和波动；而在救市进程中，各个监管部门的反馈和步调如果协调不力，就容易使得救市错过恰当的时点，可能导致市场风险不断恶化。

（二）本轮股灾救市政策的影响

在本次股灾救市中，政府采取了自中国股市成立以来规模最大的风险救助措施，包括政府动用大量资金直接入市、限制部分账户交易以及限制股东减持权利等，这些措施对于抑制股市非理性下跌发挥了积极作用，但是一些救市政策对于中国资本市场的长期影响仍然值得关注。

首先是救市资金的退出对股市中长期会产生短期支持、中期抑制的作用。在本轮股灾中，以证金公司为代表的国家队动用了大量资金直接入市干预，目前关于具体救市资金规模尚无正式官方数据，但保守估计超过1万亿元的规模，占A股流通市值比例超过2.5%。目前，中国股市仍然以中小散户为主，在股灾以后A股的成交量较股灾前已经有了明显下降，因此，在没有新的一轮牛市吸引资金进入股市的背景下，救市资金的退出将会面临较大挑战，同时救市资金退出的预期也必然会对股市的发展产生一定影响。

其次是在股灾救市过程中的市场规则频繁变动会增加中国资本市场的政策风险，从而降低对国际投资者的吸引力。不少国际机构投资者十分担心此次救市中出现的市场规则的频繁变化，担心这种规则的不稳定会带来强烈的政策风险，进而导致他们担心如何向他们的投资者解释，同时也担心将来如果政策频繁变化是否会导致他们在需要满足投资者赎回等要求时无法满足这种客户的要求。

最后是在股灾救市过程中的行政管制措施可能会引起境外投资者对中国资本市场市场化改革方向的担忧。在此次股市救市之前，国际金融机构开始明确看好中国市场，许多标志性的金融开放措施都被视为是市场化改革接近完成的“最后一公里”，如MSCI等指数的加入，同时一些国际金融机构也在内部加大了对中国市场的投入；但是本轮股灾及救市措施导致市场怀疑这一良好的趋势有可能出现逆转。例如，桥水公司是华尔街近年来一直对中国市场看好的少数大型对冲基金之一，但是在股灾发生后桥水开始因为救市措施等转变了自己对中国经济的乐观看法；虽然桥水事后发表了比较中性的声明，但是市场会猜测桥水是否因为其是中国一些大型金融机构的客户而受到了压力。

二、防范中国股市系统性风险的政策建议

经过二十多年的发展，中国资本市场取得了长足的发展，各项制度不断健全和完善，为支持实体经济发展和市场改革创新发展奠定了良好的基础。但是本轮股灾的爆发以及在股灾救市过程中出现的问题反映出中国资本市场在防范系统性风险、应对市场极端情况等方面仍然存在不足，需要进一步丰富和完善。

（一）建议进一步完善资本市场基础交易制度和交易规则

在本轮股灾爆发过程中，股市涨跌停板和“T+1”交易等制度组合对流动性的杀伤力巨大。股市涨跌停板制度设计的初衷是为了防止股价大幅波动，但在实践中可能起到助涨助跌的效果，同时会让部分散户错误地以为A股市场风险可以控制，反而忽视中长期风险。股票市场“T+1”和涨跌停板制度出台的本意是保护中小投资者，但“T+1”交收只能让中小投资者被动承受隔夜波动风险，而大机构、大资金却可以借助信用交易和股票存货实现“T+0”交易。特别是在股市持续下跌过程中，涨跌停板和“T+1”制度使市场无法有效出清，连续的跌停板加剧了市场恐慌并造成流动性枯竭。笔者建议在深入研究本轮股灾产生机制的基础上试点“T+0”交易，并配合试点“T+0”制度逐步取消涨跌停板和修订实施股指熔断机制。具体政策上，建议首先在上证50指数标的股票中试点“T+0”和取消涨跌停板，在制度逐步成熟以及投资者逐步适应后推广至沪深300指数标的股票。目前，上证50指数标的股票平均流动市值超过2 000亿元，流动市值中位数为1 250亿元，市场整体抗操纵性强，率先在上证50指数标的股票中试点“T+0”和取消涨停板可以有效避免和防止市场操纵行为。另外，在中国证券市场中上证50对应指数股票中金融衍生

品最为丰富，具有上证50ETF、上证50ETF期权以及上证50股指期货合约，同时上证50指数大部分标的均可融资融券，因此，在上证50标的指数上试点“T+0”和取消涨跌停板，可以为将来现货、期货和期权之间的联动积累跨市场监管经验。

（二）建议修订完善指数熔断机制，并配合资本市场基础交易制度改革逐步推进实施

从境外市场经验看，熔断机制由于具备为市场提供“冷静期”、避免或减少大幅波动情况下的匆忙决策、抑制程序化交易的助涨助跌效应、为应对技术或操作风险提供应急处置时间等功能，对于稳定股市具有积极作用。但从中国推出熔断机制后的股市运行情况看，熔断机制在中国A股市场并未达到预期的效果，这其中既有熔断机制自身设计方面的因素，也有与中国股市的基础交易制度不相容以及投资者结构和投资者对熔断机制不适应不熟悉方面的原因。从中国证券市场的长远发展来看，熔断机制应该是稳定市场、完善中国资本市场基础制度方面的一个政策选项，但在具体推进上需要考虑与其他基础制度配合协调以及投资者的适应熟悉情况逐步推进实施，避免由于熔断机制设计不当以及投资者的不适应而再次对市场造成剧烈波动。在制度修订上，建议在充分论证和广泛调研基础上修订熔断阈值以及两档熔断阈值之间的间距，减轻磁吸效应的负面影响。在政策推进方面，建议配合上证50指数标的股票试点“T+0”制度以及取消涨跌停板制度，率先在上证50标的股票、上证50期货以及上证50ETF期权等局部市场进行试点，在熔断机制逐步完善以及投资者逐步适应熟悉以后，再逐步扩大适用范围。

（三）加快推进金融监管体制改革，建立统一功能监管体系

此次危机虽然发生在资本市场，但是股灾爆发前的各类场外资金通过信托、民间配资和P2P等进入股市推动股市快速上涨，而在股灾爆发过程中股市的急剧下跌又威胁到银行甚至整个金融体系的稳定。在当前金融机构之间的业务边界逐渐模糊以及关联更加紧密的背景下，分业监管体制不仅明显增加了整个金融体系的运行成本，降低了市场的运行效率，而且由于不同监管部门在信息交换和政策协调上的不充分显著削弱了监管部门对整个金融体系的风险监测能力，增强了金融体系的脆弱性。《中共中央关于制定国民经济和社会发展第十三个五年规划的建议》中已经明确提出改革并完善适应现代金融市场发展的金融监管框架。当前，中国需要深入反思本轮股灾中在金融监管方面存在的不足，借鉴和吸收国外成熟市场的经验，积极推进金融监管体制改革，加快建立统一的功能监管体系。

（四）加强资本市场系统性风险预警监测等市场基础设施建设

在本轮股灾爆发前，监管部门对场外配资基本上处于黑箱状态，对整个资本市场的整体杠杆率水平没有基础数据资料；在股灾爆发后，投资者行为的同步性以及股指期货与现货之间的联通加剧了市场波动和恐慌，市场整体风险承担能力极其脆弱。针对这些情况，建议从系统性风险预警体系建设、跨市场监控体系建设以及投资者适当性制度建设三个方面继续加强和完善资本市场基础设施。一是加快建立资本市场系统性风险预警指标体系。笔者建议以资本市场整体杠杆率和波动率为统计监测重点，以定期和非定期压力测试为主要手段和工具，加快资本市场系统性风险预警体系建设，力争能提前预警和及时发现资本市场面临的潜在系统性风险隐患。二是加强期货与现货跨市场监控体系建设。充分发挥中证资本

市场运行统计监测中心和中国期货保证金监控中心在现货与期货跨市场监控中的作用，研究建立期货与现货市场统一交易编码，探索运用大数据分析技术对疑似关联账户进行监控，有效防范和打击跨市场操纵行为。三是加快建立金融行业统一的投资者适当性和金融产品风险分级制度。在充分借鉴和吸收股指期货、创业板、融资融券以及新三板等业务的投资者适当性制度基础上加快建立证券期货行业统一的投资者适当性制度，同时结合不同金融市场和产品的风险特征建立资本市场金融产品风险分级制度，在强调"买者自负"原则的同时强化金融机构向适当投资者销售适当产品的责任，提升资本市场整体风险承担能力。

（五）加强股指期货评估研究，积极健全股指期货产品体系

经过五年的发展，中国股指期货市场逐步成熟，投资者参与度和影响面逐步扩大，市场风险管理功能在逐步凸显，特别是在本轮股市暴跌、现货市场流动性枯竭的背景下，股指期货集中流动性的优势得以体现，对抑制恐慌发挥了积极作用。从境外市场的发展经验看，股指期货等金融衍生品为投资者提供了风险对冲工具，可以丰富不同的策略种类，改变目前股市交易策略一致性的现状，为投资者提供多样化的财富管理工具，满足大型机构投资者的长期稳定的收益目标。在本轮股灾爆发后，市场对股指期货的认识存在一定分歧，中国股指期货发展也因此而受到一定挫折，类似的情况在境外市场也曾经发生过，但我们不能因此错失中国股指期货市场的发展机遇。一是建议借鉴美国市场的做法，由人大或国务院组织专门的部门或委员会对股指期货的功能进行评估，正确认识套利、对冲、量化策略等交易策略在正常情况下和极端条件下对市场的影响。二是尽快恢复股指期货交易，并在条件成熟的情况下推出中小板和创业板指数期货，匹配中小创现货市场风险管理需求，缓解中证500股指期货单一工具过度使用压力。三是尽快推出股指期权产品。国外市场发展经验表明，期货期权品种的丰富完善，可以尽可能地规避各种波动风险，给长线资金入市提供更适合的风险管理手段，更可以改善市场效率、改变频繁买卖短期投机的投资生态。

（六）建议加快建立金融行业系统性风险应急处置预案

在本轮股灾救市过程中，市场规则的频繁变动以及行政色彩较浓的管制措施一直为市场所诟病，同时，在本轮股灾救市过程中监管部门之间的协调一直被市场所广泛关注，产生这样问题的根本原因在于中国目前是以立法形式建立金融行业系统性风险应急机制。建议以本次股灾以及《证券法》修订为契机，积极推动人大以立法形式建立国家层面的金融系统性风险应急预案，以便在市场发生极端情况时及时启动处置预案和程序。应急处置预案中至少要明确如下内容：一是应急处置的指导、决策和执行部门；二是国务院各职能部门的决策、处置流动机制；三是可以采取的政策工具；四是赋予国务院或其职能部门在处置重大系统性风险的特别授权，避免在应急处置中遇到无法解决的困境；五是明确应急应对措施的法定程序、实施条件、期限，增强救市措施的透明度，稳定市场预期。

参考文献

[1] 巴曙松：《股指期货：该责难还是该大力发展》，载《中国金融家》，2015（9）。

[2] 巴曙松：《从近期股市动荡看中国金融监管体制改革》，载《第一财经日报》，2015-09-10。

[3] 巴曙松、朱虹：《证券交易与监管制度反思》，载《中国金融》，2015（15）。

[4] 廖慧：《引入中央交易对手的成本收益分析——兼论中央交易对手的监管与治理》，载《武汉金融》，2015（2）。

[5] 谢平、邹传伟、刘海二：《互联网金融监管的必要性与核心原则》，载《国际金融研究》，2014年（8）。

[6] 张宗新、张潇：《证券市场对冲机制的运行与监管》，载《新金融》，2011（1）。

[7] 管涛、邓海清：《股灾启示录：政府“救市”要有所为有所不为》，载《财经》，2015（12）。

第四章　金融对外开放与跨境资金流动

■管涛[①]

第一节　金融对外开放的新进展

金融开放是改革开放的重要内容，是适应我国进入经济新常态背景下，优化全球金融资源配置的内在要求。2015年，我国按照全面深化改革的统一部署，在人民币资本项目可兑换、人民币国际化、自贸区改革、“一带一路”战略等方面又出台了一系列重大举措，促进了国内金融市场的进一步开放。

一、主要背景

（一）推进资本项目可兑换是国家既定战略目标

十八届三中全会明确提出，“加快实现人民币资本项目可兑换”。这是全面深化改革、发挥市场配置资源决定性作用的重要组成部分。2015年3月22日，中国人民银行行长周小川在中国发展高峰论坛上表示，年内努力实现人民币资本项目可兑换。2015年4月18日，在IMF/世界银行春季年会上，他又进一步阐释了使人民币更可自由使用的计划，同时强调“有管理的可自由兑换”。

（二）人民币国际化步伐进一步加快

2009年我国启动了跨境人民币业务结算试点。2014年年底中央经济工作会议首次提出要稳步推进人民币国际化。2015年6月，中国人民银行发布了首份《人民币国际化报告（2015）》。2015年11月，IMF对人民币纳入特别提款权（SDR）进行了评审。

（三）IMF进行特别提款权篮子货币的评审

2015年，IMF开展了五年一度的特别提款权（SDR）篮子货币的评审，人民币是重要的候选货币之

① 管涛：中国金融四十人论坛高级研究员。

一。2010年，第一次人民币“入篮”评审时，已经满足了商品和服务出口大国的标准，但离“可自由使用”标准还有较大差距。此后五年，人民币在资本项目可兑换和国际化方面都有较大进展，还需要解决一些操作性问题，以满足“可自由使用”的要求。

二、主要进展

（一）推进跨境直接投资便利化

深化跨国公司外汇资金集中运营管理。推广跨国公司外汇资金集中运营管理，允许符合条件的跨国公司主办企业异地开立国内、国际资金主账户；允许企业可凭电子单证在银行办理经常项目外汇收支；允许企业的经常项目和资本项目购汇与付汇在不同银行办理；试行跨国公司借用外债比例自律管理政策；要求申请参与的跨国公司上年度外汇收支需达到1亿美元以上；等等。

进一步简化和改进跨境直接投资外汇管理。取消直接投资项下外汇登记核准，境内外投资主体可直接到银行办理相关外汇登记；简化外国投资者出资确认登记管理；取消境外再投资外汇备案；取消直接投资外汇年检，改为实行存量权益登记。外商投资企业外汇资本金实行意愿结汇管理，对资本金使用实施负面清单管理；便利外商投资企业以结汇所得人民币资金开展境内股权投资；进一步规范结汇资金的支付管理，明确银行按照展业三原则承担真实性审核义务；明确和简化其他直接投资项下外汇账户资金结汇及使用管理；等等。

（二）稳步推进跨境证券投资双向开放

正式实施内地与香港两地基金互认政策。基金互认实行总额度控制，初期投资额度按进出各等值3 000亿元人民币掌握；简化审批流程，仅对总额度使用情况进行监控；相关资金汇出入不设币种限制，额度内资金汇兑不予限制；机构按照每只基金客地发行规模不得超过该基金总资产50%来掌控；基金跨境发行销售需依法登记，但登记手续一律下放给托管人或代理人办理。

完善合格机构投资者额度管理。改革额度分类方式，将原有的三类额度调整为开放式基金和其他产品或资金两类额度；简化额度调剂备案管理，同类产品之间的额度调剂可自行调整，两类之间的调剂需事前备案；放宽额度汇入期限制，经备案后可一次延长6个月汇入期；简化本金汇出程序，从批准改为事前备案。

（三）稳步推进外债宏观审慎监管试点政策

2015年2月，在北京中关村、深圳前海、江苏张家港等特殊经济区域开展以外债比例自律为主要方式的宏观审慎管理试点，允许企业在净资产的一定倍数内自主借用外债，统一了中、外资企业外债管理政策，并允许外债资金结汇使用。同时，根据促进实体经济发展需要，适时提高部分机构短期外债指标。2015年8月，在总结试点经验基础上，外汇局对北京中关村试点政策进行“升级”，扩大了外债资金用途，放宽了外债专用账户管理，并对部分净资产规模较小、融资需求较大、盈利能力较强的高新技术企业给予最低外债额度支持。

（四）支持境内商品期货市场开放和交易便利

扩大我国期货市场参与主体，允许境外交易者和境外经纪机构从事境内特定品种期货交易；为境外交易者和境外经纪机构提供多种参与模式，规范境内特定品种期货交易涉及的主要业务环节等；明确各交易主体外汇账户实行专户管理，资金封闭运行，降低交易风险；明确境外投资者用于期货交易资金不占用银行短期外债指标；境外投资者直接在开户行办理结购汇，结购汇后资金可以直接划转；期货交易涉外收支等数据统一由开户银行、交易所通过系统报送。

（五）允许境外中央银行、国际金融组织等参与银行间市场

规定境外中央银行、国际金融组织、主权财富基金机构等相关境外投资者备案后，可在境内银行间市场开展债券现券、债券回购、债券借贷、债券远期，以及利率互换、远期利率协议等其他经许可的交易，并可自主决定投资规模。规定境外中央银行类机构向中国外汇交易中心备案后可进入境内银行间外汇市场，参与全部挂牌交易品种的交易，无额度限制。此外，中国人民银行还批准汇丰银行和中银香港境内发行熊猫债，以及在伦敦发行中央银行票据。

（六）自贸区金融改革创新试点取得新进展

进一步推动上海自贸区金融改革，中国人民银行、商务部、中国银监会、中国证监会、中国保监会、外汇局等六部委会同上海市人民政府发布《进一步推进中国（上海）自由贸易试验区金融开放创新试点　加快上海国际金融中心建设方案》（业界称为“金改40条”）。“金改40条”涉及“率先实现人民币资本项目可兑换”、“进一步扩大人民币跨境使用”等多方面内容。其后，上海“金改40条”首项细则——《中国（上海）自由贸易试验区外汇管理改革试点实施细则》正式发布。该细则突出了服务实体经济、促进贸易投资便利化的主旨，比如：率先赋予试验区内企业外汇资本金和外债资金结汇自主权；货物贸易分类登记为A类的企业外汇收入无须开立待核查账户；率先允许区内银行为境外机构办理人民币与外汇衍生品交易；等等。

批准增设广东、福建和天津等自贸区。2015年3月，党中央审议通过广东（三大片区：广州南沙自贸区、深圳蛇口自贸区、珠海横琴自贸区）、天津、福建自由贸易试验区总体方案。2015年4月，国务院印发了关于广东、天津、福建自由贸易试验区总体方案的通知（分别为国发[2015]18号、国发[2015]19号和国发[2015]20号）。2015年12月，中国人民银行发布了关于金融支持天津、福建和广东自由贸易试验区建设的指导意见，主要针对扩大人民币跨境使用、深化外汇管理改革、提升金融服务水平、风险监测与管理等方面提出了具体指导和要求。

（七）“一带一路”战略稳步实施

发布“推动共建‘一带一路’的愿景与行动”倡议。2015年3月28日，发展改革委、外交部、商务部联合发布《推动共建丝绸之路经济带和21世纪海上丝绸之路的愿景与行动》，以政策沟通、设施联通、贸易畅通、资金融通、民心相通为主要内容，加强“一带一路”沿线各国之间的合作。目前，我国已与部分国家签署了共建“一带一路”合作备忘录，与一些毗邻国家签署了地区合作和边境合作的备忘录以及经贸合作中长期发展规划。

成立丝路基金、亚洲基础设施投资银行等机构。2014年11月8日，中国国家主席习近平宣布中国出资400亿美元成立丝路基金；2014年12月29日，丝路基金有限责任公司正式开始运行。2014年10月24日，包括中国、印度、新加坡等在内的21个首批意向创始成员国的财长和授权代表在北京签约，共同决定成立亚洲基础设施投资银行（亚投行，AIIB）；2015年6月29日，《亚洲基础设施投资银行协定》签署仪式在北京举行；2015年12月25日，亚投行正式成立，全球迎来首个由中国倡议设立的多边金融机构。

（八）应对跨境资本流动新挑战

完善外汇流动性宏观审慎政策。为了对外汇流动性进行逆周期调节，抑制非理性预期发散，促进金融机构稳健经营，防范宏观金融风险，2015年8月底及9月中旬，中国人民银行分别对银行远期售汇以及人民币购售业务采取了宏观审慎管理措施，要求金融机构按其远期售汇（含期权和掉期）签约额的20%交存外汇风险准备金，并提高了跨境人民币购售业务存在异常的个别银行购售平盘手续费率，旨在通过价格手段抑制部分企业及境外主体汇率方面的投机行为。

进一步加强真实性合规性审核。一方面，加强对银行的业务指导和事后监管，强化事后核查和检查，强调银行要按照“了解业务”“了解客户”和“尽职审查”等国际通行的展业原则对相关业务办理，进行真实性合规性审核；另一方面，保持对违法违规行为的高压打击。

此外，适应外汇形势的变化，对跨境资金流动的管理由原来的“控流入”转为流入流出双向均衡管理，构建更加科学的跨境资金流动管理框架。

三、配套措施

（一）深化人民币汇率和利率市场化改革

取消存款利率上限管理。2015年10月23日，中国人民银行宣布自10月24日起，下调金融机构人民币贷款和存款基准利率，以进一步降低社会融资成本。同时，对商业银行和农村合作金融机构等不再设置存款利率浮动上限，并抓紧完善利率的市场化形成和调控机制，加强中央银行对利率体系的调控和监督指导，提高货币政策传导效率。

完善国债收益率曲线。自2014年11月2日起，财政部开始发布由中央结算公司编制提供的中国关键期限国债收益率曲线，这是中国债券市场发展历史上具有里程碑意义的重要举措，落实了十八届三中全会关于“健全反映市场供求关系的国债收益率曲线”的要求，进一步增强了国债市场和国债收益率曲线在我国经济体系运行中的基准性作用。

优化人民币对美元中间价报价机制。为增强人民币对美元汇率中间价的市场化程度和基准性，中国人民银行决定自2015年8月11日起，做市商在每日银行间外汇市场开盘前，参考上日银行间外汇市场收盘汇率，综合考虑外汇供求情况以及国际主要货币汇率变化向中国外汇交易中心提供中间价报价。优化做市商报价，有利于提高中间价形成的市场化程度，扩大市场汇率的实际运行空间，更好地发挥汇率对外汇供求的调节作用（详见本章第二节对相关问题的进一步讨论）。

（二）夯实扩大金融开放的基础条件

全国试点准入前国民待遇和负面清单管理。根据国务院发文，从2015年12月1日开始到2017年12月31日，我国将在部分地区试行市场准入负面清单制度；自2018年起正式实行全国统一的市场准入负面清单制度。市场准入负面清单制度是一项重要的制度创新，具体来说就是政府以清单的方式明确列出禁止和限制投资经营的行业、领域、业务等，清单之外的，各类市场主体皆可依法平等进入。这一制度是发挥市场在资源配置中的决定性作用的重要基础，是更好发挥政府作用的内在要求，是构建开放型经济新体制的必要措施，对稳增长、稳预期、鼓信心、激活力具有积极作用。

推进存款保险制度建设。2015年2月17日，我国发布《存款保险条例》，自2015年5月1日起施行。该条例规定，在我国境内设立的商业银行、农村合作银行、农村信用合作社等吸收存款的银行业金融机构（统称投保机构），应当投保存款保险；存款保险实行限额偿付，最高偿付限额为人民币50万元。存款保险制度作为金融业的一项重要基础性制度安排，对完善金融安全网、加强存款人保护、推动形成市场化的金融风险防范和处置机制，建立维护金融稳定的长效机制等，都具有十分重要的意义。

（三）完善人民币国际化基础设施

推动建设人民币跨境支付系统。为适应跨境人民币业务不断发展的需要，中国人民银行于2012年开始推动建设人民币跨境支付系统（CIPS）。2015年10月8日，人民币跨境支付系统（一期）成功上线运行，这是我国金融市场基础设施建设的里程碑事件之一，标志着人民币国内支付和国际支付统筹兼顾的现代化支付体系建设取得重要进展，对促进人民币国际化进程将起到重要支撑作用。CIPS（二期）将研究采用更加节约流动性的混合结算方式，全面支持人民币跨境和离岸资金结算。

加快境外人民币清算中心建设。近几年全球离岸人民币结算中心不断崛起，2011年以来，中国人民银行先后在我国港澳台地区、新加坡、伦敦、法兰克福、首尔、巴黎、卢森堡等国家和地区建立人民币清算安排。2015年3月23日，北美首个人民币交易中心在加拿大安大略省成立，随后BMO银行金融集团完成了该清算中心启动后的首笔交易。2015年4月，在卡塔尔多哈建立了中东地区第一个人民币清算中心。

推动中央银行货币互换协议签订。2015年，中国与英国、土耳其、南非、白俄罗斯、塔吉克斯坦等国家新签或续签了货币互换协议，并提高互换规模。2015年4月和11月，中国人民银行还与欧洲中央银行进行了动用欧元和人民币资金的测试，两次测试均顺利完成。双边本币互换安排能够为双方货币市场的进一步发展提供流动性支持，有利于贸易和投资的便利化，有利于加强金融合作。

（四）提高涉外统计数据透明度

按照最新国际标准编制和公布涉外统计数据。从2015年起，按照IMF《国际收支和国际投资头寸手册》（第六版）编制和发布国际收支平衡表以及国际投资头寸表。这符合我国进一步改革和扩大对外开放的需要，有利于提高宏观经济统计数据的透明度、可靠性和国际可比性；有利于进一步摸清宏观经济家底，为经济决策提供及时准确的依据；有利于国际社会和公众对中国经济的深入了解，提升我国参与全球经济合作水平。

完善宏观经济数据发布内容，提高发布频率。为提高成员国宏观经济统计数据透明度，IMF制定了数据公布通用系统（GDDS）和数据公布特殊标准（SDDS）两套数据公布标准，其中SDDS对数据覆盖范围、公布频率、公布时效、数据质量、公众可得性等方面要求更高。从2002年开始，我国一直按照GDDS不断改进统计数据编制和发布制度。2015年10月6日，中国致函IMF，正式通报中国采纳SDDS的决定。2015年，我国按照SDDS要求首次对外发布了部分统计数据，包括官方储备资产、国际储备与外币流动性数据模板和全口径外债数据，分季度中央政府债务数据，以及分季度GDP数据等。

四、影响评估

（一）跨境投资便利化程度显著提高

2015年，我国继续推进跨境直接投资和证券投资等领域的相关改革，推动跨国公司、自贸区等部分政策先行先试并适时在全国推广。上述政策有效促进了跨境投资便利化，实实在在支持了实体经济发展。一是降低社会成本。如直接投资外汇登记下放银行办理，大大缩短了业务办理流程，有利于降低企业往返外汇局与银行之间的“脚底成本”，便利企业开展跨境投资；资本金意愿结汇政策增强了资金管理灵活性，有利于降低企业财务成本；跨国公司外汇资金集中运营管理政策使得参与企业的融资成本明显降低，资金使用效率大幅提高，地方政府发展总部经济、促进结构转型的需求也得到较好满足；外债比例自律政策拓宽了区内企业的融资渠道，降低了企业融资成本，在一定程度上缓解了辖区内企业融资难问题。二是创造公平的投资环境。如外债比例自律政策改善了企业的融资环境，拉平了中外资企业在借用境外资金上的政策差异，有助于提升区内企业的竞争力。三是促进银行提高业务效率、提升服务水平。如在跨国公司外汇资金集中运营管理政策下，银行可以将原本投放到大中型企业的信贷资金置换出来，增加对中小民营企业的信贷资金供给。再如，银行直接为企业提供包括外汇登记、账户开立和资金汇兑在内的全流程服务，既有利于银行加强内部管理，增强合规意识，也有利于提升银行服务水平，吸引和维持优质客户。四是开辟内地与香港两地投资者证券市场投资新通道。有利于通过引入境外证券投资基金，为境内投资者提供更加丰富的投资产品以及更加多样化的投资管理服务，同时也有利于境内基金管理机构学习国际先进投资管理经验，促进基金行业竞争。此外，通过境内基金的境外发售，可为各类海外投资者提供更加方便的投资渠道，同时也有助于推动境内基金管理机构的规范化与国际化。

（二）资本项目可兑换程度进一步提升

逐步推进、有序实现资本项目可兑换是我国全面深化改革的既定方针。国际货币基金组织（IMF）将资本项目交易分为7大类40项，从可兑换程度看，可以将其归为“不可兑换”“部分可兑换”“基本可兑换”和“可兑换”四种。经过多年的改革，我国资本项目可兑换程度有了大幅提升：2012年，我国实现部分可兑换以上程度的项目为34项，占全部交易项目的85%；2015年，实现部分可兑换以上的项目增加至37项，比例提高至92.5%，不可兑换项目仅剩3项（包括非居民境内发行股票类证券、非居民境内发行货币市场工具、非居民境内发行衍生工具和其他工具）（见表4-1）。

表4–1 我国资本账户可兑换程度

交易项目				2012年	2015年
一、资本和货币市场工具	（一）资本市场证券	A、买卖股票或有参股性质的其他证券	1. 非居民在境内购买	部分可兑换	部分可兑换
			2. 非居民在境内出售或发行	不可兑换	不可兑换
			3. 居民在境外购买	部分可兑换	部分可兑换
			4. 居民在境外出售或发行	基本可兑换	基本可兑换
		B、债券和其他债务性证券	5. 非居民在境内购买	部分可兑换	部分可兑换
			6. 非居民在境内出售或发行	部分可兑换	部分可兑换
			7. 居民在境外购买	部分可兑换	部分可兑换
			8. 居民在境外出售或发行	部分可兑换	部分可兑换
	（二）货币市场工具		9. 非居民在境内购买	部分可兑换	部分可兑换
			10. 非居民在境内出售或发行	不可兑换	不可兑换
			11. 居民在境外购买	部分可兑换	部分可兑换
			12. 居民在境外出售或发行	部分可兑换	部分可兑换
	（三）集体投资类证券		13. 非居民在境内购买	部分可兑换	部分可兑换
			14. 非居民在境内出售或发行	不可兑换	部分可兑换
			15. 居民在境外购买	部分可兑换	部分可兑换
			16. 居民在境外出售或发行	不可兑换	部分可兑换
二、衍生工具和其他工具			17. 非居民在境内购买	部分可兑换	部分可兑换
			18. 非居民在境内出售或发行	不可兑换	不可兑换
			19. 居民在境外购买	部分可兑换	部分可兑换
			20. 居民在境外出售或发行	部分可兑换	部分可兑换
三、信贷业务	（一）商业信贷		21. 居民向非居民提供	基本可兑换	基本可兑换
			22. 非居民向居民提供	基本可兑换	基本可兑换
	（二）金融信贷		23. 居民向非居民提供	可兑换	可兑换
			24. 非居民向居民提供	部分可兑换	部分可兑换
	（三）担保、保证和备用融资便利		25. 居民向非居民提供	部分可兑换	基本可兑换
			26. 非居民向居民提供	部分可兑换	基本可兑换
四、直接投资			27. 对外直接投资	可兑换	可兑换
			28. 对内直接投资	基本可兑换	可兑换
五、直接投资清盘			29. 直接投资清盘	可兑换	可兑换
六、不动产交易			30. 居民在境外购买	部分可兑换	部分可兑换
			31. 非居民在境内购买	基本可兑换	基本可兑换
			32. 非居民在境内出售	可兑换	可兑换

续表

<table>
<tr><th colspan="3">交易项目</th><th>2012年</th><th>2015年</th></tr>
<tr><td rowspan="8">七、个人资本流动</td><td rowspan="2">（一）贷款</td><td>33. 居民向非居民提供</td><td>部分可兑换</td><td>部分可兑换</td></tr>
<tr><td>34. 非居民向居民提供</td><td>不可兑换</td><td>部分可兑换</td></tr>
<tr><td rowspan="2">（二）礼品、捐赠、遗赠和遗产</td><td>35. 居民向非居民提供</td><td>基本可兑换</td><td>基本可兑换</td></tr>
<tr><td>36. 非居民向居民提供</td><td>可兑换</td><td>可兑换</td></tr>
<tr><td>（三）外国移民在境外的债务结算</td><td>37. 外国移民境外债务的结算</td><td>可兑换</td><td>可兑换</td></tr>
<tr><td rowspan="2">（四）资产的转移</td><td>38. 移民向国外的转移</td><td>基本可兑换</td><td>基本可兑换</td></tr>
<tr><td>39. 移民向国内的转移</td><td>可兑换</td><td>可兑换</td></tr>
<tr><td>（五）博彩收入的转移</td><td>40. 博彩和中奖收入的转移</td><td>基本可兑换</td><td>基本可兑换</td></tr>
<tr><td colspan="2" rowspan="4"></td><td>不可兑换</td><td>6</td><td>3</td></tr>
<tr><td>部分可兑换</td><td>19</td><td>20</td></tr>
<tr><td>基本可兑换</td><td>8</td><td>9</td></tr>
<tr><td>可兑换</td><td>7</td><td>8</td></tr>
</table>

注：可兑换程度由作者自行评估。不可兑换、部分可兑换、基本可兑换、可兑换分别表示对相关交易的管制或限制为严格、较多、较少、放开四种程度。

（三）人民币国际化取得里程碑式的进展

2015年11月30日，IMF执董会决定将人民币纳入SDR货币篮子，SDR货币篮子相应扩大至美元、欧元、人民币、日元、英镑5种货币，人民币在SDR货币篮子中的权重为10.92%，美元、欧元、日元和英镑的权重分别为41.73%、30.93%、8.33%和8.09%，新的SDR篮子将于2016年10月1日生效。人民币加入SDR既是人民币国际化道路上的里程碑，也是中国改革开放的新起点，标志着国际社会对中国经济发展和改革开放成果的肯定，特别是对人民币国际化的肯定，对中国和世界是双赢的结果，意义重大、利在长远。

（四）开放政策对跨境资金流动的实质影响有限

从理论上讲，不论是资本账户开放、人民币国际化还是自贸区等改革政策，只要是对外开放程度加深，必将增加跨境资金流动的影响因素，资金流动的波动性和复杂性也将有所加大。但从现实情况看，开放对跨境资本流动的实质性影响并不大，我国跨境资金流动仍以顺周期的传统渠道变化为主。以人民币加入SDR为例，对跨境资金流动的影响大多是双向的，既有流入的因素也有流出的因素。在流入因素方面，随着人民币国际储备货币地位的提高，各中央银行、储备管理者、私人部门等会考虑增持人民币资产，同时中国资本市场的不断开放也会促进资金流入；在流出因素方面，中国企业“走出去”步伐正在加快，中国居民对外组合投资的需求也会增加。再如外商投资企业外汇资本金意愿结汇和外债比例自律管理等政策，属于扩大外汇供给的“扩流入”措施。但是从实际情况看，2015年，受境内外环境变化影响，特别是下半年以来受人民币汇率预期影响，境内市场主体不断调整本外币资产负债结构，我国跨境资金流动总体呈现较大的偏流出压力。这表明，市场因素仍是主导我国跨境资金流动趋势的主要变量，政策性因素的作用有限。

第二节　人民币汇率形成机制改革的新进展

2015年8月11日，中国人民银行宣布完善人民币对美元汇率中间价报价机制，做市商在每日银行间外汇市场开盘前，参考上日银行间外汇市场收盘汇率，综合考虑外汇供求情况以及国际主要货币汇率变化向中国外汇交易中心提供中间价报价。总体看，“8·11”新汇改提高了人民币对美元汇率中间价形成的市场化程度和基准地位，是完善金融市场体系的内在要求，也是构建开放型经济新体制的应有之义。但改革后出现的跨境资金流出增多、人民币汇率贬值预期增强等问题也需要妥善应对。

一、改革的背景

（一）经济背景

国内经济持续下行的影响逐步积累。一是造成投资的风险溢价上升，影响投资者对投资回报的预期。2014年9月，统计局公布的8月份经济数据欠佳，导致境内外汇率差价跳升。随着国内经济调整不断深入，关于我国经济硬着陆的舆论不绝于耳，这进一步增加了投资者的疑虑。二是导致国内财政金融风险释放，促使国际投资者对我国市场进行投资风险重估。近年来，银行资产质量、地方政府融资平台、房地产市场走势等问题总是被市场不断炒作。2015年年中的A股市场异动，进一步加剧了这方面的担忧。2015年7月份，银行即远期结售汇逆差合计561亿美元，而上月为逆差71亿美元。市场情绪恶化，外汇供求失衡加大，有可能是“8·11”汇改的诱因之一。三是稳增长政策力度加大，改变本外币利差和人民币供求关系。2014年11月中国人民银行同时降准降息，就触发了从当年底至来年初银行间市场人民币对美元汇率的连续跌停。而美国、欧洲和日本实行量化宽松货币政策后，本币汇率大幅走弱的经验，进一步刺激了境内加速偿还美元债务和资产多元化配置。

美元走强多渠道对我国外贸和跨境资金流动产生影响。一是在贸易渠道，带动人民币被动升值，造成对我国出口竞争力受损、人民币汇率高估的担忧。2014年年初至2015年7月，美元指数累计升值了21%，国际清算银行编制的人民币名义和实际有效汇率指数分别升值了11.6%和11.3%。市场预期随着美联储步入加息周期，美元进一步走强，人民币继续盯住美元有可能难以维系。同时，走出生产者价格指数连续多年负增长的通缩阴影，也需要人民币汇率的调整。二是在金融渠道，美元加息和升值的预期改变利差交易的条件，刺激国内企业加速偿还美元债务。2008年国际金融危机以来，在全球宽流动性、低利率的环境下，人民币汇率单边升值和低波动率，导致我国境内机构大举对外举债，利差交易盛行。到2014年年底，外币外债达到8 955亿美元，较2008年年底增长了1.3倍，其中美元债务占到80%，短期外债占比由58%上升至76%，而相当一部分利差交易未做套期保值，对于人民币贬值非常敏感。三是在信心渠道，市场对美元升值周期经常伴随着新兴市场国际收支危机的解读，引发对人民币汇率贬值的担心。2015年3月，在美元指数强势冲击100的背景下，国内企业出现了大量预防性购汇，当月银行即远期结售汇逆差达到777亿美元。2015年3月下中旬以后，随着美元汇率技术性回调，加之我国国内重申汇率维稳基调，第二季度银行即远期结售汇逆差326亿美元，远低于第一季度逆差1 200亿美元的水平。

（二）制度背景

人民币可兑换进程加快。2013年年底，十八届三中全会明确提出要加快实现人民币资本项目可兑换。2015年6月，我国国内股票市场的剧烈震荡一度引起海内外对于中国有可能放缓对外开放步伐的担忧。然而，从7月份以后密集出台的加快国内银行间债券市场开放、扩大境内商品期货市场外资准入等措施看，中国仍在按既定路线图和时间表推进改革开放的步伐。

人民币国际化步伐加快。2008年国际金融危机的爆发，对美元主导的现行国际货币体系提出了挑战。为摆脱对美元的依赖，2009年起中国开始了跨境人民币业务试点，鼓励人民币跨境使用。自此，人民币的全球交易和使用越来越广泛。2015年6月，中国人民银行首次发布《人民币国际化报告（2015）》，一改过去“跨境人民币业务”或“人民币跨境使用”等隐晦的提法，正式对外宣告将人民币国际化纳入国家战略。

中国经济开放程度已经比较高。从法律制度上看，依照IMF划分的七大类四十个子项的资本交易项目中，中国自评估有85%的项目已经实现了不同程度的可兑换。从操作角度来看，由于对外贸易投资交往规模较大、海内外企业联系广泛、跨境人员往来特别是海外华人华侨较多，加上毗邻香港特区自由金融市场的特殊因素，人民币资本项目的实际可兑换程度又要比法定程度高出许多。因此，即便没有人民币可兑换和国际化的进一步推进，资本管制、外汇管理也不可能是铁板一块了。2014年3月份的汇改实践表明，当前贸易大顺差、本外币正利差的形势下，人民币汇率双向波动是有可能实现的，而且双向波动以后确能对无风险套利活动起到一定的抑制作用。

二、改革的时机

（一）新汇改实施的有利条件

人民币汇率处于均衡合理水平。一是我国经常账户收支已经实现了基本平衡，奠定了人民币汇率趋向均衡水平的基础。自1994年外汇体制改革以来，由于货物贸易顺差逐步扩大，我国经常账户连年顺差，而且2005年后顺差规模不断增加，2007年最高达到当年国内生产总值的10.1%。2008年国际金融危机爆发后，该比例逐年回落，自2010年起降至国际认可的合理标准以内。2015年前三个季度，经常账户顺差与GDP之比为2.6%，较2014年全年水平提升了0.5个百分点，但仍连续第六年低于国际认可的合理标准（见图4–1）。二是国际社会和市场逐步形成了人民币汇率趋向均衡水平的共识。从2005年7月汇改至2015年7月末，人民币对美元汇率中间价累计升值了35%，国际清算银行编制的人民币名义和实际有效汇率指数分别累计升值了47%和58%。在此期间，人民币汇率低估一度成为部分国家发起对华贸易和投资保护主义行动的重要借口。随着我国经常账户趋向基本平衡，2012年国际货币基金组织将对人民币汇率水平评估的结论从“显著低估”改为“温和低估”；2015年5月底，国际货币基金组织在第四条款磋商总结报告中更是明确指出，人民币汇率水平“不再低估”。

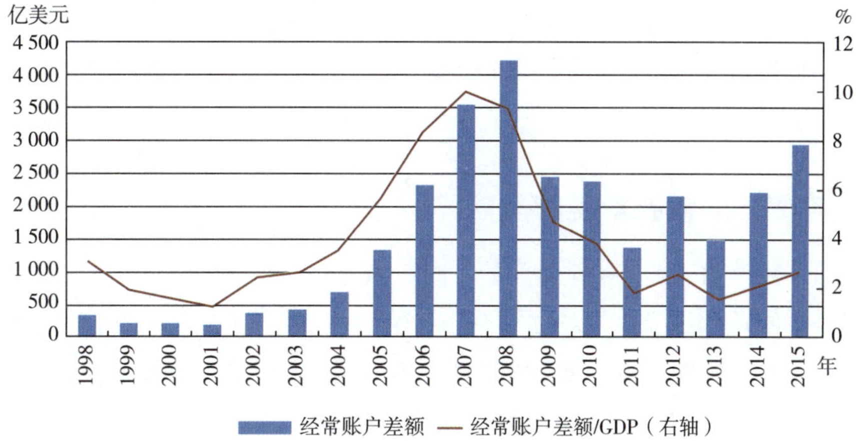

资料来源：国家外汇管理局、国家统计局。

图4-1　我国经常账户差额及其与GDP之比

汇改前资本外流仍属意料中的调整。一是持续多年的跨境资金单向流入转为双向波动。自1999年以来，我国资本和金融账户持续顺差，与经常账户顺差一起推动外汇储备快速积累。2008年国际金融危机爆发后，由于主要发达经济体竞相推出量化宽松货币政策，我国跨境资本流入总体上有增无减，而且在很多年份超过经常账户顺差，成为外汇储备增加的主要贡献，如2009年至2013年，资本和金融账户顺差占国际收支总顺差的52%，在此之前的2003年至2008年占比只有26%。这种情况在2014年第一季度后才有所转变，2014年第二季度以来资本和金融账户开始持续逆差。总体来看，跨境资金仍处于双向波动的大格局中，国际收支平衡表中的外汇储备资产在2014年第四季度和2015年第一季度下降较明显，2015年第二季度重回上升态势。二是资本外流主要体现了“藏汇于民”的积极变化，与当时的国内外经济金融环境相符。2014年第二季度至2015年第二季度，我国国际收支口径的经常账户顺差累计3 612亿美元，资本和金融账户累计逆差1 813亿美元，外汇储备资产累计减少736亿美元。其中，资产（即对外投资，包括对外直接投资、对外证券投资；QDII/RQDII和对外其他投资，如对外放款；等等）项下净流出5 126亿美元，负债（即外来投资，包括外商直接投资；外来证券投资，如QFII/RQFII；外来其他投资，如外债；等等）项下净流入3 312亿美元，反映了外汇资产由中央银行集中持有向民间部门分散持有的转变过程。主要原因是由于国际上美联储逐步退出量化宽松货币政策并且加息预期升温，美元指数总体上升，人民币汇率承压；国内经济处于从高速增长向中高速增长的转换期，下行压力持续存在，但相关调整依然平稳可控。

1994年汇改以来积累了丰富的改革和调控经验。人民币汇率形成机制改革始终坚持主动、渐进、可控的原则向前推动，积累了丰富的调控经验，确立了良好的市场信誉。1994年年初，人民币官方汇率（5.80元人民币/美元）与外汇调剂市场汇率（8.70元人民币/美元）并轨后，我国就确立了现行以市场供求为基础的、有管理的浮动汇率制度。“有管理的浮动”，主要体现为对人民币汇率中间价（又称基准汇率）的制度安排，对银行间市场交易价格（即市场汇率）的浮动区间管理，以及对银行为客户办理本外币兑换（即结售汇业务）的挂牌汇率浮动区间管理。2005年7月汇改以来，人民币挂牌汇率的浮动区间限制已逐步取消，银行间市场人民币对美元交易价的日浮动区间也逐渐扩大，人民币汇率市场化改革已经取得了较大进展。与此同时，人民币汇率中间价形成的市场化也在稳步推进。汇率并轨后，中间价参考上日银行间市场交易价的加权平均价格形成。2005年7月汇改之初，改为由上一交易日的收盘价形成。2006年

1月4日，中国人民银行在引入询价交易方式和做市商制度的同时，改汇率中间价形成方式为当日开市前由中国外汇交易中心向做市商询价，去掉最高和最低价后得到的加权平均价作为当日的基准价格，并授权其对外发布。

（二）拖延改革可能需要承担的风险

僵化的汇率制度和政策将制约其他政策调控空间。国内外的经验教训表明，开放的资本流动和僵化的汇率制度是最危险的宏观政策组合。无论大国还是小国，只要固守某个汇率水平，就有可能遭受货币攻击。人民币作为新崛起的大国货币，正在被世界越来越广泛地使用，走向浮动汇率安排，应该是大势所趋。

外部环境中不确定、不稳定因素有增无减。美联储加息预期甚嚣尘上并已持续一年多，美元将时隔十年后开启加息周期，在此之前的美元汇率已多次冲高，对国际金融市场的影响和冲击难以预计，但美联储加息节奏和幅度也存在不确定性，成为金融市场发展的较大扰动项。在此背景下，新兴经济体风险陡然上升，一些国家出现阶段性货币大幅贬值和资本外流，对于同属新兴市场的中国而言，其未来发展的传染效应也较难评估。国际大宗商品市场继续低迷，国际原油价格进一步下跌，未来面临市场动荡加剧、冲击影响加大的风险。此外，叙利亚等地缘政治冲突尚无宁日，针对平民尤其是跨国的恐怖袭击事件也影响市场稳定。人民币作为风险资产，在市场避险情绪上升时仍会表现为大量资本从人民币回流美元，有可能面临大进大出的反复冲击，亟待通过更加市场化的价格调节规避相关风险。

人民币对美元汇率交易价与中间价存在偏离。长期以来，人民币汇率中间价在引导市场预期和稳定汇率方面发挥了重要作用。在银行间市场的交易价有可能出现涨停或者跌停，由于中间价相对稳定，防止了市场汇率的持续升值或者贬值。中间价成为中央银行汇率政策操作的重要中介目标，也是市场解读汇率政策取向的重要窗口。但是，由于人民币汇率中间价的形成透明度不高，供求信息反映不全面，加上中间价波动率较低，导致银行间市场交易价与中间价长期背离（见图4-2）。在单边市场环境下，近年来，虽然银行间市场汇率波幅不断扩大，但交易价通常持续在中间价的升值或者贬值区间浮动，使中间价很多时候成为一个不可交割的价格，影响了其代表性和权威性，同时也导致交易价动辄涨停或者跌停，制约汇率整体弹性的改善。

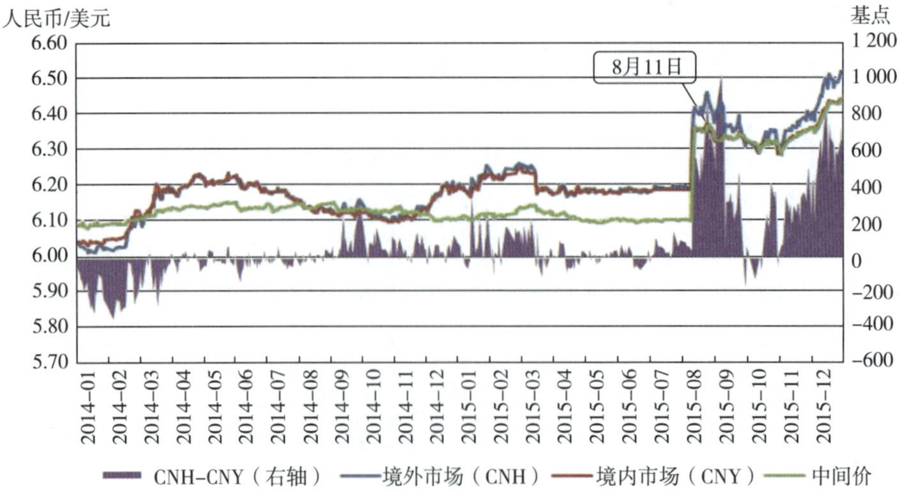

资料来源：路透。

图4-2 境内外市场人民币对美元即期汇率

总之，改革没有所谓的“好时机”。市场给我们留下的政策犹豫期可能越来越少，改革的时间窗口有可能稍纵即逝。任何政策选择都有机会成本，任何改变都要承担一定风险，所谓改革的最佳时机客观上是不存在的。评价汇改时机是否合适有两个维度，一是看改革条件是否成熟，二是看不改革的风险。当然，在面对诸多不确定性的情况实施改革，关键是要周密规划、完善预案、加强沟通，从最坏处打算、争取最好的结果。

三、改革的成效

（一）新汇改提高了人民币汇率中间价的市场化程度

新汇改优化了做市商报价，回归到了以上日收盘价作为主要定价基础的做法。这是国际上通行的一种基准价格形成机制，有利于提高中间价形成的市场化程度，保持价格的连续性和透明度，可以较好地解决前述两种价格的背离问题，提升中间价的市场基准地位。2015年8月11日以来，中间价与上日银行间外汇市场即期收盘价一致性大幅提高。8月11日至12月末，中间价与上日收盘价平均点差为33个基点，比2015年年初至8月10日的平均点差大幅下降874个基点（见图4-3）。8月11日以来，中间价与当天开盘价、最高价、最低价和收盘价之间的差距明显收窄。8月11日至12月末，上述平均点差分别为39个、84个、58个和65个基点，而2015年初至8月10日的平均点差高达901个、934个、864个和901个基点（见图4-4）。

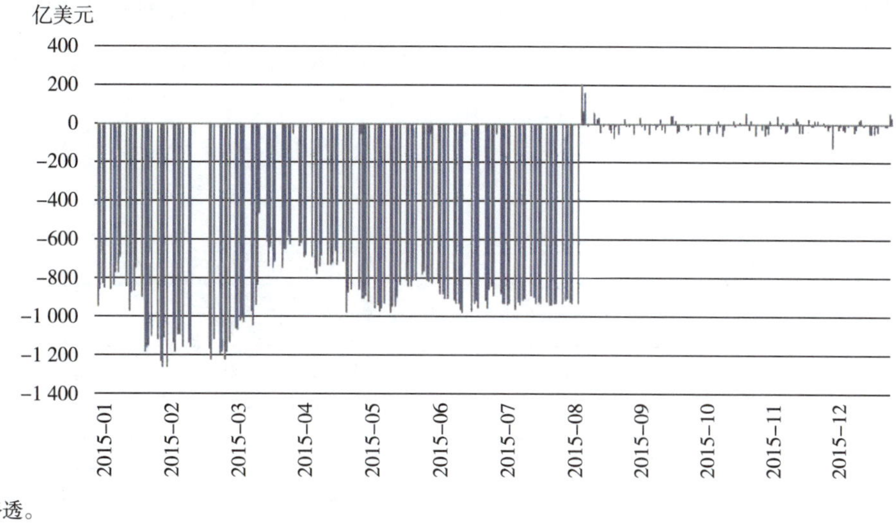

资料来源：路透。

图4-3　人民币汇率中间价与上日收盘价之差

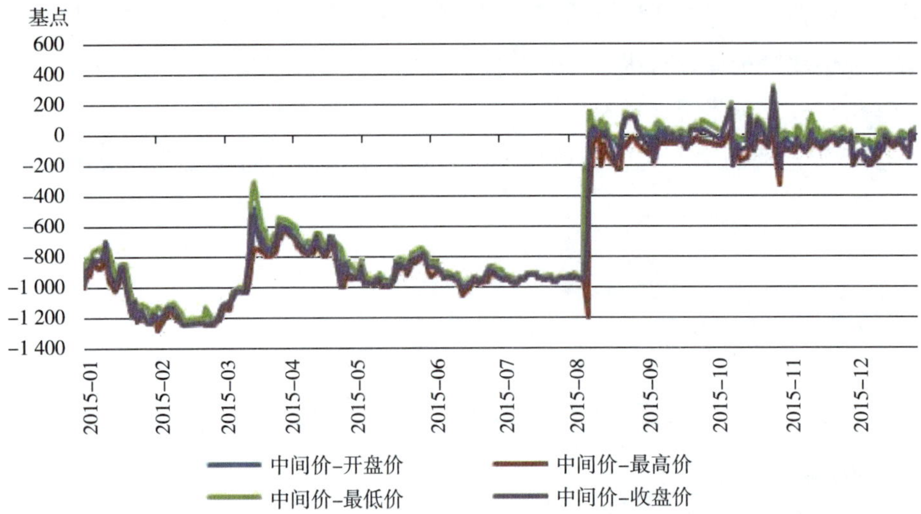

资料来源：路透。

图4−4　人民币汇率中间价与当日开盘价、最高价、最低价和收盘价之差

（二）新汇改增强了人民币双边汇率弹性并保持了多边汇率稳定

新汇改后，境内外人民币汇率弹性均有所增强。2015年8月11日至12月末，境内外人民币汇率波动率日均值分别为2.0%和2.4%，较2015年年初至8月10日的日均值上升42%和74%（见图4−5）。从多边汇率看，国际清算银行（BIS）数据显示，2015年人民币对一篮子货币的名义有效汇率累计升值3.7%，扣除通货膨胀因素的实际有效汇率累计升值3.8%（见图4−6）。中国外汇交易中心数据显示，2015年末CFETS人民币汇率指数为100.94，较2014年末升值0.94%。这说明2015年人民币对一篮子货币总体小幅升值，在国际主要货币中仍属强势货币，不存在竞争性贬值的情况。

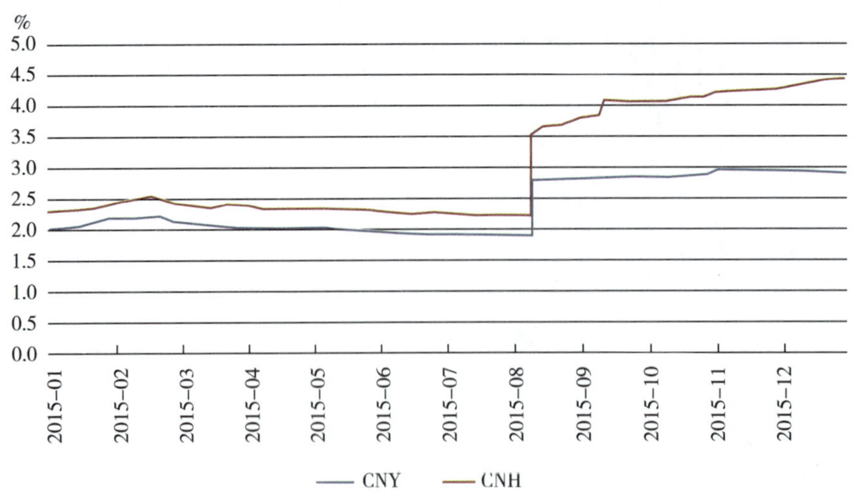

资料来源：路透。

图4−5　人民币对美元汇率1年期历史波动率

资料来源：国际清算银行。

图4–6　人民币名义和实际有效汇率

（三）新汇改为市场在外汇供求中发挥决定性作用打下了基础

当一国面临跨境资金波动或汇率波动的压力时，有效释放压力、平衡外汇供求的方式要么是数量出清，即体现为中央银行外汇干预，外汇储备上升或下降；要么是价格出清，即体现为汇率调节市场供求，市场自主出清，储备保持基本稳定。长期以来，我国市场主体自主平衡能力偏弱，在外汇供求调节中没有发挥决定性作用，主要通过数量出清的方式承担压力，使得外汇储备变化较快，由此导致外汇占款被动成为影响国内流动性的主要因素，这也在一定程度上降低了中央银行货币政策的独立性。为让汇率调节发挥更大作用，扩大浮动区间是一个方面，完善中间价形成机制也是重要一环，这将进一步提高中央银行货币政策操作的自主程度，为未来的宏观调控拓宽了空间。

四、改革的挑战

（一）加剧了贬值预期

经济下行和美元走强是人民币汇率贬值预期产生的根本原因，但汇改后市场沟通不畅加剧了一致性的贬值预期。新汇改优化人民币对美元中间价报价机制的一个直接后果是，2015年8月11日、12日人民币汇率中间价主要依据上日收盘价连续下调，市场交易价连续跌停。这引起了关于人民币加入竞争性贬值的市场恐慌，人民币贬值预期骤然升温。尽管政府采取了包括抛售外汇储备、实施宏观审慎管理、加强跨境资金流动真实性审核等一系列维稳措施，但人民币贬值预期迟迟不能消退。2015年7月初至12月底，境内日均汇差352个基点，远高于此前57个基点的日均水平。其中，8月11日至12月31日日均差价更是高达440个基点。人民币汇率这一变化与当时的国内外经济金融基本面并不相符。实际上，在新汇改实施后的一段时期，尽管美联储加息逐步临近，但市场已经对此有所消化，待加息的“靴子”落地后，美元指数上升势头反而暂时停滞、高位盘整；国内经济延续以前的调整步伐，也没有出现明显恶化的任何迹象，经济基本面因素没有发生大的变化，人民币贬值预期陡增也说明市场判断在相关事件冲击下出现了较大调整，汇率双向波动的预期被打破。

（二）加速了资本外流

对外资产持续流出和对外负债加快偿还产生叠加影响，进一步扩大资本项下逆差。2015年第三季度，资本和金融账户（不含储备资产）逆差1 603亿美元，高于上半年累计的1 442亿美元。国际收支交易导致的外汇储备资产下降1 606亿美元，而第一季度和第二季度合计下降666亿美元。外国来华投资（外商直接投资；外来证券投资，如QFII/RQFII；外来其他投资，如外债；等等）净流出817亿美元，上半年总体为净流入497亿美元；同时，我国对外投资（对外直接投资；对外证券投资，如QDII/RQDII；对外其他投资，如对外放款；等等）继续净流出785亿美元，上半年累计净流出1 942亿美元。境内外汇供不应求压力明显上升。2015年8~9月，企业、个人等银行代客结售汇逆差分别为1 280亿和1 146亿美元，明显高于前7个月月均157亿美元的逆差规模。2015年8~9月，银行代客跨境外汇净流出分别为744亿和729亿美元，前7个月外汇净流出月均62亿美元。

专栏4.1　积极应对我国资本外流中的汇率预期因素

2015年“8·11”汇改后，人民币汇率市场化程度进一步提高，但改革后我国资本外流情况加剧。“8·11”汇改前的资本外流主要受经济下行和美元走强等基本面因素影响。汇改后，我国资本外流既有上述基本面的原因，也有单边贬值预期造成的预期自我强化、自我实现的“挤兑”外汇储备的影响。

人民币汇率贬值预期的作用逐步显现。考虑到剔除官方的国际储备资产（包括外汇储备、黄金储备等）后，我国对外净负债2万多亿美元，出于债务负担增加的担忧，市场天然对人民币贬值较为敏感。结果，2015年第三季度以来出现了资产和负债项下流出叠加，造成我国外汇储备降幅扩大。实际上，内外部基本面因素导致的资本外流，已经在资本项目由前期大量顺差转为逆差中得到了体现。汇改以来，因为市场一致性的贬值预期，造成了集中购付汇的局面。反过来，外汇储备下降、跨境资本流动加强管理，又进一步加剧了贬值预期，刺激了更多的恐慌性购汇。

人民币汇率仍具有双向波动下保持稳定的基础。资本流动只是影响汇率走势的诸多因素之一，资本外流并不意味着本币汇率必然贬值。我国现在正从经常项目和资本项目“双顺差”的旧常态进入“经常项目顺差、资本项目逆差”的新常态。这对于我国来讲其实属于一种合意的国际收支结构，有助于经济实现内外均衡。在这种国际收支格局下，随着人民币汇率市场化程度不断提高，人民币汇率有涨有跌、双向波动将越来越常态化，而且我国基础国际收支状况依然强劲，不论是“藏汇于民”还是“债务偿还”，正常用汇都是有保证的。

相关各方都需要尽快适应人民币汇率双向波动。第一，市场化汇率双向波动是常态。根据市场经济的价值规律，市场汇率会围绕均衡汇率上下波动，同时又不可能偏离均衡汇率太远。市场的看法既不可能统一，也没有必要统一。基于市场预期的分化，出现有涨有跌的双向波动将会越来越常态化。特别是在新旧体制转轨过程中，由于缺乏参照系，期间市场震荡加剧甚至出现超调也是可能的。第二，市场预期要重视但不能盲从。当前人民币汇率波动率在世界主要货币中仍然排名靠后。由于市场波动不足，市场预期未能充分释放，较易形成单边预期。然而，市场预期哪怕是绝大多数人的预期，也并非一贯正确，而且也是善变的，随波逐流容易迷失方向。第三，树立正确的对外投资理念。随着企业实力壮大、居民收入提高，其本身有资产多元化配置的客观需求，也是国家鼓励的方向。然而，如果仅仅因为预期人民币贬值而增持外币或者境外资产，而没有具体投资意向，这种全民炒汇并非真正的投资。第四，建立严格的财务管理纪律。根据外汇市场的有效性理论，汇率走势是难以预测的，投资者也就难以获得超额利润。为此，市场主体应该控制好货币错配风险，用好金融避险工具。第五，确定合理的政府定位。政府要容忍市场波动，保持客观中立，少对具体汇率水平发表意见，加快市场发展，减少外汇干预，不断便利市场主体使用和交易外汇，同时要改善市场沟通和预期引导。

（三）重启了市场干预

新汇改前，受经济基本面以及内外部市场因素影响，我国跨境资金流出压力有所上升，但在一定时期内仍呈现双向波动的局面，资金流出规模尚属稳定。新汇改后，在基本面未发生较大变化的情况下，由于市场一致性的贬值预期增强，造成了市场主体的集中购汇，一方面引起了部分主体前期积累的较大需求短期内较快释放，增加了购汇规模；另一方面刺激一些市场主体恐慌性购汇、提前购汇。由于短期内市场对改革的反应比较强烈，中央银行较早地介入进行了外汇市场干预，保障外汇市场流动性，尽量满足市场主体购汇需求，稳定市场情绪，但代价是银行结售汇逆差大幅扩大，外汇储备降幅加快。2015年8月至12月，银行结售汇月均逆差为634亿美元，是1月至7月份月均逆差的3倍；2015年全年外汇储备余额下降5 127亿美元，其中63%发生在8月至12月。

（四）加剧了交叉传染

新汇改后的市场波动加剧了境内外市场的相互传染以及国内股市汇市的交叉传染。由于在过去相当长一段时期，人民币盯住美元给世界提供了一个名义锚。新汇改使得这个锚突然消失了，全球市场也需要有一个重新磨合、适应的过程。特别是人民币汇率水平的变化与美联储加息临近等各种不确定性因素叠加，导致了新汇改后全球金融市场的剧烈震荡。反过来，全球金融市场的震荡加大了市场避险情绪，衡量此指标的市场波动率指数一度上升2.3倍，达到2011年底欧债危机爆发以来的最高点。这对于仍属于风险资产的人民币来说，在市场上面临了较大的减持压力，进而强化了人民币贬值预期、扩大了跨境资金流出。同时，新汇改后的人民币汇率波动影响了市场对人民币资产乃至国内经济的信心，本身比较脆弱的国内股票市场首当其冲，上证综指在新汇改后两周左右下跌约20%（见图4-7）。

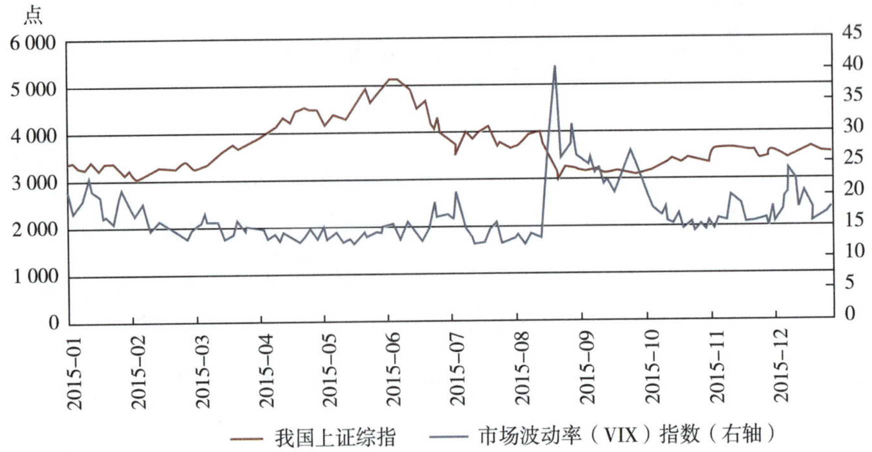

资料来源：路透，CEIC。

图4-7　市场波动率（VIX）指数和我国上证综指

第三节　2015年跨境资金流动状况

2015年，国内外宏观经济金融环境发生了较大变化。在此背景下，我国跨境资金总体呈现净流出局面。目前来看，跨境资金流出风险总体可控，但过度流出风险需高度防范。2016年，预计国际收支将延续经常账户顺差、资本和金融账户逆差的格局。

一、基本情况

（一）国际收支呈现“经常账户顺差、资本和金融账户（不含储备资产，下同）逆差”，外汇储备下降较快

经常账户顺差有所增加，但与GDP之比保持合理水平。全年，经常账户顺差2 932亿美元，较2014年增长33%。其中，货物贸易顺差5 781亿美元，增长33%；服务贸易仍是主要的逆差项目，达2 094亿美元，增长39%，其中旅行逆差1 950亿美元，增长81%；投资收益逆差872亿美元，增长46%。经常账户顺差与GDP之比为2.7%，提升了0.6个百分点，但仍处于国际公认的合理标准以内（见图4-8）。

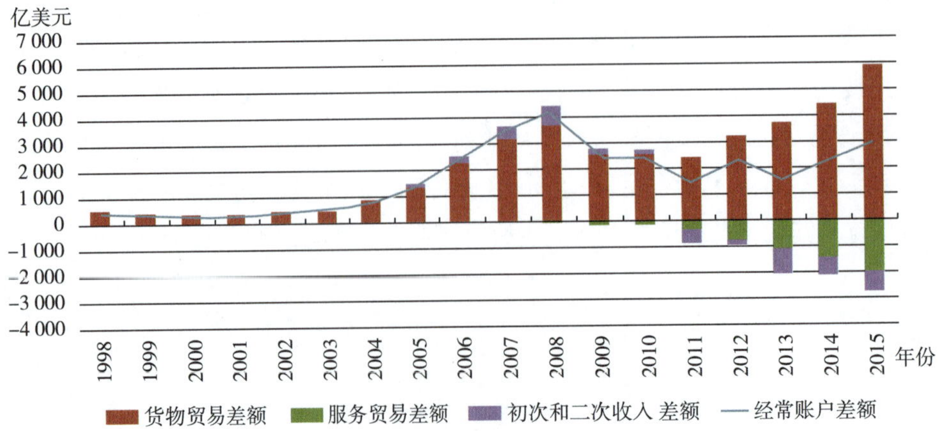

资料来源：国家外汇管理局。

图4-8　我国经常账户差额及其主要组成项目

资本和金融账户呈现较大逆差，非直接投资项下资金净流出明显增多。2015年，资本和金融账户（含第四季度净误差与遗漏）逆差5 040亿美元，已持续7个季度逆差，2014年资本和金融账户顺差为382亿美元。2015年直接投资顺差771亿美元，较2014年减少63%。2015年前个三季度，证券投资逆差413亿美元，2014年同期为顺差604亿美元；其他投资逆差3 304亿美元，同比增长1.6倍（见图4–9）。

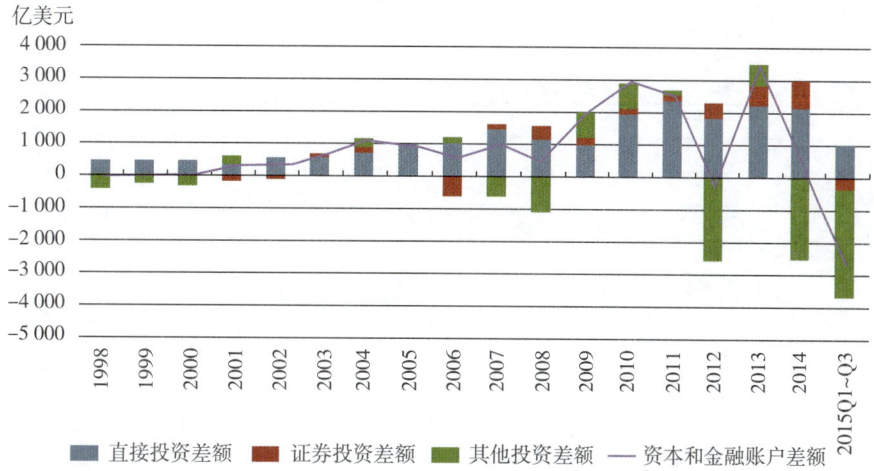

资料来源：国家外汇管理局。

图4–9　我国资本和金融账户差额及其主要组成项目

储备资产20多年来首次表现为年度下降。2015年，储备资产减少3 429亿美元，其中，外汇储备资产减少3 423亿美元，第一季度减少795亿美元，第二季度增加130亿美元，第三、第四季度分别减少1 606亿和1 151亿美元。我国外汇储备余额降至2015年末的3.33万亿美元（见图4–10），降幅为5 127亿美元，较外汇储备资产多减少了1 704亿美元，主要是由于汇率和资产价格变动导致的储备非交易价值变化，即账面减记。

资料来源：国家外汇管理局。

图4–10　国际收支平衡表的储备资产变动及我国外汇储备余额

（二）境内外汇市场的外汇供不应求矛盾突出

银行即期结售汇多年来首现逆差，下半年供求缺口明显扩大。2015年，银行结汇下降9%，售汇增长24%，结售汇逆差4 659亿美元，上年为顺差1 258亿美元。其中，第一季度延续2014年下半年以来的局面，结售汇逆差914亿美元；第二季度在市场环境趋稳的情况下，逆差收窄至139亿美元；第三季度市场主体集中购汇需求大幅释放，结售汇逆差升至1 961亿美元；第四季度回落至1 644亿美元（见图4–11）。

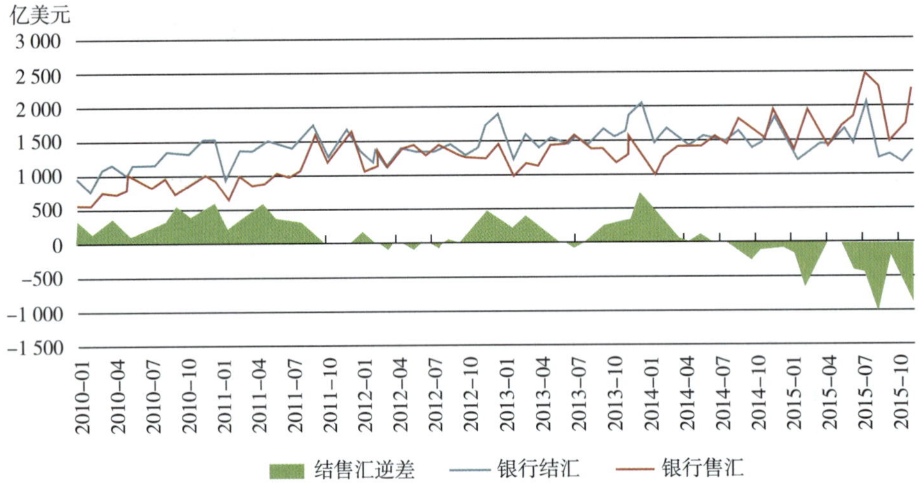

资料来源：国家外汇管理局。

图4–11　银行结汇、售汇和结售汇逆差

银行远期结售汇签约呈现较大逆差，在市场和政策作用下波动较大。2015年，银行远期结汇签约额下降56%，售汇签约额增长33%，逆差1 942亿美元，2014年为顺差561亿美元。第一季度远期结售汇签约逆差创历史新高，达470亿美元；第二季度收窄至215亿美元；第三季度升至993亿美元；第四季度在相关政策和市场情绪平复等因素影响下，逆差规模减少至263亿美元（见图4–12）。

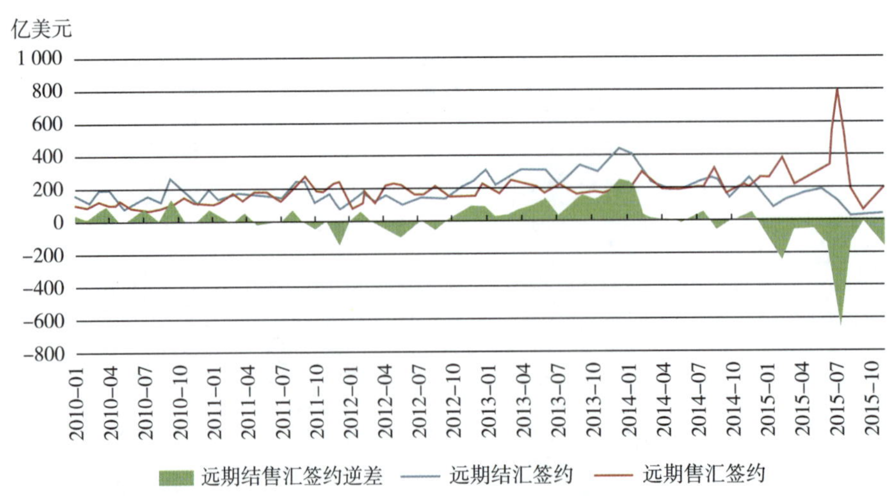

资料来源：国家外汇管理局。

图4–12　远期结汇签约额、远期售汇签约额和远期结售汇签约逆差

（三）企业、个人等非银行部门跨境资金总体呈现净流出

企业、个人等跨境收支由上半年的顺差转为下半年的逆差。2015年，企业、个人等非银行部门跨境收入较2014年下降1%，跨境支出增长6%，跨境收支逆差2 009亿美元，2014年为顺差315亿美元。其中，第一、第二季度非银行部门跨境资金净流入分别为277亿和75亿美元，第三、第四季度转为净流出1 089亿和1 271亿美元（见图4–13）。

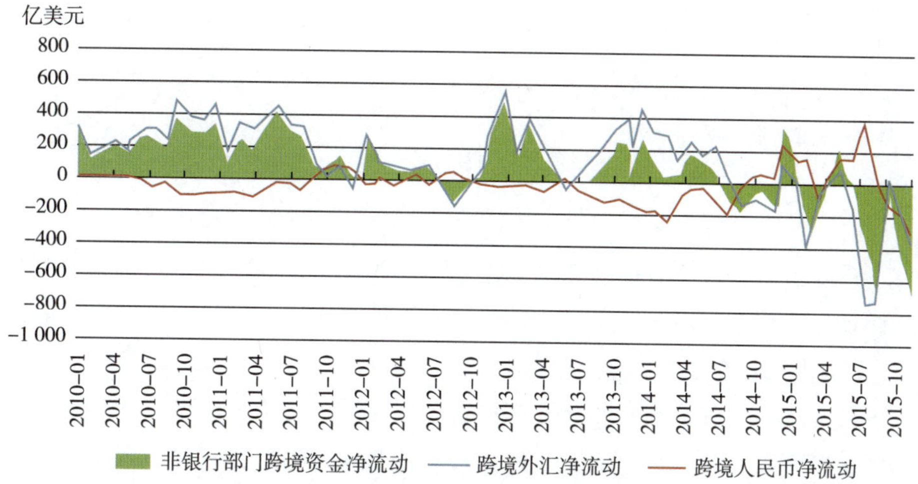

资料来源：国家外汇管理局。

图4–13　企业、个人等非银行部门跨境资金流动

企业、个人等跨境外汇呈现净流出，跨境人民币总体表现为净流入。2015年，企业、个人等非银行部门跨境外汇收入较2014年下降12%，跨境外汇支出增长3%，跨境外汇资金净流出2 538亿美元，2014年为外汇净流入1 321亿美元。其中，第一至第四季度均表现为外汇净流出，分别为253亿、16亿、1 637亿和631亿美元。2015年，企业、个人等非银行部门跨境人民币净流入529亿美元，2014年为人民币净流出1 006亿美元。其中，前三个季度人民币均为净流入，分别为530亿、91亿和548亿美元，第四季度净流出640亿美元（见图4–13）。

二、原因分析

全球经济不平衡复苏格局更加突出。2015年，根据IMF最新数据，全球经济增长3.1%，较2014年放缓0.3个百分点。发达经济体复苏依然乏力，但经济增长相对平稳。2015年发达经济体经济增长1.9%，较2014年提高0.1个百分点。发达经济体内部经济复苏状况也不一致，美国经济增长2.5%，明显好于欧元区（1.5%）和日本（0.6%）。新兴经济体经济增速进一步下滑。2015年增速为4.0%，较2014年增速放慢0.6个百分点，已连续5年减速（见图4–14）。其中，2015年俄罗斯、巴西经济均出现负增长，分别较2014年下降3.7%和3.8%；南非经济增长1.3%，较2014年放慢0.2个百分点；印度经济增速未下滑，2014年和2015年均增长7.3%。

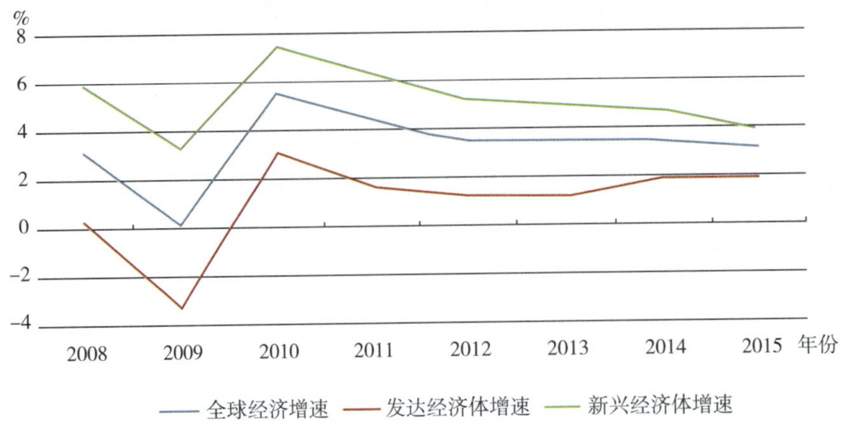

资料来源：国际货币基金组织《世界经济展望》。

图4-14　全球经济以及发达经济体、新兴经济体经济增速

发达经济体货币政策分化进一步推动美元走强。2014年10月，美联储正式结束量化宽松货币政策，市场上关于美联储加息的预期升温；欧元区和日本中央银行则继续实施非常规货币政策，尤其是欧洲中央银行从2015年3月起进一步扩大资产购买规模。在此情况下，2015年美元指数累计上升9.3%，其他绝大多数货币均经历了较大调整，部分新兴经济体还出现了阶段性的货币大幅贬值和资本大量外流，JP摩根新兴市场货币指数下跌16%（见图4-15）。此外，希腊债务问题等不确定因素也影响了国际金融市场稳定，进一步凸显美元资产避险功能。

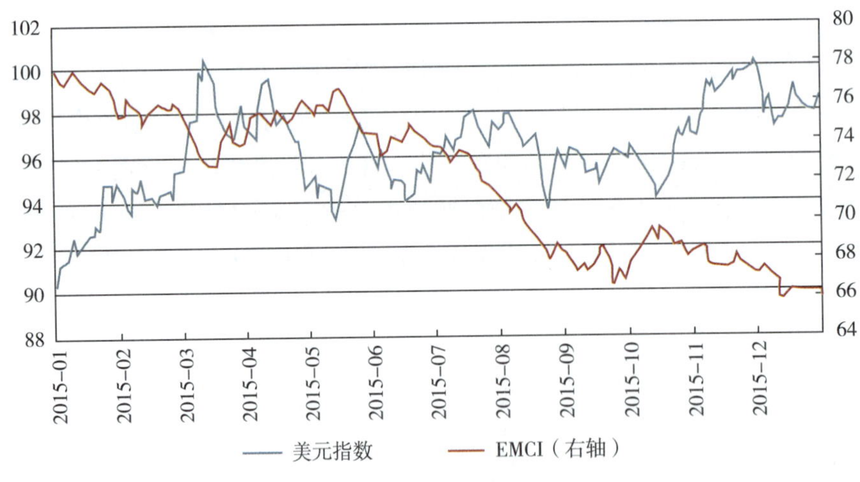

资料来源：彭博资讯。

图4-15　美元指数与JP摩根新兴市场货币指数（EMCI）

我国经济下行压力持续存在且金融风险有所上升。国内经济仍处于从高速增长向中高速增长转换的时期，2015年国内生产总值较2014年增长6.9%，第一至第四季度经济增速总体呈下滑态势，同比分别增长7.0%、7.0%、6.9%和6.8%。官方制造业采购经理人指数（PMI）在荣枯线上下游走，其中下半年基本处于50以下；工业增加值、固定资产投资等主要经济指标表现均低于市场预期；2015年对外贸易出现负增长，进出口总额较2014年下降8.0%，出口和进口分别下降2.9%和14.2%，进口降幅较大，进一步引起了市场对国内需求不足的担忧。此外，地方政府债务、商业银行不良贷款、资本市场波动等内部金融风险持续被市场关注，尤其是股票市场大幅波动进一步增加了市场担忧。

国内利率、汇率以及人民币加入SDR等政策调整和相关事件对跨境资金流动和市场预期产生较大影响。2015年，中国人民银行通过5次降准和5次降息，引导境内融资成本下行，也使得境内外正向利差逐步收窄。从上海和伦敦的银行间市场拆借利率看，3月期人民币拆借利率由年初的5.1%降至年末的3.1%，同期限美元拆借利率则由年初的0.25%升至年末的0.61%，两者差距由年初的4.87个百分点收窄至年末的2.47个百分点。2015年8月11日人民币汇率中间价形成机制改革启动初期，外汇市场情绪出现集中宣泄，市场主体购汇意愿大幅上升，人民币贬值幅度有所加大、贬值预期强化。人民币加入SDR货币篮子后，市场看弱中央银行汇率维稳动力，人民币汇率贬值预期也一度增强。

从中国金融稳定图上看，截至2015年第三季度，外部传染风险与2014年年底相差不大，但均高于2013年年底；国内宏观经济风险较2014年年底明显加大，内部因素的影响更加突出。

三、渠道分析

资本外流的正规渠道无外乎是境内主体的对外资产增加和对外债务减少。对外资产增加也就是所谓的“藏汇于民”，包括境内企业等主体增加外汇存款、出口延收和进口预付，以及对外直接投资和证券投资、存放和贷放境外等。其中，境内企业等主体增加外汇存款是将其外汇资产交给境内银行，银行有可能运用出去，成为我国银行的对外资产；而境内企业对外直接投资、证券投资、存贷放境外等则是其直接将自身资产运用出去，形成了境内企业的对外资产。对外负债减少也即是对外债务去杠杆化，既包括境内企业等主体减少从境内银行借入的国内外汇贷款，以及跨境的本外币外债、进口延付和出口预收等，同时也包括境外主体减持存款、债券和股票等人民币资产，以及减少来华直接投资等。

（一）境内主体持有外汇资产意愿增强，对外投资持续增加

企业、个人等结汇意愿降低，持有的境内外汇存款总体上升。2015年，衡量结汇意愿的结汇率，也就是银行代客结汇与涉外外汇收入之比为68%，较2014年下降了3个百分点（见图4-16），说明企业、个人等更倾向于保留外汇收入。2015年，企业外汇存款余额总体上升249亿美元，全年波动较大，第一季度企业外汇存款余额大幅上升730亿美元，成为境内外汇需求增加的主要影响因素；但第二季度存款余额下降345亿美元，第三季度微升77亿美元，第四季度再次下降213亿美元，说明在此阶段企业利用自身外汇存款偿还境内外汇贷款和跨境支付较多。2015年，个人境内外汇存款余额增加184亿美元，较2014年多增133亿美元，绝大部分月份都表现为上升，反映了个人购汇和持汇意愿的稳步提升。

虽然储备资产下降，我国民间部门对外资产却较快积累。从国际收支口径看，2015年前三个季度，我国对外投资项下（即国际收支平衡表中资本和金融账户的直接投资、证券投资和其他投资等资产方）净流出2 429亿美元，也就是说我国银行、企业、个人等民间部门对外资产增加2 429亿美元。其中，我国对外的直接投资和证券投资资产上升较快，同比分别增长53%和44倍。同期，我国官方储备资产减少2 277亿美元（见图4-17）。这反映了外汇资产由国家集中持有向民间分散持有的变化，从流量看，同期外汇储备下降可以理解为中央银行与民间部门之间发生了外汇资产的置换。

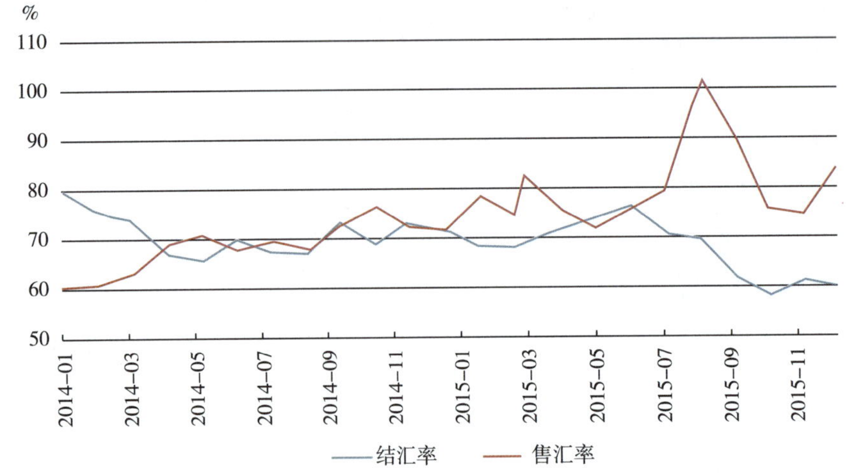

资料来源：国家外汇管理局。

图4–16　2014年以来我国结汇率和售汇率

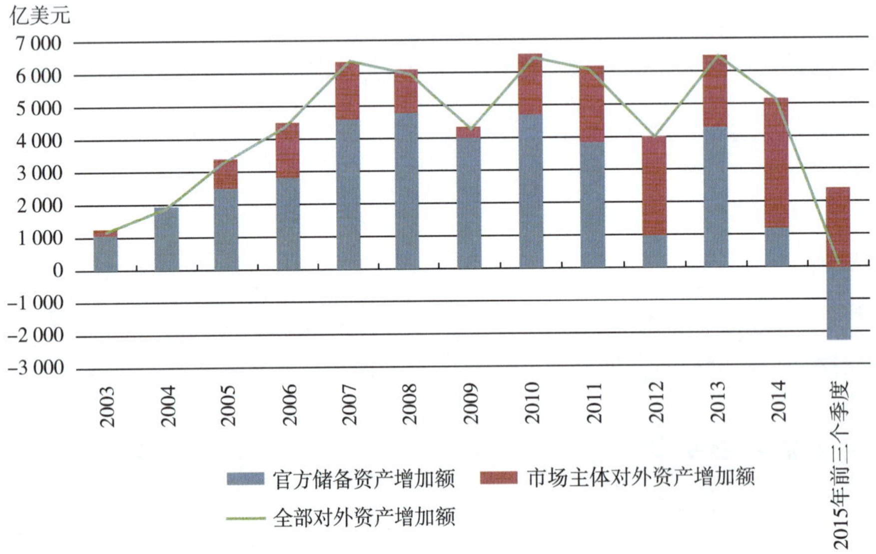

资料来源：国家外汇管理局。

图4–17　我国官方储备资产和民间储备资产变动情况

（二）境内主体减少境内外汇贷款，压缩对外负债

企业、个人等购汇动机增强，加快偿还境内外融资。2015年，衡量购汇动机的售汇率，也就是银行代客售汇与涉外外汇支出之比为81%，较2014年提高12个百分点（见图4–11），说明企业外汇支出中来自购汇的增多而来自融资的减少。相应地，2015年境内外汇贷款余额下降1 006亿美元，2014年为增加217亿美元。此外，2015年企业海外代付、远期信用证等进口跨境贸易融资余额下降1 151亿美元，2014年降幅为449亿美元。

我国对外负债总体呈下降态势，外来直接投资持续净流入但规模有所下降。从国际收支口径看，2015年前三个季度，我国对外负债项下（即国际收支平衡表中资本和金融账户的直接投资、证券投资和其他投资等负债方）净流出321亿美元，2014年同期为净流入3 557亿美元。其中，直接投资负债即外国来华直接投资净流入1 841亿美元（见图4–18），同比略降5%；外国来华证券投资净流入160亿美元，同比减少74%；境外贷款等其他投资负债由2014年同期的净流入1 008亿美元，转为2015年前三个季度的净流出2 334亿美元，其中也包括境外主体减持人民币资产的影响，在国际收支平衡表中表现为我国对外负债下降。

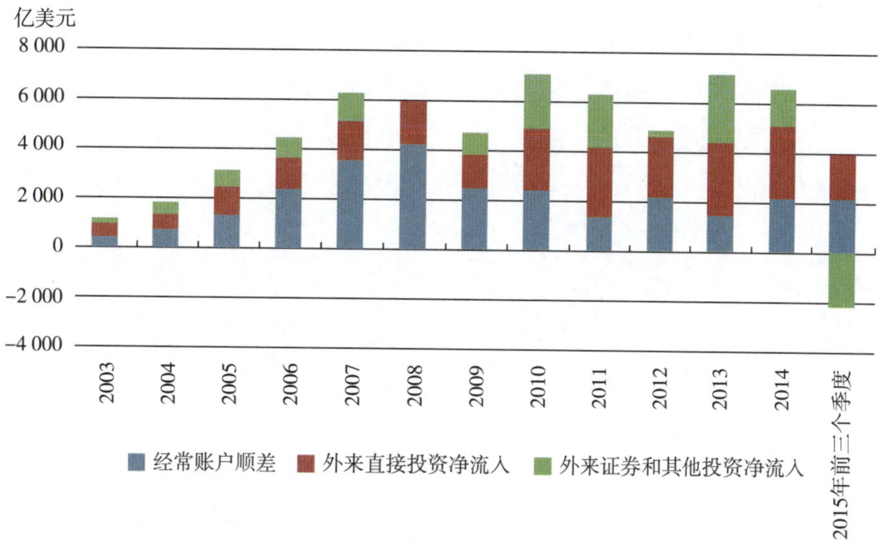

资料来源：国家外汇管理局。

图4–18　2003年以来我国对外负债情况

（三）实际的资本净流出规模可能更大

国际收支平衡表的净误差与遗漏负值增加，既有统计原因也有经济原因。2015年前三个季度，在经常账户顺差2 089亿美元、资本和金融账户（不含储备资产）逆差3 045亿美元的情况下，我国储备资产减少了2 277亿美元，一个重要原因就是净误差与遗漏项下为–1 321亿美元。净误差与遗漏为负值，既有统计原因也有经济原因，有可能是高估了经常账户顺差，也可能是低估了资本项下流出。所以，净误差遗漏为负不能全部等同于违规资本外流（或资本外逃）。但即使其中仅有一小部分属于违规资本外流，也有不小的规模。而且，因为它们既不被统计又不被监管，有可能形成永久性的资本外逃，蕴含着金融风险隐患，需引起高度重视。

四、影响评估

当前我国对外资产负债调整仍具有一定积极意义。我国民间部门对外资产增多体现了“藏汇于民”进程的加快，有利于企业和居民优化资产负债结构，符合国家宏观调控和改革的方向。“经常项目顺差、资本项目逆差”本身对我国也属于一种合意的国际收支结构。鉴于我国经济体量大、外汇储备多，对此应有一定的容忍度和承受力，不必过度解读和过度反应。国际投资头寸表数据显示，截至2015年9月末，储备资产占我国对外金融总资产的比重为57.2%，较2014年6月末回落了7.1个百分点；与此同时，直接投资资产占比为16.5%，较2014年6月末上升了6.4个百分点；对外贷款资产占比为7.9%，上升了2.1个百分点。此外，我国对外负债去杠杆化也有利于降低企业外债风险和货币错配风险。2014年第三季度至2015年第三季度，外来其他投资项下累计净流出2 957亿美元，而之前的五个季度为净流入2 556亿美元，表明市场已经开启了美元利差交易平仓模式，这也是对前期全球流动性宽松环境下财务运作行为的修正。同时，外商直接投资和外来证券投资项下仍是净流入，说明部分长期资本依然看好我国经济发展前景。

我国对外支付能力依然较强，市场主体正常用汇有保障。我国基础国际收支状况依然强劲，2014年第三季度至2015年第三季度，我国经常项目与直接投资顺差合计5 626亿美元，较前五个季度增长22%。外汇储备规模仍足以支撑较高的国际清偿能力，以传统警戒指标衡量，我国外汇储备规模早已远超过了进口支付和短债偿还所需要的最低外汇储备量。而且，在经历了资本外流、储备下降后，以此衡量的我国基础性国际清偿能力不仅没有削弱，反而有所增强。2015年年底，我国进口支付能力（进口额/外汇储备余额×12个月，国际警戒标准为不低于3~4个月的进口额）为23.8个月，较上年底提高了0.3个月。2015年第三季度末，我国（外币）短债偿还能力（短债余额/外汇储备余额，国际警戒标准为不低于1倍）为6.5倍，高于上年底的5.6倍；（外币）外债偿还能力（外债余额/外汇储备余额）为4.4倍，高于上年底的4.3倍。即使考虑了人民币外债的因素，2015年第三季度末，我国短债偿付能力为3.4倍、外债偿付能力为2.3倍，略高于第一季度末的3.2倍和2.2倍的水平。

国内经济金融运行状况总体平稳，防控跨境资金流出的基本面因素依然存在。我国经济虽然仍存下行压力，但调整步伐比较平稳，并没有出现急剧恶化、速度失控的情况。2015年经济增速降至6.9%，但在世界范围内仍属于较高增速，而且是在经济体量已经较大的情况下实现的。同时，我国经济产业结构比较多样，并不存在单一依靠某一行业、某一领域发展情况的问题，东部和中西部地区的发展结构、优势各不相同，多种发展模式并存。总体看，我国国内经济潜力大、韧性强、回旋余地大，应对外部冲击和内部调整的空间较大。此外，我国金融体系总体稳健，能够承受和应对一些冲击；国内流动性保持较为充裕的局面，融资成本也在逐步下降，利率、汇率市场化改革稳步推进，仍有能力支持实体经济企稳回升。

但当前跨境资金流出态势确实带来了一些潜在风险与挑战。首先，跨境资金持续流出、人民币进一步贬值存在预期强化、过度调整的风险。当前资本外流是在我国尚未发生广泛的“债务偿还”与“货币替代”背景下发生的。一旦未来因为信心危机，刺激境内机构和个人恐慌性囤积外汇，并触发国内企业加速偿还外债、外资加速汇出利润和撤离，则情况会更加复杂严峻。对此，必须树立底线思维和风险管控意识，有充分的心理和措施准备。其次，外债风险也需高度重视，不仅是外币外债还包括人民币外债。尽管我国许多对外负债是以人民币计价，对境内主体来讲不存在货币错配，但这部分负债对应的是境外主体持有的人民币资产。境外主体仍因此而面临汇率风险敞口，其减持人民币资产的调整同样也会影响人民币汇率，从国家宏观层面仍不能忽视对外人民币负债增长可能产生的风险。最后，我国跨境资金流动的顺周期特点给相关管理带来较大挑战。当前形势下，境内市场主体由以往“资产本币化、负债美元化”转为“资产美元化、负债去杠杆”的财务操作，具有一定合理性、合规性，对宏观审慎管理和逆周期调节工具的有效性提出了挑战。非正规渠道的违规资本流出大都披着合法的外衣，收紧管理必然会影响正常的对外交往和生产经营，有悖于贸易投资便利化目标，可能投鼠忌器。

五、形势展望

2016年，我国国际收支将继续呈现“经常账户顺差、资本和金融账户（不含储备资产）逆差”的格局。其中，经常账户收支状况将维持基本稳定，资本和金融账户受外部传染风险和内部宏观经济风险的影响仍较大，可能继续呈现资本流出态势。

经常账户将保持一定规模顺差。一方面，货物贸易维持顺差。从出口看，全球经济延续缓慢复苏态势，有助于稳定中国的外需。从国际货币基金组织的最新预测看，2016年世界经济增长3.4%，较2015年增速提高0.3个百分点，其中，发达经济体经济增长2.1%，较2015年增速提高0.2个百分点；同时，随着中国“一带一路”等战略规划的逐步落实，双边和多边战略合作的不断加强，出口也会迎来新的机遇。从进口看，由于美元总体走强和实际需求不振，国际大宗商品价格可能还会在低位震荡，使得2016年进口价格较难反弹；同时，中国国内的需求还会保持相对稳定，进口变化可能不大，进口规模仍会低于出口。另一方面，服务贸易等项目将继续呈现逆差。其中，旅行项目仍是最主要的逆差来源，我国居民境外旅游、留学等消费需求仍会较高。总的来看，2016年，经常账户将在货物贸易主导下持续顺差，与GDP之比可能与2015年基本相当。

资本和金融账户持续逆差是大概率事件。首先，境外长期资本仍会看好中国的经济发展前景和市场潜力，以长期投资为目的的外资将继续流入。如2015年前三个季度外国来华直接投资净流入1 841亿美元，预计2016年将继续保持较大规模净流入。其次，美国货币政策正常化、新兴市场运行风险、国际金融市场动荡等因素将继续加大我国跨境资金流动的波动性，境内市场主体配置境外资产的需求以及境外债务去杠杆化的倾向还会存在。如果美国货币政策调整步伐基本符合市场预期，对国际金融市场的影响能够逐步释放，我国经济增速继续放缓但总体可控，资本项下的跨境资本流出仍会总体有序、可控。但如果美国货币政策正常化加速甚至超出市场预期，或者是国际金融市场尤其是部分新兴经济体动荡加剧，以及国内经济金融运行暴露出更多风险，我国跨境资本流出将可能有所加快。反之，如果美国货币政策正常化步伐进一步放缓，国际金融市场运行平稳，我国经济运行企稳，跨境资本流出压力将会逐步缓解，并且可能呈现双向波动。

第四节 处理好深化改革与风险防范的关系

当前，国内外经济金融环境正在发生较大转变，我国金融对外开放与市场化改革处于关键阶段，跨境资金流动也进入了一个新的周期。处理好深化改革与风险防范的关系，需要稳定经济、发展金融、深化汇改、有序开放、引导预期、完善预案。

一、维护经济平稳运行：练好内功是根本

稳定经济，有效处置相关风险。虽然外部冲击的影响不可忽视，但我国经济增速持续放缓、部分领域风险暴露是可能触发跨境资金持续外流和人民币汇率贬值的根本原因，近期国内宏观经济风险的影响也在加大。因此，经济稳则货币稳，经济强则货币强，要采取果断有效措施，改善经济运行状况和经济发展前景。一方面，稳定经济运行，通过深化改革释放政策红利，积极推动有助于国内经济尽快企稳的措施，既要在短期内防止经济过快下滑风险，也要通过去产能、去库存、去杠杆、降成本、补短板等措施激发我国经济中长期平稳发展的动能；另一方面，需要积极、有效地处置相关风险，尤其是妥善应对

突发事件的冲击，避免形成市场一致性和传染性较高的恐慌。

稳定市场对经济的预期，讲好“中国故事”。我国经济发展已进入“新常态”，需要通过各种宣传解释进行舆论引导，提高市场对经济“新常态”的接受和认可程度。实际上，我国经济已不可能再次通过强刺激而回到粗放式快速增长的老路上，当前的经济增速换挡既反映了内外部环境的客观影响，也具有主动调整的中长期考量。而且，目前在产业结构、投资消费结构、收入分配结构等方面也出现了逐步优化的迹象，需要向市场传递这些正面信息，使市场保持对我国经济发展前景的期待，提高市场对我国经济新常态的接受和认可程度，尤其是要向国际投资者解读好我国经济结构转型的必要性以及取得的成果，在国际上维护我国经济相对良好的有利形象。

二、发展国内金融市场：夯实第一道防线

完善国内金融市场发展。健康的金融体系是应对跨境资本流动冲击的重要防线。扩大金融业对内与对外开放，在更大范围和更高层次上提高资源优化配置能力，增强金融部门竞争力。围绕服务实体经济，提高直接融资比重，鼓励金融创新，建立健全多层次多元化的金融市场体系，提高市场深度和广度，增强市场抗冲击能力。改善金融机构公司治理，建立有效的激励约束机制，不断优化对外投融资的风险管理水平。在健全法制、明晰产权的前提下，加强投资者教育，树立正确的金融风险意识，培育买者自负的投资文化，培养健康的投资理念。面对金融日益开放的形势，要培育市场对于跨境资本流动波动的平常心和容忍度。在金融监管方面，要加强制度建设，理顺政府与市场的边界，保持金融监管的中立性，提高金融监管的专业性和独立性，严厉打击违法违规行为。

推动国内外汇市场发展。只有具备具有足够深度、广度和流动性的外汇市场，才能够适应人民币汇率弹性化的发展需要，更好发挥市场配置资源、价格发现和风险规避的功能。人民币外汇离岸市场发展快于在岸市场是客观事实，解决之道在于加快在岸市场发展，以发展的方法解决前进中的问题。未来外汇市场发展的重点应该是增加不同风险偏好的交易主体、丰富外汇交易产品、改进交易机制、促进外汇市场开放，支持境内外市场参与者以较低的成本、更加便利地对人民币汇率敞口进行套期保值。此外，成熟的外汇市场也需要成熟的市场参与者，继续引导企业树立正确的汇率风险意识，积极管理汇率双向波动的风险。一方面，要增加对汇率有涨有跌、上下波动的容忍度，不必过度解读、过分反应，自乱阵脚。另一方面，要正确认识汇率避险工具的作用，不能用市场判断替代市场操作，不能把汇率避险当做赚钱的工具而应作为管理风险的手段，要对外汇敞口进行适度套保而避免过度投机。

三、深化汇率形成机制改革：必须迈过去的坎儿

坚持汇率形成机制的市场化改革方向。短期内还需要维持外汇市场的基本稳定，防止市场超调，纠正人民币汇率的单向走势和预期。中长期坚持构建更加可信的汇率制度，使其成为我国进一步扩大金融开放、推进人民币可兑换和国际化、防范跨境资本流动冲击风险、促进国际收支平衡的重要制度保障。最终目标仍是让人民币汇率实行真正的有管理浮动。在有管理的浮动汇率制度下，市场汇率是可变的，人民币汇率能上能下，双向波动；汇率变化是透明的，人民币汇率的涨跌可以从市场找理由，而不是从汇率政策找原因；汇率水平是可信的，境内外价格趋于一致；汇市干预是例外的，政府基本退出外汇市

场干预，实现市场自主出清。

按照“对内平衡优先”的原则定位人民币汇率政策。对于大国来讲，经济对外平衡要服从于对内平衡，在很多时候需要“忽视”汇率政策。首先，做对利率比稳定汇率更加重要。一方面，加快利率形成机制和调控机制的市场化改革，理顺货币政策传导机制；另一方面，当内外均衡目标冲突时，汇率政策应该给货币政策让路，为利率政策松绑。其次，汇率水平变化是结果而非目标。汇率水平变化是实施其他经济政策的结果。至于由此导致的汇率涨跌，应该是市场人士讨论的范畴，而非政策预设的目标。政策层面应消除对汇率涨跌的价值判断，做到善意忽视，容忍汇率根据经济基本面状况发生短期的上下波动。最后，汇率政策是对外筹码而非负担。唯有实行市场化的汇率制度和政策，才能更好参与全球经济治理，提供国际公共产品。支持大国间加强经济政策协调，但不能将维持汇率稳定作为单方面的国际义务。支持加强全球金融安全网建设和区域货币合作，尤其当人民币的国际使用日趋广泛后，我国能够也应该在其中发挥更大的作用。

四、有序实现金融对外开放：推进改革与防风险并重

继续坚定不移地推进金融对外开放。《中共中央关于制定国民经济和社会发展第十三个五年规划的建议》提出，“要扩大金融业双向开放，有序实现人民币资本项目可兑换，推动人民币加入特别提款权，成为可兑换、可自由使用货币。要转变外汇管理和使用方式，从正面清单到负面清单。放宽境外投资汇兑限制，放宽企业和个人外汇管理要求，放宽跨国公司资金境外运作限制。加强国际收支监测，保持国际收支基本平衡。推进资本市场双向开放，改进并逐步取消境内外投资额度限制。……推进‘一带一路’战略。……加快实施自由贸易区战略”等。这是未来一段时期我国金融对外开放的指导方针和目标规划。我国应坚持市场化导向，按照既定方针推进金融改革开放，使金融市场更好地服务实体经济。

处理好促开放与防风险的关系。一是有序提高跨境资本和金融交易可兑换程度。所谓“有序”，就是可兑换要与其他改革协同推进，要稳步推进利率、汇率的市场化改革，使可兑换程度与我国经济发展阶段、市场发育程度、企业承受能力、金融监管水平，以及国际金融环境等相适应。二是人民币加入SDR后，在继续推进人民币国际化的过程中，要进一步强化本外币政策协调和本外币政策一体化管理。三是适时评估和研判政策执行效果，同时需关注是否存在违反真实性合规性原则的现象，分析和查找相关漏洞和风险。四是不断完善宏观审慎管理。金融开放的目的是最大限度地减少对微观涉外金融活动的行政干预，更多用市场手段取代行政手段、结果导向取代流程监管，调节和引导市场主体外汇收支行为。但越开放越要注意防范风险，我国统计体系的薄弱环节和金融监管的不完善在一定程度上制约着开放的步伐。因此，开放进程中应加强而不是弱化统计建设，重视而不是轻视统计理念，不断完善宏观审慎管理，这是我们今后深化改革、放松管制的前提保证和必要条件。

五、改善与市场的沟通：预期引导很重要

通过市场沟通和预期引导纠正市场主体的过度调整行为。当前我国外汇市场已经进入了多重均衡状态，即在给定的基本面情况下，市场既可能向好的方向发展，也可能向坏的方向发展。人民币汇率越来越具有资产价格属性，市场预期对境内主体交易行为的影响不容忽视。“8·11”汇改后跨境资金流出

压力大幅上升、境内主体持汇和购汇意愿明显增强，人民币贬值预期趋同是主要的冲击因素。在此情况下，进一步加强与市场沟通和预期引导就显得更为重要。一是要尊重市场，把市场主体放在平等的位置而不是对立面，心平气和、设身处地、换位思考，取得市场的认可和理解。二是要体现专业性，说对话不要说错话，说内行话不要说外行话，摆事实、讲道理，以理服人。三是要确立信誉，政府调控市场也要依赖于其公信力、可信度，说到就要做到，不知道的不说、不能说的不说、做不到的不说、没想清楚的也不说，不能失信于市场，避免因政策信号混乱而加剧市场震荡。四是把握好沟通技巧，多谈机制、少谈水平，淡化汇率贬值的话题性。五是增强主动性，尤其在敏感时期，对不实传闻及时澄清，减少不必要的市场恐慌，对出台的重大措施主动宣传，争取社会的理解和支持。

六、完善危机应对预案：人无远虑必有近忧

在底线思维下做好风险应对的政策研究与储备。一方面，做好在特定时期加强跨境资本流动管理的准备。2008年国际金融危机爆发以来，很多国家重新审视加强市场监管的积极意义，在跨境资本流动管理方面，国际货币基金组织也开始鼓励新兴经济体在需要的时候通过宏观审慎的方式管控资本流动。我国在国内市场逐步成熟、市场化改革有序推进的过程中，对于防控跨境资本流动风险也应有充分的心理和措施准备，在情景分析和压力测试的基础上拟定和完善应对预案，从最坏处打算、争取最好的结果。另一方面，适应形势发展尽快转变跨境资本流动管理方式。在我国对外开放大格局下，过去行政手段为主的管控方式已不符合发展潮流；在跨境资本流动方式和渠道日益多样化的情况下，简单的限制措施也难以发挥切实有效的作用。因此，需要抓紧研究以宏观和微观审慎为主的跨境资本流动管理新框架，更多利用价格手段调节外汇供求和资本流动，如对于波动性比较大的资本流动，在相关交易或市场开放之初就设计内嵌式的托宾税安排，发挥其内在减震器的作用。

参考文献

[1] 中国人民银行：《人民币国际化报告2015》，2015年6月。

[2] 中国人民银行货币政策分析小组：《2015年第三季度中国货币政策执行报告》，2015年11月。

[3] 国家外汇管理局国际收支分析小组：《2015年上半年中国国际收支报告》，2015年9月。

[4] 周小川：《深化金融体制改革》，载《中国金融》，2015（22）。

[5] 郭树清：《中国资本市场开放和人民币资本项目可兑换》，载《金融监管研究》，2012（6）。

[6] 易纲：《外汇管理改革开放的方向》，载《中国金融》，2015（9）。

[7] 余永定：《汇率形成机制市场化改革再启动完全正确》，载《人民政协报》，2015-08-25。

[8] 钟伟、巴曙松、张斌：《人民币汇改：从哪里来到何处去》，载《中国外汇》，2015（17）。

[9] 林采宜、李一爽：《汇率市场化改革重要一步》，载《第一财经日报》，2015-08-12。

[10] 管涛：《关于“十三五”时期中国金融开放的三个重要问题》，载《新金融评论》，2015（4）。

[11] 管涛：《汇率机制比汇率水平更重要》，载《上海证券报》，2015-08-12。

[12] 管涛：《人民币汇改再破局》，载《中国外汇》，2015（16）。

[13] 管涛：《破解中国资本外流密码》，载《中国外汇》，2015（21）。

[14] 管涛、谢峰：《做对汇率政策：强势美元政策对中国的启示》，中国金融四十人论坛工作论文（总第13期），2015年11月23日。

[15] 管涛：《储备减少但中国对外支付能力未下降》，载《中国外汇》，2016年第3~4期合刊。

[16] 管涛：《当前做好汇率预期管理更重要》，载《上海证券报》，2015-01-19。

第五章　互联网金融：从草莽到规范

钟伟[1]

第一节　互联网金融的理论

迄今为止，互联网金融并没有专门的理论支撑，我们归纳认为，复杂网络的小世界理论、产业经济学的双边市场理论、制度经济学的交易成本说和法律差异说、云银行理论，以及金融功能理论，都具有一定的解释力。

一、复杂网络的小世界理论

在互联网金融诸多理论中，解释力最强的是基于复杂网络的小世界理论。我们用复杂网络的小世界理论来看互联网金融的发展状态。

复杂网络是研究复杂系统的一种角度和方法，它关注系统中个体相互关联的作用的拓扑结构，是理解复杂系统性质和功能的基础。原则上看，任何包含大量组成单元（或子系统）的复杂系统，当把构成单元抽象成节点，单元之间的相互作用抽象为边时，都可以当做复杂网络来研究，互联网的特点基本符合这样的特点，从而复杂网络为互联网系统提供了一种新的描述方式。小世界理论源自于一个数学猜想，名为六度分割理论（Six Degrees of Separation），该理论指出：你和任何一个陌生人之间所间隔的人不会超过六个，也就是说，最多通过六个人你就能够认识任何一个陌生人。这就是六度分割理论，也叫小世界理论。

在这个描述方式中，从20世纪60年代的推断到利用固定互联网的验证，从线下世界到固定互联网时代，再到移动互联网时代，我们有理由相信，移动互联网所带来的重要影响是网络聚集度更高，世界变得更小。人们利用移动互联网的连接，使得人与人的空间维度更小了。当前移动互联形成的网络比线下或固定互联更紧密，网络集聚度更高，世界变小了。因此，移动互联网世界中赢家通吃和长尾市场显得

① 钟伟：北京师范大学金融研究中心主任。

更加重要，这就是更少重要节点、更多接入节点的小世界的形象化描述。我们同样可以这样理解，移动互联网时代互联网金融的最终业态也应该是更少的节点（垄断程度更高的金融平台）、更多的接入（消费者因为某种原因都和这个金融平台产生联系）。相较于传统的金融机构模式，最终存在的节点更少意味着最终存在的互联网金融机构更少。那么，当前互联网金融的竞争和整合应该才仅仅是开始。

二、双边市场理论

双边市场理论有助于解决互联网金融的定价和盈利模式等问题。双边市场的定义是，给定每一端市场的定价总和，如果交易平台上实现的交易与价格结构或两端的相对价格有关，这样的市场就是双边市场；反之，如果交易平台上实现的交易额只与总价格有关，而与相对价格无关，这种市场就是单边市场（Rochet和Tirole，2004）。

从本质上讲，VISA、银联、支付宝等都属于典型的支付平台，这个平台的一端是终端用户，另一端是商业银行。银联是封闭垄断网络，在转接、收单等领域面临互联网金融的直接冲击。平台的重要性在于解决供求的信息不对称，并且其带来的定价未必高于社会福利极大化的定价（例如，快的等从小费到补贴的巨大转变）。平台具有的网络性（networrs）和互联网属性具有类似意义。

三、交易成本理论

我们可以用制度经济学解释互联网金融的两大优势：交易成本和法律规制。制度经济学（Institutional Economics）分为传统制度经济学和新制度经济学两类。所谓制度，是指人、社会组织和国家之间的交往规则和机制。制度演进和经济运行相互影响。制度经济学的研究始于科斯（Ronald Coase），科斯的贡献在于提出了交易成本这一概念。所谓交易成本（Transaction Costs），泛指所有为促成交易发生而形成的成本，不同的交易往往涉及不同的交易成本。

在金融和互联网的关系中，互联网作为一种重要的技术手段，可能降低了金融供给和需求之间相互发现和配对的成本，降低了金融机构和市场运行的成本，降低了金融消费者获取金融服务的成本，也可能降低了金融外包机构的成本，因此，金融体系总的交易成本下降。这既可以解释互联网金融快速发展的经济学意义，也可以解释传统金融机构为何必然将广泛地应用互联网技术。

制度经济学的另一分支是法律经济学。用法律共性和差异性去解释经济运行的不同结果，是科斯和波斯纳等人的努力结果。这在很大程度上有利于我们分清银行和非银行金融机构、线下企业和线上企业竞争力的差异所在。我们可以从企业的设立要求、资本金要求、产品和服务的质量要求、税费要求、消费者保护以及相应的物流配送和售后服务等多个环节比较实体企业和虚拟企业在法律环境之间的差异。如果线上企业和线下企业的竞争力差异主要是由于法律制度的差异造成的，那么线上企业的蓬勃发展本身就是制度套利的过程，制度套利将迫使制度变得平等均衡。

交易成本说能很好地解释互联网金融对零售金融的冲击，法律经济学能比较好地解释线下传统金融机构和线上互联网金融机构在未来法律框架均等化时，竞争力的此消彼长，但淘宝/天猫/阿里巴巴在企业设立、产品销售和税收规避等方面的“非法”优势可能被高估。

四、金融功能说

从金融功能说的角度，我们认为互联网金融未赋予金融以新功能，因此可以认为未来的监管必然将从机构监管向功能监管转型。

默顿提出，金融体系最基本的功能是在不确定的环境下，跨时空配置经济资源。其六大核心功能：（1）为促进商品、劳务和资产的交换提供支付方式；（2）为大企业筹集资金提供资源集聚机制；（3）为经济资源的跨时空、跨行业转移提供便利；（4）提供应付不确定性和控制风险的方法；（5）为协调各经济部门的分散化决策提供价格信息，如利率和证券价格；（6）为解决信息不对称和激励问题提供方法。

传统的金融监管以机构性金融监管为核心。按照金融机构申请牌照时所声明的机构名称来进行分别监管，如银行、保险、证券、信托等，这是一种“事先”的“听其言”的僵化监管模式。金融创新不仅使金融交易技术日趋复杂，而且使交易成本和金融服务业的进入壁垒不断下降，金融机构之间的业务界限越来越模糊。此时按照既定金融机构的形式和类别进行监管的传统方式已经很难奏效。

功能性金融监管关注的是金融机构的业务活动及其所能发挥的基本功能，而非金融机构的名称，是全程的“观其行”；政府公共政策的目标是在功能给定的情况下，寻找能够最有效地实现即定功能的制度结构（主要指金融机构、金融市场的构成和形式）。

银行和金融机构的形成已非常古老，金融系统的功能也大致稳定，因此，历来技术革命深刻改变了金融机构，但并没有太多的技术型企业转型为金融企业。例如，电话电报的出现，推动了国际清算结算业务的电子化，使SWIFTS得以形成；固定互联网和PC的出现，使得网络银行加速形成，包括大数据在内的金融IT的发展，使得金融机构对数据大集中、数据挖掘的依赖加深，但IT企业和数据公司仍然担当金融服务外包商的角色。

金融功能说可以较好地解释互联网对金融监管带来的巨大挑战，也能解释传统金融机构低估互联网冲击的原因。

金融和互联网技术正在快速融合过程中，互联网技术所带来的交易成本和信息成本的优势极大地推动了互联网金融的发展，而随着互联网金融的快速发展，其在制度、法律、税收等方面的优势将会逐渐消失，传统金融机构虽然反应较慢，但也已经开始逐渐加大互联网技术的应用。这个融合过程尚在进行过程中，互联网金融给金融机构、金融市场、金融体系所带来的深远影响才刚刚开始。这符合移动互联时代的特征，对于金融消费者来说，这是一场消费体验的革命。

第二节　中国互联网金融发展历史

一、传统金融向互联网逐步延伸（1990~2003年）

20世纪90年代初，民用互联网技术率先在美国出现并迅速普及，由此带动了高科技和信息产业的发展。20世纪90年代中期，万维网（World Wide Web）的出现以及以Netscape和Mosaic为代表的网络浏览器的开发，极大地刺激了互联网产业的发展。在产业投资基金和风险投资基金的支持下，互联网技术迅速向传统行业特别是商业和金融领域扩散。1992年，美国第一家互联网经纪商E-Trade成立。1995年，美国和全球第一家互联网银行——美国安全第一网络银行（Security First Network Bank，SFNB）成立。1998年，大型电子商务公司EBay成立了互联网支付子公司Paypal，并于1999年完成了电子支付与货币市场基金的对接。截至20世纪90年代末，美国已经基本形成了较为成熟的互联网金融模式和相对完整的产业链条。

互联网金融在中国的早期发展相比发达国家而言也并未迟到很久。在网络银行方面，1996年10月，中国银行率先建立了自己的网站，同年推出网上银行品牌“一网通”。2000年6月29日，由中国人民银行牵头，国内12家商业银行联合共建的中国金融认证中心全面开通，开始正式对外提供电子认证服务。在网络保险方面，2000年8月，太平洋保险公司和平安保险公司几乎同时开通了自己的全国性网站，从此专业保险电子商务网站纷纷涌现。在网络证券方面，1997年3月，中国华融信托投资公司湛江营业部推出了多媒体公众信息网上交易系统，揭开了我国网络证券的帷幕。

在这一阶段，互联网金融从本质上看是传统的金融机构或传统的金融服务向互联网的延伸，作为内核的传统的金融媒介功能并未受到实质性的冲击，互联网技术和平台只是作为辅助性手段存在，并在一定程度上帮助金融机构降低了交易成本，增进了服务的可达性。

二、互联网金融创业潮来袭（2003~2013年）

2003年之后，伴随着电子商务在国内的蓬勃发展，电子支付开始兴起。2003年，易宝支付平台诞生，电子支付这个基于电子商务的需求开始被人们发现和发掘。2004年，在未来十年内最有影响力的第三方支付平台支付宝诞生，快钱和东方财富网也在该年成立。2005年，腾讯旗下的财付通宣告成立。

紧随着第三方支付公司的创业热潮，互联网金融其他领域的最早一批公司也开始萌芽。P2P方面，2006年，中国最早的P2P平台宜信上线，这家效仿尤努斯创办的“格莱珉银行”的P2P公司，现已成为中国最大的P2P公司。2007年，拍拍贷宣告成立，成为中国第一家纯线上、无担保的P2P平台。2009年，红岭创投、挖财、哈哈贷成立。2010年，人人贷创立。2011年，你我贷、翼龙贷问世。2012年，陆金所、PPmoney和宜人贷上线。互联网理财方面，2007年，好买基金网成立，该平台现已成为国内领先的第三方基金销售和研究平台。2011年，91金融超市和融360成立。众筹方面，2011年，中国最早的众筹网站点名时间上线。2003年至2013年是互联网金融企业创业的黄金期，众多在这一时间段上线的平台现已成为各自领域的标杆企业。

尽管这一时期内互联网金融领域创业热潮涌动，但总体上看，这一时期的互联网公司与传统金融机构之间并不存在明显的竞争与合作关系。两者之间的合作主要局限于基础性的支付结算和资金存管。互联网金融企业的蓬勃发展并没有改变传统金融行业的格局，这种情况一直持续到2013年“搅局者”的出现。

三、互联网金融浪潮掀起（2013年后）

2013年6月13日，余额宝诞生。6.2990%的年化收益率是当时1年期定期存款基准利率的2.1倍，是活期存款利率的18倍。超高的收益率和“T+0”的赎回机制造就了余额宝的成功。余额宝资金规模在诞生起的3个月内达到500亿元，在6个月后达到2 500亿元，天弘基金借此一跃成为国内规模第一的基金公司。在余额宝掀起互联网理财浪潮后，各大互联网巨头纷纷涉足金融业，与基金公司合作成立货币基金，一时间互联网公司与基金公司“联姻”不断，“宝宝们”层出不穷。2013年8月5日，微信5.0上线，增加支付功能；10月28日，百度金融理财平台上线，百度联合华夏基金推出“百度百发”，宣称保证8%收益率，“百度百发”上线第一天销售额便破10亿元，12月13日，京东商城旗下的”网银在线“宣布获得基金销售支付结算牌照。“宝宝军团”的强势崛起让银行业感受到了丝丝凉意，银行存款的不断流失和资金成本的攀升使得利率市场化进程被缩短，马云先前在《人民日报》上刊登的“金融行业也需要搅局者，更需要那些外行的人进来进行变革”的言论成为现实。由于这一年互联网金融爆发式的增长和对传统金融业态的冲击，2013年被普遍称为互联网金融元年。

值得注意的是，2013年以后互联网企业与金融企业更多地表现出一种竞争与合作关系：一方面，互联网金融冲击着传统金融领域，银行业固有的政策垄断空间被逐渐蚕食；另一方面，对于证券和保险公司而言，新的营销渠道带来了巨大的网络流量，有效缓解了传统线下渠道的重负。在此阶段，互联网金融作为一项渠道创新，至少带来了三大重要影响：一是填补了中低端用户的理财服务空白，让中低端投资者享受到了高净值客户的理财收益，使得公开、平等、透明的互联网精神得到贯彻并发扬光大；二是“日积跬步”形成鲇鱼效应，极大地教育了投资者进行互联网理财；三是引发存款搬家，并加速了金融脱媒，最终导致银行资金成本上升，加速利率市场化进程。

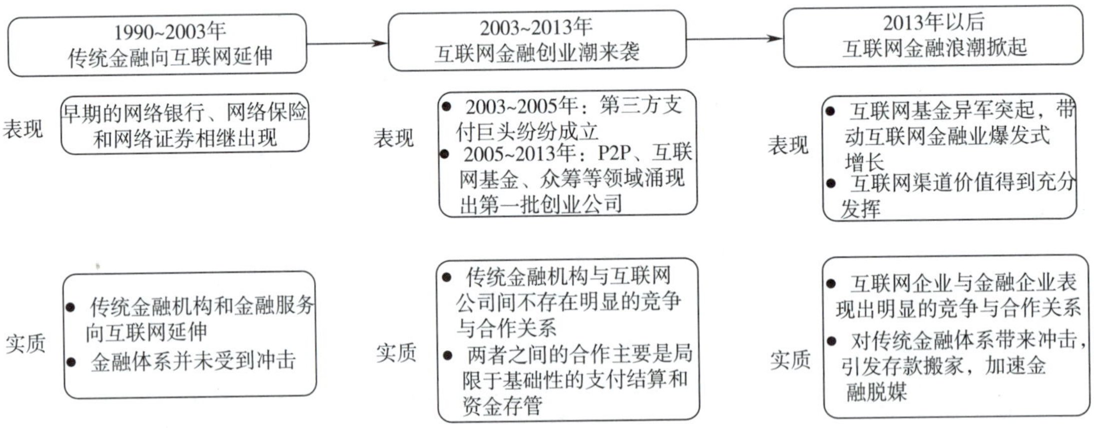

资料来源：根据公开资料自行整理。

图5-1　我国互联网金融的三个发展阶段

第三节　中国互联网金融发展现状

2013年下半年至2015年上半年是中国互联网金融加速发展的时期，到2015年上半年，在国家“互联网+”战略的推动下，互联网金融行业迅猛发展成一个举世瞩目的行业。在2015年，互联网金融领域的标志性事件依然层出不穷，例如，微众银行成立，并发放网络银行第一笔贷款；八家私营机构获中央银行准许开展个人征信业务；中证协首次将八家股权众筹平台纳入会员体系；阿里支付宝芝麻信用分进行公测；腾讯微粒贷正式上线。互联网金融在各个领域进行着突破和发展，正在给人们的生产生活带来巨大的变化。行业层面，由于互联网金融行业的高速发展，其在效率、覆盖面、便利性等方面的优势，已经开始迫使传统金融机构全面改革，积极应用互联网金融以服务客户。

互联网金融是一个基于复杂网络的开放共生的生态圈，各种业态、服务和企业仍在不断涌现中。从分类来看，当前互联网金融领域可分为8种类型：（1）第三方支付和移动支付；（2）P2P网络贷款；（3）众筹融资；（4）金融产品的网络销售；（5）大数据征信；（6）网络金融交易平台。（7）传统金融机构的互联网形态（包括网络银行/手机银行、网络/手机证券、网络/手机保险）；（8）互联网货币。

一、第三方支付

我国的第三方支付产业早在2002年银联成立之前就已建立，如北京地区的首信，属于早期的互联网支付网关企业，主要业务在北京地区，其二级结算模式为中国在线支付的首创，但首信并未获得成功。2003年，易宝支付平台成立；2004年，支付宝和快钱成立；2005年，财付通宣告成立。日后瓜分国内第三方支付市场的几大巨头在短短三年间已具备雏形。

凭借政策的日益完善和计算机的快速普及，中国第三方支付在2005年实现了飞跃式的增长，规模达到了152亿元人民币。同年，《电子签名法》的实施使得支付活动有法可依。

2011年5月，中央银行开始颁发“非金融机构支付业务许可证”，首批发放了27家第三方支付牌照，第三方支付行业的法律地位由此得到国家的正式认可，并开始在中央银行的监管体系下发展。截至2015年年底，共有260余家第三方支付机构获得了中央银行颁发的支付业务许可证，电商企业、传统行业集团、互联网巨头、电信运营商、独立第三方支付企业等纷纷完成行业布局。据艾瑞咨询报告显示，2014年我国第三方互联网支付交易规模达到80 767亿元，同比增长50.3%。而2015年前三个季度我国第三方支付市场规模已经达到83 193亿元，同比增长45.2%。预计到2018年，我国第三方互联网支付整体规模将达到23万亿元。

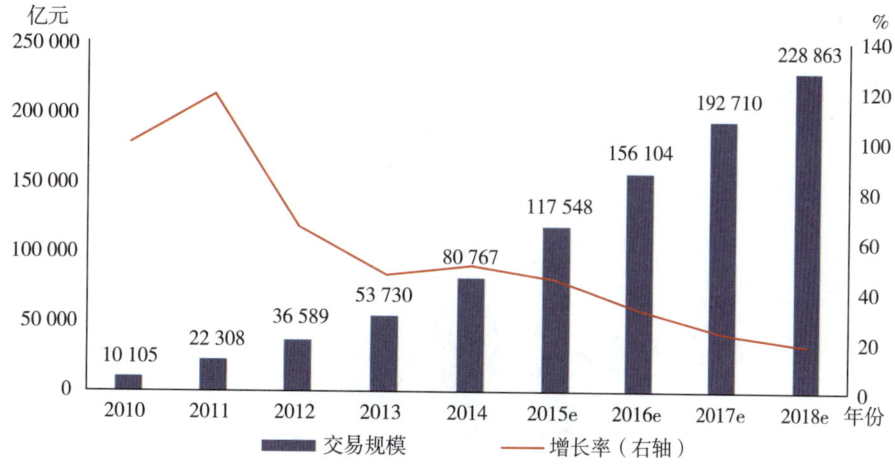

资料来源：艾瑞咨询。

图5-2　2010~2018年中国第三方互联网支付交易规模

按照业务划分，目前国内第三方支付平台可以分为以下四种类型：一是平台依托型。此类第三方支付平台拥有成熟的电商平台和庞大的用户基础，通过与各大银行、通信服务商等合作，搭建“网上线下”全覆盖的支付渠道，在牢牢把握支付终端的基础上，经过整合、包装传统金融机构的产品和服务，从中赚取手续费和息差，并进一步推广其他增值金融服务。代表企业包括阿里巴巴集团旗下的支付宝、腾讯集团旗下的财付通、盛大集团旗下的盛付通。二是行业应用型。此类第三方支付平台面向企业用户，通过深度行业挖掘，为供应链上下游提供包括金融服务、营销推广、行业解决方案等一揽子服务，获取服务费、信贷滞纳金等收入。代表企业包括汇付天下、快钱和易宝。三是银行卡收单型。此类第三方支付平台在发展初期通过电子账单处理平台和银联POS终端为线上商户提供账单号收款等服务，获得支付牌照后转为银行卡收单盈利模式。拉卡拉是其中较为成功的典型。四是预付卡型。此类第三方支付平台通过发行面向企业或者个人的预付卡，向购买人收取手续费，与银行产品形成替代，挤占银行用户资源。代表企业包括资和信、商服通、百联集团等。

表5-1　我国第三方支付平台类型

平台类别	商业模式	典型平台
平台依托型	凭借成熟的电商平台和庞大的用户基础，搭建覆盖线上线下的支付渠道	支付宝、财付通、盛付通
行业应用型	通过深度行业挖掘，为供应链上下游企业客户提供包括金融服务、营销推广、行业解决方案等一揽子服务	汇付天下、快钱、易宝
银行卡收单型	铺设线下网点和个人终端，通过银行卡收单模式盈利	拉卡拉
预付卡型	发行面向企业或个人的预付卡，向购买人收取手续费	资和信、商服通、百联集团

资料来源：根据公开资料自行整理。

根据艾瑞咨询统计数据，2015年第三季度中国第三方互联网支付交易规模达到30 747.9亿元。其中支付宝占比为47.6%，几乎占据了第三方支付的半壁江山。财付通紧随其后，占比为20.1%，银商占比为11.1%，快钱占比为7.0%，汇付天下占比为4.9%。前三大第三方支付平台市场份额合计占比为78.8%，前五大平台市场份额合计占比为90.7%，第三方支付市场总体呈现出寡头垄断的格局。随着互联网端向移动端迁移浪潮的掀起，各支付企业在传统行业及互联网金融领域的竞争将愈加激烈。

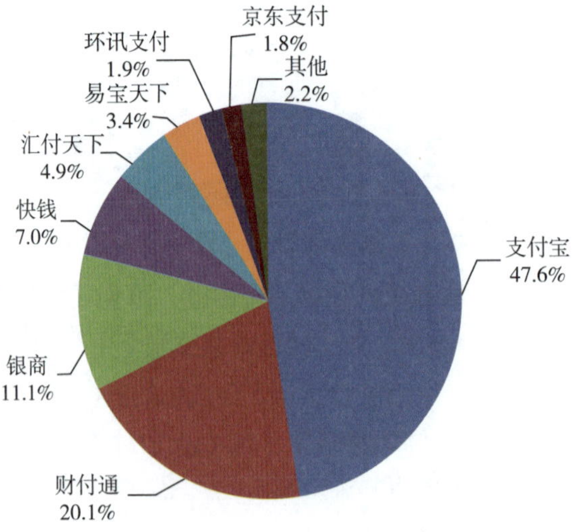

资料来源：艾瑞咨询。

图5-3　2015年第三季度第三方互联网支付市场份额

二、移动支付

支付方式的变迁反映了人类消费方式的转变，从现金转向各类借记卡、贷记卡支付，进一步转向互联网端支付，再转向代表未来的移动支付，验证了货币从实体向电子化、虚拟化发展的趋势。在人们对安全与快速便捷支付的需求逐步提高的大背景下，移动支付正乘着支付技术革新浪潮，不断地改变着传统支付产业格局。

中国移动支付市场的参与者主要分为三类。第一类是商业银行等金融机构。银行发展移动支付主要是以各自的手机银行作为载体，目前很多银行已在手机银行的基础上搭建电子商务、资金理财、生活缴费等功能，希望借此应对内外部的冲击。银行等金融机构的优势在于拥有大量客户的数据与安全信息，并且已经与用户建立了信任关系。

第二类是互联网第三方支付机构。对这类机构来说，线上互联网的优势格局已基本成型，而从线上到线下的支付闭环的构建是O2O实现的关键。从互联网端电商平台转向移动端的趋势是互联网第三方支付企业的重大机遇。第三方移动支付的优势主要在于其通过电商以及社交网络积累的庞大活跃用户群体，能够更方便地实现用户从线上到线下的迁移。同时，第三方支付平台拥有的数据更贴近消费行为，其提供的精准大数据分析等服务能使商户更了解其客户，而此附加值是传统以POS为核心的金融体系所无法提供的。

第三类是电信运营商。运营商在移动支付的先天优势来自于对智能终端与网络的控制。移动支付业务能够为运营商带来新的市场空间，摆脱当前的管道化趋势，实现从通信管道业务转向服务平台业务的目标。因此，三大运营商均成立了支付业务子公司，尽早完成布局，抢占移动支付市场。

据艾瑞咨询报告显示，2014年我国第三方移动支付市场规模达到6万亿元，同比增长391.3%，该增速远远高于第三方支付行业整体50.3%的增速。步入2015年，前三个季度我国第三方移动支付市场规模达到6.7万亿元，同比增长59.9%。预计到2018年，我国第三方互联网支付整体规模将达到18.3万亿元。市场占有率方面，中国第三方移动支付的市场集中度更加明显，支付宝、财付通两家企业占据了89.1%的市场份额（2015年第三季度数据），其中，支付宝份额为69.9%，财付通份额为19.2%。

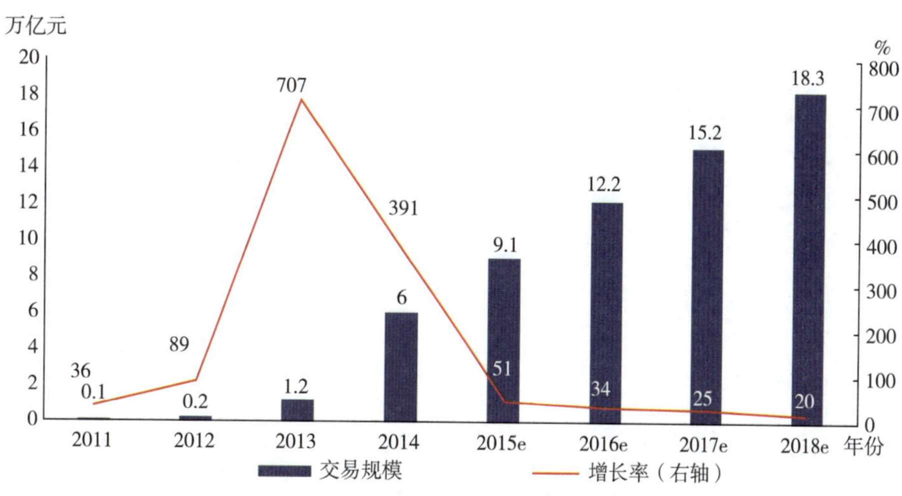

资料来源：艾瑞咨询。

图5-4　2010~2018年中国第三方移动支付交易规模

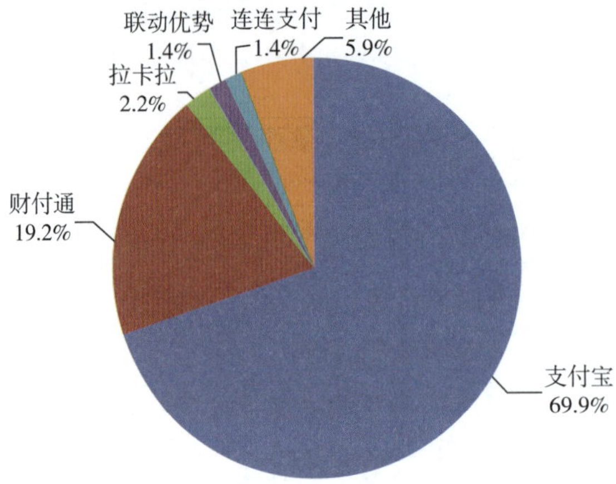

资料来源：艾瑞咨询。

图5-5 2010~2018年中国第三方移动支付交易规模

2016年2月18日，苹果公司移动支付服务Apple Pay正式登陆中国，当日中国银联以及包括工商银行、中国银行、建设银行、中信银行、平安银行在内的20余家国内主流银行宣布即日起开通对Apple Pay服务的支持。这一服务除了可以在线下包括711便利店等多个零售渠道进行"刷手机"外，还可在包括大众点评等移动应用中直接消费。据悉，包括京东等国内电商平台也在和苹果公司进行接洽，未来将会有更多线上线下公司和服务对Apple Pay进行支持。Apple Pay登陆中国市场，可能会影响国内移动支付市场的既有格局，由银联、国内银行和Apple Pay组成的"联盟"将和支付宝、微信支付展开正面交锋，并搅动国内移动支付市场这一池春水。

三、P2P网络借贷

P2P网贷源于英国Zopa（2005年3月成立），随后P2P网贷从英国传入美国，美国两大P2P平台Prosper和Lending Club都是那时诞生的。在2006年前后，P2P传入中国，我国诞生了一批至今仍活跃的P2P网贷平台，如宜信、拍拍贷、人人贷等。尽管P2P在那时就已经进入中国，但直到2011年前后中国的P2P网贷才呈现出爆发式增长的态势，大量的P2P平台开始在市场上涌现。据网贷之家数据，2011年我国P2P网贷行业年成交额仅为31亿元，年末贷款余额13亿元。截至2012年底时，网贷行业年成交额已达到212亿元，主要指标都呈倍式增长。截至2015年时，我国P2P行业年成交额近1万亿元，年末贷款余额逾4 300万亿元。

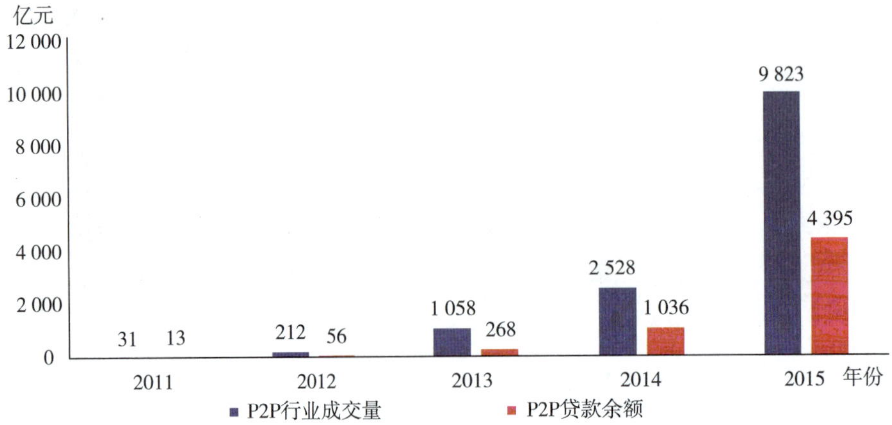

资料来源：网贷之家。

图5-6 2011~2015年我国P2P网贷市场规模统计

随着P2P行业呈倍式增长，问题平台数量也呈激增态势，经营不善、不合规、有道德风险的平台逐渐被市场淘汰。自2012年以来，P2P问题平台数量和占比连年上升，截至2015年全年有275家平台发生问题，占期末运营平台数的34.5%。从问题类型来看，问题平台主要由跑路、停业、提现困难等几种情况组成，分别占比61%、22%和16%（网贷之家2016年1月数据）。2015年末爆发的e租宝事件更是涉及500亿元待偿资金，波及近百万投资人，为全行业的信誉蒙上一层阴影。

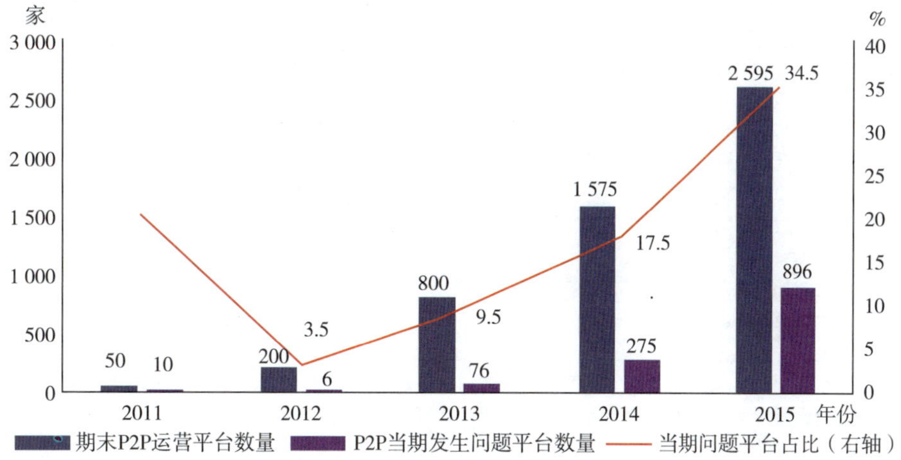

资料来源：网贷之家。

图5-7　2011~2015年我国P2P问题平台数量及占比

P2P网贷行业不同于第三方支付，激增的平台数量使得每个平台所占的市场份额都很小。从贷款余额来看，市场份额最高的网贷平台占比也不到10%，平均占比更是不到0.04%，行业内企业分布非常稀疏。此外，从平台经营模式看，国内的P2P网络借贷模式出现了严重的分化。除了拍拍贷等少数公司基本参照国外主流P2P网络借贷平台的发展模式外，大部分的P2P网络借贷公司则是采用有担保的线上模式（如红岭创投）以及线下模式（如宜信）。国外的平台大多从网上直接获取借款人和投资人，直接对借贷双方进行撮合，不承担过多的中间业务，模式比较简单。而国内的P2P网络借贷行业则对借贷的各个环节予以细化，形成了多种多样的“P2P网络借贷”模式。由表5-2可以看出，由于我国P2P网络借贷行业对P2P主要环节进行了大量细分和差异化，这些环节类型的组合可以产生上百种业务模式。

表5-2　我国P2P网络机构业务模式梳理

参与方			内容	特点
借款端	获客途径	线上	直接通过网络推广、电话营销等非地面方式寻找借款人，对借款人的征信和审核也大都在线上完成	获客成本相对较低，业务推广能力经常受限，对信贷技术要求高，在积累一定经验后，发展潜力较高
		线下	通过线下门店、地面销售人员寻找借款人	获客成本高，但是只要投入足够的资金，业务推广能力较强
		混合	同时拥有线上获客渠道和线下获客渠道	既可快速推广业务，又可积累数据审贷经验，管理复杂度高，对平台经营者的要求较高
		第三方	平台自身不直接开发借款人，而是通过第三方合作机构（如小贷公司、担保公司）进行	平台与合作机构分工明确，有利于发挥各自优势，但业务流程的割裂增加了合作双方的道德风险

续表

参与方			内容	特点
借款端	借款人类型	普通个人	借款额小，一般在10万元以下，多为信用借款，平台主要审查其个人信用和违约代价	由于金额小，客户开发成本和审贷成本都相对较高
		小型工商户	借款额稍大，从几万元到几十万元，平台同时审查其个人信用和商铺经营情况	优缺点比较均衡，形成P2P网络借贷的中坚力量
		中小企业主	借款额较大，从几十万元到上千万元，甚至更高，平台主要考察其企业经营情况	要求平台有较强的信用评估和风险控制能力，由于单笔借款额大，投资标的少，投资者的风险不易分散
平台	撮合方式	直接撮合	借贷双方直接进行需求匹配	借款人的需求信息在平台上进行公开展示，与投资人的需求直接匹配，撮合成本较低
		债权转让	专业放款人先以自有资金放贷，然后把债权转让给投资人	多用于线下平台，可充分发挥专业放款人的能力优势和灵活性，加快放款速度
	产品类型	信用贷款	额度低，无须借款人提供任何抵押物，办理比较方便	速度快、风险高、利率高
		抵押贷款	需要借款人提供一定的抵押物（多为房产或汽车）	多了抵押环节，额度较高，速度一般，风险较低，利率较低
		担保贷款	需要借款人寻找愿意为其提供担保的担保机构	多了担保环节，额度较高，借款人需要承担担保费用
	保障机制	风险保障金	由平台从每笔交易中提出一定比例的费用作为风险保障金，一般也匹配平台的部分自由资金，以风险保障金的总额为限，对投资者进行有条件地保障	投资者可获得的保障范围较明确，但应注意风险保障金账号的真实性和透明性
		平台担保	平台承诺以自有资金对投资者因借款人违约造成的损失进行全额本金或本息赔付	平台深度介入风险经营，实际上从事着担保业务
		第三方担保	由担保公司或具备担保资质的小贷公司对借款进行全额担保	风险由平台转移至担保公司或小贷公司，对其担保资质、资金杠杆的审查极为重要
投资端	获客途径	线上	直接通过网络推广、电话营销等非地面方式寻找投资人	获客成本较低，但对宣传、策划、推广能力要求较高
		线下	通过线下活动、地面销售人员寻找投资人	获客成本较高，但是指标易量化，易复制，较适用于特定人群
	投标方式	手动投标	投资人必须手动选择每笔投资标的和每笔投资金额	投资人拥有自主选择权，操作较烦琐，不易抢到优质标的
		自动投标	投资人设定投资总额和投标条件，委托平台自动选择投资标的和每笔投资金额	操作简单，投资人无自主选择权，自动投标算法也可能引起争议
		定期理财	对自动投标设置标准化的份额、期限和利率，投资者以购买定期理财产品的形式进行自动投标	操作简便，刚性兑付的暗示强，平台若操作不当，易引发有关资金池的争论，也可能给平台进行金额、期限错配留下空间

资料来源：根据公开资料自行整理。

造成国内P2P网络借贷发生变异的最主要原因，就在于国内P2P网络借贷面临严重的征信问题，因为对于借贷来说，信用风险的管理特别是风险的评估是最为核心的一环。

第一，国内的个人征信体系十分不完善，并且中央银行的征信系统也不对P2P网络借贷平台开放；第二，国内的商业征信机构独立运作，独立采集数据内容，缺乏信息共享与分工协作机制，这使得商业征信的效力大打折扣；第三，依靠P2P平台自身积累数据虽然有助于评估借款人，但即便在国外主流模式中，这也只是被用于补充。外部征信支持的缺失造成国内P2P网络借贷平台不得不亲自承担征信职责，通过大量的尽职调查对借款人的信用材料进行搜集、整理和评估。信用体系的缺失使得国内绝大部分平台都要以线下为主，或者亲力亲为，或者交由合作机构完成。并且，同样是由于信用体系的缺失，使得国内的P2P平台为了更多地吸引投资者，扩大业务规模以分散风险，不得不引入资金垫付、担保制度或准备金等方法来保障投资人利益。事实上，利用规范化的个人征信信息建立风险模型来对借款进行甄别，相比于传统的针对差异化的一个个具体项目的甄别，大大节约了成本，虽然或许其风险的评估、控制水平较银行而言有差距，但是成本的节约却使其具有独特的竞争力，能够覆盖银行难以覆盖的小微金融领域，这才是互联网金融的本质和核心竞争力。

案例1：宜人贷赴美上市两月股价腰斩，市值蒸发3亿美元

宜人贷是宜信旗下的P2P网贷平台。2015年11月18日，宜人贷赴美国纽交所提交IPO申请并获得通过。由此，宜人贷成为第一家在海外上市的P2P网贷平台，中国互联网金融第一股诞生。当时宜人贷董事局主席、创始人唐宁表示，宜人贷在纽交所成功上市表明，其平台本身的风控和运营能力获得了严格的美国资本市场的认可。而业界也认为，宜人贷在美国纽交所的成功上市，代表着宜人贷自身将以更大程度的透明化，接受成熟且严格的监督体系的监管。

但时至今日，宜人贷上市刚刚两个月时间，整体表现却不尽如人意，其股价上市首日即已破发，此后持续下跌并且腰斩，市值也蒸发超过一半。宜人贷上市发行价为每股10美元，总股份1.17亿股，按照发行价为每ADS10美元（1ADS=2普通股）计算，市值达5.85亿美元；截至2016年2月19日收盘价为4.8美元，股价较发行价暴跌52%；总市值2.81亿美元，较上市之初缩水3.04亿美元。

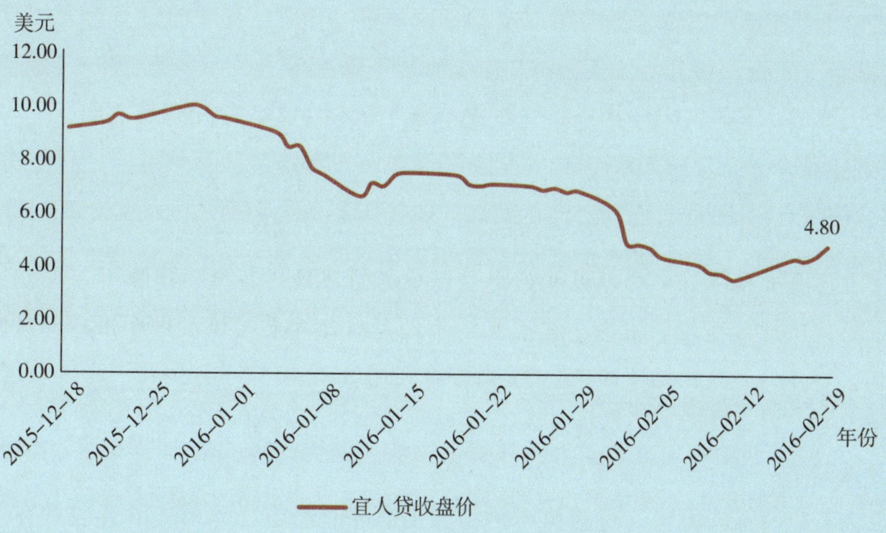

资料来源：Wind资讯。

图5-8　宜人贷股票价格走势（2015-12-18~2016-02-21）

宜人贷股价暴跌，一定程度上说明外界并不看好中国P2P行业。为什么宜人贷上市之后市值蒸发如此之迅速？市场分析认为这是由多重因素造成的。

一是宜人贷的互联网金融模式名不副实。宜人贷对其自身的定位是在线P2P平台，其招股书也显示，目前宜人贷的借款人主要来源于线上和线下两个部分。对于线上，宜人贷声称通过在线渠道，如搜索引擎营销、搜索引擎优化和与互联网公司合作等方式挖掘借款人。而线下借款人则来自宜信的推荐。然而，从获得借款人的数量上看，宜人贷在2013年、2014年和2015年前三个季度线上获得的借款人数量占比分别为45.8%、51.9%和49.4%，线上占比不到一半；从金额上来看，2013年、2014年和2015年前三个季度，宜信推荐的线下借款人贡献的借款金额分别占总额的61.9%、59.8%和67.8%，基本呈现向上增长的趋势。线上总体业务规模不到线下的一半，互联网金融名不副实。

二是宜人贷过度依赖宜信，关联交易的不确定性令市场担忧。宜人贷在上市前是宜信的独资子公司，上市后宜信仍是其第一大股东。宜人贷对宜信的依赖是全方位的。除了从宜信获得借款人外，宜人贷与宜信签订了一系列协议，约定宜信将依托在200多个城市（含香港）和上百个农村地区建立起来的协同服务网络，为宜人贷在借款人和投资者等诸多方面提供技术等长期服务。另外，双方还将在数据、信息以及知识产权方面进行共享；宜信还将财务、行政、人力资源和法律服务等方面给予宜人贷支持。市场投资者显然担心，宜人贷过度依赖母公司宜信，会产生大量关联交易，而关联交易行为的不确定性和交易价格的非市场性、多样性，使其定价政策既是交易的核心内容，也是一些上市公司借以进行资金转移或利润包装的主要手段，很容易出现违规。

三是D类信用贷款规模庞大，贷款结构存在较大风险。宜人贷使用了一套由宜信开发的信用评级系统，将借款人分为A、B、C、D四个等级，不同的信用评级给予不同的利息和交易费标准。A、B、C、D四个等级对应的交易费分别为5.6%、18.5%、26.4%、28.2%，借款人贷款的年利率则为16.9%、27.4%、33.5%、39.5%。然而，最高人民法院2015年8月发布《关于审理民间借贷案件适用法律若干问题的规定》，年利率24%以下的民间借贷法院予以司法保护，年利率超过36%的民间借贷超过部分法院将认定无效。而对于年利率在24%至36%之间的借款，提起诉讼法院也不会保护，但如果对方愿意履行，法院也不反对。这样就意味着，按照司法解释，宜人贷除了A档之外，剩下的借款均存在风险。2015年前三个季度，宜人贷发放了49亿元的D类信用贷款，占到同期新增贷款总量的78.3%，是2014年全年贷款总量的2.2倍。D类信贷业务大约贡献了宜人贷收入的86%，收入结构上存在较大风险。

四是风险准备金大幅攀升。贷款结构问题使得宜人贷风险准备金快速攀升。根据广发银行2016年1月4日发布的风险准备金托管报告，截至2015年12月31日，宜人贷在广发银行的风险准备金余额达4.5亿元，同2015年11月底相比增加了6 423.11万元。而截至2015年6月30日，其风险准备金仅为2.08亿元。根据宜人贷招股书，宜信D类借款人的净坏账率有迅速上升的趋势，按本金6%拨备的风险准备金将无法覆盖投资人的本息。如果风险准备金提升到10%，其获得的利润将基本被风险准备金覆盖。

除此之外，宜人贷市值的蒸发与国内P2P行业鱼龙混杂、面临信任危机不无关系。互联网金融在中国从诞生之日起就伴随着大量质疑，在行业高速发展过程中还产生了诸多问题。根据网贷之家的统计数据显示，截至2016年1月，全国问题平台数量累计为1 351家，问题平台占全部平台总数比例高达34.5%，这使得更多大众对这种创新金融服务模式望而却步，对整个行业发展造成了巨大伤害。

四、众筹

众筹正式进入中国通常是从2011年5月“点名时间”作为国内第一家专门的众筹平台上线起算，此后陆续出现了淘梦网、积木盒子、JUE.SO等各种侧重不同方向、具有不同特色的众筹平台。根据网贷之家联合盈灿咨询发布的《2015年全国众筹行业年报》，截至2015年12月31日，全国共有正常运营众筹平台283家，同比增长99.3%。自2011年第一家众筹平台点名时间诞生，到 2012年新增6家，再到2013年新增29家，众筹平台增长较为缓慢。而至2014年，随着互联网金融概念的爆发，众筹平台数量显著增长，运营平台增加至142家。

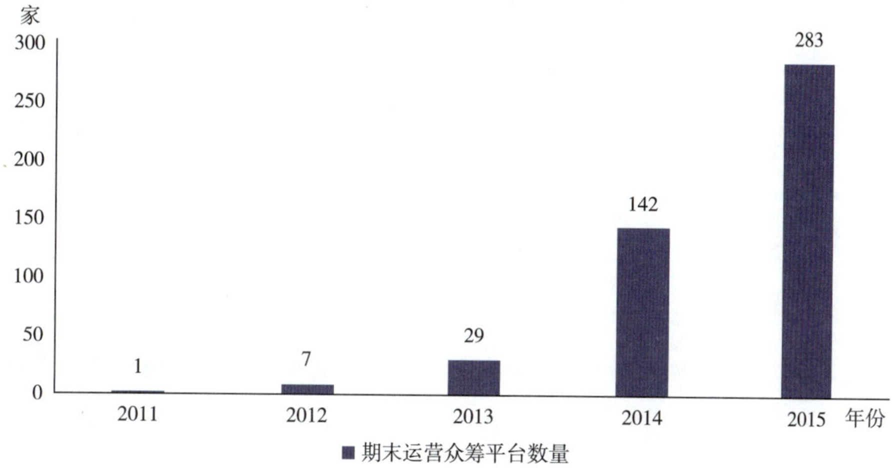

资料来源：盈灿咨询。

图5-9　2011~2015年我国众筹网站运营数量

筹资额方面，2015年全国众筹行业共成功筹资114.24亿元，首次全年破百亿元，同比增长429.38%。截至2015年年底，全国众筹行业历史累计成功筹资金额近140亿元。

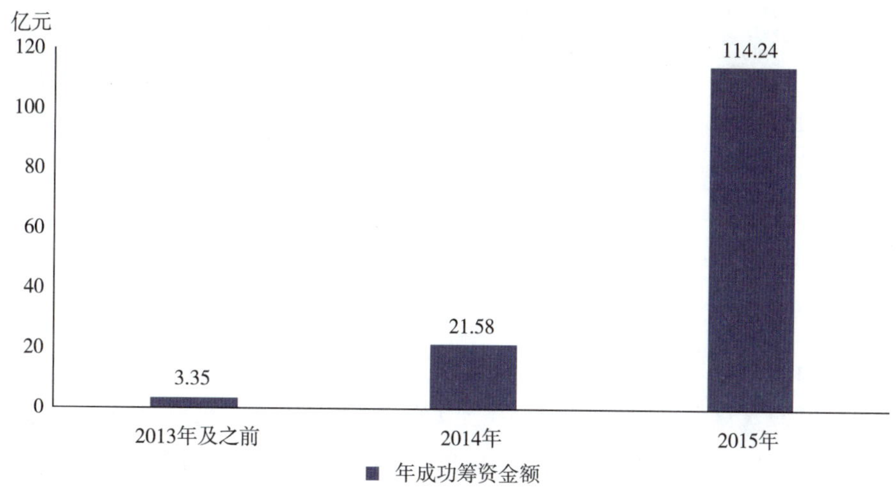

资料来源：盈灿咨询。

图5-10　2013~2015年我国众筹网站年筹资金额

目前国内众筹按照回报方式可以分为四类：股权众筹、奖励众筹、公益众筹和混合众筹。股权众筹是以筹资者的股权或预期利息收益作为回报，如天使汇等；奖励众筹是以筹资者的实物产品或服务作为回报，如Kickstarter、点名时间等；公益众筹是非营利性众筹，带有公益性质；混合众筹是在几种基础众筹形式上发展起来的，指在进行股权融资时，也考虑进行部分债权融资和产品奖励。

表5-3　我国众筹平台商业模式

分类	特点	典型平台
股权众筹	提供公司原始股份，投资者享受股东权利，筹资额度较大，只对合格投资人开放，回报时间长	Crowdcube、Seedres、天使汇、大家投等
奖励众筹	一般以预售形式提供实物或服务回报，筹款金额较低，基本所有投资人可参与，回报时间较短	Kickstarter、点名时间、淘梦网等
公益众筹	非营利组织，小额募捐为主，所有用户无回报	GiveForward、腾讯乐捐、微公益等
混合众筹	以上几种基本众筹的组合，有时考虑部分债权融资	京东众筹等

资料来源：根据公开资料自行整理。

截至2015年12月底，全国各种类型的众筹平台中，非公开股权融资平台最多，有130家；其次是奖励众筹平台，有66家；混合众筹平台为79家；公益众筹平台仍然为小众类型，仅有8家。股权众筹成为支撑国内众筹行业的核心力量，这与国外奖励众筹一家独大形成鲜明对比。

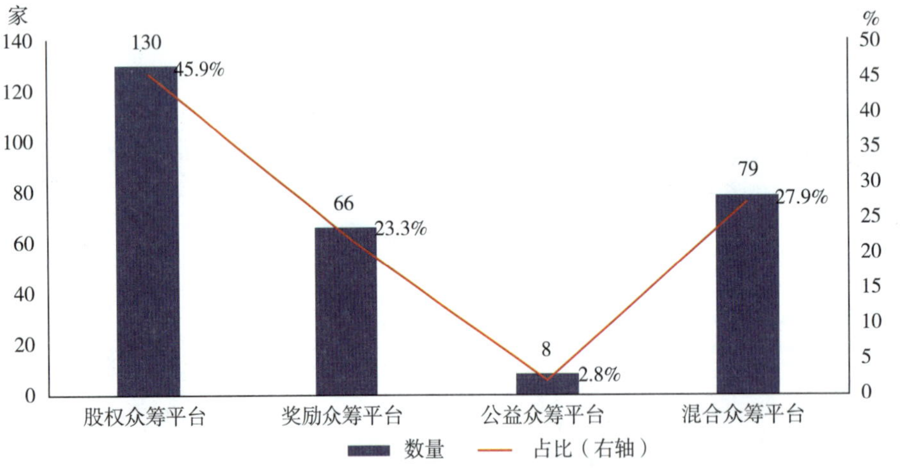

资料来源：盈灿咨询。

图5-11　我国四类众筹网站数量及占比

除了众筹融资的目的与国外不同外，国内众筹融资的模式也出现明显的变异，其逐渐从线上走到线下，以贷帮网为例，其股权众筹项目不仅得到第三方公司提供的相关权益的担保，并且项目大部分是通过线下去主动挑选的，只有少部分是企业通过线上主动申请的。与P2P网络借贷一样，众筹的线下化同样是由于征信体系的缺失，因此，为了保证项目的可行性，国内众筹融资平台不得不做更多的线下工作。不仅如此，为了吸引投资者，股权众筹往往还需要专业的投资人或机构来担任领头人。

事实上，同样是作为人们新的投资渠道，同样是面对风险较高、较为虚拟的互联网，股权形式相比于P2P提供的固定回报率来说，进一步增添了收益的不确定性，这使得众筹融资的影响力和交易规模还远不及P2P网络借贷。

五、互联网基金

2013年互联网金融的兴起，打破了银行存款利率单一的垄断局面。仅仅用了7个月时间，天弘基金宣布余额宝规模突破2 500亿元，开户规模突破4 900万户，传统的现金管理格局正在被打破。随着余额宝产生的“鲇鱼效应”，引得越来越多的机构开始追随，传统的基金公司、互联网巨头企业开始纷纷推出属于自己的在线现金管理产品，紧锁客户闲置资金，化零为整，各类创新性互联网基金不断推出，使得现金管理市场也开始变得异彩纷呈。从产业背景和功能看，互联网基金可以分为四类。

第一类是支付功能性产品。代表产品如阿里巴巴余额宝、苏宁零钱宝。这类产品集余额增值、资金周转以及支付功能于一体，余额宝已经成为互联网金融的标志性产品。苏宁紧随其后推出零钱宝，同样可以用于苏宁易购购物、生活缴费、信用卡还款，并且依托自身1 600余家实体店面，提供客户答疑、线下产品推介以及操作指南等客户服务，成功地将互联网金融产品带到线下进行推广、销售和服务。

第二类是自力更新型产品代表产品，如汇添富基金现金宝、全额宝等。传统的基金公司一部分对接互联网巨头，包装自身现金管理工具通过互联网平台线上销售，还有一部分通过自身直销平台推广销售自主创新产品。例如，最近两年一直致力于现金管理工具创新的汇添富基金，先是开发了可以实现“T+0”交易的场内货币式基金添富快线，随着互联网金融浪潮的兴起，又与苏宁合作推广现金宝，最后通过自身直销平台，开发推广了全额宝，一经推出，用了30个小时创下了6亿元的天量销售额。

第三类是互联网公司自主品牌产品。代表产品如百度百发、微信理财通。这类产品的特点是互联网公司以自身客户平台为基础，通过与基金公司合作，以资产管理模式挂钩多家基金公司旗下现金管理工具，推广自身品牌的产品。如我国搜索引擎百度平台，通过自身的客户基础，成立百度理财中心，发行了预期年化收益率达到8%的“百发”团购产品，其宣传手段和宣传攻势引发了互联网和金融业巨震，产品也在发售后被迅速抢购一空。

第四类是银行系产品。代表产品如平安银行的“平安盈”、工商银行的“天天益”等。互联网金融产品的热销，使得银行自身的人民币理财产品业务受到极大冲击。银行业作出正面迎击，改革自身人民币理财产品，增加取现的灵活性，推出了新一代现金管理工具。

表5-4 我国互联网基金类型

基金产品类别	特征	代表产品
支付功能性产品	兼具余额增值、资金周转和支付功能于一体，可用于购物、生活缴费、信用卡还款等	阿里巴巴余额宝、苏宁零钱宝
自力更新型产品	传统基金公司通过互联网平台推广销售的自主创新产品	汇添富基金现金宝、全额宝
互联网公司自主品牌产品	互联网公司以自身平台为基础，与基金公司合作推出的产品	百度百发、微信理财通
银行系产品	银行改革自身人民币理财产品，推出的新一代现金管理工具	平安银行“平安盈”、工商银行“天天益”

资料来源：根据公开资料自行整理。

作为互联网基金的标志性产品，余额宝规模经历了2013~2014年的高速增长后，在2015年进入平稳增长期。2015年第一季度末，余额宝规模达到7 117.24亿元，至2015年末，该数字稍有回落，为6 209.9亿元。据艾瑞咨询数据，2014年中国互联网基金的交易规模为6 1947.4亿元。至2018年，中国互联网基金市场规模将达到15万亿元，在未来3年内，互联网基金市场整体将维持20%以上的年增速。

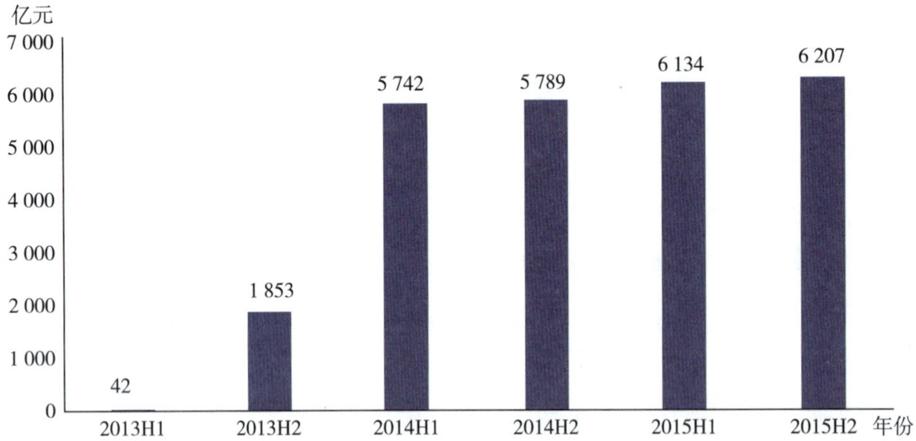

资料来源：蚂蚁金服。

图5-12　2013~2015年余额宝规模

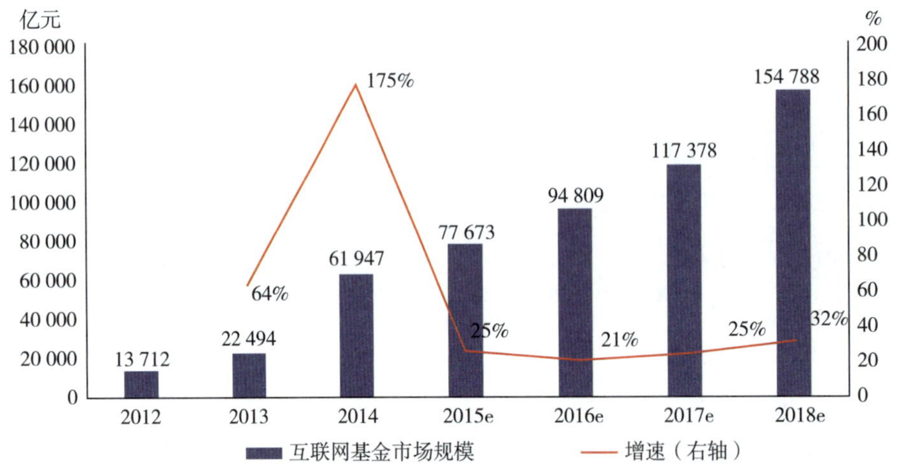

资料来源：艾瑞咨询。

图5-13　2012~2018年我国互联网基金市场规模

六、征信

征信是互联网金融、消费金融等金融模式的基础，只有拥有了合适的信用评价体系，这些新型的金融模式才能够拥有核心定价能力，并更好地管控成本，实现盈利。

目前我国的征信机构主要分为两类：第一类是具有政府背景的信用信息服务机构。这类征信机构共有20家左右，其中最大的是中央政府主导的中央银行征信中心和商务部国际电子商务中心。另外，近年来各级地方政府推动社会信用体系建设，也建设了一批省属征信中心。政府或其所属部门设立征信机构，信息来源主要是各类政务信息及相关的信用信息，服务对象囊括政府部分、企业和社会公众。第二类是社会征信机构，该类机构数量在50家左右。社会征信机构规模相对较小，机构分布与区域经济发展程度相关，机构之间发展不平衡。征信机构主要以从事企业征信业务为主，从事个人征信业务的征信机构较少。

随着互联网金融的高速发展，互联网金融企业也纷纷将创业目标盯在了征信领域。媒体报道称，2013年12月，隶属于网信金融集团旗下的网信征信有限公司拿到了中国人民银行颁发的牌照，这是获得征信牌照中的第一家互联网金融公司。2015年1月5日，中国人民银行印发了《关于做好个人征信业务准备工作的通知》，要求芝麻信用管理有限公司（蚂蚁金融服务集团公司旗下）、腾讯征信有限公司（腾讯旗下）、深圳前海征信中心股份有限公司（中国平安旗下）、鹏元征信有限公司、中诚信征信有限公司、中智诚征信有限公司等八家机构做好个人征信业务的准备工作，准备时间为六个月。

目前，在互联网金融领域，介入征信领域的机构主要有以下几种类型：

第一类是拥有海量交易数据的电商平台。这些电商平台，利用在平台上沉淀的交易数据、商户信息建立起自己的商业模型，并以此作为授信的依据。如芝麻信用即为这一征信模式的代表；在电商领域中，京东、苏宁也拥有同样的优势。京东于2012年开启的供应链金融，正是基于本身交易数据搭建的信用评级，与银行合作，向供应链上下游企业提供贷款。苏宁云商的“重庆苏宁小额贷款公司”，也是基于自己平台上的征信数据开展的。

第二类是P2P公司。相比于其他互联网金融公司来说，P2P公司有更强的搭建自身征信体系的需求。早在2012年，上海十家以拍拍贷、陆金所为首的P2P机构便成立上海网络信贷企业联盟，在联盟内共享逾期借款人信息。

第三类是专业的征信数据公司。比如中诚信征信有限公司、上海资信有限公司以及深圳鹏元征信公司等。这类机构的优势在于历史悠久（例如，鹏元征信从1999年开始即筹建个人征信系统），在数据采集、评分系统、客户关系管理等方面拥有完全自主产权的核心技术。

表5–5　我国互联网征信机构类型

机构类别	特征	典型
电商交易平台	具有海量电商交易数据	芝麻信用等
P2P公司	自身经营网络借贷，数据真实性高，有效性强	拍拍贷、人人贷等
专业征信公司	历史悠久，拥有征信方面核心技术	中诚信征信、鹏元征信等

资料来源：根据公开资料自行整理。

第四节　互联网金融风险显现

在互联网金融迅猛发展的过程中，风险开始逐渐暴露和显现。从负面来看，风险的暴露将可能会延缓互联网金融的发展速度，但从正面来看，风险控制的能力本身就是金融机构的核心能力，竞争的胜者将开拓出真正适合行业健康发展的模式和技术。

一、移动支付——安全性竞争必将愈演愈烈

2016年年初Apple Pay宣布登陆中国，与此同时微信宣布零钱提现收费。这两件看似无关的事儿却在预示着未来移动支付的竞争核心必将是支付的安全性。技术上来看，Apple Pay、Samsung Pay等基于NFC终端和中国银联POS机相配合的移动支付技术（双向验证），相较支付宝、微信等第三方平台的扫描二维码技术更加安全。苹果也强调了用户隐私：不记录任何通过Apple Pay产生的交易行为，也不会进行用户购买行为分析。相较于支付宝和微信强调用户体验，Apple Pay则更加强调安全和隐私。

无论线上还是线下，消费者在体验移动支付带来的消费体验的同时，一些支付的风险也在逐渐发生，类似二维码掩藏木马、虚假Wifi、木马植入支付链接，都是消费者在支付过程中可能遇到的风险。另一方面的风险则来自于消费者信息的泄露，尤其是支付信息的泄露往往会危及账户的安全。

案例2：Apple Pay进入中国：移动支付领域大战硝烟再起

2016年2月18日，Apple Pay正式进入中国，这是继美国、英国、澳大利亚和加拿大之后，Apple Pay正式进入的第五个国家，也是Apple Pay首次登陆亚洲国家。市场有分析认为苹果公司借助Apple Pay，将从中国繁荣的移动支付市场中分一杯羹，阿里、腾讯两家独大的格局或将被打破，移动支付领域大战硝烟再起。

同为移动支付工具，Apple Pay与国内第三方支付巨头支付宝和微信的扫码支付方式有所不同。Apple Pay采用近场通讯技术NFC的支付方式，在中国市场，消费者只要将手机靠近标识有“闪付”或“云闪付”银联POS机，就可以实现指纹刷卡，过程中无须输入与绑定银行的任何信息。

目前，以支付宝和微信为代表的第三方支付平台一直饱受诟病的就是其安全性。一方面，用户使用第三方支付平台大多需要网络环境，通过Wifi或运营商的移动数据，相关环节存在一定的安全隐患；另一方面，第三方支付的账户体系和资金沉淀环节，监管尚未健全，且其安全性和隐私性一直受到质疑。而Apple Pay采用的近场技术，不需要移动网络支持，只要相关POS机同样具有近场支付技术，就能完成交易，信息的安全性更高，并且其没有账户体系，不具备资金沉淀功能，也不提供金融服务，仅仅是一种将银行卡虚拟化的支付方式，资金不经过苹果公司，而直接从银行卡进入商户，更像传统POS机的移动化。Apple Pay的安全性和隐私性无疑更有保障。

表5-6 Apple Pay和当前第三方扫码支付的对比

	Apple Pay	扫码支付
技术路线	NFC+TouchID身份验证，软件和硬件结合	扫描二维码，纯软件
安全性	Tokenization技术，多重认证，安全性更高	安全性较高

续表

	Apple Pay	扫码支付
支付便捷性	操作步骤较少，无须打开APP，方便	操作步骤相对复杂，需打开APP
应用范围	需POS终端支持NFC，全国铺开尚需时日，现阶段线上支持应用不多	国内商户支持较多，已拓展至三四线城市；线上支持的应用较多
终端要求	仅限于苹果产品，iPhone6之前的版本不支持	手机不用支持NFC，不用改造POS

资料来源：根据公开资料自行整理。

由于Apple Pay的上述特点，相比蚕食金融服务市场、将用户和传统银行隔离的微信和支付宝平台，Apple Pay受到中国银联传统银行的极大欢迎。上线当天，中国银联宣布即日起银联云闪付正式开通支持Apple Pay服务，中国境内持卡人可以轻松将其银行卡添加到iPhone、Apple Watch以及iPad上，在“银联云闪付”线下商户及线上APP更加便捷安全地支付。同时，包括工行、农行、中行、建行四大行在内的中国各家银行纷纷宣布支持这一服务，Apple Pay安全、私密、不绕过银行的做法使其甫一上线就吸引了19家国内银行合作伙伴。

因此，对于银行来说， Apple Pay是发力移动支付的强力武器，近场支付也有望取代传统的刷卡交易，有利于改善NFC支付的弱势局面。但也有分析认为，Apple Pay想在中国市场普及仍需一段时间。一是Apple Pay作为一种支付手段，需要捆绑多张银行卡，用户可能会觉得麻烦且担忧其安全性；二是商家的支持和推广也需要时间；三是在目前国内移动支付的格局中，微信、支付宝在支付商业链上已经做得相对成熟，用户习惯已经形成，Apple Pay想要取而代之非常困难。

案例3：微信提现收费：互联网免费模式的转变

2016年2月15日，微信方面表示，从3月1日起微信支付将开启零钱提现收费计划。自2016年3月1日起，微信支付调整手续费收费政策，从零钱到银行卡的超额提现需要收取一定的手续费。具体收费标准是指从3月1日起计算，每位用户（身份证维度）有终身累计1 000元的免费提现额度，超出1 000元部分按银行费率收取手续费，目前费率均为0.1%，每笔最少收0.1元。例如，2016年3月1日后，用户想从微信零钱提现1 000元到银行卡，将收取1元的手续费。

绝大多数用户对微信提现收费都表示质疑和不满，其争论的焦点之一在于，在其他第三方支付工具普遍没有提现收费的情况下，微信为何急于从免费转为收费的态度？对此，腾讯于2月16日发布了《关于微信零钱提现手续费变更的官方解读》，并在文中称，基于微信支付的每一笔转账和提现交易，不论金额大小，银行都要向微信支付收取交易手续费。对提现交易收费并不是微信支付追求营收之举，而是用于支付银行手续费。

这样的解释也受到专业人士的质疑：对于银行来说，微信提现有助于银行资金回流，是银行鼓励的行为，因而银行不会对提现行为收取手续费。不过，部分银行出于经济原则考虑，不会只让微信赚取第三方支付的好处，因此会收取适当费用，但并非每一家商业银行都会收费，加上与之同量级的支付宝至今也仍未对提现进行收费，微信的解释确实不太容易让人信服。

实际上，微信此次政策调整最大的目的是为了让用户在微信场景中形成消费闭环。前期微信始终发力于支付场景，不断丰富其线下、线上的支付场景；而如果用户可以将微信零钱包中的资金直接用于消费或投资，就无须提现，也不会受到提现收费的影响。从这个角度来看，微信提现收费政策的调整既能减少成本压力，又能促进场景消费，有较为明显的好处；但另一方面，微信也可能因此存在用户流失的问题。毕竟，在微信流行之前，支付宝移动支付和大部分银行转账支付业务就已朝着“免费”方向迈进。以各类折扣、免费的优惠方式向消费者让利，是吸附用户的常用手段，消费者也确实能从中获益，从经营的稳定性和持续性考虑，骤然取消“免费”，在口碑上不免吃力不讨好。

此外，微信此举再度引发了市场对于互联网应当收费还是免费的讨论。过去十年，全球互联网的成功案例几乎都是用免费产品和服务吸引海量用户，然后通过广告、增值服务或其他虚拟产品收费来获得收入。然而，免费带来的负面影响也是显而易见的：一是互联网的免费容易带来一家独大，因为它排除了市场上所有的价格歧视结构，往往造成赢家通吃。二是免费使得用户选择成本为零，因而用户迁移的成本极低，这使得企业必须想尽各种办法圈住用户；而在免费基础上通过大量资金构筑起来的竞争壁垒，又几乎让后来者无法超越。三是免费很可能破坏一切商业的基础——信用。免费模式下，企业无须顾忌契约关系带来的风险，而有强烈动力搜刮用户的隐私并将其出售变现。

因此，对于习惯免费的中国消费者来说，收费的确难以接受。但从长远角度来看，互联网企业进行有偿的产品和服务提供，符合客观经济规律。因为免费的市场从来不可能创造繁荣，消费者只有为企业的技术研发买单，才能保证市场的活力和竞争，在一个健康的经济环境中，营造共赢的局面。

二、P2P 平台的违约，甚至庞氏骗局

2015年是P2P平台爆发大量违约的一年。宏观经济的下行和货币政策的宽松带来了两方面的变化，第一，经济下行带来了投资回报率的显著下降；第二，社会整体的负债利率水平呈现趋势性下降。这使得大量采取高息回报方式吸引资金投资的P2P开始暴露出问题。此外，由于P2P平台普遍缺乏风险防控，既未对接中央银行征信系统，又没有建立相应的风险防控体系，对契约关系的维护、对债权人的保护均较弱，致使平台违约成本极低；而P2P行业规范迟迟未能出台，P2P网贷平台缺乏准入门槛，行业监管不完善，“资金池”缺乏有效托管，行业管理整体处于混乱的状态；此外，监管及立法有所滞后，导致网贷平台投资风险高、维权难度大。

P2P高风险平台主要集中在两类。第一类是“伪P2P”网贷公司，即无实体公司、无真实标的、专门诈骗投资者的钓鱼网站。投资者只要多多了解一些P2P网贷的常识完全可以规避。第二类是平台自身融资，即平台将投资者的资金筹集为自己所用，目的在于解决本公司的资金问题，这无疑与P2P的定义相悖。根据网贷之家的数据，2015年2月以来，P2P网贷问题平台数量从494家上升至2016年1月的1 351家，

问题平台在P2P总平台数中的占比从23%上升至34%。

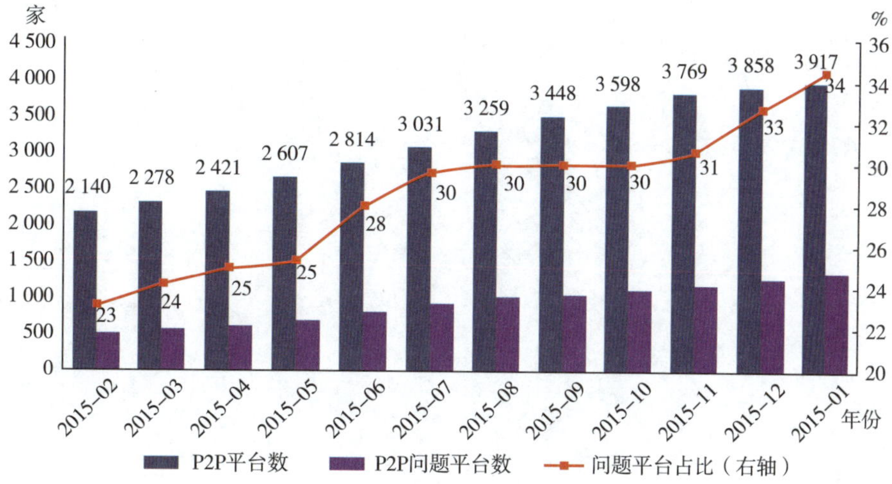

资料来源：网贷之家。

图5–14　P2P问题平台数及比例显著上升

案例4：e租宝：假项目、假三方、假担保的庞氏骗局

e租宝的全称为“金易融（北京）网络科技有限公司”，是钰诚集团全资子公司，于2014年7月上线。平台上线后，e租宝先后推出过6款理财产品，预期年化收益率在9.0%至14.2%之间不等，期限分为3个月、6个月、12个月，赎回方式分“T+2”、“T+10”两种。由于e租宝提供的收益率相比其他网贷平台更高，赎回条件更简便，且保本保息，因此e租宝在成立后发展相当迅速，且大有后来居上之势。根据零壹研究院数据中心统计，截至2015年11月底，e租宝累计成交额为703亿元，行业排名第四。网贷之家的数据也显示，截至2015年12月8日，e租宝总成交量745.68亿元，总投资人数90.95万人，其单日、7日、30日累计的成交额已经跃居网贷行业第一名。

然而e租宝短暂而又辉煌的发展史在2015年12月戛然而止。12月3日，有消息称e租宝深圳宝安分公司被经侦突查，40余人被带走调查。12月8日，新华社通报e租宝位于北京数码大厦的信息化研发中心及位于安联大厦的办公场所被警方调查。12月16日，广东省公安厅通报称已对e租宝网络金融平台及其关联公司涉嫌犯罪问题依法侦查，对涉案相关犯罪嫌疑人采取强制措施，对涉案资产进行查封、冻结和扣押。2016年1月14日，e租宝平台21位涉案人员被北京检察机关批准逮捕。其中，e租宝平台实际控制人丁宁涉嫌集资诈骗、非法吸收公众存款、非法持有枪支罪及其他犯罪。此外，一批与此案相关的犯罪嫌疑人也被各地检察机关批准逮捕。

是什么导演了e租宝这场“其兴也勃焉，其亡也忽焉”的闹剧？实际上，e租宝本身就是一个由“假项目、假三方、假担保”构筑成的庞氏骗局。按照公司宣传，e租宝平台主打A2P模式（Asset to Peer，从资产到个人），六款产品都是融资租赁债权转让。在正常情况下，A2P的经营模式是网贷平台所属的融资租赁公司与项目公司签订租赁协议，然后在网贷平台上以债权转让的形式发标融资；融到资金后，项目公司向融资租赁公司支付租金，租赁公司则向投资人支付收益和本金。通过这一流程，融资租赁公司赚取项目利差，而平台则从中赚取中介费。

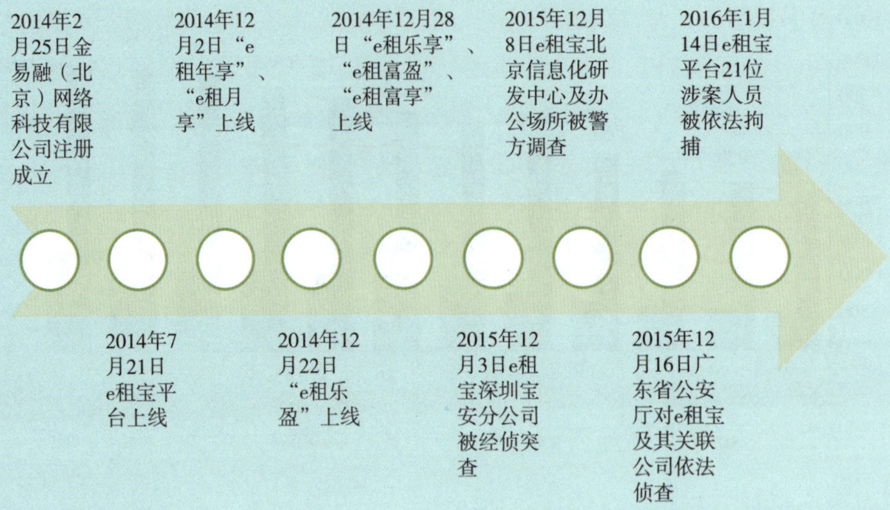

资料来源：根据公开资料整理。

图5–15　e租宝发展简介

而在e租宝模式下，借款人并不是真实的项目公司，而是e租宝虚构出来的皮包公司。据调查，e租宝高管通过收买企业或注册空壳公司等方式在网贷平台上虚构项目信息，并前后花费8亿多元向中间人购买公司资料来进行造假，有部分涉案企业甚至直到案发后才知道自己被e租宝冒名挂到网上融资。警方在查证中发现，在与e租宝有业务关系的207家承租公司中，只有1家与钰诚租赁发生了真实的借贷关系。除了虚构项目之外，钰诚集团还直接控制了3家担保公司和1家保理公司，为e租宝平台上的融资标的提供增信，这种自我担保的行为为债权人带来了巨大的风险。

e租宝通过捏造项目信息、买通中间人、自我担保的形式最终使投资人的钱流入自设的资金池，这是一个彻头彻尾的庞氏骗局。在该案中，e租宝打着“互联网金融”的旗号在短短一年半内非法吸收资金数百亿元，受害投资人遍布全国31个省份。伴随着e租宝事件的不断发酵，P2P行业发生行业性恐慌，大量投资人都在申请赎回自己的投资款项，这给P2P行业带来了巨大的赎回压力。根据网贷之家披露的数据，2016年1月P2P网贷行业整体成交量为1 303.94亿元，环比下降2.51%，问题平台数量和占比都有明显提升。同时，网贷监管也在逐渐收紧。2015年12月28日，中国银监会发布《网络借贷信息中介机构业务活动管理暂行办法（征求意见稿）》，明确了地方金融管理部门的监管责任，同时划定了互联网金融企业不得触碰的12条红线。紧接着，重庆市、深圳市、上海市和北京市金融办（局）先后发函，暂停新增互联网金融企业的登记注册。在行业监管细则已经出台的背景下，监管的逐渐收紧可能是2016年网贷行业的必然趋势。

第五节　互联网金融监管——从乱而治，功能监管

随着金融技术的不断进步，尤其是金融和互联网技术的融合日益加深，互联网金融正在从野蛮发展

的时代逐步走向规范发展的时代，监管机构也在思考和实践，未来金融监管需要的是功能监管，而非机构监管。在互联网金融领域，围绕金融生态圈的建立，传统的机构监管模式已经无法再适应快速发展的金融业态。我们从理论上可以看到，互联网技术的广泛应用，并没有改变金融的功能，因此在监管中功能监管的重要性变得更加突出。

自2003年互联网金融在国内兴起以来，由于互联网金融监管的许多领域一直存在长期的监管真空，所以行业野蛮生长、乱象丛生的现象比较突出。如部分网络信贷机构涉嫌诈骗、非法吸储、非法集资，第三方支付机构恶意竞争、资金管理风险隐患大等。2014年以前，监管层的着力点主要在于第三方支付平台的监管。2011年，人民银行发布《支付机构客户备付金存管暂行办法（征求意见稿）》，第一次明确了备付金存款账户的监管原则和监管体系。2013年6月，人民银行发布《支付机构客户备付金存款办法》，将原有涉及利息分配比例的条款删除。2014年3月，人民银行发布《支付机构网络支付业务管理办法》，对第三方支付转账额度给出了更严格的额度限制。

互联网金融的爆发式发展引起了监管层的注意，P2P行业间或出现的跑路事件考验着社会的信用体系，从2014年起，对互联网金融监管逐渐成为热门的议题。在2014年3月举行的全国人大会议上，李克强总理首次提出“促进互联网金融健康发展，完善金融监管协调机制”。2015年7月，中国人民银行等十部门联合发布《关于促进互联网金融健康发展的指导意见》，被称为互联网金融的“基本法”。

2015年12月21日，中央经济工作会议提到，加强全方位监管，规范各类融资行为；2015年12月23日，国务院常务会议中提到，强化监管和风险防控，切实保护投资者合法权益；2015年12月28日，《网络借贷信息中介机构业务活动管理暂行办法》发布；2016年1月22日，中央政法工作会议上，中央政法委书记孟建柱表示，要配合有关部门开展互联网金融领域专项整治；2016年1月23日，在全国公安厅局长会议上，公安部党委书记、部长郭声琨表示，继续深化“猎狐”行动，专项整治互联网金融风险，坚决维护资本市场秩序和金融管理秩序。2016年2月，针对实务中发现的问题，人民银行牵头启动互联网金融专项整治，范围涵盖整个互联网金融领域。从“基本法”到“监管细则”再到专项整治，互联网金融的监管框架正逐渐明晰，无法可依、监管真空的行业现状即将成为过去。

表5-7　“基本法”出台前互联网金融主要监管文件

领域	时间	政策主体	政策名称	政策要点
第三方支付	2011年5月	中国人民银行、财政部等	《关于规范商业预付款管理的意见》	加强对多用途预付卡发卡人的监督检查，完善业务管理规章，维护支付体系安全稳定运行
	2011年11月	中国人民银行	《支付机构客户备付金存管暂行办法（征求意见稿）》	最早明确备付金利息归属的监管版本，从备付金的范围、备付金银行、备付金银行账户、备付金的使用与划转、备付金的监督与管理等方面向社会广泛征求意见，其中，支付机构与银行按9：1分割备付金利息的规则引起广泛争议
	2012年1月	中国人民银行	《支付机构互联网支付业务管理办法（征求意见稿）》	规范预付卡市场秩序，保护相关当事人合法权益，防范支付风险
	2012年9月	中国人民银行	《支付机构预付卡业务管理办法》	充分发挥预付卡在小额支付领域的积极作用；细化了25号文关于建立购卡实名制度、非现金购卡制度和限额发行制度等要求；从严制定了预付卡业务其他管理制度，以有效控制预付卡业务盲目扩张

续表

领域	时间	政策主体	政策名称	政策要点
第三方支付	2013年6月	中国人民银行	《支付机构客户备付金存款办法》	将涉及利息分配比例的条款删除
	2014年3月	中国人民银行	《支付机构网络支付业务管理办法》、《手机支付业务发展指导意见》	对第三方支付转账额度给出更加小额度限制，规定个人支付账户单笔转账金额不超过1 000元，单笔消费金额不超过5 000元；月累计消费金额不超过1万元，年累计转账金额不超过1万元
小额贷款	2008年5月	中国人民银行、中国银监会	《关于小额贷款公司试点的指导意见》	小额贷款公司只能向不超过2家银行业金融机构融资，且“融资比例不得超过资本净额的50%”；单一自然人、企业法人、其他社会组织及其关联方持有的股份，不得超过小额贷款公司注册资本总额的10%；单一客户贷款余额不得超过资本净额5%
	2014年2月	国务院	《国务院办公厅关于加强影子银行监管有关问题的通知》（107号文）	小额贷款公司由中国银监会会同中国人民银行等制定统一的监督管理制度和经营管理规则，建立行业协会自律机制、省级人民政府负责具体监督管理
P2P	2011年8月	中国银监会	《人人贷有关风险提示的通知》	首次对于P2P贷款平台的风险作出提示，侧重于提醒银行注意风险的跨界“传染”
	2013年6月	中国人民银行	《支付业务风险提示——加大审核力度 提高管理水平 防范网络信贷平台风险》	中国人民银行首次对网络信贷表态，明确指出，目前网络借贷存在“信用卡资金透支于网络信贷，易使网贷风险向银行体系蔓延”的风险，限制信用卡投资网贷

资料来源：根据公开资料自行整理。

2013年以来，网络借贷行业乱象愈演愈烈，泛亚有色与e租宝事件带来行业性地震，社会对互联网金融的监管需求更加急迫。2014年7月，中国人民银行就《关于促进互联网金融健康发展的指导意见》征求意见。时隔一年，2015年7月，中国人民银行等十部门发布《关于促进互联网金融健康发展的指导意见》（以下简称《指导意见》），正式确立了互联网金融行业监管的基本法律框架。《指导意见》确立了服务实体经济、服从宏观调控和维护金融稳定的互联网金融发展目标，并提出互联网金融监管应遵循“依法监管、适度监管、分类监管、协同监管、创新监管”。从整体监管框架来看，《指导意见》主要可以分为三个部分的内容：

一是要建立监管制度。具体来说，建立互联网金融网站备案制，严格最低注册资本要求，建立信息披露制度，明确风险提示，建立合格投资者制度，加强网络信息安全，加强反洗钱，加强及重视消费者权益保护，加强行业自律和信用基础设施的建设，加强数据统计工作，加强财税扶持政策，以及加强互联网金融的研究工作等。

二是要实施分类监管。互联网金融监管的重点是互联网支付、网络借贷（包括P2P网络借贷和网络小额贷款）、股权众筹融资、互联网基金销售、互联网保险、互联网信托和互联网消费金融七大领域。互联网支付将由中国人民银行来监管，网络借贷、互联网信托、互联网消费金融业务由中国银监会来监管，股权众筹和互联网基金销售由中国证监会监管，而互联网保险则由中国保监会来负责。因此，总体上来看，将由“一行三会”对互联网金融实施分类监管。

三是成立互联网金融协会。除了由“一行三会”对互联网金融实施分类监管外，还需要成立互联网金融协会，进行行业自律管理。未来要设立互联网金融网站，有可能需要先申请加入互联网金融协会，才能申请互联网金融网站备案资格。树立行业规范，建立行业协会可以对政府监管形成有益补充，推动行业发展。

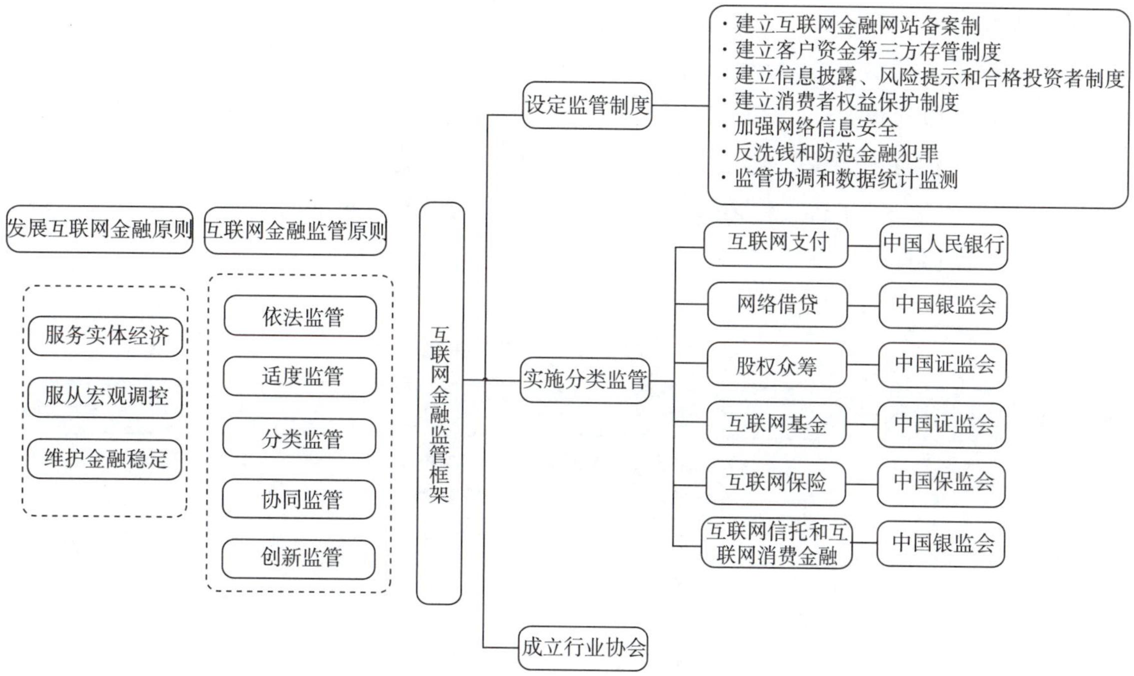

资料来源：根据公开资料自行整理。

图5-16　《关于促进互联网金融健康发展的指导意见》基本框架

继《指导意见》出台，并树立了互联网金融监管的纲领性框架后，各细分领域的监管细则也纷纷出台。2015年7月，中国保监会印发《互联网保险业务监管暂行办法》，明确了参与互联网保险业务的主体定位，规定销售、承保、理赔、退保、投诉处理及客户服务等保险经营行为，并有条件地放开了部分险种的经营区域限制；2015年12月28日，中国银监会发布的《网络借贷信息中介机构业务活动管理暂行办法（征求意见稿）》一时间引发业界高度关注；同日，中国人民银行下发了《非银行支付机构网络支付业务管理办法》。

表 5-8　《指导意见》下发前后出台的互联网金融领域监管细则

领域	文件名称	出台时间	主要内容
互联网保险	《互联网保险业务监管暂行法》	2015年7月	对互联网保险的经营条件、经营区域、信息披露进行规范，开放了人身意外伤害保险、定期寿险和普通型终身寿险等部分险种的跨区域经营
第三方支付	《网络借贷信息中介机构业务活动管理暂行办法(征求意见稿)》	2015年12月	重申了P2P平台作为信息中介的法律地位，采用备案登记，以负面清单形式划定业务边界，实行客户资金由银行存管制度，并明确禁止平台从事自融、资金池、担保、拆标、发售理财、捆绑销售、配资、众筹等十二项监管红线
互联网支付	《非银行支付机构网络支付业务管理办法》	2015年12月	优化了第三方支付账户分类（Ⅰ类、Ⅱ类和Ⅲ类），明确了三类账户的交易权限，对支付机构实施分类评价和分类监管
互联网基金	《货币市场基金监督管理办法（征求意见稿）》	2015年5月	规定了货币市场基金的投资范围、投资比例、流动性要求，并对基金净值计价、申购赎回、宣传推介、信息披露、风险控制进行规范
股权众筹	《私募股权众筹融资管理办法（试行）（征求意见稿）》	2014年12月	规定股权众筹平台应在证券业协会备案登记，并申请成为证券业协会会员，对股权众筹的发行方式、合格投资人制度进行规范

资料来源：根据公开资料自行整理。

在监管细则纷纷落地的同时，针对互联网金融领域的专项整治活动陆续展开。2016年1月底召开的中央政法工作会决定：政法机关将配合有关部门开展互联网金融领域专项整治，推动对民间融资借贷活动的规范和监管，最大限度减少对社会稳定的影响。在2016年1月11日召开的全国银行业监管工作会议上，银监会高层表示，要认真配合做好互联网金融风险专项整治，严防互联网金融风险。从无法可依的监管真空状态，到“基本法”的出台，再到各领域监管细则的纷纷落地，再到如今的全行业专项整治，互联网金融监管正在不断加码。

表5-9　2013年后我国互联网金融大事件

时间	事件	事件描述
2013年6月	“余额宝”上线	天弘基金联手支付宝推出网上理财业务“余额宝”，半年内聚集了5 000亿元的资金规模，一举成为当时最大的基金。
2013年7月	第三方公司支付牌照发放	中国人民银行发放新一批第三方公司的支付牌照，包括新浪、百度在内的27家公司上榜。
2013年8月	民生电商成立	董文标、刘永好、郭广昌、史玉柱、卢志强、张宏伟等七位资本大佬，联合投资30亿元人民币资本金，在深圳前海成立民生电子商务有限责任公司。
2013年10月	阿里控股天虹基金	阿里出资11.8亿元认购天弘基金51%股权，互联网金融板块整体走强。
2013年10月	“百度百发”上线	百度首款理财产品“百发”上线，上线第一天便实现破10亿元的销售额，百度正式进军互联网金融。
2013年11月	“众安在线”开业	由阿里巴巴董事局主席马云、中国平安保险董事长马明哲、腾讯CEO马化腾联手打造的互联网保险——众安在线开业。
2014年1月	“理财通”上线	腾讯与华夏基金、汇添富基金、易方达基金、广发基金四家一线品牌基金公司合作推出微信理财通，腾讯正式杀入互联网金融业。
2014年3月	国务院政府工作报告首提“互联网金融”	国务院总理李克强在全国人大会议上作政府工作报告，首次提出促进互联网金融健康发展，完善金融监管协调机制。
2014年3月	第三方转账支付金额受限	中国人民银行向多家机构下发征求意见稿，个人支付账户单笔金额不超过1 000元，年累计不超过1万元，个人单笔消费不超过500元，月累计不超过1万元。
2014年3月	腾讯与京东战略合作	腾讯入股京东15%，成为其重要股东。腾讯支付2.14亿美元现金，并将QQ网购、拍拍的电商和物流部门并入京东。此外，腾讯将向京东提供微信和手机QQ客户端的一级入口位置及其他主要平台的支持；双方还将在在线支付服务方面进行合作。
2014年7~9月	五大民营银行获批筹建	由民间资本主发起设立的深圳前海微众银行、天津金城银行、温州民商银行、上海华瑞银行、浙商网商银行相继获批筹建。
2014年10月	互联网金融地方政策出台	上海首次推出《陆家嘴互联网新兴金融产业园暨创新孵化基地配套措施》，全力支持互联网新兴金融机构在陆家嘴金融贸易区生根发芽。
2014年12月	中国保监会出台《互联网保险业务监管暂行办法（征求意见稿）》	国内首份针对互联网金融领域的全国性监管文件，文件允许保险公司通过互联网间接实现跨区域经营、降低经营成本。
2015年1月	中国人民银行公布首批个人征信牌照的8家机构名单	中国人民银行印发《关于做好个人征信业务准备工作的通知》，要求芝麻信用管理有限公司、腾讯征信有限公司等八家机构做好个人征信业务的准备工作，准备时间为6个月。
2015年1月	李克强总理视察首家互联网银行	李克强总理视察首家互联网银行——前海微众银行，见证第一笔业务。
2015年4月	陆金所完成4.85亿美元融资	P2P网贷平台陆金所和金融资产交易所完成了一轮融资4.85亿美元融资，参投机构包括BlackPine、鼎辉投资、中金公司等。此轮融资对该公司的估值接近100亿美元。

续表

时间	事件	事件描述
2015年5月	发展改革委发布关于2015年深化经济体制改革重点工作的意见	指出2015年深化经济体制改革的重点工作包括制定完善金融市场体系实施方案，出台促进互联网金融健康发展的指导意见，制定推进普惠金融发展规划。
2015年7月	《国务院关于积极推进“互联网+”行动的指导意见》	提出要促进互联网金融健康发展，培育一批具有行业影响力的互联网金融创新型企业。规范发展网络借贷和互联网消费信贷业务，鼓励互联网企业依法合规提供创新金融产品和服务，更好满足中小微企业、创新型企业和个人的投融资需求。
2015年7月	十部委联合发布《关于促进互联网金融健康发展的指导意见》	人民银行等十部委联合发布《关于促进互联网金融健康发展的指导意见》，正式确立了互联网金融行业监管的基本法律框架。
2015年8月	最高人民法院发布规定明确P2P网贷平台责任	《最高人民法院关于审理民间借贷案件适用法律若干问题的规定》发布，划定了24%的民间借贷利率红线，同时进一步明确了P2P的“媒介身份”。
2015年8月	阿里与苏宁战略合作	根据协议，阿里巴巴集团将投资约283亿元人民币参与苏宁云商的非公开发行，占发行后总股本的19.99%，成为苏宁云商的第二大股东。与此同时，苏宁云商将以140亿元人民币认购不超过2 780万股的阿里巴巴新发行股份。
2015年12月	e租宝被广东深圳警方立案侦查	广东省公安厅通报称已对e租宝网络金融平台及其关联公司涉嫌犯罪问题依法侦查，对涉案相关犯罪嫌疑人采取强制措施，对涉案资产进行查封、冻结和扣押。
2015年12月	中国银监会发布《网络借贷信息中介机构业务活动管理暂行办法（征求意见稿）》	P2P监管细则征求意见稿出台，进一步强调了P2P平台信息中介的地位，拟采取备案制的管理原则；要求机构名称必须包括“网络借贷信息中介”字样；明确只能由商业银行作为P2P平台的资金存管机构；以负面清单形式对P2P划定了12条监管红线。
2016年2月	启动互联网金融专项整治	由中国人民银行金融市场司牵头的互联网金融专项整治启动，此行动由中国人民银行牵头、公安部门配合，整治范围涵盖整个互联网金融领域。

资料来源：根据公开资料自行整理。

参考文献

[1] 郭世泽、陆哲明：《复杂网络基础理论》，北京，科学出版社，2012。

[2] 袁庆明：《新制度经济学教程》，北京，中国发展出版社，2011。

[3] Merton R C，Bodie Z. Deposit insurance reform：a functional approach[C]//Carnegie-Rochester Conference Series on Public Policy. North-Holland, 1993, 38: 1-34.

[4] Rochet J C, Tirole J. Two-sided markets: an overview[J]. Toulouse, France: IDEI, mimeo, 2004.

第六章　外部金融风险：靴子落下之后

■沈建光[①]

2008年国际金融危机不仅改变了中国经济的运行轨迹，也让国内研究视角越来越关注海外，更多的研究者认识到由于全球经济环境错综复杂，身处于开放体系内的中国经济很多时候面临的最大风险并非来自于国内，而往往来自于国际市场上诸多“黑天鹅”事件的发生。综观近年来全球经济局势，美联储货币政策转向及其对全球经济的影响无疑是一个值得重点关注的事件。

2015年12月16日，美联储主席耶伦在联邦公开市场委员会（FOMC）上宣布了加息的决定，即决定将联邦基金利率提高25个基点，维持在0.25%至0.50%之间。考虑到自2008年以来，美联储一直保持联邦基金利率即银行的隔夜拆借利率接近于零，此次美联储正式开启近十年来的首次加息周期，且同时表示将以渐进节奏加息，必将对全球金融市场都带来十分重大的影响。

实际上，早在美联储加息之前，全球金融市场动荡的局面便已然显示这一决定的重大影响。伴随着资金从新兴市场抽离，源源不断流入美国，美元走强，新兴市场国家不堪重负，主要体现在大宗商品价格暴跌、汇率贬值、股市与债市巨幅动荡、外汇储备迅速缩减，以及经济增长遭遇重创等。

而亚洲金融市场遭遇重创，香港金融市场动荡，人民币汇率大幅贬值，都让人担忧又一轮亚洲金融危机有卷土重来之势。例如，2016年新年伊始，香港金融市场风雨飘摇，股市、楼市惨跌，联系汇率制度也面临质疑。港元对美元汇率一度于2016年1月21日跌至7.8295，创8年来新低；香港股市恒生指数跌穿19 000点整数关口，创下2012年6月以来新低；楼市则频频折价抛售，2016年1月香港地产成交量下滑，创自1991年1月以来的最低。更令人不安的是，曾在1997年亚洲金融危机中翻云覆雨的投资大鳄索罗斯称：全球面临通缩压力，中国经济将硬着陆，他已经做空了亚洲货币和美股。

① 沈建光：瑞穗证券亚洲公司首席经济学家。

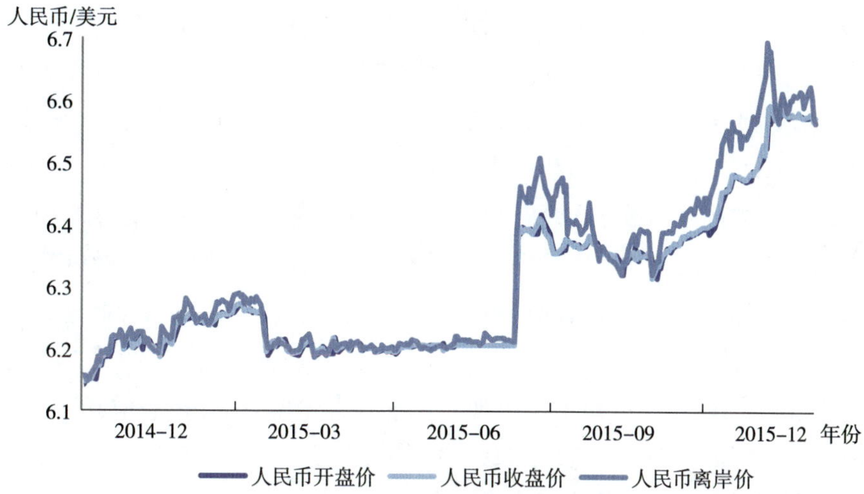

图6–1　美元走强，人民币面临贬值压力

人民币方面，在岸市场对美元价格从2015年12月初的6.4大跌3%到2016年1月8日的低位6.5962，一度逼近6.6。人民币离岸市场对美元价格从2015年12月初的6.42一度骤降5%至2016年1月7日低位6.7618，逼近6.8。人民币的大幅贬值，加剧了市场恐慌情绪，进而导致企业、个人竞相换汇，资本大幅流出，2015年12月外汇储备大幅减少1 079亿美元，创单月历史新高。

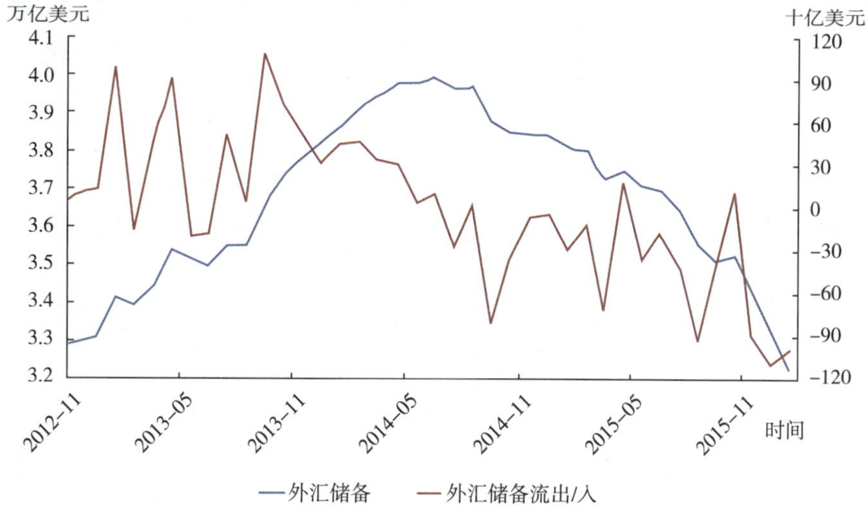

图6–2　人民币大幅贬值，同期外汇储备下降较多

从本质上来讲，本轮美国货币政策收紧与全球危机联系紧密。通过梳理历史，笔者发现，自20个世纪70年代初“尼克松冲击”开启美元本位制以来，美元每一次反转都往往有危机相伴，换言之，美元本位制下，金融危机变得越加频繁。

当然，加息落地后或许情况未必会更糟。毕竟在加息前市场预期不明，恐慌形势透支了加息讯息，进而有了加息前的美元上涨，而一旦“靴子落地”之后，美元或许会出现回调态势。实际上，回顾历史不难发现，美联储自20世纪70年代以来有七次主要加息，期间四次伴有美元走弱，一次是区间震荡，两次美元走强。概率事件显示，美联储加息并不意味着美元继续走强，相反，如果美联储和市场沟通有效，“靴子落地”有可能预示美元阶段性见顶。

从这一角度而言，美元大概率的走弱对中国是有利的。毕竟此时允许大幅人民币贬值，可能会助长市场恐慌情绪，成为支持美元重新上涨的助推器。中国如果能通过稳定汇率防范金融风险，将为经济企稳与改革赢得良好的外部环境。而从长远来看，确保经济企稳始终是防止海外市场动荡，避免资本外逃压力的必要举措。

自2015年11月以来，中国经济数据出现起色，这是个积极信号。2016年打好四场“歼灭战”，即化解过剩产能、开展降低实体经济企业成本行动、化解房地产库存和防范化解金融风险，更是关键。考虑到财政政策与货币政策更加宽松，审计署前期审计延后项目陆续开工，加之“十三五”开局之年项目陆续上马，经济企稳是有基础的。

与此同时，抓紧结构性改革，加速人民币国际化进程方是应对之法。特别的，中国政府应该抓住2016年10月1日人民币正式加入SDR以及11月G20峰会在杭州召开给予中国的机会，努力开展供给侧的结构性改革，推进国企和农村土地制度的改革，提高全球竞争力与话语权，并通过加速人民币国际化步伐以应对国际货币体系困局，防范资金大规模撤离引发的金融动荡。

图6-3　“一带一路”可以与人民币国际化战略紧密结合

一、“美元本位制”之后，全球金融经济动荡越加频繁

（一）美联储开启时隔十年的加息通道，亚洲金融市场遭遇“黑色开年”

2015年12月16日，美联储在联邦公开市场委员会（FOMC）上宣布了加息的决定，即决定将联邦基金利率提高25个基点，维持在0.25%至0.50%之间，正式开启了时隔十年的加息周期。

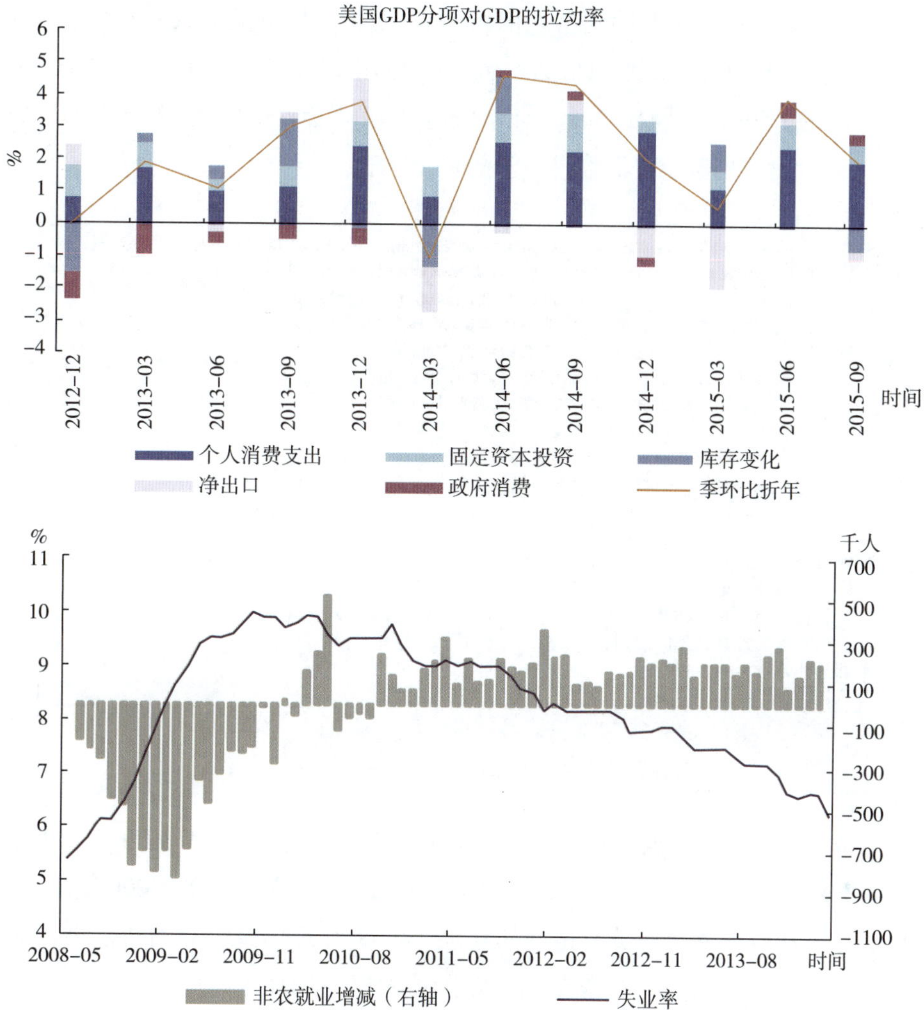

图6-4　美国经济与就业市场数据转好支持美联储历史性加息

实际上，早在美联储加息之前，全球金融市场动荡的局面便已然显示这一决定的重大影响。伴随着资金从新兴市场抽离，源源不断流入美国，美元走强，新兴市场国家不堪重负，主要体现在大宗商品价格暴跌、汇率贬值、股市与债市巨幅动荡、外汇储备迅速缩减，以及经济增长遭遇重创等。

例如，货币市场方面，新兴市场货币创下了近二十年来的最大跌幅。其中，巴西经济深陷历史上最惨的衰退，大规模反贪腐调查也正在动摇巴西政坛与企业。雷亚尔2015年下跌约30%，跌幅在路透追踪的全球主要货币中排名第一。而俄罗斯方面，由于油价回落与政治风险加大，卢布对美元汇率从2015年初的60∶1跌至2015年底的72∶1，累计跌幅超过20%。

而货币汇率大幅下跌，迫使不少新兴经济体的中央银行干预汇市以抑制波动。根据国际金融协会（IIF）预计，新兴市场有可能自1988年以来首次出现年度资本净流出，2015年净流出规模将达5 400亿美元。与此同时，哈萨克斯坦、阿根廷、阿塞拜疆等多个新兴市场国家的中央银行甚至不得不放弃本币与美元挂钩。取消汇率管制当日，上述国家的货币几乎一泻千里，如哈萨克斯坦坚戈对美元暴贬30%，阿根廷比索对美元日内狂跌41%，而阿塞拜疆马纳特对美元则狂泻47.6%，至1995年以来的最低水平。另外，市场情绪的恶化对新兴市场股市和债市也构成了打击，MSCI新兴市场指数2015年下跌了17%，创2011年以来最大跌幅。

更进一步，美元走强与大宗商品市场遇冷相伴而行，彭博大宗商品指数2015年全年下跌24.7%。其中，原油与黄金惨状尤为令人印象深刻。如布伦特原油2015年12月曾一度跌破每桶35.98美元，创下11年来新低，而2015年累计高达36%的跌幅，为2008年国际金融危机以来最大。油价下跌对于原油输出国而言打击显著，俄罗斯、墨西哥等国家或将面临进一步的货币贬值。

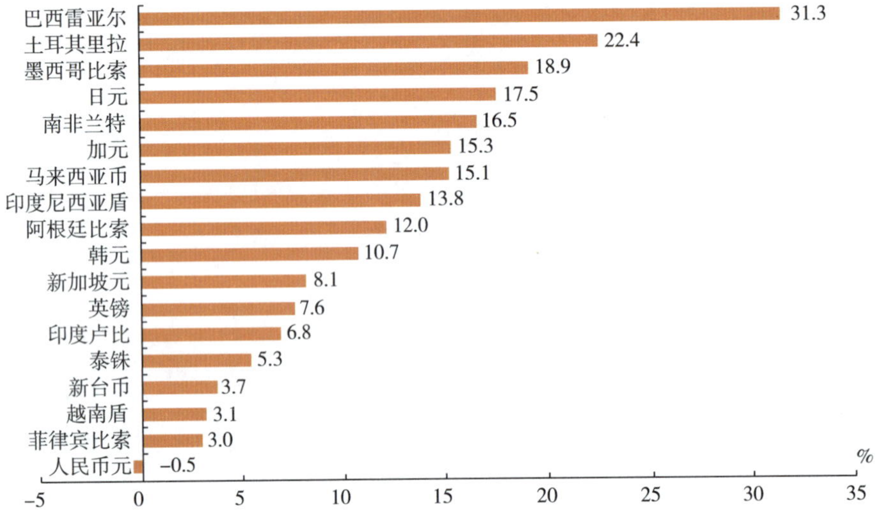

图6-5　2014年6月至2015年9月货币贬值幅度

此外，人民币与香港金融市场也遭遇重创，香港金融市场动荡，人民币汇率大幅贬值，都让人担忧又一轮亚洲金融危机来临。2016年开年以来短短15个交易日，恒指累计下跌2 000多点，跌穿19 000点整数关口，创下42个月来新低；港元对美元也突然转弱，一度逼近7.75~7.85的法定港汇波动区间上限，跌至7.8295，创下2007年以来的新低；楼市则频频折价抛售，2016年1月香港地产成交量下滑，1月成交约3 500宗，创自1991年1月以来的最低。

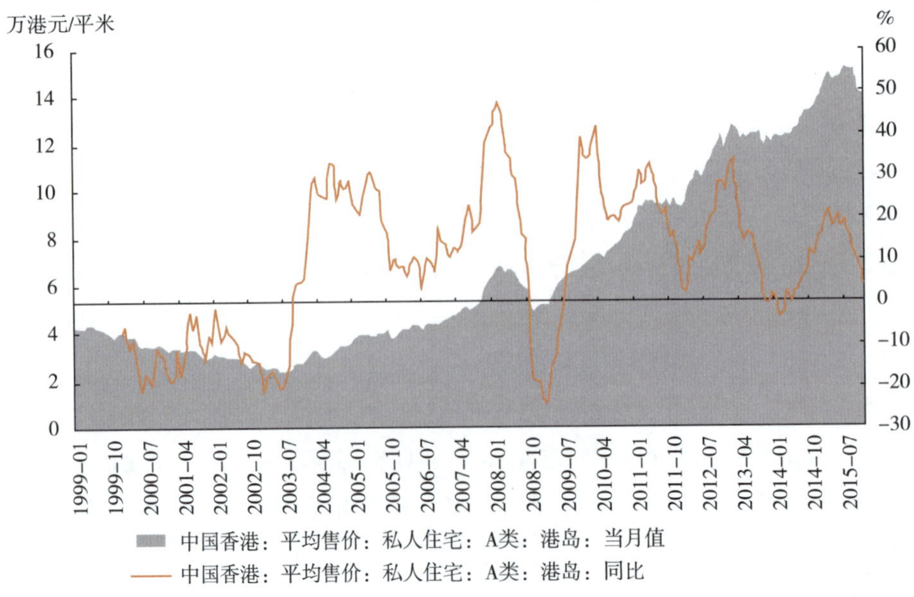

图6-6　香港房价已然下跌

同时，人民币在岸市场对美元价格从2015年12月初的6.4大跌3%到2016年1月8日的低位6.5962，一度逼近6.6。人民币离岸市场兑美元价格从2015年12月初的6.42一度骤降5%至2016年1月7日的低位6.7618，逼近6.8。人民币大幅贬值，加剧了市场恐慌情绪，进而导致企业、个人竞相换汇，资本大幅流出，2015年12月外汇储备大幅减少1079亿美元，创单月历史新高。

（二）美联储货币政策变化与金融危机的关系

美联储货币政策变化往往会引发全球市场的动荡，这是由于在美元本位制下，美国经济政策的任何改变都不可避免地会有海外输出效应。

在笔者看来，美国货币政策变动与全球金融市场动荡的关系并非偶然。通过观察历史上美元与危机的关系不难发现，自1971年8 月15 日的“尼克松冲击”即美国总统尼克松打破持续约三十年的布雷顿森林固定汇率体系，美元本位制正式登上历史舞台——没有外部约束的美元本位制和主要大国货币之间的浮动汇率体系以来的四十余年间里，几轮美元周期与金融动荡都有极为密切的联系，美元大幅波动对全球金融市场动荡影响巨大，值得警惕。

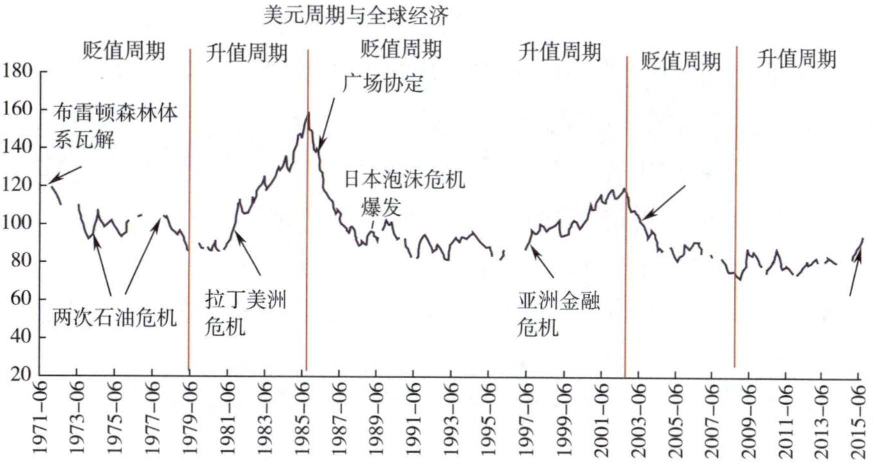

图6–7 美元本位制以来，几轮美元波动情况

从图6–7不难观察到，20个世纪70年代初以来，美元走势大体上经历了以下几个阶段：

第一阶段（1971~1979年）：美元下降周期。伴随着“尼克松冲击”，美元相对世界其他主要货币一次性贬值15%，从此美元进入持续贬值周期。自1971年8月到1979年年底，美元指数贬值27%。与此同时，伴随着美国和全球货币供应量的急速增长，同期石油、贵金属、基础原材料价格飞涨，美国经济和世界经济陷入史无前例之“滞胀”。

第二阶段（1980~1985年）：美元强势上涨周期。为摆脱滞胀，1979年保罗·沃尔克就任美联储主席，主张强力提升美元利率，1980年4月联邦基金利率提升至17.61%，也将美国推向了强势美元时代。其后，里根入主白宫，提出了稳定货币供应量、减轻税负、缩减开支、减少政府干预四项措施，美国实体经济重新恢复增长，进而带动美元出现了5年的强势上涨周期，截至1985年2月，美元指数曾一度高达158，导致本轮美元上涨幅度超过80%。

然而，同期全球金融市场却动荡不断，最为有名的是拉美债务危机，尽管外债过高是爆发拉美危机的内在因素，但早前弱势美元导致的资金源源涌入与美元强势回归后资金的大举撤出成为了拉美危机的加速器，从此，拉美地区经历了历史上著名的“失去的十年”。

第三阶段（1986~1995年）：美元下降周期。由于20世纪80年代以来，美国经济面临着贸易赤字和财政赤字的双重困扰，而紧缩的货币政策和宽松的财政政策也维持了美元五年内强势的趋势，到1985年，美国政府试图运用综合贸易及竞争法案干预外汇市场，促使当时世界第二大经济体的日本货币升值，以挽救日益萧条的制造业。最为著名的是，1985年9月美、日、德、法、英五国财政部长及中央银行行长在纽约广场饭店签订的广场协议，拉开了日元急速升值的序幕。此后，日元大幅升值，国际资本在高利润的驱使下，大举投资日本的股市和房市，泡沫经济离实体经济越来越远，终于导致日本泡沫危机的爆发，股票与房地产市场相继崩盘，进而蔓延至银行、金融和整个经济体系，日本经济陷入长期衰退。

第四阶段（1996~2001年）：美元上涨周期。美国互联网经济的全面爆发使得美元从1996年开始进入上涨周期，当时以美国为首的信息科技革命吸引了大量资金重新流回美国，参与直接投资和证券买卖。直到2001年，互联网泡沫破灭导致信用市场急剧萎缩，起源于1996年的强势美元周期导致本轮美元指数上涨约45%。与此同时，大量国际资金流回美国也加剧了亚洲市场资本流出，最为著名的是1997~1998年亚洲金融危机，当时亚洲各国资产泡沫加速破灭，经济与金融体系遭受重创。

第五阶段（2002~2008年）：弱势美元周期。在长达十余年的美元疲软周期中，美国利率与汇率走势并不一致，国内利率变化程度较大。首先，伴随着21世纪初的互联网泡沫破裂，以及其后的“9·11恐怖袭击”，投资者对美国经济和美元的信心深受打击，资金开始大规模流出美国。而为防止美国经济陷入持续衰退，在2001年美联储连续13次降息，累计降息5个百分点，创下了1981年以来“最为猛烈的降息轮回”，直至2004年6月，为防止通胀，格林斯潘与其继任者伯南克相继启动了17次加息。尽管加息成功地应对了通胀，但也加速了美国房地产泡沫的破灭，并随即由“次贷危机”演变成影响至今的国际金融危机。

第六阶段（2008年至今）：由于金融危机爆发，美国经济遭遇重创，美联储相继推出三轮量化宽松政策。而后，伴随着美国经济向好，美联储货币政策转向收紧。特别是最近一两年，美国经济数据持续好转，特别是就业市场复苏，如失业率降至5%，为金融危机以来的最低水平，且每月平均20万人以上的新增就业水平以及工资良性上涨等造成市场对美联储货币政策转向的预期逐步加大。伴随着一次次加息预期空前高涨，全球资本市场也出现了一轮又一轮巨幅动荡，美元强势反弹，从2014年年初不足80，反弹至2016年年初100左右，升值幅度高达25%。与此同时，新兴市场国家不堪重负，主要体现在大宗商品价格暴跌、汇率贬值、股市与债市巨幅动荡、外汇储备迅速缩减，以及经济增长遭遇重创等。

二、“历史性加息”后美元走弱概率大

美元周期与全球经济周期的联系如此密切，令人惊叹，这也就意味着一旦美元步入新一轮升值周期，对全球经济的影响必将是巨大的。然而，尽管当前市场预期2016年美元或将保持强势，但借鉴历史经验，笔者发现，美元走强与加息步骤并非一致，而是往往相悖，如美联储20世纪70年代以来的七次主要加息，在加息期间，四次呈现出美元走弱的趋势，一次是区间震荡，两次美元走强。在笔者看来，上述情况出现可能的解释是，美联储和市场的沟通相对有效，在加息前市场已经充分反映出加息讯息，进而有了加息前美元上涨、加息后美元回调的现象。如果上述逻辑成立，笔者认为，此轮美联储加息“靴子落地”有可能预示美元阶段性见顶。

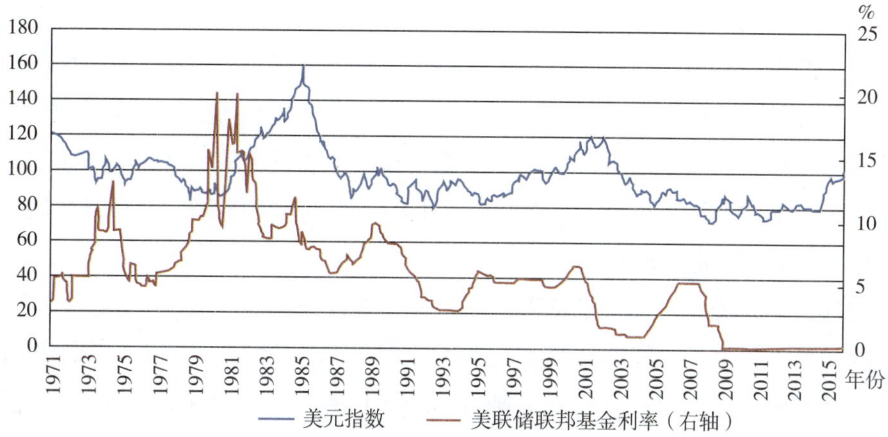

图6-8　美元走势与利率的相关性

具体来看，回顾过去40年多来的七次主要加息背景和同期间的美元动向，笔者发现以下四轮加息周期中，美元走势反而回落。

一是1973年1月至1974年5月的加息周期：由于20世纪70年代初，美国经济呈现出强劲增长，实际国内生产总值同比增长率在1972年和1973年分别达到3.3%和5.2%。为防止经济增长过热，美联储在1973年年初开始加息。然而，不久便爆发了第一次中东石油危机。1973年10月第四次中东战争爆发，1973年12月APEC石油输出国组织的阿拉伯成员国宣布收回原油标价权，并将其基准原油价格从每桶3.011美元提高到10.651美元，进而引发了第二次世界大战之后最严重的全球经济危机。高达两位数的通胀率使得美国迫于通胀压力迟迟没有降息，直到1974年5月才结束加息周期以对应经济衰退。而此轮加息周期中，美联储基准利率从5.5%上调至13.0%，而同期美元指数从110.14下跌至99.77，期间一度降至92.91。美元指数与美联储基准利率走势呈现背离态势。

二是1976年12月至1980年3月的加息周期：由于1976年到1979年美国保持了实际国内生产总值同比增长5.4%、4.6%、5.6%和3.2%的好成绩，同时也面对着两位数的高通胀压力，美联储开始了缓慢的加息周期。虽然1978年伊朗动荡引发了第二次中东石油危机，但为应对高达14%的超级通胀，美联储连续将基准利率升至1980年3月的20%，而又在经济严重衰退的状况下于1980年4月大幅下调到11.5%。在此期间即便基准利率从4.75%上调至20%，同期美元指数依然下行，从106.19下跌至93.58，期间一度降至83.07。两者走势同样呈现背离态势。

三是1994年2月至1995年2月的加息周期：1990~1991年日本房地产泡沫破灭，美国经济也陷入衰退并引起失业率高企，低通胀环境中美联储将基准利率削减至3%以应对衰退。1993年克林顿总统入住白宫，美国经济开始了复苏周期，在私人消费开支和固定资本投资劲升的刺激下，实际国内生产总值同比从1991年的-0.1%恢复到1992年的3.6%和1993年的2.7%。同时，债券市场担心通胀卷土重来，十年期债券收益率从5%升至8%，美联储将利率从3%提高至6%，使通胀得到控制。

但此次加息也被认为是导致1997年爆发亚洲金融危机的因素之一。加息期间，基准利率从3%上调至6%，但同期美元指数从95.59下跌至85.93，期间一度降至85.69。

四是2004年6月至2006年6月的加息周期：2001年互联网泡沫破裂后开始的大幅降息帮助美国经济从2003 年下半年开始强劲复苏，但同时需求快速上升拉动通胀抬头，超低利率刺激房地产泡沫初现。2004年美联储开始收紧基准利率，连续17次分别加息25个基点，直至达到2006年6月的5.25%。期间基准利率从1%上调至5.25%，美元指数从88.9下跌至85.16，期间一度降至80.85。

当然，除了上述四次主要加息周期之外，还有一次加息后美元指数震荡，即1988年3月至1989年2月的加息周期中，基准利率从6.5%上调至9.75%，美元指数在88到98之间呈现区间震荡走势。此外还有两次小的加息回调操作，一次为1983年5月至1984年8月美联储将基准利率从8.5%上调至11.75%，美元指数从122.39上升至140. 33。另一次为1999年6月至2000年5月美联储将基准利率从4.75%上调至6.5%，美元指数呈震荡上升趋势，从102.28小幅上升至108.74。

虽然上述两次加息期间美元对一篮子货币走强，但需要注意的是，美元走强并不是因为加息而出现上升拐点，只是因为处于一个长时间的持续上升区间而保持上升趋势。并且，这两次加息都被证明为政策失误，例如，1999年6月至2000年5月的加息戳破了2000年的互联网泡沫，纳斯达克指数崩溃后美国经济再次陷入衰退。从上述角度而言，加息与美元走强并不存在对应关系，相反，两者走势往往相悖，这或许意味着“靴子落地”后情况未必会比之前更糟。

三、全球经济复苏缓慢，增强外部风险

除了历史经验梳理，笔者认为美元未必持续走强的另一原因在于全球经济的疲软。实际上，以往美联储加息主要为了应对高通胀、经济过热和泡沫出现。而当前的加息背景与过去迥异，美国并未出现通胀加剧的迹象，甚至在原油等大宗商品价格暴跌的情况下，有通货紧缩的压力。

（一）美国经济难以承受高利率

美国加息路径的选择必将考虑到美国经济的走势以及对全球经济与金融市场的外溢性影响。从美国情况来看，虽然短期内经济有转好迹象，但考虑到其经济向好主要是靠地产、金融以及页岩气等能源行业的投资拉动，一旦美联储加息带动美元上涨，美国出口行业以及制造业或面临巨大压力，难以承受。

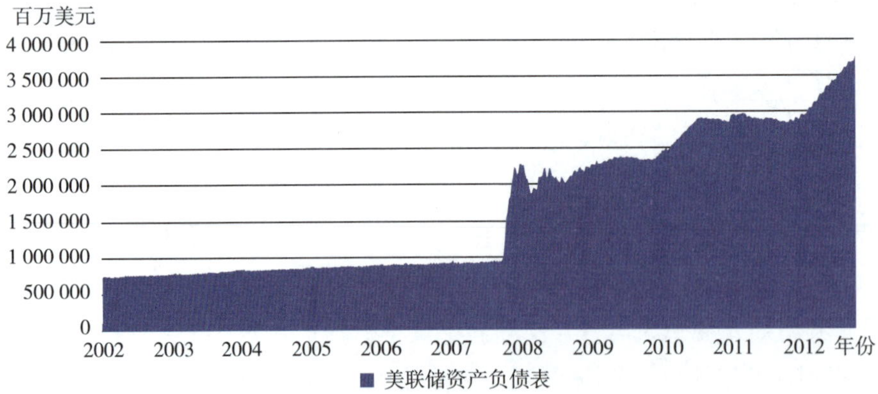

图6-9　美国经济复苏与美联储宽松货币政策密切相关

具体来看，一是美国出口行业仍然面临较大压力。虽然相比于金融危机之前的2007年，美国贸易赤字有所下降，超过5%的情况有所回落，但主要是由于页岩气革命带动能源贸易逆差大幅缩减，非能源贸易逆差甚至高于危机之前。近期美国商业部公布的数据显示，美国2015年10月贸易逆差意外扩大，达到438.9亿美元。其中，出口为1 842亿美元，创三年来新低；进口下降到2 280亿美元，原油进口量创十多年

来新低。鉴于强势美元和疲软的海外经济，美国贸易逆差局面仍然令人担忧。

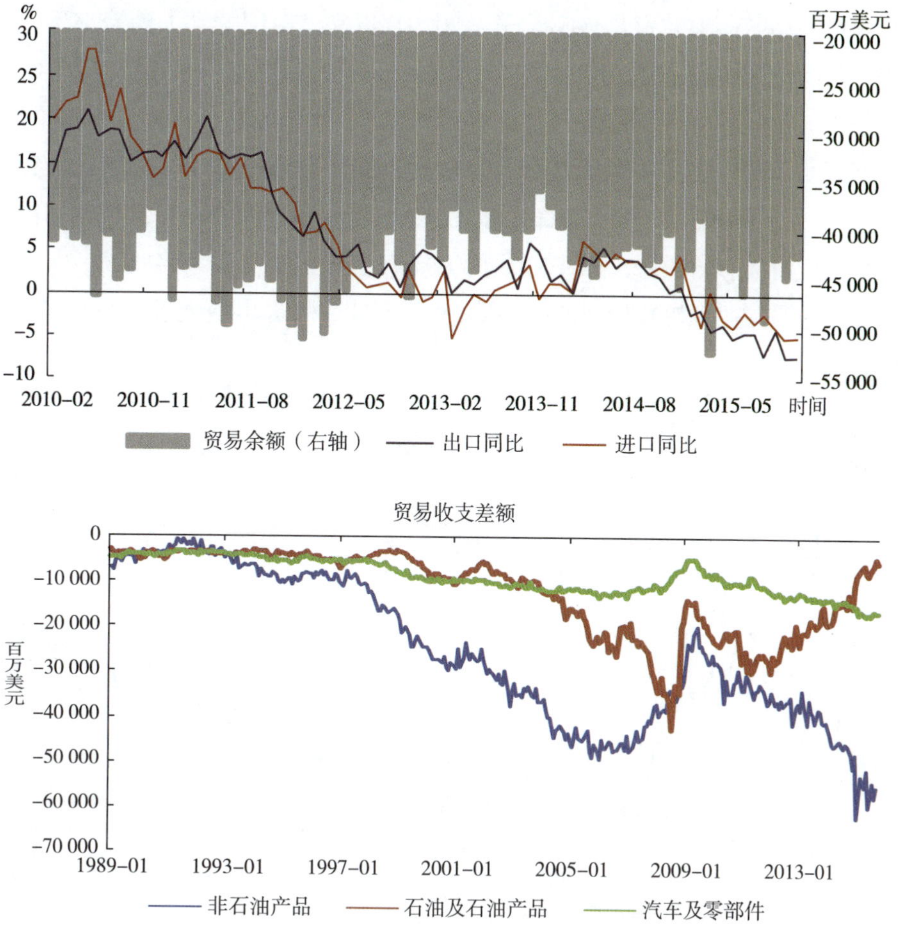

图6-10 美国贸易逆差仍然严重，非石油贸易逆差差于危机之前

二是美国制造业仍然疲软。美国2015年11月ISM制造业PMI仅为48.6%，三年来首次跌破50%大关，创下六年多来新低，这也表明美国制造业陷入萎缩。从更长期的视角来看，尽管金融危机爆发之后，为了减少对于金融业等服务业的依赖和创造新的就业岗位，美国总统奥巴马提出了重振制造业的主张，但是六年过去了，制造业对经济的贡献却呈现下降态势。2014年美国制造业增加值占GDP的比重仅为12.1%，低于2007年金融危机爆发前12.8%的水平。

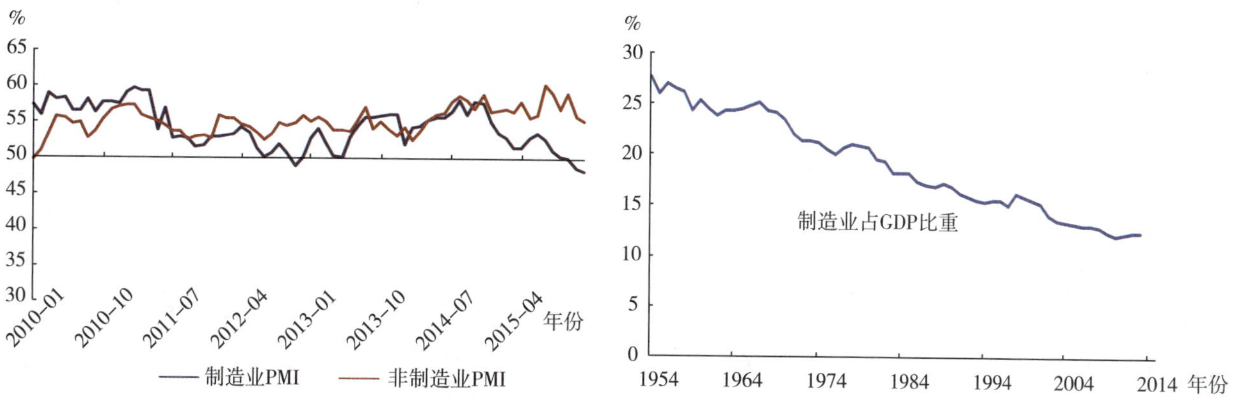

图6-11 美国再工业进程缓慢，制造业占GDP比重下降

三是美国高消费、低储蓄的情况没有明显改观。2008年全球金融危机以后，美国经济“再平衡”的战略一度要求美国增加储蓄而缩减贸易赤字，但是2009年以来，美国的私人消费率不降反升，甚至超过了68%，成为自第二次世界大战以来的历史性高点。同时，不难发现，近年来消费需求的回暖实际上与低利率环境是密不可分的，而这也一定程度上透支了未来消费需求，伴随着加息，美国经济将承受不小压力。

四是企业利润逐步下降。根据美国经济分析局数据，2015年第三季度经存货计价和资本消耗调整的企业利润下降4.65%。而美元走强以及大宗商品价格下跌，特别是能源价格持续回落对能源企业利润影响显著。据财经信息供应商FactSet预计，标普500指数成分股公司的全年盈利将收缩0.3%，自2009年来第一次全年下降，其中，能源行业大幅减少58.5%，航空和汽车业领域也出现衰退，企业利润情况是金融危机结束以来最糟糕的一年。

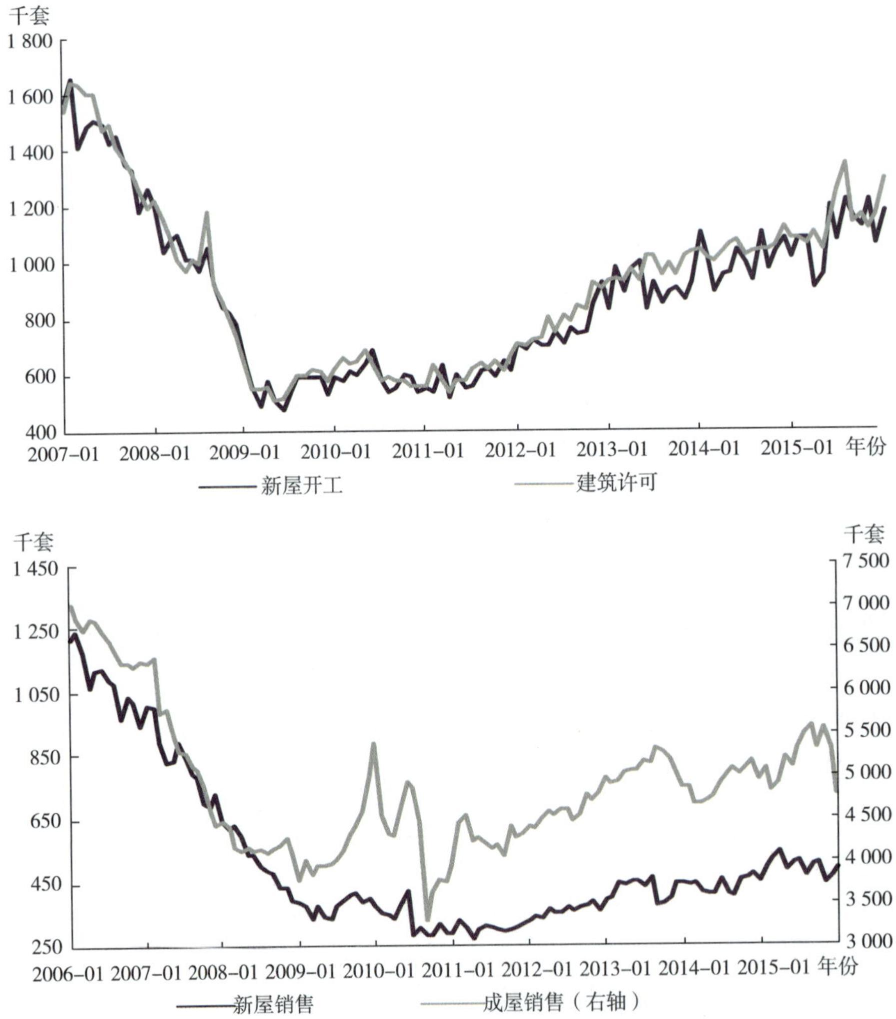

图6-12　房地产复苏是美国经济复苏的最主要亮点

五是金融危机以来，美国劳动生产率提升迟缓。美国劳工部的数据显示，第二次世界大战以来，美国的人均小时产出的平均增长率在2.4%左右，但是2011年以来的四年多，人均小时产出年度增长平均值仅为0.5%，显著地低于第二次世界大战以来的平均水平。截至2015年第三季度，人均小时产出的季度同比增长为0.6%，未见明显改观，大大低于历史平均水准的生产效率增长并不支持美国经济即将进入繁荣周期的论点。

从上述角度来看，即便美联储2015年12月启动加息，但在笔者看来，美国经济可能只是在宽松的货币政策的作用下通过刺激需求逐步摆脱了通货紧缩和经济衰退，由于结构性改革进展缓慢，其短期内恐怕很难进入下一轮繁荣周期，在全球经济疲软的态势下，其经济走势存在反复的可能。

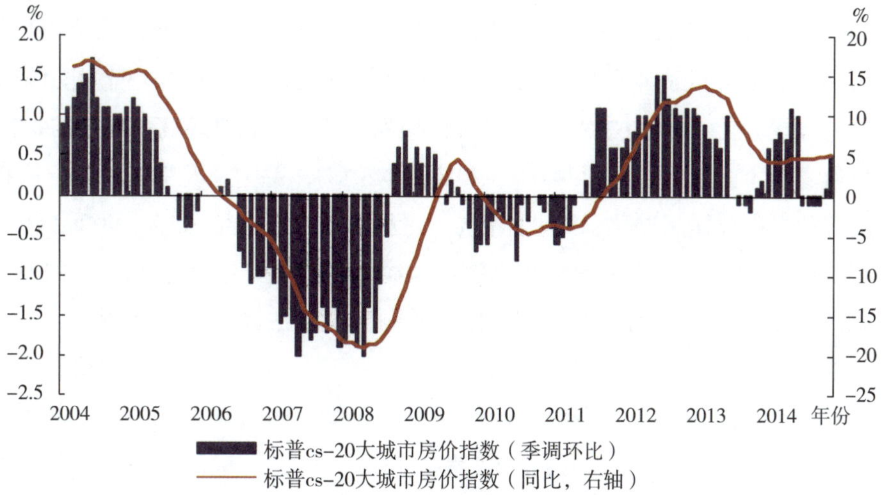

图6-13　量化宽松对资产价格提升明显，但结构性改革缓慢

（二）欧元区经济具有“日本化”趋势

欧元区经济虽然走出了欧债危机最差的阶段，但复苏势头依然脆弱，抗通缩任务仍然艰巨。截至2016年2月19日，德国欧洲债券市场十年期国债收益率跌至0.19%，为2015年4月以来的最低水平。作为体现投资者对欧元区长期风险溢价与通胀预期的重要指标，德国十年期国债屡屡下行，让笔者不禁担忧欧元区有重蹈日本经济“失落二十年”的风险。

实际上，连续房地产泡沫破灭后，日本经济便陷入长期衰退，标志性事件之一便是十年期国债收益率的屡屡下滑。2002年底，日本十年期国债收益率首次跌到了1%以下，而后进一步下滑到0.5%的水平，日本经济步入第二个“失落十年”。与此同时，日本相当长时间遭受着物价下跌与经济萧条的困扰，特别是在2000~2006年，更陷入到持续的“通缩型衰退”之中。

对比日本，笔者发现，当前除德国十年期国债收益率大幅下行以外，欧元区已有诸多经济指标与日本相似，显示欧元区有步入“日本化”的趋势。

欧元区经济已处于衰退的边缘。例如，欧元区2016年2月经济活动增速创一年新低，服务业和制造业数据均不及预期。其中，德国经济引擎熄火，受海外需求下降冲击，德国2016年2月制造业PMI跌至15个月低位。采购经理人将此次放缓归咎于海外需求减弱及出口订单几近停滞。而德国最大贸易伙伴——中国经济放缓令德国出口承压，股市暴跌也威胁到欧元区脆弱的经济复苏局面。

与衰退如影随形的是，欧元区也面临着通货紧缩的威胁。2016年1月欧元区CPI初值、核心CPI初值均创有记录以来最低，表明欧元区通缩正急剧恶化。2016年1月欧元区CPI初值同比下滑0.6%，创下欧元1999年创立以来最低值。

当然，仅由低增长和通货紧缩判断欧洲会重蹈日本覆辙或许过于武断，在笔者看来，支持欧元区步入日本化趋势的不仅有周期性原因，还存在供给端因素。实际上，日本近二十年经济停滞的最根本原因在于其人口红利的消失以及由体制僵化引起的广义技术进步的停滞。对比来看，当前欧元区也同样面临着人口老化、体制弊端导致的长期竞争力不足等问题，这或许是欧元区面临"日本陷阱"威胁的更深层次原因。

具体来看，第一，欧元区正面临着日益严重的人口老化问题。1993~1994年，日本适龄劳动人口（15~64岁）达到顶点，其后，劳动力供给的下降、人口老龄化到来是日本经济深陷"失落二十年"的重要原因。对比来看，当前欧元区面临着同样困境。据欧洲统计局估计，从2013年到2030年，欧盟整体人口将仅增长2.2%，人口抚养比（超过65岁的人口与15~64岁的劳动人口比率）将从27.5%上升到39.0%。其中，法国、意大利和葡萄牙将分别上升到39.0%、40.8%和43.1%，德国情况最为严峻，或将上升到47%。

第二，欧元区劳动力市场体制僵化，失业率高企与劳动力闲置共存。如今，欧元区失业率超过10%的国家将近一半，较低的劳动力参与水平影响了欧洲国家企业进行生产、制造和研发的能力，并对经济增长造成了负面影响。除此以外，劳动力市场结构性矛盾颇多。以法国为例，法国《劳工法》要求在法企业解雇员工要经过非常冗长的程序，并要承担为员工找到新工作的职责，僵化的机制导致企业在雇员和解雇时非常谨慎，企业产业升级和结构调整都因此而费用高昂。西班牙劳动力市场的矛盾更加尖锐，集体协商的工资协调机制、政府繁冗的劳动力市场管制导致了自20世纪80年代以来，每当经济萧条，西班牙失业率便上升到25%左右的水平。

第三，欧元区的高福利和高税收削弱了欧洲的竞争力。欧洲是传统上以税收支撑高福利的"福利社会"。高税收一定程度上打击了劳动者努力工作获取高回报的意愿，而高福利反而会鼓励劳动者不去工作而等待政府的补贴。例如，法国财政开支有43%用于社会福利，对富裕阶层征收高达75%的超高税率，这不仅让许多投资人深感疑虑，一些高技能的富裕阶层甚至移民国外，也固化了劳动力结构，一定程度上导致了失业率居高不下。

第四，许多欧洲国家公共部门庞大而效率低下，影响了劳动生产效率。据IMF估计，2012年法国政府拥有的非金融资产（含土地、公共建筑、国企股权等）占GDP比重超过70%，诸多国有企业受到了运营效率低下、攫取垄断利润的指责。相比之下，意大利国有部门占GDP的比重甚至比法国还高。

与此同时，欧元区政府支出的效率也有待提高。大量政府支出用于支付国民福利，意大利、西班牙等国在基础设施投资、科技研发投资方面反而出现了不足的情况，影响了全要素生产效率的提高。欧盟统计局的数据显示，2013年意大利、荷兰、爱尔兰等国的劳动生产率甚至低于2010年。上述表现与日本受困于"僵尸企业"和大量利益集团，过去的二十年间全要素生产效率停滞不前的表现如出一辙。

当然，为摆脱经济萧条，欧洲与日本都曾做过不少努力。例如，日本在短期利率下降到零附近、传统的货币政策工具基本失效之后，分别于2001年和2010年两次通过直接购买长期资产的方式向金融系统注入流动性以刺激经济，2012年底，"安倍经济学"更是显著地加大了这一药方的剂量。

但对于欧洲更为不利的是，与日本相比，欧元区经济体受制于区内政治体制、决策环境、财政政策及货币政策的灵活性有限等因素，在摆脱通缩与萧条自我加速这一恶性循环所能采用的政策空间似乎更小。

财政政策方面，经济衰退之际，欧洲和日本都在尝试扩大财政支出刺激经济增长。日本方面，1994~2013年，日本中央政府债务与GDP的比值已由近60%上升到210%以上。欧元区情况更为复杂，虽然债务率低于日本，但由于欧元区国家仅为货币同盟，而非财政同盟，欧元区已多年深陷债务危机，未来财政联盟之路任重而道远，短期内政策空间有限。

货币政策方面，欧洲中央银行准备推出“量化宽松”，但预计在各国博弈之下，仍将小心翼翼。倘若如此，预计欧洲“量化宽松”的效果会相当有限。

在经济持续低迷的情形下，欧洲中央银行被迫实施了多轮“长期再融资操作”（LTROs），包括两轮期限三年利率优惠不限额度的“更长期再融资操作”，向银行间市场注入流动性。但是，与美联储主动购买资产不同，欧洲中央银行流动性注入过程中更多是给定利率让银行提出申请，同时允许获得流动性的银行在对流动性需求下降之后提前还款——这导致了欧洲中央银行的资产负债表从2012年以来缩水了超过1万亿欧元。与之形成鲜明对比的是，同期美联储和日本中央银行资产负债表大幅扩张，英国中央银行资产负债表虽停止了增长但也没有缩减。如今来看，上述国家的经济表现都比欧元区更趋于良性扩张，也更接近通胀目标。

如此看来，虽然欧洲中央银行开始实施存款负利率、结束SMP冲销、实施TLTRO操作，并承诺2016年10月开始购买资产担保债券（ABS），试图通过扩大资产负债表向实体经济注入流动性，对抗通缩，但一旦可以预料的量化宽松规模有限，效果难免会大打折扣了。

图6–14　欧洲、日本抗通缩压力巨大，货币政策持续宽松

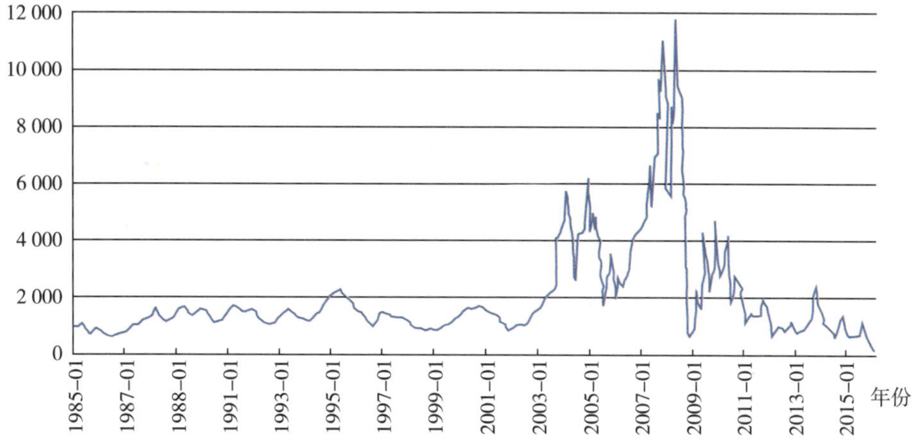

图6–15　波罗的海干散货指数（BDI）已经降至历史低位，凸显通缩压力

其实，日本曾有过量化宽松浅尝辄止的教训。例如，2010年10月至2012年2月日本中央银行曾实行四轮“量化宽松”，但小规模的量化宽松对经济的刺激作用相当有限。对比2012年底以来日本“安倍经济学”三支箭，日本经验显示，只有当中央银行资产负债表扩大到GDP20%左右的规模（也是美国几轮“量化宽松”的总规模），才有望初步帮助经济体改善通胀预期、摆脱通缩陷阱。

从更深层次而言，欧元区经济唯一的希望在于加速“结构性改革”。但是，结构性改革又能顺利进展吗？笔者并不乐观。至少在欧洲经济如此低迷的环境里，欧洲政治家们既没有展现出放眼全局的眼光，也没有表现出“壮士断腕”的决心，结构性改革始终“但闻楼梯响，不见人下来”。

让笔者对欧洲政治家缺少信心的例子不胜枚举。例如，2014年第二季度，意大利GDP环比增长-0.2%，显示其经济衰退，并已跌回了14年前水平。但当时，意大利总理马泰奥·伦齐还不得不与反对党召开闭门会议，讨论《选举法》修改事宜，可见意大利也深陷恢复增长与结构调整的两难。

综上所述，在面临供给端的瓶颈、需求端刺激也缺乏足够的手段的局面下，笔者认为，欧元区经济的“日本化”恐怕已经难以避免。

（三）日本中央银行开启负利率，但全球风险偏好增加，日元仍难免升值

2016年开局，海外市场经历了一轮大规模的动荡，投资者避险情绪大幅提升，股票、商品等风险资产纷纷遭到抛售，日本股市、欧洲股市跌幅最大，如日经225指数跌破15 000点，尽吐2014年10月追加量化宽松以来的全部上涨；欧洲斯托克50 指数触及2013年7月以来新低。美国和日本国债收益率大幅下跌，美元指数从2016年年初近100一度跌至4个月最低值95.23。但同期黄金、白银暴涨，而日元也强势升值，两周涨幅竟高达7%。

为何日本中央银行实现负利率后，日元会成为投资者竞相追逐的避险货币，反而大幅升值？在笔者看来，这实际上与全球风险偏好上升，日元承担避险货币的性质有关。

实际上，日元具有的避险货币属性已非一朝一夕。根据一般规律，当一国经济处于风险偏好上升（risk on）之时，经济走强，股票上升，国债利率上升，投资者愿意承担风险，投资高收益金融产品，这时一国货币往往会走强。例如，美元指数和美国股市走势高度相关，同向变动，便说明这点。

然而，通过梳理历史数据，笔者发现，日本的情况却与主要发达国家相反，日元和日经225股票走势虽然呈高度相关，但却反向变动，即日经上升日元下跌，反之则反是。而从中长期来看，日本经济走好之际，日元同样呈现贬值趋势，即便日元与日本GDP的联动性并没有日元与股价的联动性高。

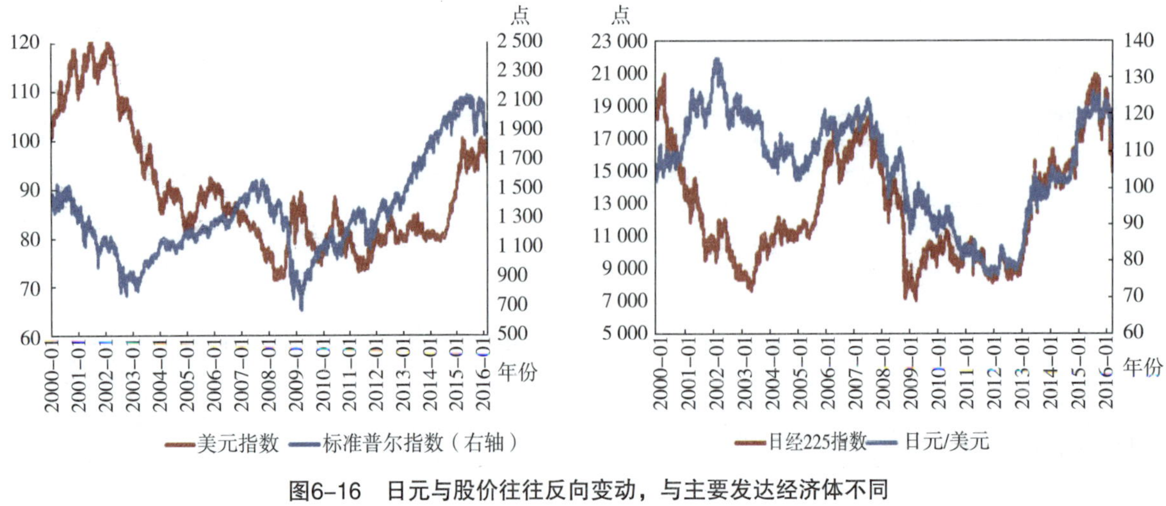

图6-16　日元与股价往往反向变动，与主要发达经济体不同

图6-17　日元对美元与日本实际GDP

在笔者看来，日元与股价变动走势相悖的独特情况，可以归结为日本为数众多的出口企业以及日元拥有避险货币的属性两大因素。

具体来看，一方面，日本企业以出口型居多，贬值会促进出口，改善企业资产负债表，直接反映在股票价值的升值上。加之2013年“安倍经济学”启动之后，日元贬值被认为是“安倍经济学”的核心，低价位的日元意味着“安倍经济学”在顺利推进，经济预期向好，而日元走高则对出口企业不利，同时也意味着经济在向政府期待的反方向发展。

另一方面，在笔者看来，日元具有避险货币的属性也是日元与股价走势相悖的原因之一。即在风险规避（risk off）的时候，由于避险情绪上升，股票下跌，市场情绪悲观，国债收益率下降，日元反而会升值。例如，2016年2月12日，在原油大跌导致国际投资者的悲观情绪蔓延，以及预期2016年3月美联储加息推迟的背景下，日经指数暴跌近1 000点，但日元却一度狂升触及110.99。日本国内对“安倍经济学”担忧的声音不绝于耳，导致日本银行总裁黑田东彦和财务大臣麻生太郎不得不立即表态，口头干预市场，抵制日元继续升值。

在笔者看来，日元之所以具有避险货币属性与以下原因有关：一是日元常常被投资者看做是战争避险货币。第二次世界大战之后的日本宣称是战争中立国，根据日本和平宪法，日本军事实力只能维持在自卫所需的水平，名义上没有军队。因此，不难看到，在近两年全球政治性风险爆发之际，瑞士法郎和日元都往往作为安全资产被买进，成为战争避险货币。如图6-18所示，在乌克兰危机、叙利亚危机、中国“8·11”汇改引发全球股市暴跌，以及2016年开年后全球市场恐慌情绪升级之时，瑞士法郎和日元都呈现升值趋势。

图6-18　日元和瑞士法郎走势

此外，日本国债收益率在过去二十年都在全球主要国家中最低。例如，在风险规避（risk off）时，市场趋于购买安全资产，从收益率角度而言，接近零息的低利率日本国债被认为是最安全的资产之一，作为低利率货币日元也被认为是安全货币。

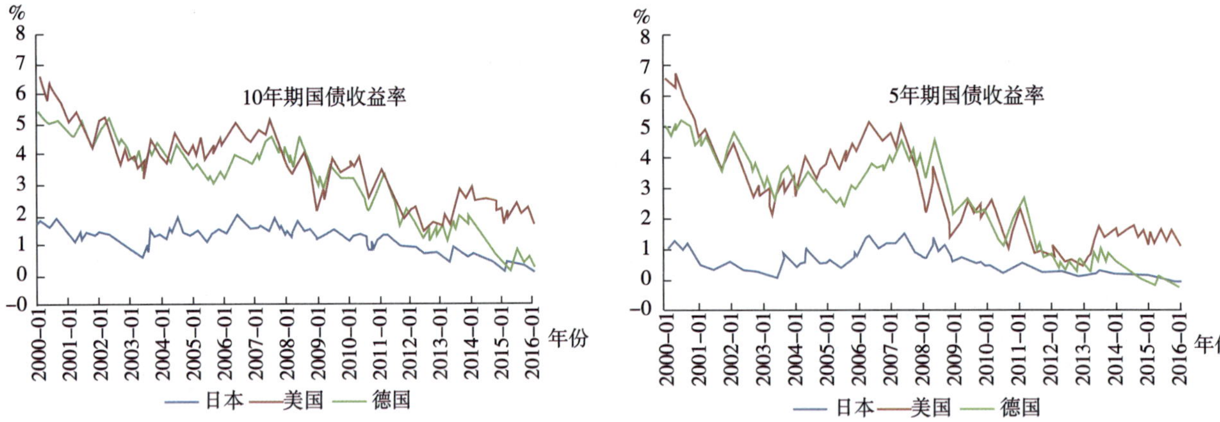

图6-19　日本、美国、德国国债收益率对比

综上，全球金融动荡之下，日本中央银行开启负利率但日元反而大幅升值，显示投资者恐慌情绪的蔓延，或预示2016年金融风险的加大。笔者预计，在未来的时间里，日本中央银行将在其金融政策决定会议上，大概率导入新措施以帮助日元贬值。然而，在全球经济疲软、大宗商品不振、新兴国家危机四伏的大环境下，考虑到日元的避险货币属性，笔者判断，日元在2016年仍很可能成为坚挺货币，日本中央银行不论是扩大购买国债、ETF、J-REIT还是强化负利率，其政策空间都相当有限，促进日元贬值的想法未必会如愿。

（四）大宗商品需求疲软，新兴市场国家风光不再

更为值得担忧的是新兴市场国家。正如前文所提，全球经济疲软、美元走强加剧债务负担以及资金撤离，新兴市场自2014年以来已经遭受重创，2016年或继续恶化，巴西、俄罗斯更是重灾区。例如，2015年巴西GDP预期降至1.5%，创下自2008年12月以来的最糟糕纪录。俄罗斯面临低油价与地缘政治风险，加剧了经济衰退的严重程度。与此同时，新兴市场货币贬值风险加大，哈萨克斯坦、阿根廷、阿塞拜疆等相继取消汇率管制凸显资本冲击压力，2016年也是动荡之年。

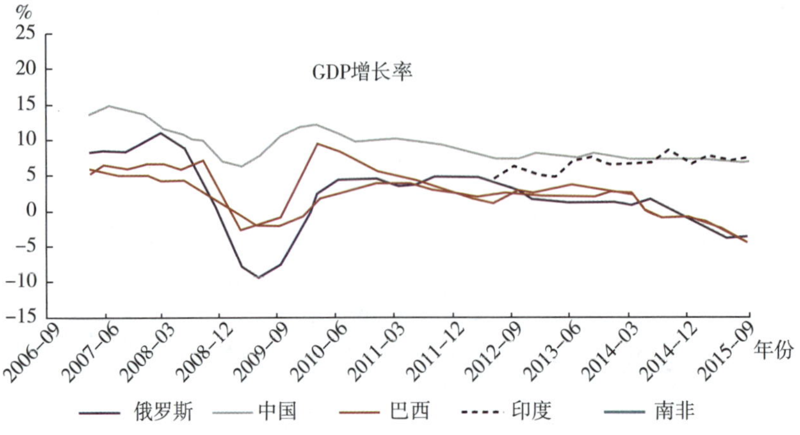

图6-20　金砖五国已然分化，巴西、俄罗斯令人担忧

与此同时，大宗商品价格不断下滑也让部分能源出口国饱受重创。考虑到大宗商品价格之间存在联动效应，即原油价格的不断下跌能够一定程度上带动煤炭、天然气等能源产品价格回落，且石油等化石能源价格相对低位运行会降低对以农产品为原料的生物能源的需求，继而压低农产品价格，并对金属等商品价格走势产生负面冲击，因此，在全球需求疲软、供应充足、美元升值过多的情况下，2016年国际大宗商品价格仍将延续2015年同步下滑的趋势。

当然，全球大宗商品价格回落对于中国的影响可能是双向的。以原油为例，由于中国是全球最大的石油进口国，全球油价价格下跌或将直接减少商品的购进成本与降低运输成本，并对非食品价格的下滑、企业利润和居民消费都带来一定好处。另外，原油价格走低也为扩充这一商品的战略性物资储备提供了绝好时机。

根据贸易类型的不同，部分大宗商品出口国将会受到冲击，如俄罗斯、巴西、澳大利亚等，而价格回落态势持续，也将导致欧元区遭遇进一步通缩风险。考虑到上述国家也是中国重要的贸易伙伴，中国2016年的出口形势可能更加严峻。

此外，2016年全球经济的整体困境并不比金融危机时乐观，金融市场动荡局面也不见得比2015年轻松。这不仅意味着受制于新兴市场需求疲软，美国需求复苏难以弥补缺口，2016年中国出口形势比2015年更严峻，更意味着2016年中国经济依然面临外汇市场动荡与资本流出的双重压力。

可以看到，2015年“8·11“汇改之后，人民币大幅贬值，虽然后期中央银行出手，但干预成本也不小，外汇储备一年之内从3.8万亿美元降至3.4万亿美元，情况严峻时外储单月下降超过900亿美元。加入SDR以后，人民币再次对美元贬值，人民银行发布CFETS汇率指数呼吁重视一篮子货币，是改革决心也是外部环境恶化下的不得已之举。与此同时，国内银行不良贷款率上升，既要面临压缩产能，去杠杆，又要面对资本项开放，防范资金流出与海外动荡对中国金融安全的冲击，这是2016年的最大考验。

四、多招出击防止又一轮亚洲金融危机重演

伴随着人民币正式纳入SDR货币篮子利好兑现、2015年12月美联储加息以及2015年12月外汇储备更新单月最大跌幅，人民币再次呈现贬值态势。而考虑到此前新兴市场国家金融市场遭遇大幅动荡，东南亚国家汇率竞相贬值，股市遭遇重创，而人民币自2015年8月11日启动中间价汇改以来，虽然只有2%~3%的贬值，但大幅贬值预期仍然十分强烈，人民银行花费了巨额的外汇储备阻止人民币进一步贬值。不少投资者担忧认为，这是1997年亚洲金融危机的重演，中国将是这次危机的中心，海外市场恐慌情绪升级，大有新一轮金融危机“山雨欲来风满楼”的感觉。

回顾1997年爆发的亚洲金融危机，仍有借鉴意义。正如前文所提，亚洲金融危机爆发与同期美元大幅升值、资金回流美国的大背景息息相关。正是由于大量国际资金流回美国加剧了亚洲市场资本流出，始于泰国的金融危机顷刻之间席卷整个东南亚，成为了亚洲金融危机的导火索。

1997年7月，泰铢崩溃，泰国宣布实行泰铢浮动汇率制，当天泰铢对美元的汇率即一路狂跌18%，外汇及其他金融市场一片混乱，而后菲律宾比索、印度尼西亚盾、马来西亚林吉特相继沦陷。同年11月，危机传染至韩国，韩元对美元的汇率曾跌至创纪录的1 008：1，韩元危机进而冲击了在韩国有大量投资的日本金融业，一系列日本银行和证券公司相继破产。

更进一步，国际游资狙击香港，香港股市楼市狂泻，港元也因为与美元的挂钩而危在旦夕。当时

正是得益于中国政府的人民币不贬值策略，以及中国领导人对帮助港元保卫战的庄严承诺，才守住了港元，进而保住人民币，防止危机传染至中国。

对比亚洲金融危机与当前东南亚国家动荡，均面临美元走强与加息预期引发的全球金融市场动荡，危机表现如新兴国家货币贬值、股市下滑与资金流出等已与当时有诸多相似之处。为避免危机重现，重温中国抵御亚洲金融危机的成功经验，对于当前应对以下复杂多变的海外金融动荡具有重要意义。在笔者看来，亚洲金融危机可以给予中国几点启示。

（一）切勿允许人民币一次性大幅贬值，坚决维持汇率预期稳定

亚洲金融危机之时，海外观点认为人民币应当贬值，否则中国经济将面临灭顶之灾，毕竟当时国内存在需求下滑、出口不振、失业增多和遭遇特大洪涝灾害等诸多不利因素。但朱镕基同志在多方权衡之下，仍作出了人民币不贬值的决定，阻挡了金融危机传导至香港甚至全中国。

虽然中国短期内承受了压力，付出了不小代价，但事后来看，中国此举是十分有利的，使内地和香港避免了金融动荡，为中国此后成为世界制造业中心打下了基础，而且赢得了国际声誉。其后十年，由于中国稳定的市场环境，全球制造业纷纷流向中国，为中国换取长期的繁荣。而遭受危机洗礼的国家，元气大伤，相当长时间陷入低迷。

对比当下，有学者建议人民币可以尝试一次性贬值10%或更多，以打消贬值预期。但笔者不赞同这种观点，原因如下：

第一，强劲贸易顺差不支持人民币一次性大幅贬值。2015年1~11月，中国贸易顺差高达为3.34万亿元，处于较高水平。当前中国出口负增长，情况不容乐观，但主要与全球需求普遍疲软有关。从全球份额来看，中国出口占比仍然是提升的。例如，IMF发布的SDR评估报告中指出，近五年来，中国是当前商品与服务出口全球排名前五名中，唯一一个全球份额占比上升的国家，且与美国和欧盟的差距在大幅缩小。

2005-09			2010-14		
	SDRbn	%		SDRbn	%
欧洲地区	2 138	19.8	欧洲地区	2 648	18.2
美国	1 539	14.2	美国	1 978	13.6
中国	872	8.1	中国	1 613	11.0
英国	780	7.2	日本	728	5.0
日本	616	5.7	英国	708	4.9
加拿大	341	3.1	韩国	365	3.2
韩国	296	2.7	新加坡	401	2.8
新加坡	269	2.5	加拿大	394	2.7
瑞士	269	2.5	瑞士	388	2.7
俄罗斯	268	2.5	俄罗斯	387	2.7
备注：					
中国大陆	831	7.7	中国大陆	1 536	10.6

资料来源:IMF,Word Economic Outlook;IMF,Direction of Trade Statistica; Census.

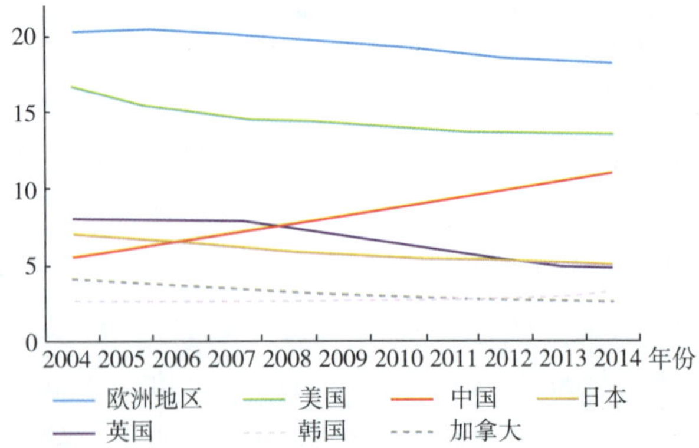

图6-21 中国商品与服务出口全球份额占比上升

第二，一次性贬值并不利于出口，反而会加剧资本流出。在笔者看来，通过货币贬值以帮助出口在外部环境疲软的情况下难以成立，日本便是很好例证。例如，自“安倍经济学”出台以来，日元一路下跌，贬值幅度超过50%，但却未能如愿推动日本出口增长，近四年来，日本贸易赤字逐年扩大，2014年贸易

赤字更创下12.8万亿日元的新高。更进一步，大幅贬值可能引发中国资本流出加剧，整体来看，弊大于利。

第三，一次性贬值具有理想化色彩。在笔者看来，中国情况并不适用于小国开放模型，一旦释放一次性贬值信号，便容易引发恐慌，如果发展中国家相继跟进，汇率波动最终恐怕会由于“羊群效应”而放大，程度或将超出预期。例如，亚洲金融危机中，泰国中央银行取消固定汇率之时，预计泰铢会贬值20%，但最终贬值超过50%。1992年欧洲货币体系瓦解，英镑退出之时预期贬值15%，结果最终贬值30%。而广场协定签订之初，日元升值目标是从240升至190，升值20%，但其后十年日元升至88，升值幅度接近70%，并成为危机的导火索。

因此，期待一次性贬值实际上具有理想化色彩。试问，一旦中国贬值10%，贬值预期将放大，广大投资者会猜测下一次贬值是什么时候。而且，其他新兴市场国家一定会跟着相继贬值20%甚至30%，中国如何应对？如果跟着贬，显然，人民币贬值预期更大。如果不跟着贬，则第一次贬值的效果会适得其反。因此，为防止由于羊群效应导致汇率非理性大幅波动，确保人民币稳定是当务之急。

（二）增强资本流动可以，但重回资本管制需谨慎

面对1997年的亚洲金融危机，与其他国家实施的所谓IMF型策略不同，马来西亚拒绝求助于IMF，转而实行资本管制，以期扭转迅速衰退的国内经济，震惊了当时的国际市场。马来西亚之所以作此选择，主要是认为接受IMF救助的条件过于苛刻，如必须贬值本国货币、调高利率、紧缩信贷、加税以及向外国投资者无限制开放等，国内政策受制于人。与此同时，同期接受救助的国家表现并未得到好转，如印度尼西亚、泰国每况愈下，也坚定了马来西亚拒绝援助的决心。

具体来看，当时马来西亚采取的资本管制举措包括：冻结马来西亚公司在新加坡自动撮合股票市场（Central Limit Order Book Market，CLOBM）的一切柜台交易；于1998年9月宣布将林吉特对外汇率固定于3.8林吉特兑1美元；禁止林吉特衍生工具的使用；禁止马来西亚金融机构向非居民银行和机构提供国内信贷业务；禁止使用林吉特作为国际贸易发票货币，所有林吉特的离岸账户存款被宣布无效；允许在国外进行证券投资的国内投资者在12个月将资金撤回国内；禁止居民超过1万林吉特以上的海外投资；等等。

马来西亚当时采取的资本管制举措震惊了世界，也遭受到来自国际社会的广泛非议。从效果来看，短期资本项目管制确实取得了一定的效果，如极大地限制了国际投资者做空林吉特的活动，林吉特得以稳定在3.8林吉特兑1美元的水平，阻止了资本外流，短期内稳定了经济与金融形势。通过外汇管制，吉隆坡股市也逐渐稳定，金融时报证券交易所指数中的马来西亚股票交易所指数从1998年9月的373.52反弹至1998年底的582.13，2000年初反弹至982.24。

然而，从马来西亚危机后近二十年的经济发展来看，危机时全面资本管制的后遗症并未祛除，其对投资者信心的影响是巨大的，最明显的例证便是危机之后，马来西亚从东南亚地区引资“优等生”（危机之前马来西亚经济发展与吸引外资总量仅次于新加坡）逐步沦落为危机后的“差等生”。根据东南亚地区FDI资金流入的情况来看，1998 年，马来西亚FDI首次落后于泰国；2005年，又落于印度尼西亚；甚至在2008年、2009年马来西亚对外资的吸引力首次落后于越南与菲律宾，海外投资者对其失去了信心。

对比当下，有观点建议，在当前人民币同样面临巨大贬值压力、外汇储备干预成本过高的情况下，（如外汇储备2015年12月单月下降1 079亿美元）若此态势持续，外汇储备将面临重大考验，中国不妨效仿危机时马来西亚的做法，通过资本管制来抵御危机。

但在笔者看来，启动资本管制虽然简单，短期内效果确实立竿见影，但根据马来西亚的教训，采取

资本管制仍然是迫不得已之举，并非应对良方，使用之时还须慎之又慎。虽然其短期影响或许偏正面，但隐性负面影响却是极为深远的，不仅容易打击投资者信心，更容易产生政策反复、改革半途而废的担忧，长期还会引发资本外流与人民币国际化进程的倒退，得不偿失。因此，建议一方面继续放开资本流入的管制，暂停进一步鼓励资本流出的措施，严堵资本外流的非法和灰色渠道，如地下钱庄等，另一方面通过反洗钱和宏观审慎工具，如采取托宾税的方式，降低资金外流的压力，稳定市场预期。

（三）政府干预市场需要对症下药

更进一步观察，不难发现，2016年新年之后香港股市、汇率市场也有重回1997年亚洲金融危机时的态势。回忆亚洲金融危机之时，国际投资者认为香港同东南亚国家相似，同样存在明显的房地产和股票市场泡沫，而且联系汇率下，港元存在强大的贬值压力，维持联系汇率成本高昂，于是，国际炒家通过汇率、股市和期市之间的互动规律大肆投机。

海外投机者首先大量沽空港元现汇换美元，拉高利率，从而引发股市和期市的暴跌，其次做空港元期货，抛空港股现货，并大举沽空期指合约获利。上述交易策略使得香港股市与汇市受到重创，1997年8月7日至1998年8月13日，恒指从16 820.31点急跌至6 544.79点，市值缩水61%，空头获利极其丰厚，香港金融市场成为了“超级提款机”。

在此危机时刻，香港政府入市干预，中央政府则声明人民币不贬值，且作为香港政府干预的后盾，坚决支持香港政府的救市行动，给投资者以震慑作用。当时香港政府首次动用外汇储备进入股市、期市，同时提高银行隔夜拆借利率，提高做空成本，从1998年8月14日至8月28日，历时半个月，香港政府动用千亿港元，打爆了投机者做空的仓位，击溃了国际炒家，终于打赢了港元保卫战。

如今来看，虽然亚洲金融危机之时，海外观点普遍认为人民币应当贬值，否则中国经济将面临灭顶之灾，但当时朱镕基同志在多方权衡之下，仍作出人民币不贬值的决定是有远见的，虽然短期内承受了压力，付出了不小代价，但避免了香港与内地金融的动荡，阻挡了金融危机传导至香港甚至全中国，为中国此后成为世界制造业中心打下基础，而且赢得了国际声誉。其后十年，通过改革与相对稳定的市场环境，吸引了全球制造业纷纷流向中国，为中国换取了长期的繁荣。相比之下，当时遭受亚洲金融危机洗礼的国家元气大伤，相当长时间陷入低迷。

（四）采取积极的财政政策应对经济下滑，确保经济企稳。

亚洲金融危机的成功应对便是积极财政政策与货币政策的配合。截至2002年3月，朱镕基任总理期间政府共计发行5 100亿元国债，同时带动银行资金和其他资金，朱镕基甚至被冠以“赤字总理”之名。但其回应道，当时的积极财政政策的力度是恰到好处的，如果没有积极的财政政策和稳健的货币政策，中国经济也许就垮了。而国债加上银行配套的贷款拉动了整个工业生产，带动整个国民经济高速发展，并为政府留下了不少优质资产。

对比当前，中国和东南亚国家的经济基本面好于1997年。例如，在经常项目赤字方面，相比于亚洲金融危机前的贸易逆差，如今泰国、菲律宾、马来西亚等国经常项目均为顺差。而M_2占外储比重、短期外债占外汇储备也比1997年亚洲金融危机之时有所下降，显示各国中央银行稳定汇率和通胀预期的能力仍然存在。当然，也有例外，如印度尼西亚经常项目逆差差于亚洲金融危机前，马来西亚短期外债占外汇储备比重仍然高达92.2%，这些都应该引起警惕。

而从当前中国经济基本面来看，由于近年来中国经济面临投资回报率下降、人口红利减少、劳动力工资上涨与老龄化以及环境保护等因素的影响，经济潜在增长率有所下滑，2015年第三季度中国GDP增长率跌至6.9%，低于政府目标，结合更为悲观的发电量、企业利润、货运量等数据，不少人甚至认为，当前中国经济增速或比官方数据更低。

面对经济下行态势，采取更加积极的财政政策与货币政策以防止失速是必然选择。货币政策操作空间已然有限，财政政策需要更加积极。

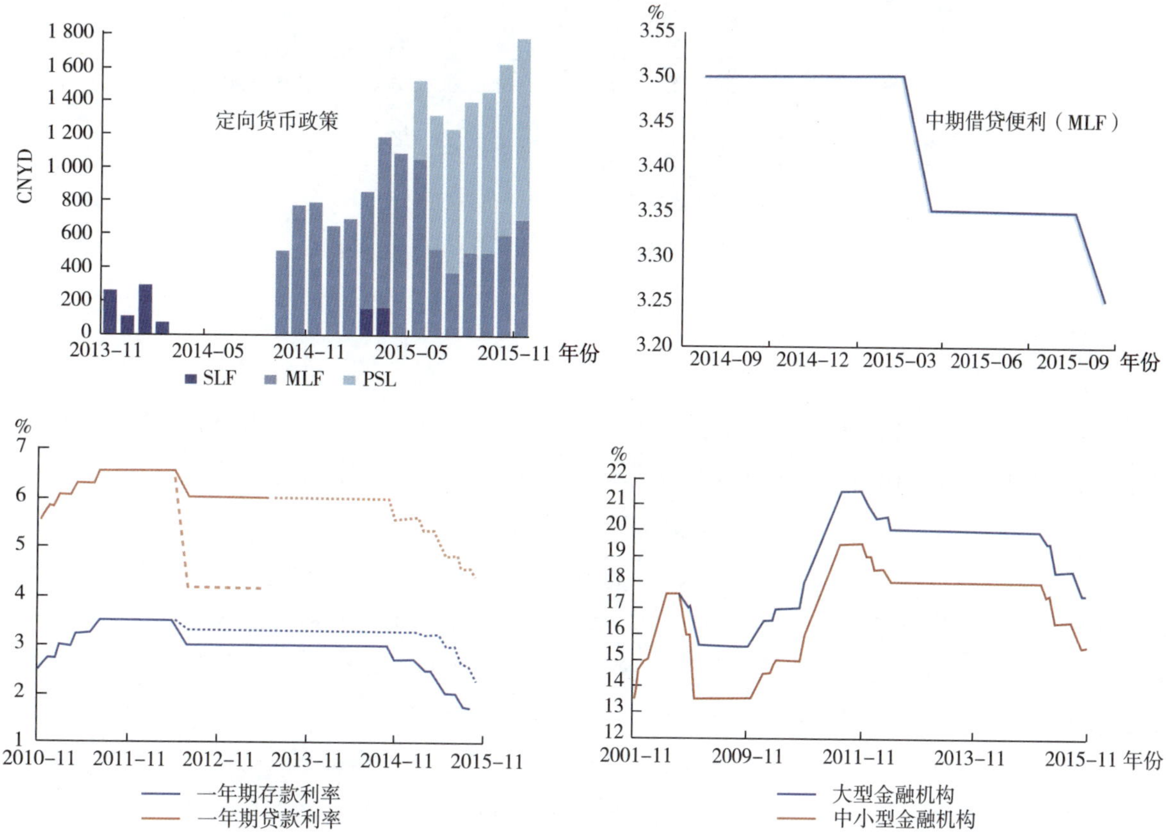

图6-22　常规货币政策空间有限，定向操作越加频繁

值得肯定的是，2015年年底的中央经济工作会议提出的实行减税降费政策，并阶段性提高财政赤字率，对于中国经济的陈疾可谓对症下药。而在2015年年底召开的全国财政工作会议上，财政部部长楼继伟明确表示，2016年和今后一段时间将全面推开营改增改革，进一步实施减税降费政策，并坚决制止各种乱收费和“过头税”，给企业和市场主体留有更多可用资金。

在笔者看来，通过降税减轻企业和个人的负担，能够充分调动企业和居民部门的活力来实现经济增长目标。著名的拉弗曲线显示，在适度范围内降低税率，不但会刺激经济增长，甚至可能增加政府收入。这样看来，以减税为主的积极财政政策取代以投资刺激为主的积极财政政策，不失为当下既有助于稳增长，又有利于调结构的良策。

此外，就笔者看来，降税减费的政策选择在当前“国富民穷”分配格局之下，也具有改善收入分配的功效。我国目前的社保缴费占工资总额比重超过40%，在世界范围内属于较高水平，部分原因在于弥补社保体系建立之前的历史欠账。笔者以为，如果能够划转部分国有资产到社保基金以弥补欠账，也可以降低企业负担，推动劳动者工资上涨，实现藏富于民。

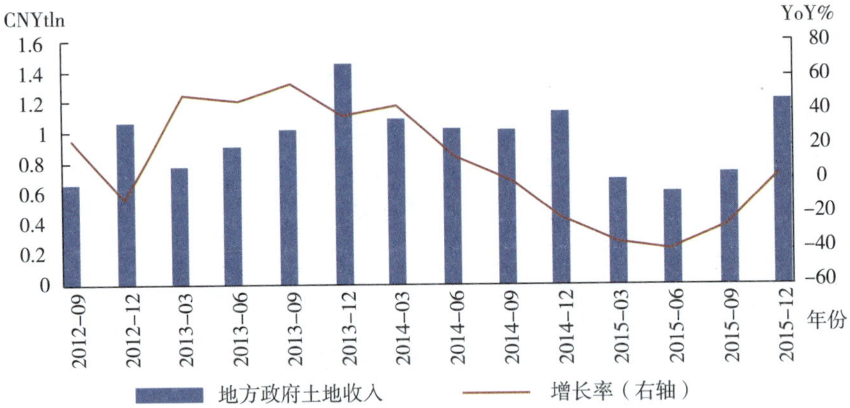

图6-23　土地出让金下滑，地方政府财政面临困境

（五）坚定不移地推进供给端改革

亚洲金融危机对中国经济的负面影响是巨大的，在中国政府抵御住贬值压力之后，最终帮助中国走出困境的是其后的四大改革措施，即国有企业改革、房地产市场化、银行体制改革以及中国加入世界贸易组织（WTO），其后十多年，中国都在享受当时改革创造的红利。

如今改革步入深水区，并没有捷径可走。短期稳定、避免危机与长期改革并不矛盾，切勿顾此失彼。可以肯定的是，注重供给端改革恰恰是本届政府经济执政理念中的亮点，其本质与十八届三中全会提出的“市场在资源配置中起决定作用”一脉相承，其来源是对以往只注重需求端刺激的政策措施的反思。

回顾2008年金融危机之后，中国政府推出了“四万亿元”经济刺激计划，短期内确定带动中国经济增长快速反弹。但时隔七年，后遗症逐步显现，包括三四线城市房地产市场积压严重、地方政府债务高企、银行坏账风险加大以及部分行业产能过剩等。要走出上述困境，传统的需求刺激显然无法实现；而从经济增长的本源出发，或许能够找到出路。

实际上，经济增长从本质上来讲取决于资源条件与制度条件，即充分发挥劳动力、资金、土地等要素的力量，并通过鼓励创新，提高全要素生产率。可以看到，本届政府已经明确了创新作为引领“十三五”期间中国经济发展的第一动力的地位，把创新摆在国家发展全局的核心位置。

在此框架下，提倡“大众创业、万众创新”有利于释放新需求；强调制造业升级，也是出于供需不匹配，高端需求充裕而得不到满足，低端制造业存在普遍产能过剩的考虑；另外，放开二孩、加大教育投入，实施人才优先发展战略等也是从人力资本的角度出发，释放其对增长的作用；更深层而言，加快行政管理体制改革、国企改革、财税改革则是从体制供给的角度，为增长提供新的支持。

从实践角度看，部分改革也正在紧锣密鼓地加速推进。例如，国企改革方面，中石油近期宣布整合其旗下的管道资产，为其管网业务拆分和独立做好准备。这符合国有垄断行业改革的基本思路，即天然垄断部门如油气管网成立独立公司并由政府直接监管定价，逐步开放可竞争部门，如开采和炼化。

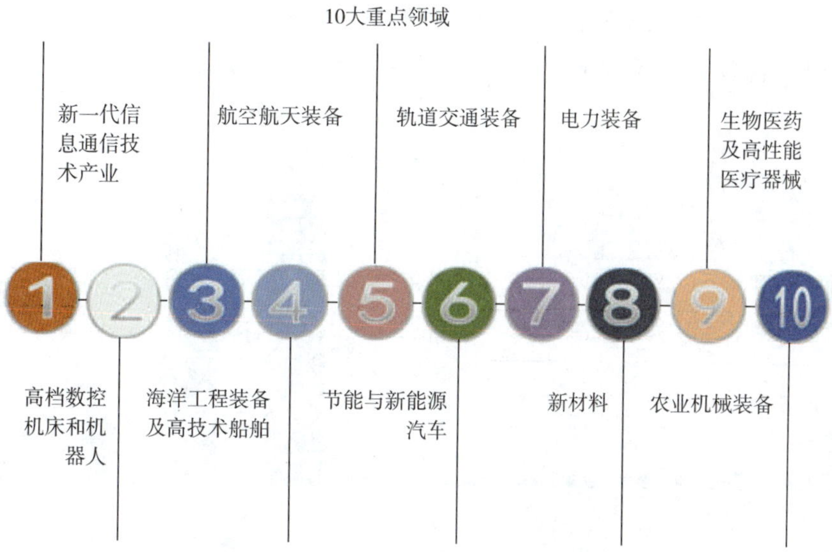

图6–24　制造业2025有利于促进产业升级

（六）加快人民币国际化进程，破解美元本位制下的货币困境

正如前文所提，无论是亚洲金融危机还是拉美危机，均与同期美元走势的联系十分紧密，凸显了当前以美元为主的货币体系困局。正如中国人民银行行长周小川在2008年金融危机爆发之后撰文《关于改革国际货币体系的思考》中提及的，当前美元本位制的国际货币体系具有内在缺陷和系统性风险，即对于储备货币发行国而言，国内货币政策目标与各国对储备货币的要求经常产生矛盾。货币当局既不能忽视本国货币的国际职能而单纯考虑国内目标，又无法同时兼顾国内外的不同目标。既可能因抑制本国通胀的需要而无法充分满足全球经济不断增长的需求，也可能因过分刺激国内需求而导致全球流动性泛滥。

因此，理论上特里芬难题仍然存在，即储备货币发行国无法在为世界提供流动性的同时确保币值的稳定。正如周小川行长文章提到的，“从布雷顿森林体系解体后金融危机屡屡发生且愈演愈烈来看，全世界为现行货币体系付出的代价可能会超出收益。不仅储备货币的使用国要付出沉重的代价，发行国也在付出日益增大的代价。危机未必是储备货币发行当局的故意，但却是制度性缺陷的必然”。

从这个角度而言，制度性缺陷导致外部风险难以控制，人民币国际化是应对美元本位制的积极有效措施。可以看到，金融危机以来，中国人民银行对人民币国际化积极推进，并辅之以利率市场化、汇率市场化、资本项目开放、离岸人民币市场建设等多项改革。2015年11月30日，IMF公布人民币正式纳入特别提款权（SDR）货币篮子，且权重占比超过日元和英镑，仅次于美元、欧元，成为SDR篮子第三大货币，这也恰恰是对中国国内金融改革的肯定，有助于加快人民币国际化进程。

实际上，人民币开启国际储备体系之路也有助于改革加快推进，如金融改革方面，进一步完善货币政策框架，推动资本项目可兑换，完善人民币汇率形成机制，大力发展人民币相关金融工具以增加人民币使用范围。与此同时，国内相关配套改革也必不可少，如国企改革、简政放权、法制建设等，毕竟唯有加速改革才能更好地适应更加开放的市场，避免金融风险。

伴随着2016年10月1日人民币正式加入SDR以及G20峰会在杭州召开给予中国的机会，笔者乐观判断，人民币做到资本项目基本可兑换将水到渠成。此外，鉴于人民币海外受欢迎程度超出预期，在实现资本项目可兑换后，人民币成为国际储备货币的情形可能比想象中乐观，预计在内外部共同推动下，2020年人民币有望步入国际储备货币行列，避免资金大规模撤离引发的金融动荡。

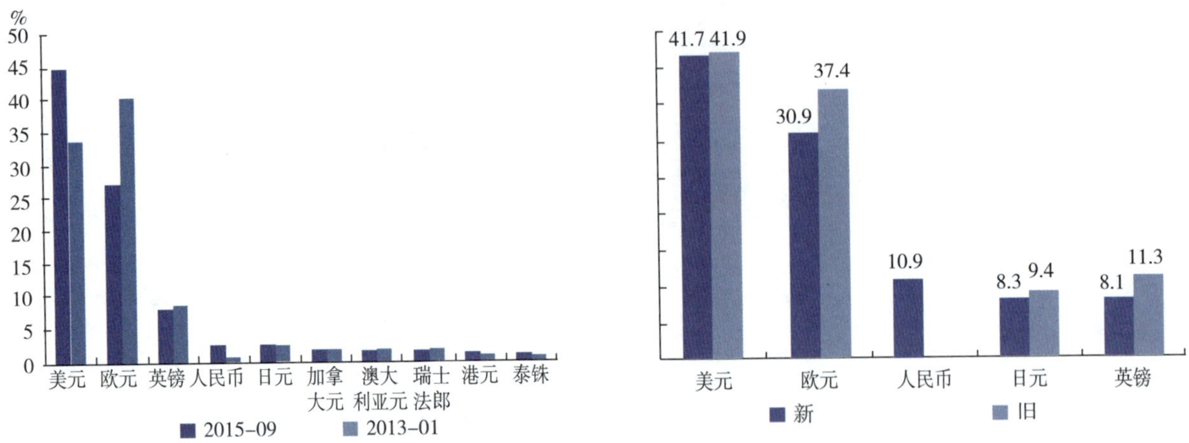

图6-25　加入SDR是人民币国际化的重大胜利

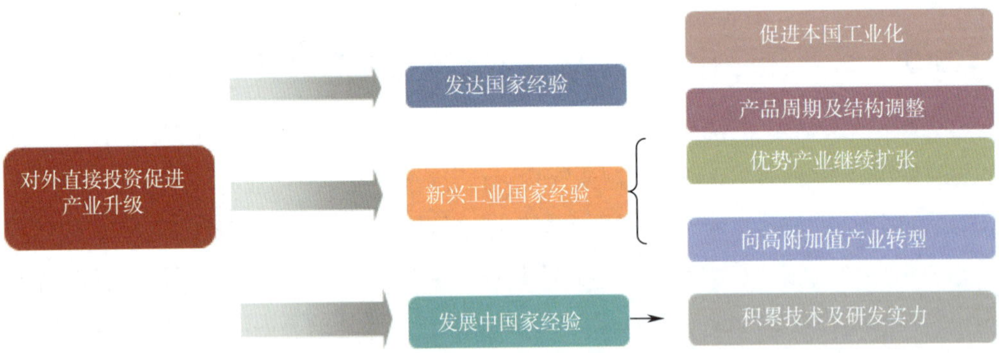

图6-26　人民币国际化有利于中国企业走出去，加速转型

五、完善金融监管框架，仿效危机后国际经验，成立超级中央银行

对于内外部金融风险的增加，从更深一步来看，需要中国“改革并完善适应现代金融市场发展的金融监管框架，实现金融风险监管全覆盖”，由此，笔者认为，仿效国际金融危机以来的先进经验，在“十三五”期间把改革目前的金融监管框架提高到战略高度是必要的。

（一）改革现行金融监管框架势在必行

如今，针对金融协调监管改革的话题再次引发广泛关注，支持者与反对者皆有不同见解。在笔者看来，目前关于金融协调监管的讨论主要分为两个层次，第一个层次是是否应该调整，核心争论体现在监管调整的成本与收益究竟孰轻孰重。第二个层次是如何调整，成立国家层面的金融稳定委员会、“三会”合并成立统一监管机构以及仿效危机后国际中央银行改革最新经验，成立超级中央银行均是备选方案。

仅就第一个层次即是否应该调整而言，笔者认为有八大理由去改革现在的金融监管框架。

第一，综合经营是大势所趋，现有金融监管体系严重落后于金融发展现状。可以看到，目前中国所实行的金融监管体制是20世纪90年代逐步形成的，伴随着近几年大资管时代的到来，综合经营趋势不可逆转。然而，现行“一行三会”监管格局与这一发展趋势相悖，导致金融市场机械分裂，监管真空与监管套利的现象普遍存在。实际上，美国次贷危机爆发已为我们提供经验教训，当时次贷产品横跨银行、证券、保险等多种产品设计，监管落后恰恰是危机爆发的重要原因。

第二，现实危机拉响警报，如不修改金融监管框架，将酝酿更大风险。确实如此，2015年7月中国发生的股灾令人不寒而栗。当时证监会为防风险，大力清理配资，但对于银行、信托、保险等其他金融行业究竟有多少资金进入、市场杠杆水平如何并不清楚。其后引发的股市大幅下滑以及连锁反应更让各监管部门手足无措，并加剧了系统性金融风险与救助成本。而早在2013年6月，中国也发生了令人瞠目的货币市场流动性危机，俗称“钱荒”，更由于中央银行与金融机构之间沟通不畅，一度导致银行间隔夜利率飙升至接近30%，显现出分业监管的漏洞。

第三，金融危机后，国际经验显示中央银行在宏观审慎方面的地位增强，监管职能大大提高。例如，英国对金融监管体制进行了彻底而全面的改革，取消了原有综合监管机构——金融服务局（FSA），赋予中央银行宏观审慎管理职责，又将微观审慎监管职责收归中央银行。美联储走向了“超级监管者”，不仅大小型金融机构均由美联储管理，连金融衍生品市场的一切金融监管权都由其管理。而欧债危机之后，欧盟也批准建立了以欧洲中央银行为核心的银行业单一监管机制，强化了欧洲中央银行在监管方面的地位。

第四，部门利益之间协调困难，“一行”与“三会”之间、“三会”内部之间往往存在着目标不一致，导致监管效率低下。从行政级别来说，“一行三会”都是部级机构，彼此互不隶属，任务不同。正由于不存在隶属关系，在核心职能存在冲突和矛盾之际，协调便会异常困难，导致金融风险积聚。正如前文所提，此次股灾的出现，恰恰反映了“三会”之间内部信息交流不畅、目标存在差异的局面。

第五，人民币国际化的必然要求。金融危机以来，中国决策层推动人民币国际化的力度空前，如资本项目方面，2015年中国人民银行宣布境外中央银行、国际金融组织、主权财富基金可以运用人民币投资银行间市场，并在沪港通的基础上进一步探索深港通；汇率市场化方面，中国人民银行完成人民币汇率中间价改革；利率市场化方面，不再设置存款利率浮动上限。伴随着人民币加入SDR，人民币成为储备货币水到渠成。而伴随着人民币国际化地位的提升，金融监管方面也应该进行相应调整，以适应更加开放的国际化战略，防范金融风险。

第六，中央银行作为金融体系流动性的最后提供者，只有打破先行监管框架，才能改变当前只能获得零散化的信息碎片的局面。通过协调监管，掌握最全面的监管信息，利用信息优势，及时进行干预和应对，避免事后救助以及相当昂贵的成本。

第七，金融创新，特别是互联网金融的发展加大了对现有金融监管的挑战。面对互联网金融的快速发展，决策层的态度从最初观望，到如今大力支持，并提出了《关于促进互联网金融健康发展的指导意见》。而此前著名学者谢平也提出了互联网金融的概念，他认为，此次指导意见明确互联网其实提供的是平台服务，其在信息、数据、产品、服务、渠道方面可对接很多金融业务，每一种业务都可以衍生出独立的机构，然后在网上有效地整合。现有分业监管、机构监管的逻辑框架适用性较低，综合监管更合适。

第八，容易造成宏观政策的叠加效应。一般而言，货币政策往往需要根据经济周期的变化作出相机抉择，但从过去经验来看，由于银行业面临中央银行与银监会两道关卡，两种力量相互作用下有时政策会产生叠加抑或是削弱的效果。例如，通胀高企、经济过热之时，货币政策需要维持偏紧基调，而监管部门如果加倍收紧，便会造成力度过大的局面。而此前一段时间，经济下滑，货币政策更加积极，但监管部门出于对风险的考虑，存贷比等指标反而成为金融机构难过的关卡。两者作用相互对冲，导致最终货币政策效果在执行过程中存在一定程度上的扭曲。

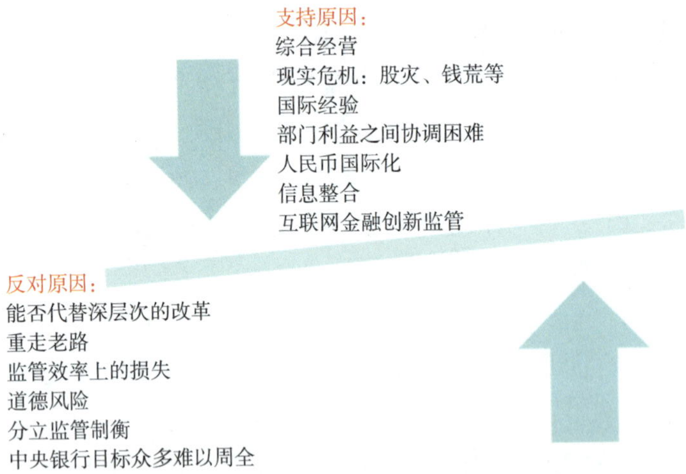

图6-27　当前“一行三会”目标差异化不利于防范金融风险与金融监管改革

（二）如何对金融监管框架进行调整

既然现有金融监管框架存在弊端，那么，寻求更佳的调整方式便迫在眉睫。当然，目前对于下一步如何调整，学术界与政府决策层并没有提出统一意见。归纳下来，大致有以下三种途径：第一是强调把金融监管协调机制做实，如在国家层面成立金融稳定委员会，从更高层面协调“一行三会”；第二是将“三会”监管权统一，成立综合监管机构；第三是仿效危机后国际改革最新经验，将“三会”并入中央银行，采取超级中央银行模式。

毫无疑问，上述三种途径，均是对现有制度的改进。从三种方案涉及的利益重新分配、部门调整以及人员调整来看，三种方案依次从简入繁，对应的推进难度也是从易到难。相比之下，笔者更倾向于第三种方案。

原因在于，对于第一种方案，成立更高层面的监管机构，协调“一行三会”，笔者对其效果存疑。要知道，以往并非没有统筹协调监管的先例，早在2004年，“三会”就建立了“监管联席会议机制”。2013年“钱荒”发生不久，国务院便批复了建立由中国人民银行牵头的金融监管协调部际联席会议制度，试图使之起到协调各方、防范风险的作用。

然而时至今日，“监管联席会议机制”仍主要是信息交流平台，意义有限。按此逻辑，如果仅是在机构松散的情况下将“一行三会”合并在大决策机构之下，各自内部利益与各部门目标不改变，激励机制并没有形成。与此同时，金融监管与货币政策的施行又是专业性相当强的工作，期待微观基础分散而决策机构进行专业性判断，帮助多方协调，难度颇大，有些理性化色彩。

对于第二种方案，将“三会”监管权统一，成立综合监管机构。虽然这种监管可以填补“三会”之间的监管真空，发挥规模经济效应，但中央银行与新成立的监管委员会如何协调却是未知，依然无法改变中央银行作为最后贷款人与信息不对称方面的困局，一旦危机发生，成本必然较高。

实际上，危机之后英国金融监管的改革经验可以给我们提供诸多启迪。可以看到，危机之前，英国由金融服务局（FSA）对银行、证券、保险等金融机构实施统一审慎监管，但金融危机的爆发，促使英国思考宏观审慎监管的必要，取消了FSA，改为构建以强有力的中央银行为核心的新型监管架构。FSA前主席特纳勋爵（Lord Adair Turner）更是在操刀改革时提到“在一个完美世界中，我宁愿希望我们能够在2005年或2006年的时候就完成这项改革”。

对于第三种方案，笔者认为，虽然其利益牵涉更深，部门调整、人员变动更多，但改革更为彻底，与国际化发展方向更为接近。一旦完成，可以深刻改革以往监管框架的弊端，帮助中央银行获得信息优势，降低最终贷款人的救助成本，并有助于宏观审慎管理的实现。

当然，正如不少有益建议所提到的，“三会”纳入中央银行只是协调监管框架改革的一步。在笔者看来，未来监管协调机制应该遵循立体式改革模式，即从横向、纵向、立向三个方位进行协调改革，方能发挥作用。

具体来看，所谓横向，意味着集中监管权，“三会”并入中央银行，在现有货币政策委员会的基础上，建立相对独立的金融稳定委员会，负责宏观审慎管理和系统重要性机构的监管；所谓纵向，即将现有“三会”投资者保护局合并，成立金融行为监管局，进行微观监管与投资者保护；所谓立向，即修改中央、地方金融监管事权划分体制，对不跨省经营的各类准金融机构由省政府进行监管。

更进一步，在笔者看来，金融监管协调不应仅限于金融领域，未来国有企业是否仍然存在预算软约束，监管者能否做到“监管”而非“主管”，中央银行如何做好防止金融风险等，也关系到全国范围内的改革方案落地，如简政放权、国有企业改革、财税改革，甚至从本质上来讲，涉及依法治国、依法行政的治国理念，远非简单机构合并便可万事无忧。

从长远来看，建立现代化的金融协调监管体制、防范内外部金融风险挑战重重。全国范围内的相关配套改革牵一发而动全身，在不断探寻追求更加完善的监管框架基础上，只有多重改革协调推进，才能达到提升金融监管体制、确保金融稳定、促进经济发展的初衷。

参考文献

[1] Review of the method of the valuation of the SDR initial considerations,IMF working paper,August 3,2015.

[2] Karl Habermeier, Annamaria Kokenyne,Chikako Baba.The Effectiveness of Capital Controls and Prudential Policies in Managing Large Inflows[R]，IMF working paper, August 5, 2011.

[3] Simon Johnson,Kalpana Kochhar,Todd Mitton.Malaysian Capital Controls: Macroeconomics and Institutions[R]，IMF working paper, February 2006.

[4] Jianguang Shen.RMB’s roadmap towards full convertibility[R]，April 7, 2011.

[5] Jianguang Shen.RMB internationalization and China’s economic transformation [R].November 21, 2011.

[6] 周小川：《关于改革国际货币体系的思考》，见http://www.pbc gov.cn.

[7] 王宇：《钉住制度如何酿成了泰国金融危机——亚洲金融危机10周年回望》，载《中国发展观察》，2007（10）。

[8] 任志刚：《香港的外汇储备是否足够？》，见香港金管局网站。

[9] 易纲：《人民币的国际使用》，载《上海发展研究基金会通讯》，2015（68）。

[10] 余永定：《外储减少是否造成国民财富损失》，见FT中文网。

附录　危机后宏观审慎和金融监管改革的国际经验

吴韵　阚明昉　朱映臻　刘昕　魏冬妍①

2008年国际金融危机的冲击已经过去几年了，但世界经济仍在深度调整中缓慢复苏。人民币加入SDR货币篮子，中国与世界经济的融合度将进一步加深，在享受经济开放所带来的好处的同时，中国受到外部不确定性因素冲击的可能性也在大大增加。同时，2015年发生的股市和汇市的波动，也将市场的高度联动性和中国金融监管框架的脆弱性暴露无遗。正如我国“十三五”规划中提出的，中国应加强金融宏观审慎管理制度建设，改革并完善适应现代金融市场发展的金融监管框架，有效防范系统性、区域性金融风险。

以宏观审慎政策框架为思考切入点，构建适合金融市场新格局的金融监管框架，已经成为中国的当务之急。事实上，从“大稳健”时期的放松监管，到金融危机后的趋势逆转和对系统性风险的重视，世界各国都走在加固“金融防火墙”的路上。本附录通过对世界各主要经济体的宏观审慎政策和金融监管框架改革进行梳理和比较，希望能够为中国的改革提供一些有益的建议和参考。

观察各国宏观审慎政策和金融监管框架的改革模式，有两个主要特征：

第一，在宏观审慎政策框架的构建方面，各国基本上都建立了负责宏观审慎的委员会来协调各监管部门，负责金融系统的稳定性。不过，主导的机构各不相同，例如，美国的金融稳定监督委员会（FSOC）由财政部部长担任主席，英国的金融政策委员会（FPC）设在英格兰银行内部，澳大利亚的金融监管委员会（CFR）是一个独立机构，但由澳大利亚储备银行行长担任主席等。

第二，各国中央银行都恢复或者加强了金融监管职能，尤其是针对位置重要性金融机构。美国、英国、法国、德国、印度、巴西、俄罗斯、波兰和南非的中央银行都有对银行业的直接监管职责，或是由其下属机构来对银行进行监管。其中，英国、法国的中央银行将银行业和保险业合并起来监管，俄罗斯的中央银行统一监管银行、保险和证券业。我们分析的13个案例中，仅有瑞士、澳大利亚、加拿大和墨西哥的中央银行没有直接的行业监管职能。

① 作者均系第一财经研究院研究员。

第一节　宏观审慎政策框架的前世今生

一、前宏观审慎时代——“大稳健”的20年

1985年至2007年的“大稳健”（Great moderation）时代，是全球减少国家干预和金融自由化的时代。

（一）中央银行监管职能弱化，独立性提高

各国中央银行在这一时期的主要发展趋势是政策目标的改变和对独立性的强调。第二次世界大战以后直到20世纪70年代末，美英等发达国家长期推行凯恩斯主义需求管理政策，货币政策目标是平滑产出波动。而自20世纪80年代开始，欧盟、日本和美国的中央银行越来越重视价格稳定这个目标。通过运用类似泰勒规则的货币政策规则，美联储货币政策在降低产出和价格波动方面的效果较之前有明显改善（Clarida，Gali和Gertler，2000；Blanchard，Dell’ Ariccia和Mauro，2010）。与此同时，发达国家的中央银行还致力于提高政治和经济上的独立性，从1991年到2004年，18个OECD国家的中央银行独立性指数均值由0.476上升到了0.774（Segalotto，Arnone和Laurens，2006）。

（二）金融机构放松监管，混业竞争

以美国为首的发达国家和地区，包括日本、欧盟，都经历了放松监管的过程，相关立法鼓励金融机构采取市场化的并购和竞争行为。以美国为例，1980年美国通过了存款机构放松管制和货币控制法案（DIDMCA），该法案允许银行进行合并，解除了除定期存款外的存款利率上限，也取消了抵押贷款的利率上限。1994年通过的《里格尔尼尔州际银行业务和分支机构效率法案》允许银行跨州经营，银行控股公司可以收购在任何州的银行。1999年《金融服务现代化法案》（又称Grimm-Leach-Bliley Act，GLBA）废除了1933年制定的《格拉斯-斯蒂格尔法案》，取消了分业经营制度，从法律上消除了银行、证券、保险机构在业务范围上的边界，允许商业银行从事投资银行业务。这一法案的通过对商业银行涉足衍生品交易以及后来的次贷危机有深远的影响。

（三）巴塞尔协议I和巴塞尔协议II侧重微观审慎

在对银行、证券、保险等金融机构的监管方面，1988年实施的巴塞尔协议I和2004年实施的巴塞尔协议II为银行的资本结构、风险加权资产和资本充足率设定了国际统一的标准，监管的重点主要放在个体机构的风险管理和稳定性，纠正由于信息不对称和有限责任造成的市场失灵，即强调“微观审慎”。证券和保险等行业一直没有一个国际统一的监管标准。

二、2008年金融危机——全球宏观审慎政策框架改革正式启程

“宏观审慎”的概念其实早已有之。国际清算银行总监安德鲁·克劳科特在2000年就指出“宏观审

慎”和“微观审慎”的主要区别是在于前者的目标是降低大量金融机构同时破产倒闭的风险，而后者的目标是降低单个金融机构倒闭的风险（Crockett，2000）。

但是一直到2008年金融危机爆发以后，宏观审慎才真正受到广泛重视，因为这次全球金融危机对经济的影响之深远和持久使得人们清楚地认识到“大稳健”时期宽松的监管和仅仅基于微观审慎原则的监管不足以防范系统性风险（Osinski，Seal和Hoogduin，2013）。

因此，金融危机后，无论是发达经济体还是新兴市场国家都从监管理念、监管目标、机构设置、监管手段等方面进行大幅度、“无盲区、无缝隙”的金融监管体系改革。改革措施体现出如下共性：

（1）防范系统性风险，体现宏观审慎原则。

（2）强调全面监管理念，加强微观审慎。

（3）强调国内监管协调，以避免监管重叠和监管真空。

（4）认识到在全球化时代以一国之力难以有效应对在全球肆虐的金融风险，加强国际金融监管合作的意愿加强。

除却这些共性，对于宏观审慎政策框架到底应该由哪个机构来主导还存在一些分歧。有一种观点认为中央银行应当成为“超级监管者”。中央银行作为最后贷款人，由它来制定宏观审慎政策并负责微观审慎监管，可减轻权责分离带来的道德风险，并起到防范系统性金融风险的作用，相较于其他监管机构，中央银行最有条件成为宏观审慎政策框架的主导者（杨燕青，2010；王靖国，2015）。

而另一种观点则认为，由中央银行来承担宏观审慎管理职责可能会与货币政策的独立性发生冲突。金融冲击后，货币政策可能被滥用以减少私人部门的实际债务负担（Ueda和Valencia，2014；Masciandaro和Volpicella，2015）。因此，设立一个超级监管机构来协调各监管主体并承担宏观审慎职责，保持货币政策的独立性，可以更好地实现金融系统和实体经济双重稳定的目标（赵胜民、梁璐璐等，2014）。

这一争论尚未有定论，因此各国构建宏观审慎政策框架的方式各有千秋。

在各发达国家中，美国采用的是设立金融稳定协调委员会协调各监管部门，制定宏观审慎政策的模式。金融稳定协调委员会负责指定系统重要性非银行金融机构和金融市场基础设施机构，由联邦存款保险公司和美联储负责对这些机构进行监管。原本的分业监管框架并没有很大的变化，中央银行和联邦存款保险公司的金融监管职能有所增强。在这种模式下，美联储较好地保持了其货币政策的独立性。

英国采用的是由中央银行主导的双峰模式。在改革之后，中央银行集货币政策、宏观审慎政策和微观审慎职责于一身，维护金融稳定的职能得到全面强化。由中央银行下属的审慎监管局负责银行业和保险业的微观审慎监管。金融行为监管局主要负责PRA监管范围以外的金融机构监管以及金融市场行为监管。

澳大利亚和加拿大危机前后的金融监管框架没有很大的调整，都是采用“审慎监管+行为监管”的双峰模式。与英国不同，这两个国家的中央银行都没有直接的金融监管职能，但是都成立了跨部门的协调委员会制定宏观审慎政策。

在欧盟新金融监管框架下，欧洲中央银行负责制定宏观审慎政策，欧洲系统风险委员会负责行使宏观审慎监督的职责。另外，欧洲中央银行被赋予了整个欧洲银行业的微观审慎监管职责，尤其以123家系统性重要银行为重（Volcker，2015）。

在法国，中央银行下属的审慎监管与纾困局负责对银行业和保险业的微观审慎监管，金融市场管理局负责对证券业的微观审慎监管。两家微观审慎监管主体成立了一家联合委员会负责金融市场的行为监管和消费者权益的保护。宏观审慎政策是由金融稳定顾问委员会制定的。

德国的金融业微观审慎监管是由单一监管机构负责，中央银行对银行业有微观审慎监管的职责。宏观审慎政策的制定和执行则是由金融委员会负责，中央银行在其中起主导作用。

瑞士和德国一样，也是由单一监管机构负责对金融业的微观审慎监管。危机后由于银行业在瑞士经济中的重要地位，成立了针对银行业的“大而不倒”宏观审慎管理制度。瑞士中央银行负责针对银行业的宏观审慎政策制定，金融市场监督管理局负责宏观审慎政策执行，联邦委员会（类似于我国的国务院）对“大而不倒”制度的有效性进行评估。

各新兴市场国家也都在积极探索适应各自国情的宏观审慎政策框架（见附表1）。

下节中我们将详细介绍各国在2008年金融危机前后宏观审慎政策框架的变化，覆盖的国家有美国、英国、澳大利亚、加拿大、欧盟、法国、德国、瑞士、印度、巴西、墨西哥、俄罗斯、波兰、和南非。在介绍每个国家时，我们将首先画出框架图，然后列出主要监管机构名称和负责人，再对框架图进行文字概括。

附表1 主要新兴市场国家宏观审慎政策框架建立时间表

国家	年份	负责机构	职责
波兰	2008	金融稳定委员会（Financial Stability Committee）	负责对金融系统进行宏观审慎管理以确保金融体系稳定及降低金融风险。
墨西哥	2010	金融系统稳定委员会（FFSC）	负责宏观审慎职能，甄别和评估经济现象和金融系统的风险。
印度	2010	金融稳定和发展委员会（Financial Stability Development Council）	对经济和金融体系的系统性风险进行分析和监测，适时发出风险预警信号。
巴西	2011	金融稳定委员会（COMEF）	巴西中央银行内部的金融稳定委员会负责识别和监测系统性风险的来源，为缓解系统性风险制定相关政策。
俄罗斯	2013	俄罗斯中央银行（Bank of Russia）	统一监管商业银行、券商、保险公司、交易所和养老基金。
南非	2015	南非储备银行和金融稳定监督委员会（Financial Stability Oversight Committee）	南非储备银行有确保金融稳定的责任，至少每六个月要对金融系统的稳定性进行一次评估。其他监管机构必须协助南非储备银行和金融稳定监管委员会来维持、保护并加强金融稳定性。

资料来源：CBNRI整理。

第二节　宏观审慎和金融监管框架：国别案例

一、美国

（一）2008年金融危机前后金融监管框架图

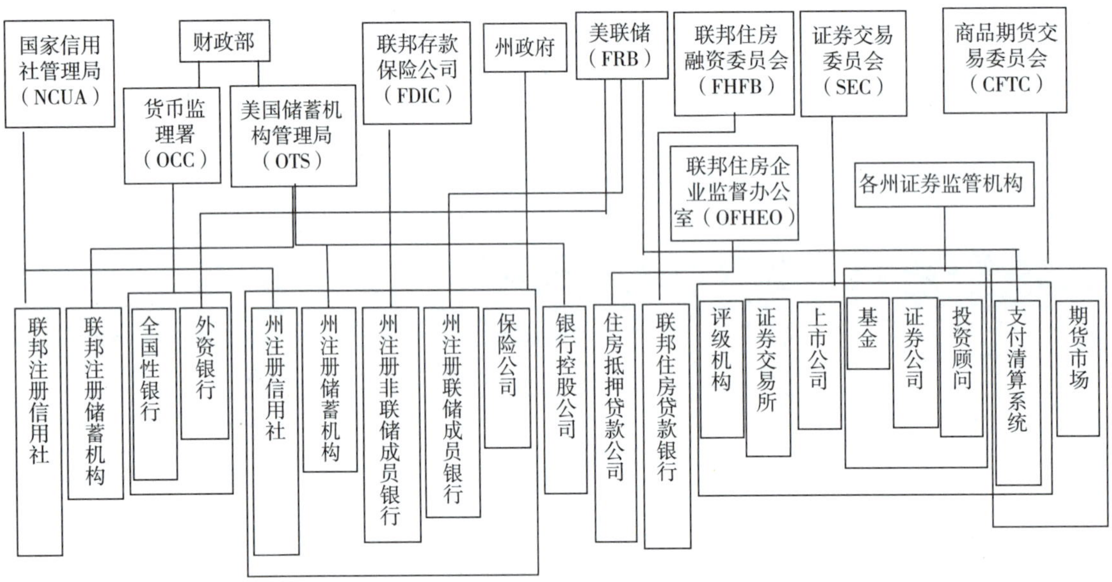

附图1　危机前美国金融监管框架

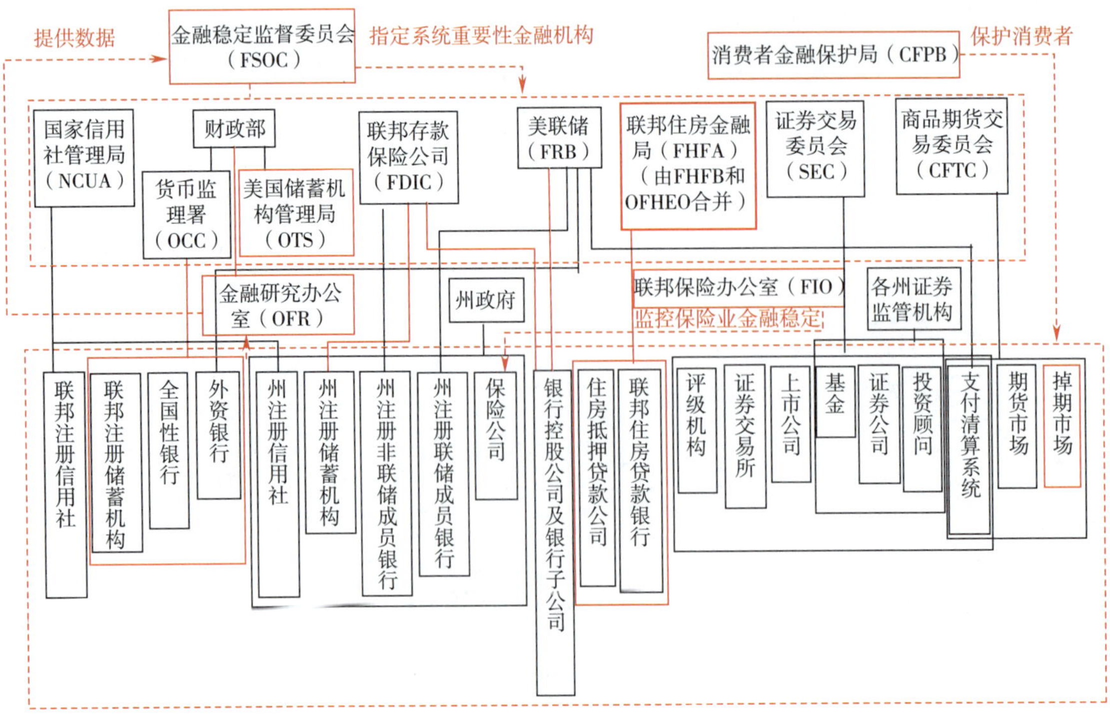

附图2　危机后美国金融监管框架

（二）金融监管机构全称与负责人

危机前监管机构：

联邦保险办公室（FIO，Federal Insurance Office）

美国储蓄机构管理局（OTS，Office of Thrift Supervision）

联邦住房融资委员会（FHFB，Federal Housing Finance Board）

联邦住房企业监督办公室（OFHEO，Office of Federal Housing Enterprise Oversight）

当前监管机构：

财政部（Treasury，Department of the Treasury）部长 Jacob Lew

金融稳定监督委员会（FSOC，Financial Stability Oversight Committee）主席 Jacob Lew

美联储（FRB，Federal Reserve Board）主席 Janet Yellen

货币监理署（OCC，Office of the Comptroller of the Currency）署长 Thomas Curry

联邦存款保险公司（FDIC，Federal Deposit Insurance Corporation）主席 Martin Gruenberg

国家信用社管理局（NCUA，National Credit Union Administration）主席 Debbie Matz

证券交易委员会（SEC，Securities and Exchange Commission）主席 Mary White

商品期货交易委员会（CFTC，Commodity Futures Trading Commission ）主席 Timothy Massad

联邦住房金融局（FHFA，Federal Housing Finance Agency）局长 Melvin Watt

消费者金融保护局（CFPB，Consumer Financial Protection Bureau）局长 Richard Cordray

金融研究办公室（OFR，Office of Financial Research）主任 Richard Berner

（三）金融监管框架介绍

1999年美国通过的《金融服务现代化法案》允许银行从事证券经纪业务，开启了金融机构混业经营的时代。此后，美国的金融监管体系采取了联邦政府、州政府和专门机构分层的金融监管模式，综合监管和分业监管相结合（虞群娥，2002）。

换言之，美国实行的是以美联储为中心的伞形监管模式。该模式是以联邦政府和州政府为依托、以中央银行为核心、加上各专业金融监管机构组成的监管体系，即双层多头金融监管体系。“双层”分为联邦层和州政府层，“多头”是联邦政府针对分业经营的需要设立了多个行业监管主体。[①]

与很多其他发达国家不同，由于美国银行监管立法实行的是联邦法和州法的双轨制度（dual banking system），因此银行受到的监管与其在何处注册和机构类型有关，州注册的银行受到联邦监管机构和州政府的两级监管。

货币监理署是隶属于美国财政部、依据1863年国家货币法案设立的一家独立机构，负责实地监管所有全国性银行（national bank）和外资银行在美分支机构。[②]美联储监管州注册的联储成员银行以及在

① http://baike.baidu.com/link?url=AwmWbl1i4O-1rKhVaQCfcFTyOGPNCPQqcV1vIGZvtwVcI0H4df6_oZJWJbPV5A8jRPQxCb03Wb2fkEudvWgIua.

② http://www.occ.treas.gov/about/what-we-do/mission/index-about.html.

州注册的外资银行。联邦存款保险公司是美国国会创建的独立机构，负责监管州注册的非联储成员银行。它于2006年设立了存款人保险基金（Depositor Insurance Fund），保护所有银行和储蓄机构储户的存款安全。[①]国家信用社管理局（NCUA）是美国国会设立的独立机构，负责监管联邦和州注册的信用社，管理国家信用社分享保险基金（National Credit Union Share Insurance Fund），所有信用社储户的存款都受到这个基金的保护。美国储蓄机构管理局（OTS）负责监管所有联邦和州注册的储蓄机构（savings association）[②]和银行控股公司。

危机后根据《多德—弗兰克法案》，为了减少不同监管部门之间的监管竞争和重叠，2011年撤销了美国储蓄机构管理局，将其监管银行控股公司的权力转交给了美联储，对州立储蓄机构的监管权交给了联邦存款保险公司，对其他储蓄机构的监管权交给了货币监理署。[③]此外，《多德—弗兰克法案》还加强了联邦存款保险公司的监管职能，负责监管资产总额高于500亿美元的银行控股公司和金融稳定监督委员会指定的非银行金融公司。[④]

值得指出的是，美国为专门从事住房贷款业务的银行设立了专门的监管机构。危机前，联邦住房融资委员会（FHFB）负责监管全美12家联邦住房贷款银行。联邦住房企业监督办公室（OFHEO）负责监管两家住房抵押贷款公司——房地美和房利美。2008年的住房与经济复苏法案（Housing and Economic Recovery Act of 2008）将这两家监管机构合并成立了联邦住房金融局（FHFA），统一监管联邦住房贷款银行和住房抵押贷款公司。

证券交易委员会（SEC）负责监管证券交易所、证券公司、自律机构、清算机构、投资顾问和评级机构，推动相关信息的披露，维持交易公平，防止欺诈，并对违规行为进行执法。[⑤]除了联邦层面的监管，美国各州都设有州立证券监管机构保护投资者的利益。[⑥]

商品期货交易委员会（CFTC）负责监督期货合约市场、衍生品清算机构、期货佣金商，大宗商品基金经理以及其他中介。[⑦]危机后，商品期货交易委员会根据奥巴马总统和国会的要求，开始监督掉期合约市场，包括掉期合同执行机构、掉期数据库和掉期交易商。[⑧]

与银行业和证券业不同，美国没有联邦层面的保险监管机构，也没有联邦层面统一的监管法规。各州政府负责监管在本州注册经营的保险公司。当某个保险公司面临破产时，美国保险监督官协会（National Association of Insurance Commissioners，NAIC）会介入协助破产清算。NAIC也会提议协调统一各州监管法规的制定，但是没有立法权力，各州可以完全不采纳NAIC的意见，形成各自差异化的监管。[⑨]

《多德—弗兰克法案》新设了联邦保险办公室（FIO）。尽管它没有监管和监督保险公司业务的权

① https://www.fdic.gov/about/strategic/strategic/mission.html.

② 包括以住房按揭贷款业务为主的储蓄机构（thrift institution）和储蓄银行（savings bank）。

③ http://www.federalreserve.gov/bankinforeg/reglisting.htm#y.

④ https://www.fdic.gov/about/strategic/strategic/supervision.html#6.

⑤ http://www.sec.gov/about/whatwedo.shtml

⑥ http://www.nasaa.org/about-us/contact-us/contact-your-regulator/.

⑦ http://www.cftc.gov/About/MissionResponsibilities/index.htm.

⑧ http://www.cftc.gov/About/MissionResponsibilities/index.htm.

⑨ http://www.naic.org/index_about.htm.

力，但是它负责与保险业相关的金融稳定事宜。它可以获得保险行业的所有数据，对业务进行监控和分析，识别可能引发保险业或者美国金融系统危机的监管漏洞。另外，联邦保险办公室还负责向金融稳定监督委员会提名需要作为非银行金融公司受到美联储理事会监督的保险公司，并代表美国协调国际保险审慎政策的制定。[①]

除了联邦保险办公室（FIO），《多德—弗兰克法案》还设立了金融稳定监督委员会（FSOC）[②]、金融研究办公室（OFR）[③]和消费者金融保护局（CFPB），来增强监管的统一性，减少监管真空和重叠，集中监管资源，构建恰当的治理结构以维持金融系统的整体稳定性。

金融稳定监督委员会是美国历史上首个全面识别金融风险、监测美国金融体系稳定性的机构，对原有监管体系中的各部门起到协调的作用。委员会由10个有投票权的成员、5个非投票成员组成。有投票权的成员由以下机构的负责人组成：财政部（委员会主席）、美联储理事会、货币监理署、消费者金融保护局、证券交易委员会、商品期货交易委员会、联邦存款保险公司、联邦住房金融局（FHFA）、国家信用社管理局（NCUA）以及由总统任命、参议院通过、任期六年的独立于其他机构的州保险监督官一名。五名非投票成员主要行使顾问的职责，包括金融研究办公室负责人，联邦保险办公室负责人，州保险业、银行业、证券业监督官各一名（任期两年）。根据《多德—弗兰克法案》第113章的规定，委员会成员投票"指定"那些自身财务困境可能对美国金融稳定造成威胁的非银行金融机构，被指定的机构将会受到严格的监管。2013年，美国国际集团（American International Group，Inc.）、通用电气资本公司（General Electric Capital Corporation，Inc.）和保德信金融集团（Prudential Financial，Inc.）被加入了指定名单。2014年12月，大都会人寿保险公司（MetLife，Inc.）也被列入了名单中。此外，委员会还有指定系统重要性金融行业基础设施机构（Financial Market Utilities）的权力。这些机构的运行瘫痪或中断会导致流动性和信贷风险在各大金融机构之间蔓延，对系统稳定性造成威胁。被指定的机构必须符合《多德—弗兰克法案》第八章关于支付、清算和结算业务的监管要求。2012年委员会列出了八家系统重要性金融行业基础设施机构。[④]

金融研究办公室是由美国财政部设立的另一个机构，主要使命是为金融稳定监督委员会和公众发布高质量、标准化的金融数据，分析可能存在的风险，以推动金融稳定。

---

① https://www.treasury.gov/initiatives/fio/about-fio/Pages/default.aspx.

② https://www.treasury.gov/initiatives/fsoc/Pages/home.aspx.

③ http://financialresearch.gov/.

④ 具体名单见https://www.treasury.gov/initiatives/fsoc/designations/Pages/default.aspx.

二、英国

（一）2008年金融危机前后金融监管框架图

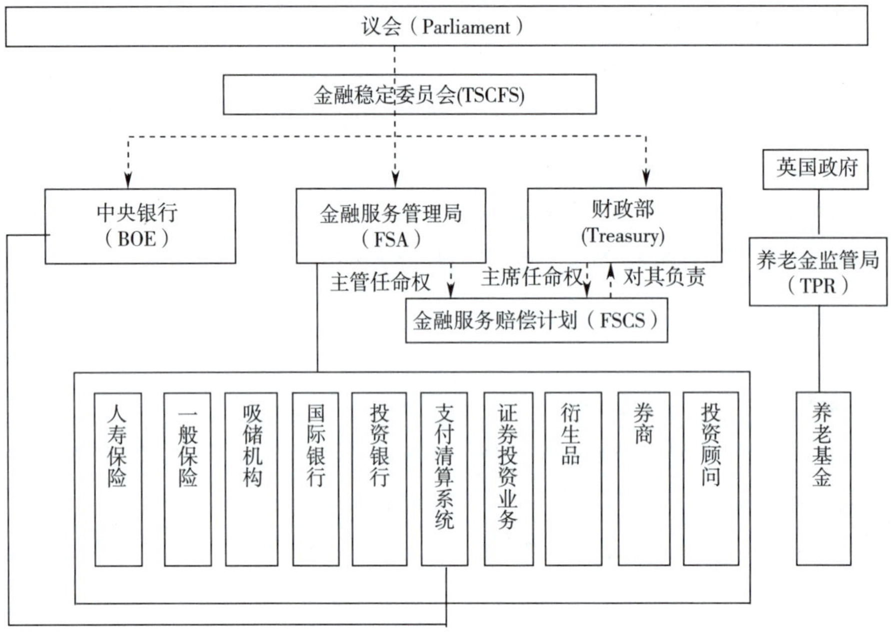

图3　危机前英国金融监管框架

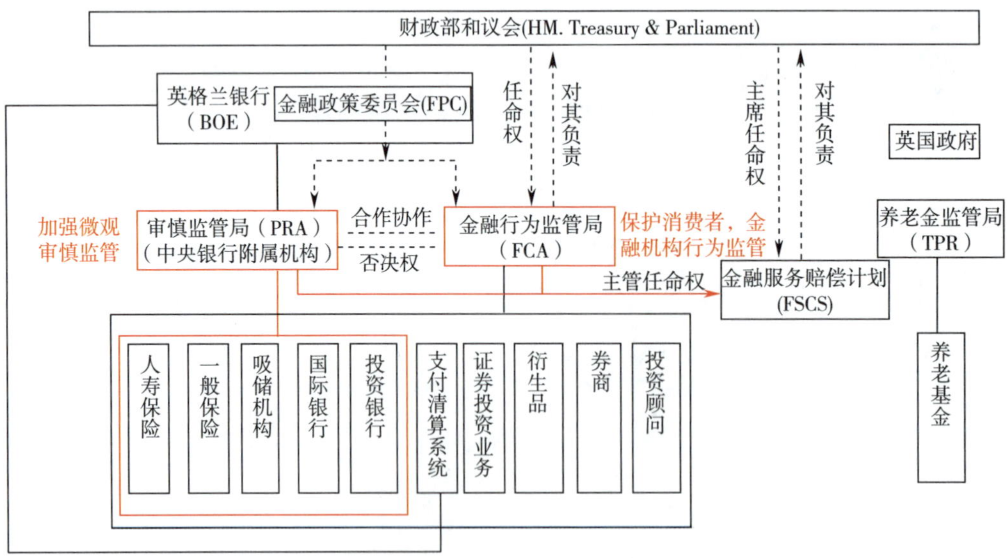

图4　危机后英国金融监管框架

（二）金融监管机构全称与负责人

危机前监管机构：

金融稳定委员会（TSCFS，Tripartite Standing Committee on Financial Stability）

英格兰银行（BOE，Bank of England）

财政部（Treasury，HM Treasury）

金融服务管理局（FSA，Financial Services Authority）

养老金监管局（TPR，The Pensions Regulator）

金融服务赔偿计划（FSCS，Financial Services Compensation Scheme）

当前监管机构：

金融政策委员会（FPC，Financial Policy Committee）主席 Mark Carney

审慎监管局（PRA，Prudential Regulatory Authority）主席 Mark Carney

英格兰银行（BOE，Bank of England）行长 Mark Carney

财政部（Treasury，HM Treasury）财长 George Osborne

金融行为监管局（FCA，Financial Conduct Authority）主 席 John Griffith-Jones

养老金监管局（TPR，The Pensions Regulator）主席 Mark Boyle

金融服务赔偿计划（FSCS，Financial Services Compensation Scheme）主席 Lawrence Churchill

（三）金融监管框架介绍

1986年10月27日，撒切尔夫人任职首相期间，英国金融业开启“大爆炸”时期，去监管的改革促进了伦敦的金融创新与发展。20世纪80年代末和90年代，发生了一系列金融丑闻，包括国际商业信贷银行的崩溃、巴林银行的倒闭和对个人养老金的不当销售。1997年，工党政府和财政大臣布朗利用对这些丑闻的强烈反对声，重塑了英国金融监管结构，从1997年到危机前英国均使用这个框架。

这个框架的核心是金融服务管理局（UK FSA）①，作为一个单一监管者，它同时肩负金融监管和审慎监督的职责。当时，英国政府通过《2000年金融服务和市场法案》，把证券和投资委员会（SIB）更名为英国金融服务管理局（FSA），并把金融自主监管组织并入金融服务管理局。此外，将英格兰银行对银行的监管和监督权力转移给金融服务管理局。虽然FSA是一个独立的、非政府机构组织，但它要对财政部和议会负责。它有四个目标：（1）维持市场信心；（2）保护消费者；（3）促进公众对金融市场的理解；（4）减少金融犯罪。但金融服务管理局并不监管养老金监管局、养老金保护基金、保护欺诈基金、金融服务赔偿计划（FSCS）等。

此外，这个框架中还有一个协调机构，即金融稳定委员会（Tripartie Standing Committee on Financial Stability）②，该委员会并没有法定权力，仅负责在金融稳定上协调FSA、中央银行和财政部。

---

① http://www.fca.org.uk/about/history.

② www.bankofengland.co.uk/financialstability/.../tsc-meetingspublications.pdf.

2007~2009年国际金融危机爆发，英国的银行业备受影响，FSA被职责监管不力。于是，财政部主导了英国监管框架的调整，自2013年4月1日转变为调整后的双峰结构（Modified Twin Peaks Structure）。英国议会负责创设金融监管的法律框架，并让英国政府和监管机构一起，负责监管框架的运行。财政大臣和英国财政部的部长负责对监管框架的监控。英国中央银行负责保护和维护系统的金融稳定性，其任务是应对系统性风险和宏观审慎问题。

新框架创设了三个机构，其中两个机构——审慎监管局（PRA）[①]和金融政策委员会（FPC）[②]都与英格兰银行有关。第三个机构，由过去单一监管机构——英国金融服务管理局中的市场行为管理部分创建而来。通过《金融服务法案2012》[③]，英国金融服务管理局转变为金融行为监管局（UK FCA）[④]，保留了它的市场行为和消费者保护权，而剥离其大部分审慎监督的权力给了审慎监管局。但FCA也负责那些存款机构、保险公司或投资公司以外，不受审慎监管局监管的金融机构的微观审慎监管和市场行为监管。

审慎监管局附属于英格兰银行，它负责对存款机构、保险公司和一些投资公司进行微观审慎监管，就是英国金融服务管理局被转移到审慎监管局的审慎监管部分。审慎监管局和金融行为监管局必须协调各自的活动并相互合作，包括对公司的检查和调查。但是，审慎监管局可以否决金融行为监管局的决定。

英格兰银行内的金融政策委员会是识别和应对系统性风险的专门委员会。它由十个有投票权的成员组成：由英格兰银行行长来担任主席，还包括两名英格兰银行副行长、一名英格兰银行执行董事、一名负责审慎监管局审慎监管和首席行政的英格兰银行副行长、一名金融行为监管局首席行政官和四名外部成员。此外，金融政策委员会有一个代表财政部的无投票权成员。[⑤]金融政策委员会有权力来建议或指导审慎监管局和金融行为监管局，采取一定的措施去保护和维护金融稳定。

在英国的框架中，存款保险一职由金融服务赔偿计划（FSCS）承担，FSCS独立于英国监管机构，但要向财政部负责，根据2000年金融服务和市场法案，英国监管机构（FCA和PRA）有任命其主管的权力，但要确保FSCS自由独立地运行，其主席的人选由财政部决定。[⑥]存款保险的覆盖范围为储蓄、证券投资、住房贷款和保险。[⑦]英国养老金监管职责不归于英国监管机构（FCA和PRA），英国政府直接监管养老金。[⑧]

---

① http://www.bankofengland.co.uk/pra/Pages/default.aspx.

② http://www.bankofengland.co.uk/financialstability/pages/fpc/default.aspx.

③ http://www.legislation.gov.uk/ukpga/2012/21/part/2/crossheading/financial-conduct-authority-and-prudential-regulation-authority/enacted.

④ http://www.fca.org.uk/.

⑤ http://www.bankofengland.co.uk/about/Pages/people/fpc.aspx.

⑥ http://www.fscs.org.uk/industry/about-fscs/organisational-information/organisational-structure/.

⑦ http://www.fscs.org.uk/what-we-cover/eligibility-rules/compensation-limits/.

⑧ http://www.thepensionsregulator.gov.uk/regulate-and-enforce/our-powers.aspx.

三、澳大利亚

（一）2008年金融危机前后金融监管框架图

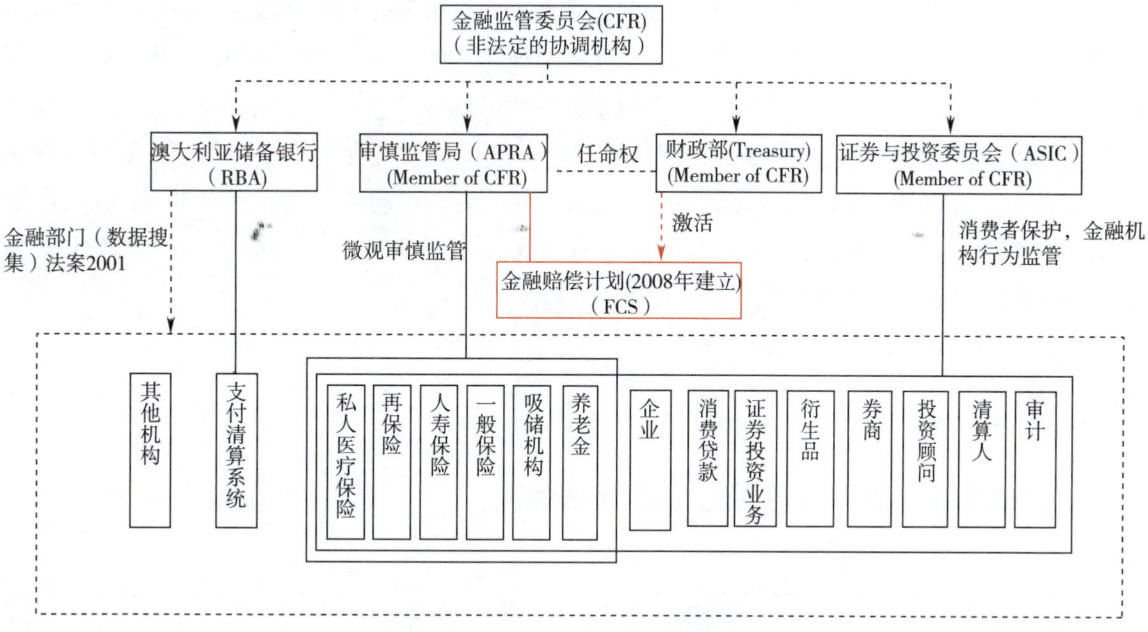

附图5　澳大利亚金融监管框架

（二）金融监管机构全称与负责人

金融监管委员会（CFR，Council of Financial Regulators）主席 Glenn Stevens

澳大利亚储备银行（RBA，Reserve Bank of Australia）行长 Glenn Stevens

财政部（Treasury）财长 Scott Morrison

证券与投资委员会（ASIC，Australian Securities and Investments Commission）主席 Greg Medcraft

澳大利亚审慎监管局（APRA，Australian Prudential Regulatory Authority）主席 Mr Wayne Byres

金融赔偿计划（FSCS，Financial Claims Scheme）

（三）金融监管框架介绍

澳大利亚的金融监管框架在危机前后并没有太大的差异，现行框架由1996年澳大利亚政府主导的Wallis检查报告奠定。该报告认为传统的基于部门的金融监管已经不再有效，建议构建由两个监管者组成的监管框架，也就是双峰模式（Twin Peak Model），即澳大利亚审慎监管局（APRA）和澳大利亚证券与投资委员会（ASIC），分别负责微观审慎监管和金融机构行为监管。

澳大利亚审慎监管局（APRA），依法设立于1998年7月1日，其领导由财政部任命，负责微观审慎监管，主要负责银行、保险和养老金行业的金融稳定。[①]

① http://www.apra.gov.au/AboutAPRA/Pages/Default.aspx.

澳大利亚证券和投资委员会（ASIC），是一个独立的政府机构，根据《澳大利亚证券与投资委员会法案2001》设立，负责对银行、证券和保险等金融业务行为的监管。[①]

在ASIC和APRA的“双峰”之外，还有澳大利亚储备银行作为中央银行[②]，负责货币政策和金融稳定，但不承担任何直接的银行监管职责，仅直接管理清算支付系统。值得一提的是，根据《金融部门（数据搜集）法案2001》，澳大利亚几乎所有的金融部门的机构都有向中央银行提供其所需数据的法定义务。金融监管委员会是一个非法定协调机制，被用来协调财政部[③]、ASIC、APRA和中央银行之间的关系，该委员会的主席由中央银行行长担任，其他机构领导为成员。[④]

国际金融危机后，澳大利亚政府于2008年建立存款保险制度，即金融赔偿计划（FCS，Financial Claims Scheme），当APRA认为其监管下的机构有破产风险时，可向联邦政府提出申请，而后由财政部激活该计划，以保障在金融动荡时期的市场信心和稳定。[⑤]澳大利亚政府还提供一种保障计划（GS，Guarantee Scheme），是一种大额存款保险制度。[⑥]

四、加拿大

（一）2008年金融危机前后金融监管框架图

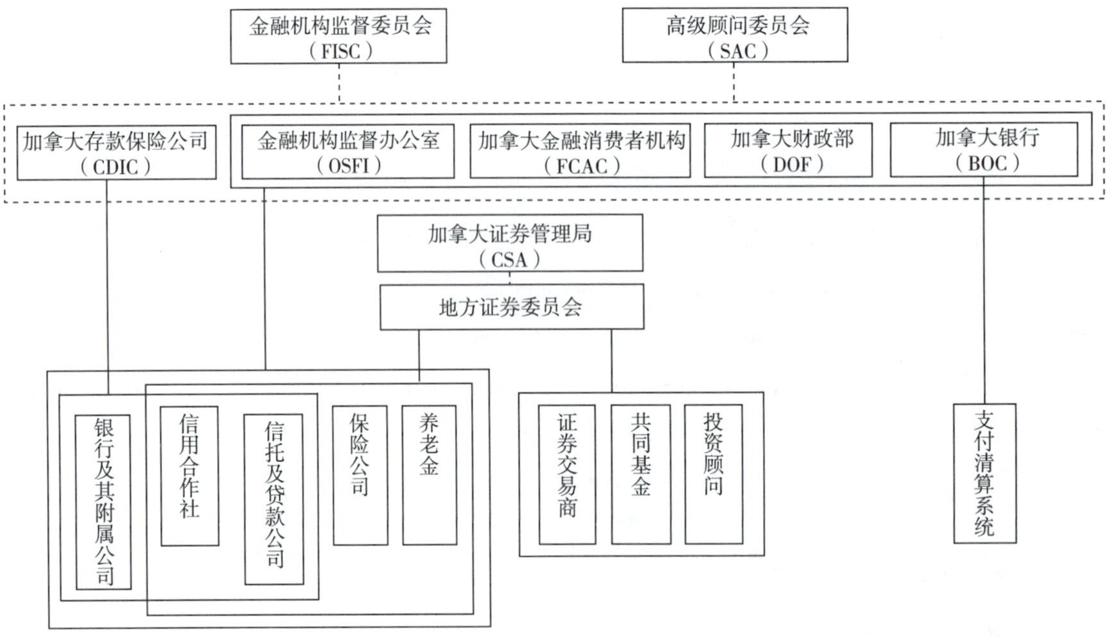

附图6　加拿大金融监管框架

① http://asic.gov.au/about-asic/what-we-do/our-role/.

② http://www.rba.gov.au/.

③ http://sjm.ministers.treasury.gov.au/.

④ http://www.cfr.gov.au/.

⑤ http://www.apra.gov.au/CrossIndustry/FCS/Pages/default.aspx.

⑥ http://www.guaranteescheme.gov.au/rules/.

（二）金融监管机构全称与负责人

金融机构监督委员会（FISC，Financial Institutions Supervisory Committee）主席（即OSFI主管）：Jeremy Rudin

金融机构监督办公室（OSFI，Office of the Superintendent of Financial Institutions）主管（Superintendent）：Jeremy Rudin

高级顾问委员会（SAC，Senior Advisory Committee）主席（即财政部副部长）：Paul Rochon

加拿大银行（BOC，Bank of Canada）行长：Stephen S. Poloz

财政部（DOF，Department of Finance）部长：William Francis Morneau

加拿大金融消费者机构（FCAC，Financial Consumer Agency of Canada）理事（Commissioner）：Lucie Tedesco

加拿大存款保险公司（CDIC，Canada Deposit Insurance Corporation）主席（President & CEO）：Michèle Bourque

加拿大证券管理局（CSA，Canadian Securities Administration）主席（President & CEO）：Louis Morisset

（三）金融监管框架介绍

加拿大是G7国家中唯一一个在金融危机中幸免于难的国家，在危机前后，没有任何一家加拿大银行倒闭或接受政府的紧急财政援助。加拿大的银行业连年被世界经济论坛（WEF）评为世界最安全且可靠（CBA，2015），其稳健程度与加拿大的金融监管体系密不可分，帮助加拿大安全度过金融危机的监管框架也一直延续至今。

加拿大现行的金融监管框架可以分为联邦监管与地方监管两个层面。在联邦监管层面，加拿大银行（BOC）、加拿大财政部（DOF）、金融机构监督办公室（OSFI）、加拿大金融消费者机构（FCAC）以及加拿大存款保险公司（CDIC）共同承担了维护金融系统稳定的职责，并汇报给加拿大财政部长，最终由财政部长向议会汇报（BOC，2012）。其中，财政部在联邦金融业的立法上拥有至高的权力；加拿大银行（中央银行）负责向金融系统提供流动性、监督支付清算系统、就金融系统发展向联邦政府提供政策建议；加拿大存款保险公司向联邦层面的存款吸收机构提供存款保险；金融机构监督办公室（OSFI）从审慎管理的角度监管所有的银行以及联邦层面的保险公司、养老计划、信用合作社、信托与贷款公司；加拿大金融消费者机构（FCAC）则负责消费者保护，包括向消费者提供金融产品和服务的信息（IMF，2014）。OSFI与FCAC分别从审慎监管与消费者保护这两个角度出发，形成加拿大监管框架中的“双峰模式”。为了加强这五大联邦监管机构间的协同合作，机构的高级官员共同组成了金融机构监督委员会（FISC）以及高级顾问委员会（SAC）。FISC负责就金融机构或金融系统所出现的问题以及应对方案及措施在五个机构之间进行信息共享与沟通协调；SAC则着重于对金融稳定以及系统脆弱性进行政策探讨，并将政策建议提供给财政部长（IMF，2014）。

在地方监管层面，加拿大十三个省级政府分别下设地方证券委员会，负责对所有的证券机构以及地方层面的保险公司、养老金、信用合作社、信托与贷款公司进行监管。各地证券委员会之间的协调工作由加拿大证券管理局（CSA）负责。CSA在各省（安大略省除外）的证券委员会之间建立了“护照系统”（Passport System），使市场参与者可以选择一个主要的地方证券委员会并接受监管，并且其监管原则在其余管辖地区内同样被接受。此举旨在简化监管流程，预防过度监管。

目前，加拿大没有任何一个单一机构将宏观审慎监督加入其职责范围，而现有的监督委员会的构成也不足以对加拿大所有的金融机构进行全面的系统性风险评估（IMF，2014）。然而，自国际金融危机之后，加拿大监管当局采取了一系列的宏观审慎措施来支持房贷市场的长期稳定，其中，包括收紧抵押贷款保险、将高贷款价值比（LTV）贷款的最大分期还款期限缩短为25年、对自住用房设立最少5%的首付等（IMF，2014）。

五、欧盟

（一）2008年金融危机前后金融监管框架图

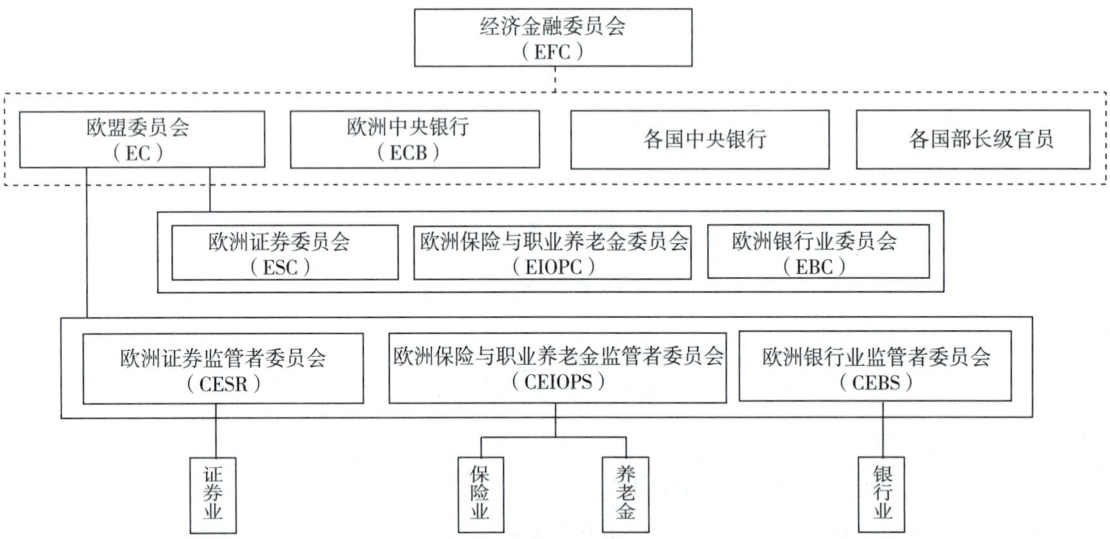

附图7　危机前欧盟金融监管框架

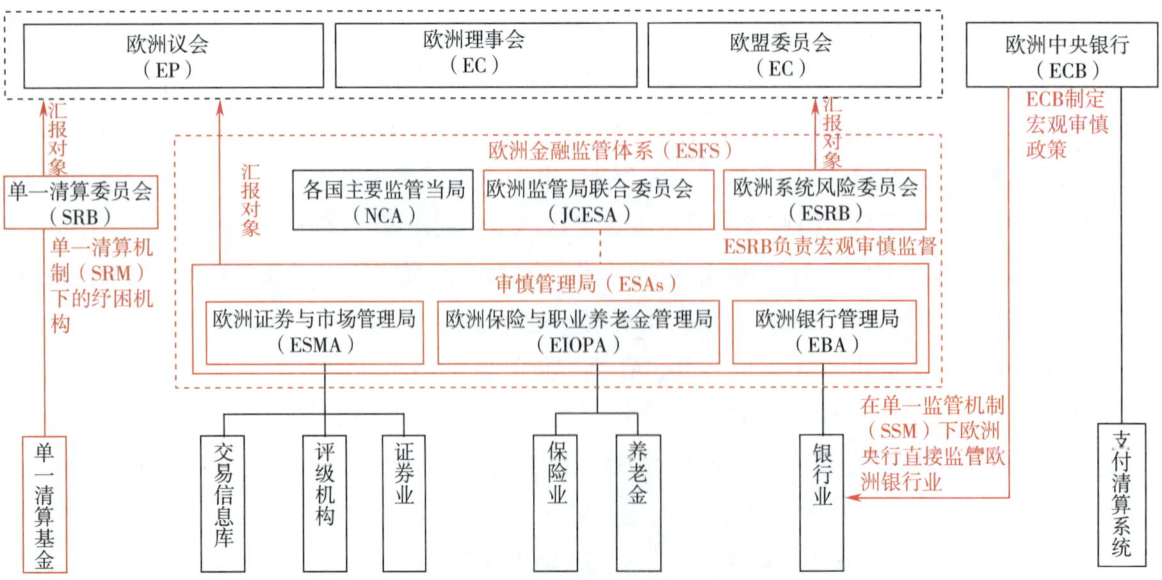

附图8　危机后欧盟金融监管框架

（二）金融监管机构全称与负责人

危机前监管机构：

经济金融委员会（EFC，Economic and Finance Committee）

欧洲银行业监管者委员会（CEBS，Committee of European Banking Supervisors）

欧洲保险与职业养老金监管者委员会（CEIOPS，Committee of European Insurance and Occupational Pension Supervisors）

欧洲证券监管者委员会（CESR，Committee of European Securities Regulators）

欧洲银行委员会（EBC，European Banking Committee）

欧洲保险与职业养老金委员会（EIOPC，European Insurance and Operational Pension Committee）

欧洲证券委员会（ESC，European Securities Committee）

当前监管机构：

欧洲议会（EP，European Parliament）议长 Martin Schulz

欧洲理事会（EC，European Council）主席 Donald Tusk

欧盟委员会（EC，European Commission）主席 Jean-Claude Juncker

欧洲中央银行（ECB，European Central Bank）主席 Mario Draghi

欧洲系统风险委员会（ESRB，European Systemic Risk Board）主席（即欧洲中央银行行长）Mario Draghi

单一清算委员会（SRB，Single Resolution Board）主席 Elke König

欧洲监管局联合委员会（JCESA，Joint Committee of European Supervisory Authorities）主席：Steven Maijoor

欧洲证券与市场管理局（ESMA，European Securities and Markets Authority）主席 Steven Maijoor

欧洲银行管理局（EBA，European Banking Authority）主席 Andrea Enria

欧洲保险与职业养老金管理局（EIOPA，European Insurance and Occupational Pensions Authority）主席 Gabriel Bernardino

（三）金融监管框架介绍

国际金融危机之前，欧盟在金融监管上的法律协调采用莱姆法路西框架（Lamfalussy Framework）。莱姆法路西框架分为四个层次：第一层包括欧洲经济与金融事务理事会（ECOFIN）、欧洲议会（EP）、欧盟委员会（EC），主要是进行框架原则性立法，由欧盟委员会提出立法建议；第二层包括欧洲银行业委员会（EBC）、欧洲保险与职业养老金委员会（EIOPC）以及欧洲证券委员会（ESC），主要是确定、建议和决定有关对第一层指令和条例的实施细则；第三层次包括欧洲银行业监管者委员会（CEBS）、欧洲保险与职业养老金监管者委员会（CEIOPS）、欧洲证券监管者委员会（CESR），主要是加强成员国监管当局的合作，以确保统一实施第一、第二层立法；第四层即执行层次，各成员国监管者具体实施欧盟指令、条例，欧盟委员会负责监督实施（Stichele，2008）。此外，欧盟委员会（EC）、欧洲中央银行（ECB）、各国中央银行及部长级官员共同组成了经济金融委员会（EFC），以对金融市场问题进行共同讨论并与第三方国际机构（如IMF）加强合作。

危机显示欧盟旧有的监管体系存在不少的问题，其中包括欧盟层面的监管框架松散、在危机管理上应对不足、欧盟法律在会员国层面的实际实施效果差强人意。金融危机之后，欧盟的金融监管框架发生了翻天覆地的变化，其中有两大变化最值得注意：（1）欧盟委员会提议创建了欧洲金融监管体系（ESFS），形成一个多层次的、宏观审慎与微观审慎相结合的监管体系①；（2）在旧框架中，欧洲中央银行的部分职责是维护金融稳定，而不直接监管银行业或金融市场；但在新框架中的单一监管机制（Single Supervisory Mechanism）下，欧洲中央银行负责监管整个欧洲银行业，尤其以123家系统性重要银行为重（Volcker，2015）。

欧洲金融监管体系（ESFS）的微观审慎机构包括欧洲银行管理局（EBA）、欧洲证券与市场管理局（ESMA）、欧洲保险与职业养老金管理局（EIOPA）这三个审慎管理局（European Supervisory Authorities）。EBA、ESMA以及EIOPA分别替代了旧框架中的CEBS、CESR以及CEIOPS，并对相应行业进行监管②。ESFS的宏观审慎机构则是欧洲系统风险委员会（ESRB），其职责包括识别系统性风险、针对所识别的风险提出警告或建议、监控建议实施情况等③。除此之外，由EBA、ESMA、EIOPA组成的协调机构欧洲监管局联合委员会（JCESA）以及各国的主要监管当局（National Competent Authorities，如德国的BaFin）也被包含在ESFS的框架之中。

除了ESFS，欧洲中央银行在现行的金融监管框架中也扮演了重要的角色并承担了制定宏观审慎政策的职责④。2013年，欧盟理事会（Council of the European Union）提出了单一监管机制（SSM），使欧洲中央银行以监管者的角色对欧洲银行业以及金融稳定进行监控。SSM于2014年正式实行，并同时成为欧盟所欲打造的银行联盟（Banking Union）中的第一个重要组成部分⑤。单一清算机制（SRM）是银行联盟中另一个重要的组成部分。SRM旨在为面临破产威胁的信贷机构、投资公司等金融主体提供救助和复苏方案。SRM机制由单一清算委员会（SRB）和单一清算基金（Single Resolution Fund）组成，SRB则直接对欧洲议会负责⑥。目前，银行联盟正计划在欧元区内建立欧洲存款保险计划（European Deposit Insurance Scheme），以加强对银行业内系统性风险的防范⑦。

---

① http://www.europarl.europa.eu/atyourservice/en/displayFtu.html?ftuId=FTU_3.2.5.html.

② http://europa.eu/rapid/press-release_IP-03-1507_en.htm?locale=en.

③ http://www.esrb.europa.eu/about/tasks/html/index.en.html.

④ https://www.ecb.europa.eu/ecb/tasks/stability/html/index.en.html.

⑤ http://ec.europa.eu/newsroom/fisma/item-detail.cfm?item_id=20758&newsletter_id=0&lang=en.

⑥ http://srb.europa.eu/en/mission.

⑦ http://ec.europa.eu/finance/general-policy/banking-union/european-deposit-insurance-scheme/index_en.htm.

六、法国

（一）2008年金融危机前后金融监管框架图

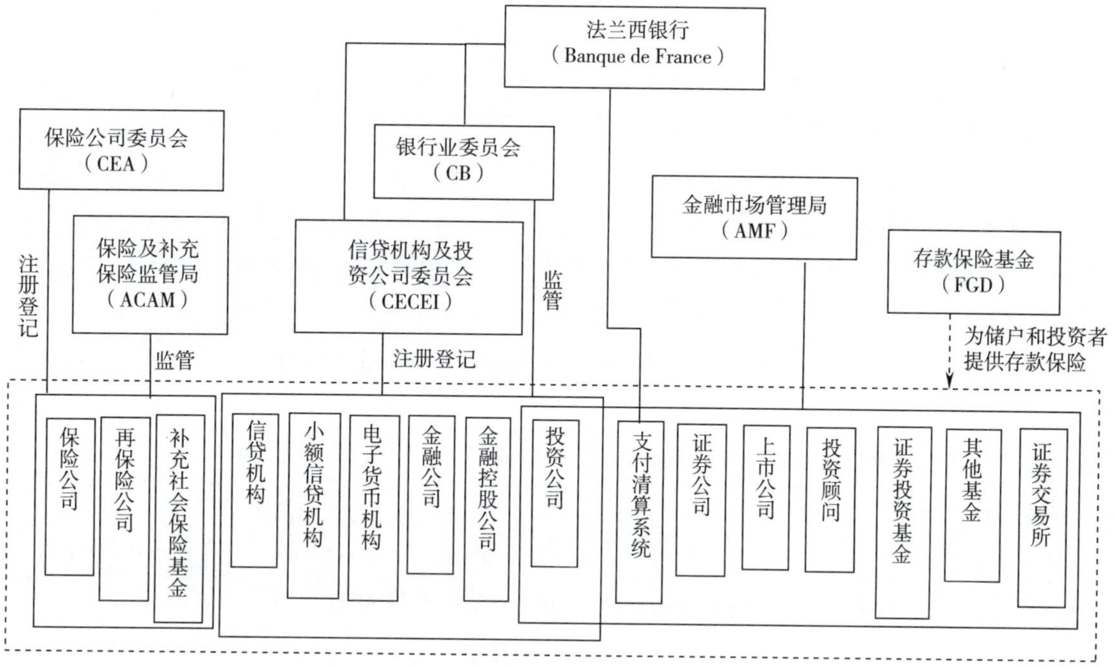

附图9　危机前法国金融监管框架

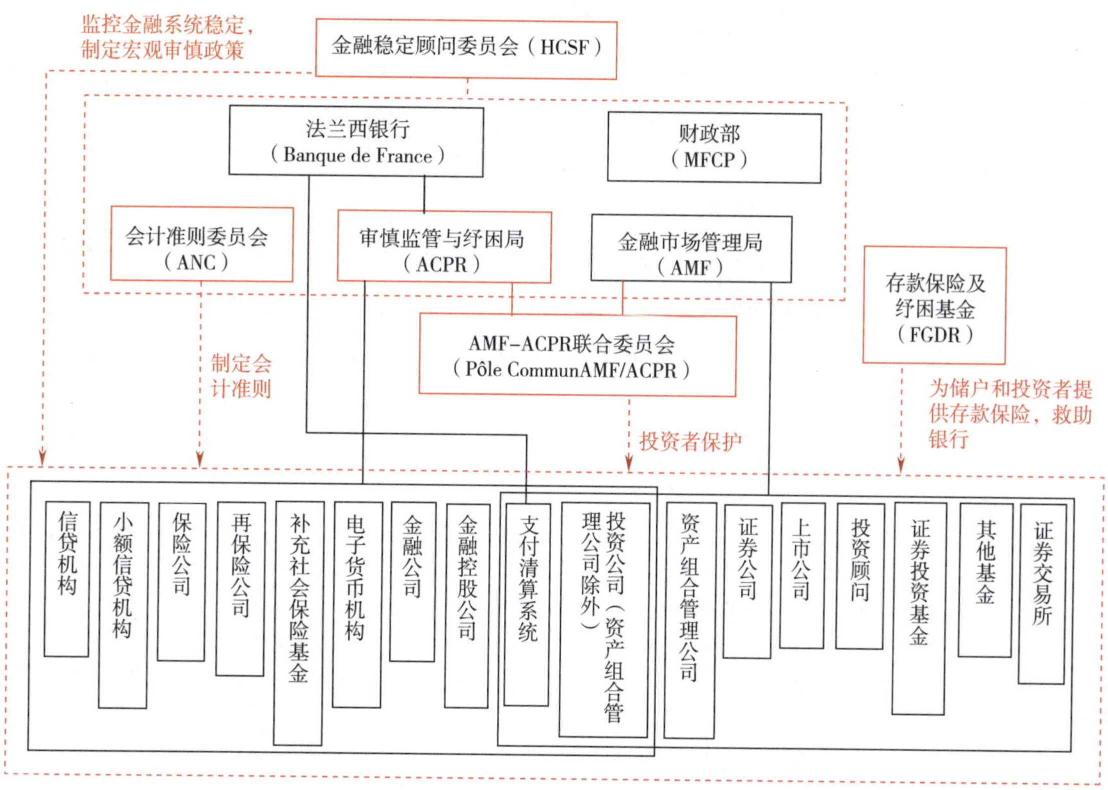

附图10　危机后法国金融监管框架

（二）金融监管机构全称与负责人

危机前监管机构：

银行业委员会（CB，Commission Bancaire）

信贷机构及投资公司委员会（CECEI，Comité des ?tablissements de Crédit et des Entreprises d’Investissement）

保险公司委员会（CEA，Comité des Entreprises d’Assurances）

保险及补充保险监管局（ACAM，Autorité de Contrôle des Assurances et des Mutuelles）

当前监管机构：

财政部（MFCP，Ministère de Finances et des Comptes Publics） 部长 Michel Sapin

金融稳定顾问委员会（HCSF，Haut Conseil de Stabilité Financière） 主席 Michel Sapin

法国中央银行（Banque de France） 行长 François Villeroy de Galhau

审慎监管与纾困局（ACPR，Autorité de Contrôle Prudential et de Résolution） 主席 François Villeroy de Galhau

金融市场管理局（AMF，Autorité des Marchés Financiers） 主席 Gerard Rameix

AMF-ACPR联合委员会（Pôle commun AMF/ACPR） （暂无）

存款保险及纾困基金（FGDR，le Fonds de garantie des dépôts et de résolution） 主席 Thierry Dissaux（暂无）

会计准则委员会（ANC，l'Autorité des normes comptables） （暂无）

（三）金融监管框架介绍

法兰西银行（Banque de France）直接监管支付清算系统。①

危机前法国银行业和保险业的监管是分开的，而且每个行业的机构注册和监管职能分布在两家机构。信贷机构及投资公司委员会（CECEI）负责注册登记银行等信贷机构和投资公司，银行业委员会（CB）负责监管这些机构。保险公司委员会（CEA）负责保险公司的注册登记，而保险及补充保险监管局（ACAM）负责对这些机构进行监管。

2010年设立的审慎监管与纾困局（ACPR）②将上述四家机构进行了合并，统一监管银行业和保险业，并负责对问题银行进行救助。审慎监管与纾困局的主席由法兰西银行行长出任。它监管以下机构③：信贷机构、投资公司（资产组合管理公司除外）、证券交易所④、支付清算机构、金融公司⑤、金融控股

① https://www.banque-france.fr/stabilite-financiere/infrastructures-des-marches-financiers-et-moyens-de-paiement-scripturaux/missions-de-surveillance.html.

② 设立时名为审慎监管局（ACP），2013年更名为审慎监管与纾困局（ACPR）。

③ http://acpr.banque-france.fr/controle-prudentiel/les-assujettis-au-controle.html.

④ http://www.legifrance.gouv.fr/affichCode.do;jsessionid=9E1D0D494AEEDCC220D331547D9A8636.tpdjo04v_1?idSectionTA=LEGISCTA000006170852&cidTexte=LEGITEXT000006072026&dateTexte=20110624.

⑤ 有至少一家子公司是信贷机构或投资公司，但不是金融控股公司。

http://legifrance.gouv.fr/affichCode.do;jsessionid=6EB229C62D0DBC17A2BAF3350E6DFCB3.tpdjo11v_3?idSectionTA=LEGISCTA000006185153&cidTexte=LEGITEXT000006072026&dateTexte=20110624.

公司、小额信贷机构、电子货币机构、保险公司、再保险公司、补充社会保险基金①。

金融市场管理局（AMF）成立于2003年，负责监管金融市场上的各主体和产品，包括上市公司和金融市场基础设施系统、获准从事投资和投资顾问业务的金融中介、证券投资基金（OPCVM）以及其他投资基金。

2009-79号法令设立了会计准则委员会，负责制定会计准则。2010年成立的AMF-ACPR联合委员会是两大监管机构，即金融市场管理局和审慎监管与纾困局，共同设立的平台。它负责两大机构之间的协调，向金融消费者提供关于银行、保险和投资产品的信息并警示风险。

危机前存款保险基金（FGD）负责为投资者在银行中的存款、投资的证券产品和履约保函提供金融机构破产保险。② 2013年的“银行业务分离和监管”法案③将其更名为存款保险及纾困基金（FGDR），并赋予其与审慎监管与纾困局一起承担在金融危机中救助大银行的危机管理职能。

此外，“银行业务分离和监管”法案还将危机后成立的金融监管与系统性风险委员会（COREFRIS）更名为金融稳定顾问委员会（HCSF）。财政部部长任该委员会主席。该机构负责监管所有金融机构，协调各监管主体，监控金融系统的稳定性，并制定宏观审慎政策。法兰西银行、审慎监管与纾困局、金融市场管理局、会计准则委员会都要执行金融稳定顾问委员会制定的政策。④金融稳定顾问委员会还代表法国参与整个欧盟的宏观审慎框架，并与其他欧盟成员国的对应机构进行合作。

七、德国

（一）2008年金融危机前后金融监管框架图

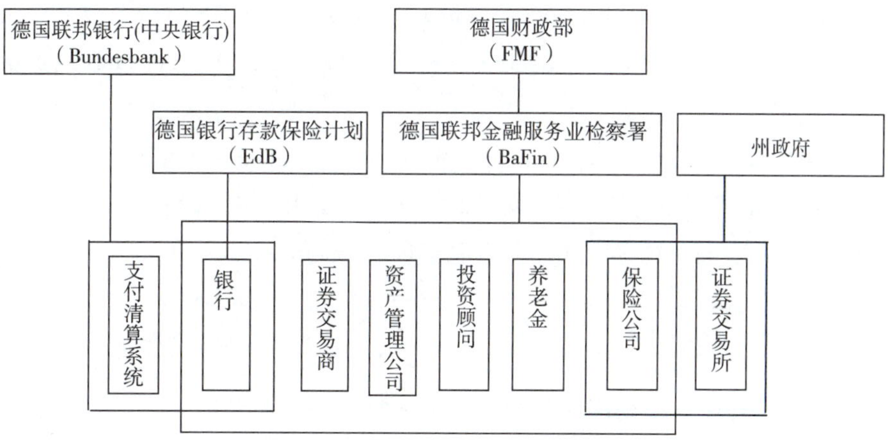

附图11 危机前德国金融监管框架

① 即mutuelle。http://legifrance.gouv.fr/affichCodeArticle.do;jsessionid=6EB229C62D0DBC17A2BAF3350E6DFCB3.tpdjo11v_3?idArticle=LEGIARTI000022305185&cidTexte=LEGITEXT000006074067&dateTexte=20110624.

② https://www.garantiedesdepots.fr/en/fgdr-guarantees/fgdr-offers-three-types-guarantees.

③ http://www.legifrance.gouv.fr/eli/loi/2013/7/26/EFIX1239994L/jo#JORFSCTA000027754734.

④ http://www.legifrance.gouv.fr/eli/loi/2013/7/26/EFIX1239994L/jo#JORFSCTA000027754544.

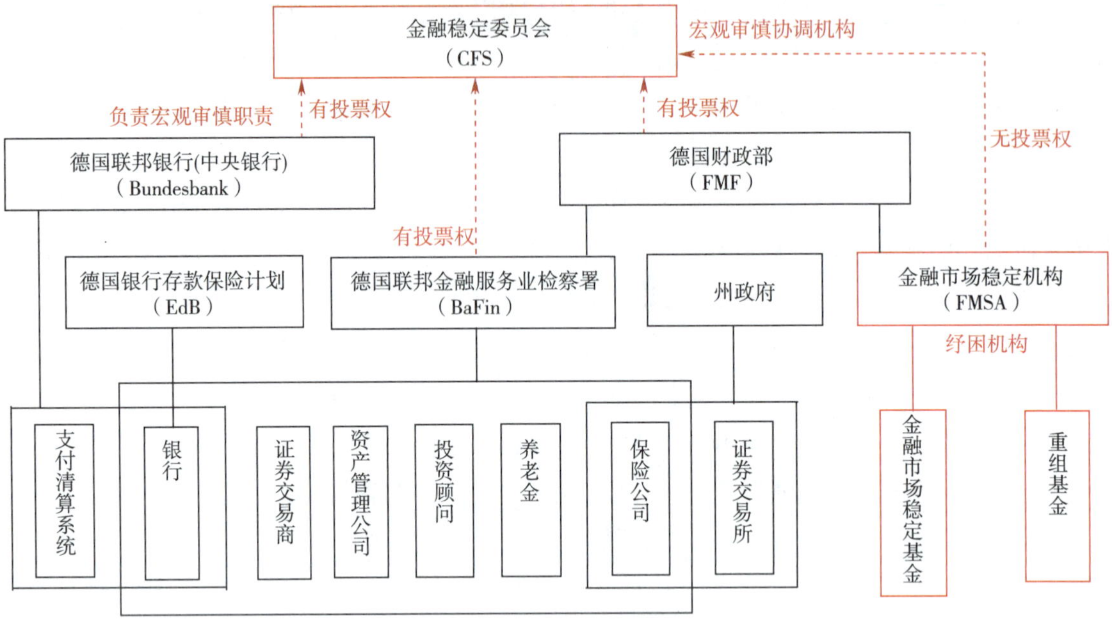

图12　危机后德国金融监管框架

（二）金融监管机构全称与负责人

金融稳定委员会（CFS，Committee for Financial Stability）

德国联邦银行（Bundesbank）主席（president）Jens Weidmann

德国财政部（FMF，Federal Ministry of Finance）部长 Wolfgang Schäuble

德国联邦金融服务业检察署（BaFin，Federal Financial Supervisory Authority）署长 Felix Hufeld

德国联邦金融市场稳定机构（FMSA，Federal Agency for Financial Market Stabilization）主席 Herbert Walter

德国银行存款保险计划（EdB，Entschädigungseinrichtung deutscher Banken GmbH/Deposit Guarantee Scheme of German Banks）由德国银行协会（Association of German Banks）管理。

德国银行协会（Association of German Banks）总经理Michael Kemmer

（三）金融监管框架介绍

2002年，德国联邦议会建立了德国联邦金融服务业检察署（BaFin），并将原先的联邦银行业监督办公室（BAKred）、联邦保险业监督办公室（BAV）以及联邦证券业监督办公室（BAWe）全部并入BaFin，形成单一机构监管模式。BaFin虽然在法律上隶属于财政部，但是其运营资金完全来源于其监管的金融主体，使之能够保持独立的日常运作。除了BaFin，德国联邦银行（Bundesbank）、德国银行存款保险计划（EdB）以及各州政府也在维护金融稳定的目标中扮演了各自的角色：

（1）德国联邦银行负责对德国的支付清算系统以及银行业进行监督管理。

（2）各州政府的监管对象是当地的证券交易所以及一部分的保险公司。BaFin会从是否对实体经济造成重大影响以及是否进行跨境业务两个方面来定义系统性重要保险公司，并将对其的监督纳入自己的职责范围；剩下的保险公司则归入各州政府管辖。

（3）1998年，在欧盟的存款担保以及投资者偿付法令（EC Deposit Guarantee and Investor Compensation Directives）下，德国建立了法定的存款保险制度——德国银行存款保险计划（EdB）（Detzer和Herr，2014）。除此法定存款保险制度以外，德国还有多个机构提供自发性的存款保险计划，如德国银行协会（Association of German Banks）、德国公共银行联合会（Association of German Public Sector Banks）、德国储蓄银行协会（German Savings Banks Association）等（Volcker，2015）。

在2008年的金融危机中，为了向面临破产的银行提供紧急财政援助，德国联邦议会通过了创建金融市场稳定基金的法案并建立了金融市场稳定基金（SoFFin，Financial Market Stabilization Fund），而德国联邦金融市场稳定机构（FMSA）作为该基金的运营机构随后应运而生。危机之后，FMSA作为隶属于财政部的机构被保留下来，并于2011年创建了重组基金（Restructuring Fund）。

危机给德国带来的经验教训反映在其后期对宏观审慎的强调上。2011年，德国联邦议会通过了关于加强德国金融系统监管的法案，创立了德国金融稳定委员会（CFS）。CFS由德国联邦银行（Bundesbank）、德国财政部（FMF）与德国联邦金融服务业检察署（BaFin）这三个投票成员以及德国联邦金融市场稳定机构（FMSA）这一非投票成员组成，负责对金融系统稳定性进行风险评估并对相关风险提出警告与建议（IMF，2011）。在CFS中，德国联邦银行（Bundesbank）占有主要地位。首先，德国联邦银行会准备有关金融稳定报告以供委员会协商讨论，若Bundesbank确认金融稳定风险存在，则需向委员会提交警告或建议；这些警告或建议会被传达至联邦政府、BaFin以及公共机构；获得建议的金融主体需向CFS确认是否实行建议或解释不实行的理由；最后依然将由Bundesbank来监控及评估建议的实施情况并向委员会汇报。

八、瑞士

（一）2008年金融危机前后金融监管框架图

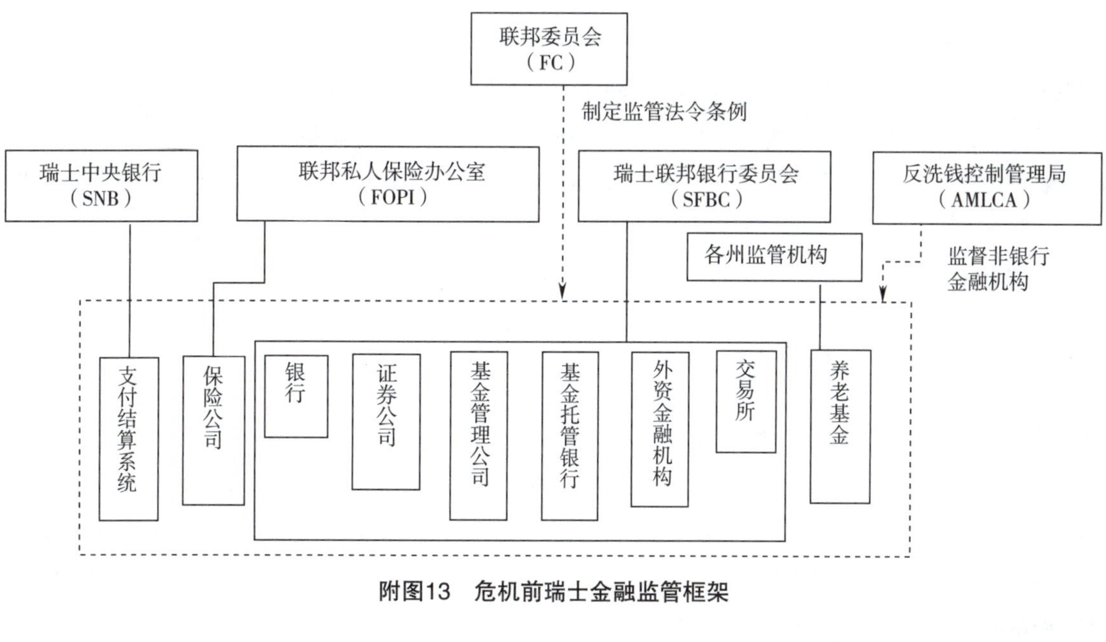

附图13　危机前瑞士金融监管框架

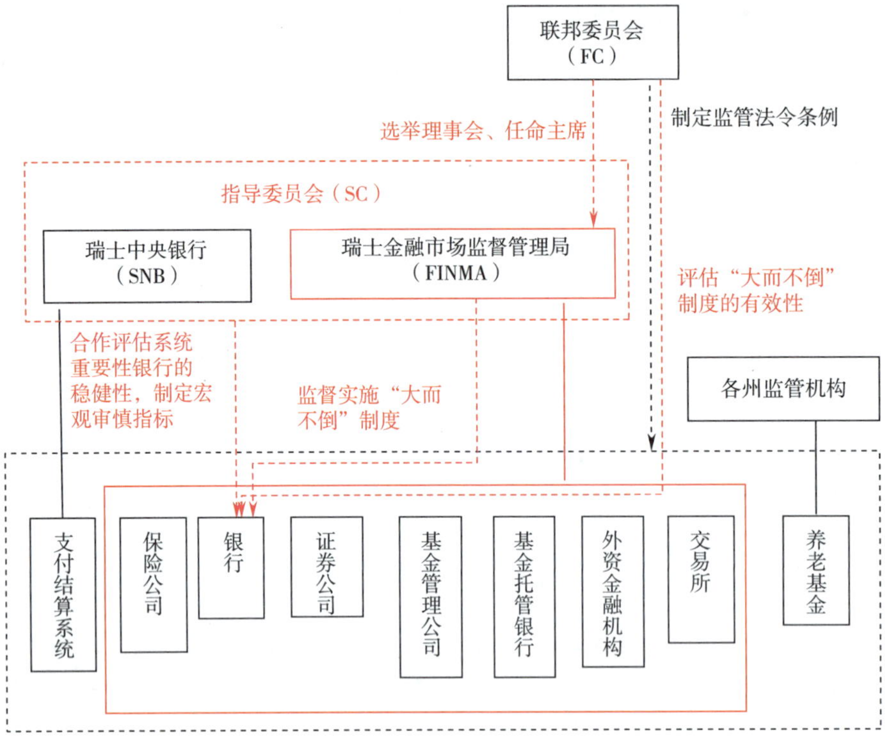

附图14　危机后瑞士金融监管框架

（二）金融监管机构全称与负责人

危机前监管机构：

联邦私人保险办公室（FOPI，Federal Office of Private Insurance）

瑞士联邦银行委员会（SFBC，Swiss Federal Banking Commission）

反洗钱控制管理局（AMLCA，Anti-Money Laundering Control Authority）

当前监管机构：

联邦委员会（FC，Federal Council）主席 Johann N. Schneider-Ammann

瑞士中央银行（SNB，Swiss National Bank）理事会主席 Thomas Jordan

瑞士金融市场监督管理局（FINMA，Swiss Financial Market Supervisory Authority）理事会主席Thomas Bauer

指导委员会（SC，Steering Committee）主席 Thomas Jordan，Thomas Bauer

（三）金融监管框架介绍

2009年1月1日，瑞士金融市场监督管理局法案（FINMASA）正式生效。该法案的目的是对金融机构进行实质监管，即“同样的业务，同样的风险，同样的监管规则”。新法案将联邦私人保险办公室（FOPI）、瑞士联邦银行委员会（SFBC）和反洗钱控制管理局（AMLCA）合并成瑞士金融市场监督管理局（FINMA），对瑞士的金融机构进行注册、监督和执法。FINMA在制度和经费上都是一家独立机构，其监督职能的执行不受政府影响，直接向议会报告。联邦委员会（FC）负责制定监管条例和法令，选举

FINMA的理事会及任命主席。

FINMA的主要职责是保证被监管的金融机构财务状况稳定、业务合规，有足够的资本承担危机中的损失。而一旦金融机构破产，FINMA的主要任务是保护客户的利益，使破产机构能够有序退出市场。FINMA通过风险评估对各个金融机构采取差异化的监督。对规模大、业务风险高、与其他机构高度关联的机构的监管要比对小型机构的监管更严格。对1类和2类的大银行每年要进行数次实地监督评估，对中等规模的3类机构每二年到每三年评估一次，而更小的机构只有当出现问题时才进行临时评估。[①]

在对保险公司的监督方面，2011年1月FINMA开始采用瑞士偿付能力测试（Swiss Solvency Test）计算保险公司的目标资本水平，也就是使保险公司足以在百年一遇的冲击中支付所有债务的最低资本水平要求。这个测试考虑了所有的市场、信贷和保险风险，尤其是多个风险因素同时恶化的情况。如果资本低于目标资本的水平，那么FINMA会要求保险公司采取风险管理措施补足资本。

瑞士于2012年构建"大而不倒"制度，将政府干预救助系统性重要金融机构的需要和给纳税人造成的成本最小化。FINMA监督这个制度的实施。联邦委员会2015年2月首次评估了"大而不倒"制度的有效性，以后每两年会进行再评估。[②]该制度的目标是降低违约的概率和影响，改善救助或清算的前景。它有四个核心元素，即更充足的资本、更充裕的流动性、恢复纾困计划和改善的银行破产法律。第一，系统重要性银行需要持有更多的股权资本来覆盖损失，具体包括风险加权的最低资本限制和最高负债水平。第二，银行对流动性冲击的抵御能力也通过一个特别的流动性计划（liquidity regime）得到了加强。系统重要性银行必须持有自有流动性缓冲来满足30天的净现金流出需求。第三，要尽早为危机做准备，预先制定紧急计划（emergency plan）来保证系统重要性银行资不抵债时，系统重要性的服务仍然能够得到维持。大银行已经开始采取措施修改集团架构以使得危机发生时重组或清算更容易。瑞士的两大银行集团已经成立了集团控股公司，到2016年年中将会把瑞士金融系统重要性的功能从集团中独立出去，成立单独的法律实体。另外，系统重要性银行现在必须自担一部分损失，即所谓的"自救"（bail-in），以避免完全用纳税人的钱来救助银行。第四，金融机构救助法律框架要进行修订。监管的设计要保证个体监管指标相互补充、相互加强。例如，改善的救助前景可以换来资本充足率要求的相应降低。

由于银行业在其国民经济中占比极其重要。瑞士是世界上首个对总损失吸收能力（Total Loss-Absorbing Capacity，TLAC）建立严格要求的国家，于2015年10月21日提高了系统重要性银行的资本充足率标准，加强"大而不倒"制度。系统重要性银行不仅要有充足的资本来覆盖目前经营业务（基于持续经营假设，going concern）的损失，而且要有自救资本（bail-in capital）来覆盖陷入严重的财务危机时（基于破产假设，gone concern）的损失，保证能够重组或者有序清算。自救资本是由银行的债权人持有的一些特殊的资本工具，危机时可以转化为股权资本。这样，银行的债权人通过"自救"资本承担了银行的一部分损失。金融稳定委员会目前正在讨论全球最低TLAC 标准的细节。瑞士规定其国内被制定为全球系统重要性银行的总损失吸收能力（TLAC）要达到总风险敞口的10%。[③]最低资本要求是以杠杆比率和风险加权资产的形式定义的。

基于持续经营假设的杠杆比率上限定为总风险敞口的5%（包括表内和表外的总风险敞口）。其中

① https://www.finma.ch/en/finma/finma-an-overview/.

② https://www.finma.ch/en/news/2015/10/mm-tbtf-20151021/.

③ 其他系统重要性银行会根据总资产、总风险敞口和银行服务的市场份额而变化来进行分类，资本要求由分类的类别来决定。

3%是最低要求，2%是缓冲，一旦缓冲被运用，那么银行需要重新补充资本。这一资本要求对应的风险加权资产比率是14.3%，包括8%最低要求和6.3%缓冲。这些资本最低要求与巴塞尔协议III的定量指标是一致的。 基于破产假设的自救资本对应的杠杆比率也是总风险敞口的5%，对应的风险加权资产比率是14.3%。这两部分资本要求相加，总损失吸收能力（TLAC）达到总风险敞口的10%，相当于风险加权资产的28.6%。新的资本要求将逐步推进，到2019年年底完成全面实施。

瑞士中央银行（SNB）不负责对银行业的监督，只负责监督支付和证券清算系统。另外，瑞士中央银行和瑞士金融市场监督管理局签署了一项谅解备忘录。两家共同成立了指导委员会（Steering Committee），在评估系统重要性银行的稳健性、制定关于银行流动性、资本充足率和风险准备要求以及危机管理方面开展合作。委员会的主席由瑞士中央银行的理事会主席和FINMA的理事会主席共同担任。

瑞士的存款保险计划是由名为esisuisse的行业自律协会管理的，所有在瑞士银行的存款都受到存款保险计划的保护。当FINMA认定一家银行破产时，存款保险计划就会被启动，所有在瑞士设有分支机构的银行和证券公司会共同筹资补偿破产银行的储户。

九、印度

（一）2008年金融危机前后金融监管框架图

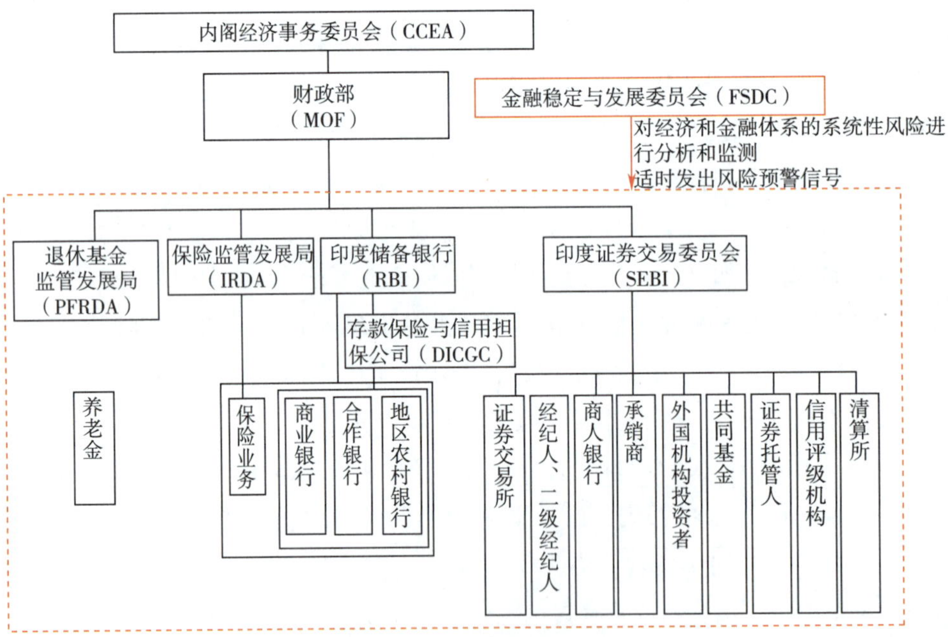

图15　印度金融监管框架

（二）金融监管机构全称与负责人

财政部（MOF，Ministry of Finance）财长 SHRI ARUN JAITLEY[①]

① http://finmin.nic.in/the_ministry/finance_minister/index.asp.

金融稳定和发展委员会（FSDC，Financial Stability Development Council）主席 SHRI ARUN JAITLEY[①]

印度储备银行（RBI，Reserve Bank of India）行长 Dr. Raghuram G.Rajan[②]

印度证券交易委员会（SERI，Securities and Exchange Board of India）主席 Shri U. K. Sinha[③]

保险监管发展局（IRDA，Insurance Regulatory and Development Authority）[④]

养老金监管和发展局（PFRDA，Pension Fund Regulatory and Development Authority）主席 Sh.Hemant G Contractor[⑤]

内阁经济事务委员会（CCEA，Cabinet Committee on Economic Affairs）负责人 Narendra Modi（总理）[⑥]

存款保险与信用担保公司Deposit Insurance and Credit Guarantee Corporation（DICGC）主席 Shri R Gandhi（央行副行长）[⑦]

（三）金融监管框架介绍

印度的金融体系承袭于英国殖民地时期，其金融监管改革的契机并非2008年的金融危机而是早在20世纪90年代，当时受国内政局不稳、海湾战争导致石油价格上涨等多重因素影响，印度经济形势严峻，银行体系岌岌可危。在国际货币基金组织和世界银行的压力下印度政府开始了金融改革（王小敏，2011）。

印度的金融体制介于分业和混业之间。其最高宏观经济监管机构是以印度总理为主席的内阁经济事务委员会。印度财政部负责执行内阁经济事务委员会制定的政策，并监督市场的运行（洪昊、葛声，2011）。

印度储备银行（RBI）作为国家中央银行主要负责制定和实施货币政策、管理外汇市场及国家银行体系——商业银行、合作银行和地区农村银行。由于银行业可以兼营保险，因此印度储备银行相应地也对其兼营的保险业务进行监管[⑧]。印度是最早建立存款保险制度的发展中国家，其发展历程可以追溯到1960年，当时印度两家银行接连倒闭，引发了印度中央银行及中央政府对金融体系安全问题和存款保险制度的建立问题的关注。1961年12月印度通过并颁布实施了《存款保险公司法》，于1962年建立了印度存款保险公司，作为印度储备银行的附属机构，专门负责印度存款保险的实施。到了1978年，印度存款保险公司兼并了印度信用担保股份有限公司（CGCI），接管其所有资产与负债，同时承担了其担保业务，更名为存款保险与信用担保公司。印度的存款保险制度采取强制加入投保方式，加入存款保险体系的机构最初被限定为国有商业银行、外国银行在印度的分支机构。1966年《银行法律法案》又将合作银行纳入储备银行的管辖范围，并于1968年通过《存款保险公司修正案》，最终赋予了合作银行同等的投保资

---

① www.finmin.nic.in/fsdc/StrucFSDC.pdf.

② https://www.rbi.org.in/Scripts/AboutUsDisplay.aspx?pg=OrganizationStructure.htm.

③ http://sebi.com/，http://203.199.247.102/cms/sebi_data/about_us/OrgChart.html，http://203.199.247.102/cms/sebi_data/about_us/Board.pdf.

④ https://www.irda.gov.in/ADMINCMS/cms/frmGeneral_Layout.aspx?page=PageNo1894&flag=1.
https://www.irdai.gov.in/Defaulthome.aspx?page=H1.
http://business.mapsofindia.com/finance-commission/institutions/insurance-regulatory-development-authority.html.

⑤ http://www.pfrda.org.in//MyAuth/Admin/showimg.cshtml?ID=742.

⑥ http://cabsec.nic.in/files/archive/cabinet_committees_03.12.2014.pdf.

⑦ http://www.dicgc.org.in/English/AU_BoardOfDirectors.html.

⑧ https://www.rbi.org.in/Scripts/AboutUsDisplay.aspx?pg=OrganizationStructure.htm.

格。1976年，随着《农村地区银行法》的通过，又使农村地区的银行业具备了参保资格（武翠芳、张正平，2005）。

印度证券交易委员会（SERI）是证券市场的监管机构，主席由国家任命，成员来自印度储备银行、财政和司法部部门，负责对证券交易所、经纪人、二级经纪人、商人银行、承销商、外国机构投资者、共同基金、证券托管人、信用评级机构、清算所等实施监管①。

印度保险监管发展局（IRDA）专门负责调控和监管保险业和养老金。如前所述，由于印度的金融体制介于分业和混业之间，银行业可以兼营保险，相应地，一部分监管属于混业监管，保险业除了由保险监管与发展局监管外，另一部分又受到中央银行的监管。而退休基金监管发展局（PFRDA）则专门负责养老金监管。

2008年金融危机后，意识到监管改革重要性的印度政府推行了多项改革措施以应对系统性风险。除了扩大监管范围、加大监管力度外，政府还于2010年12月在高层论坛上就加强对系统性风险的监测和预警、促进金融业发展、建立宏观审慎分析框架，成立了凌驾于印度储备银行、证券交易委员会和保险监管与发展局之上的“金融稳定与发展委员会”。该委员会主席为财政部部长，成员包括金融业监管机构（RBI，SEBI，PFRDA，IRDA和FMC）各主管、秘书长，经济事务部部长，金融服务部部长，首席经济顾问及外部专家②。

十、巴西

（一）2008年金融危机前后金融监管框架图

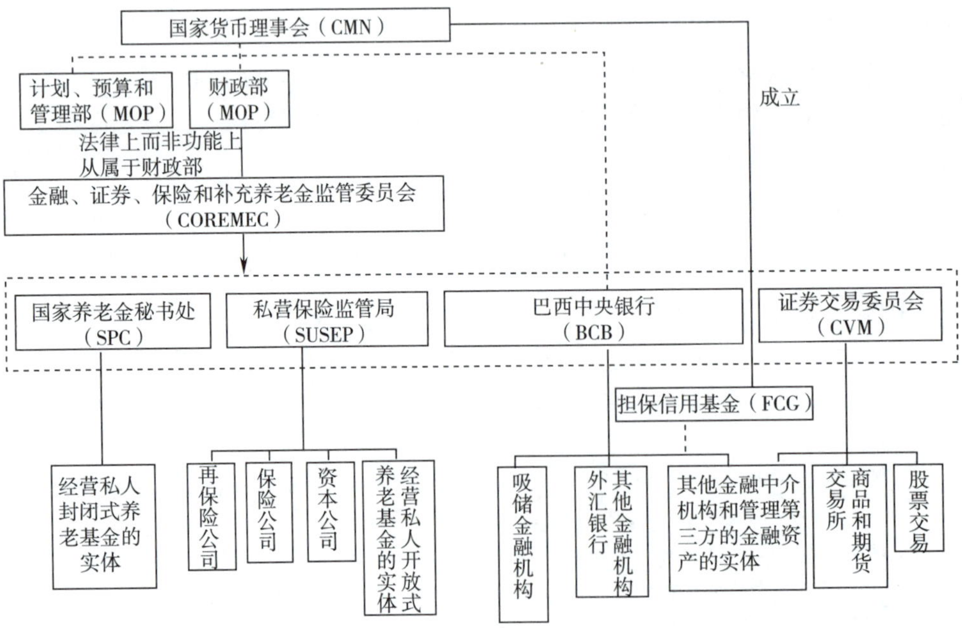

附图16　危机前巴西金融监管框架

① www.sebi.gov.in/CMS/sebi_date/about_us/act15ac.html#ch4.

② www.finmin.nic.in/fsdc/StrucFSDC.pdf.

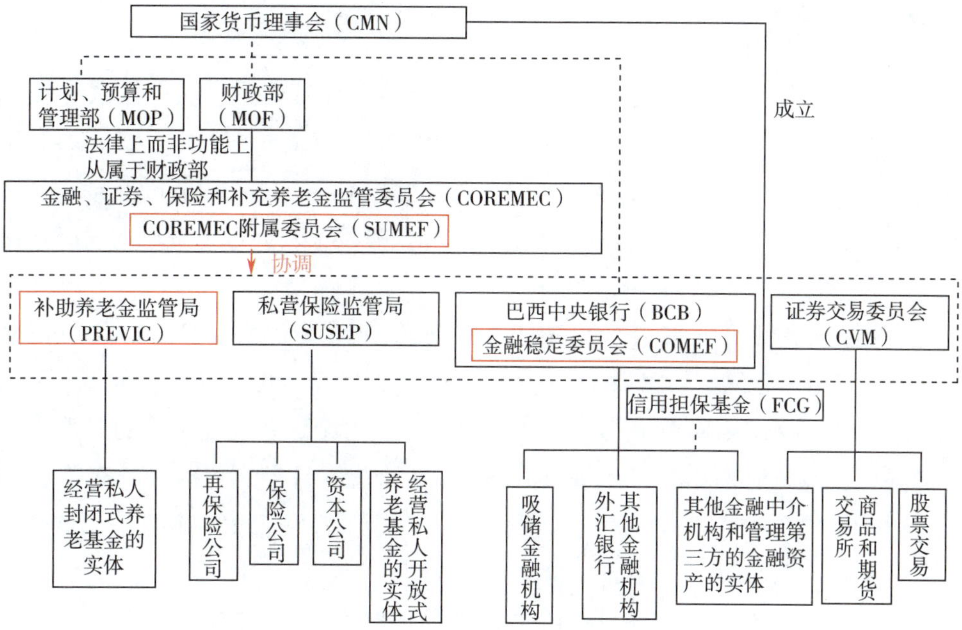

附图17　危机后巴西金融监管框架

（二）金融监管机构全称与负责人

巴西中央银行（BCB，Central Bank of Brazil）行长 Alexandre Antonio Tombini①

国家货币理事会（CMN，National Monetary Council）执行秘书长Alexandre Antonio Tombini（中央银行承担执行秘书长的角色）②

证券交易委员会（CVM，Securities and Exchange Commission） 执行主席 Lenoardo P. Gomes Pereira③

私营保险监管局（SUSEP，Private Insurance Superintendence）负责人 通常为财政部部长或其代表④

补充养老金监管局（PREVIC，National Complementary Pension Superintendence） 局长 Mr. Carlos De Paula⑤

信用担保基金（FGC，Fundo Garantidor de Créditos—Credit Guarantee Fund）主席 José Luiz Majolo⑥

金融、证券、保险和补充养老金监管委员会（COREMEC，Committee of Regulation and Supervision of Financial，Securities，Insurance，and Complementary Pension）

COREMEC的附属委员会（SUMEF，Subcommittee to Monitor the Stability of the National Financial System）

金融稳定委员会（COMEF，Financial Stability Committee） 成员包括中央银行行长、副行长⑦

---

① http://www.bcb.gov.br/pre/quemequem/ingl/tombini-i.asp?idpai=diretoria.

② http://www.bcb.gov.br/?CMNENINTROUND.

③ http://www.cvm.gov.br/subportal_ingles/menu/structure/commissioners.html.

④ http://www.susep.gov.br/english-susep/index.

⑤ http://www.iopsweb.org/PREVIC_standards_2014.pdf.

⑥ http://www.fgc.org.br/index.php?conteudo=1&ci_menu=150.

⑦ http://www.bcb.gov.br/pec/appron/apres/Brazi_%20Economic_and_Financial_Sector_Overview_2011_Jul.pdf.

（三）金融监管框架介绍

巴西于20世纪60年代依据当时的美国模式建立了现代金融监管体系。这一体系中最高政策机构为1964年建立的国家货币理事会（CMN）。该理事会由财政部部长Nelson Henrique Barbosa Filho，计划、预算和管理部部长Valdir Moysés Simão以及巴西中央银行行长Alexandre Antonio Tombini组成①（BCB，2016）。其主要职责是：协调金融、信贷、预算、财政和债务政策；促进金融机构发展；发布适用于巴西整个金融服务部门的准则（洪昊、葛声，2011）。

国家货币理事会下辖巴西中央银行（BCB）、证券交易委员会（CVM）、私营保险监管局（SUSEP）、补充养老金监管局（PREVIC），是典型的分业监管模式。BCB监管银行业，CVM监管资本市场，SUSEP监管保险业，PREVIC监管封闭养老基金。随着金融系统复杂度的提升，加强监管协调的重要性更加凸显，巴西政府于2006年在财政部下成立了金融、证券、保险和补充养老金监管委员会（COREMEC），以促进金融监管机构之间的协调和信息共享。此后又于2010年建立了该委员会附属机构SUMEF，负责监测国家金融系统稳定（IMF，2012）。

根据巴西政府颁布的第4595号法令的规定，中央银行的职责包括：授权金融机构转让本公司所有权或在国内和国外建立分支机构和子公司的权力；监督专门金融机构交易的权力；对违法行为实施罚款和其他处置方式；确保银行交易的保密性；控制外汇市场的稳定及监控资金的流入和流出；等等。对于金融机构的监管，中央银行可以直接要求金融机构澄清和提交交易信息和文件，也可以不定时对金融机构提供的资料进行间接分析、评估和审查（洪昊、葛声，2011）。虽然巴西法律上并未明确金融稳定由哪个机构来负责，但巴西中央银行是事实上的宏观审慎政策制定部门及金融稳定安全网的领导机构（IMF，2012）。危机后，巴西中央银行于2011年5月设立了金融稳定委员会（COMEF）。该委员会虽没有实权，但扮演着顾问的角色②，有效识别和监测系统性风险的来源，为缓解系统性风险制定相关政策。自20世纪90年代以来，各国逐渐建立起正式的存款保险制度。这一趋势的背后是当局对金融体系稳定的日益关注。巴西顺应该趋势，于1995年由国家货币委员会批准并成立了信用担保基金（FGC，Fundo Garantidor de Créditos—Credit Guarantee Fund）。该机构是私人非营利组织，负责保护信贷持有人。和众多国家一样，巴西对本国境内的全部存款行金融机构进行保护，但不同的是，巴西将外国银行在本地的机构排除在存款保险范围之外③。

证券交易委员会是金融体系的规范性机构，负责监管、监督巴西的资本市场：上市公司、场外市场、外汇市场、商品及期货市场。此外，证券法还赋予了其获取市场、机构、金融产品、客户等从事证券交易的各方信息的权力，并可与国内外监管机构共享信息；开展调查、实施制裁、暂停证券交易并禁止不当的市场行为；等等④。在巴西，开放式、封闭式私人养老实体的监管环境大不相同，简单来说，开放式私人养老由私营保险监管局监管，而封闭式私人养老基金则由补充养老金监管局负责监管⑤。私营保险监管局附属于财政部，负责执行私人保险全国委员会（CNSP）——保险系统的审议机构，负责制定巴

---

① http://www.bcb.gov.br/?CMNENINTROUND.

② http://www.cvm.gov.br/subportal_ingles/menu/about/jurisdiction.html.

③ http://ifb.cass.cn/show_news.asp?id=50796.

④ http://www.cvm.gov.br/subportal_ingles/index.html.

⑤ http://www.previc.gov.br/.

西政府政策指导方针——制定的政策，对保险业、开放式私人养老基金、巴西资本市场有监管之责①。该委员会有权在遵守CNSP总体政策的情况下在其职权范围内制定规则。补充养老金监管局附属于社会保障部，是2008年金融危机后替代原有监管机构国家养老金秘书处（SPC），于2009年1月建立的。该新机构为半自治，由委员会进行管理，主要负责密切控制和监察封闭式私人养老基金和实施养老保险制度的政策。②

十一、墨西哥

（一）2008年金融危机前后金融监管框架图

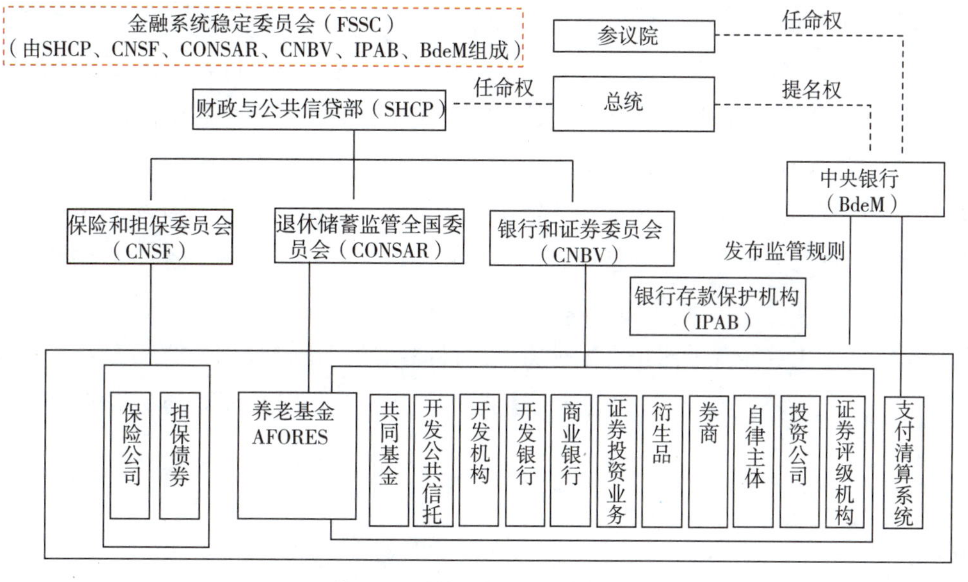

附图18 墨西哥金融监管框架

（二）金融监管机构全称与负责人

金融系统稳定委员会（FSSC，Financial System Stability Committee）主席来自财政部，秘书来自中央银行

财政与公共信贷部（SHCP，Secretaría de Hacienda y Crédito Público，Secretariat of Finance and Public Credit）财长 Luis Videgaray Caso

墨西哥银行（BdeM，Banco de México，Bank of Mexico）主席 Agustín Carstens

银行和证券委员会（CNBV，National Banking and Securities Commission）主席 Jaime González Aguadé

保险和担保委员会（CNSF）主席 Norma Alicia Rosas Rodríguez

退休储蓄监管全国委员会（CONSAR）主席 Carlos Ramírez Fuentes

① http://www.susep.gov.br/english-susep/index.

② http://www.abrapp.org.br/Documentos%20Pblicos/The%20Brazilian%20Pension%20System.pdf.

银行存款保护机构（IPAB，Instituto para la Protección al Ahorro Bancario，Institute for Protection of Bank Savings）秘书长 José Luis Ochoa Bautista

（三）金融监管框架介绍

墨西哥金融监管机构主要包括财政与公共信贷部（SHCP）、中央银行（B de M）、银行和证券委员会（CNBV）、保险和担保委员会（CNSF）以及退休储蓄监管全国委员会（CONSAR）、银行存款保护机构（IPAB）。

2007~2009年国际金融危机后，新成立了金融系统稳定委员会，负责宏观审慎职能，来甄别和评估经济现象和金融系统的风险。这个委员会的主席由财政部担当，秘书来自中央银行，其他金融监管机构，如银行和证券委员会（CNBV）、保险和担保委员会（CNSF）以及退休储蓄监管全国委员会（CONSAR）、银行存款保护机构（IPAB）则都是成员。①

墨西哥中央银行（Banco de Mexico）是墨西哥货币政策的制定与执行者，并发布金融领域的监管规则。墨西哥国会于1993年修改宪法以授予中央银行自主权，这也成为墨西哥现代金融体系的支柱之一。墨西哥中央银行的自主权基于三大原则：独立确定货币供给、独立的中央银行理事会、独立于墨政府的组织机构。中央银行理事会由5位成员组成，均需由总统提名，参议院批准，由总统指定一名行长，其他4名为副行长。此外，对于理事会成员的任职资格、免职事由、权利、义务、责任、薪酬都由宪法明确规定，以保证独立性，这些与美国的联邦储备委员会非常相似。②

墨西哥财政部（SHCP）拥有墨西哥金融体系中的最高权威，负责计划、协调、评估、监管国家金融体系，进而监管墨西哥的所有金融机构，包含商业银行、开发银行以及证券交易所等，还负责国家税收征收。③

其下属机构有：

全国银行和证券委员会（CNBV），负责监管大部分的金融机构，包括：银行业、股票、债券和衍生品市场行业、投资基金、养老基金、辅助信贷组织等。④

全国保险和担保委员会（CNSF），负责监管保险和担保公司，以及授予这类公司在墨西哥的经营资格。

退休储蓄监管全国委员会（CONSAR），负责退休金以及在各退休基金管理公司间营造竞争氛围，以提高收益。值得一提是墨西哥退休金不是由政府管理，而是由数家私营金融机构（AFORES）运作。

全国存款保险机构（IPAB），肩负保险存款职能，以提高银行系统的信用和维护稳定。⑤

① http://www.cnsf.gob.mx/.

② www.banxico.org.mx.

③ http://www.ipab.org.mx/ipab/english/english-faq.

④ http://www.cnbv.gob.mx/en/CNBV/Paginas/Mission-Vision.aspx.

⑤ http://www.ipab.org.mx/ipab/english/english-faq.

十二、俄罗斯

（一）2008年金融危机前后金融监管框架图

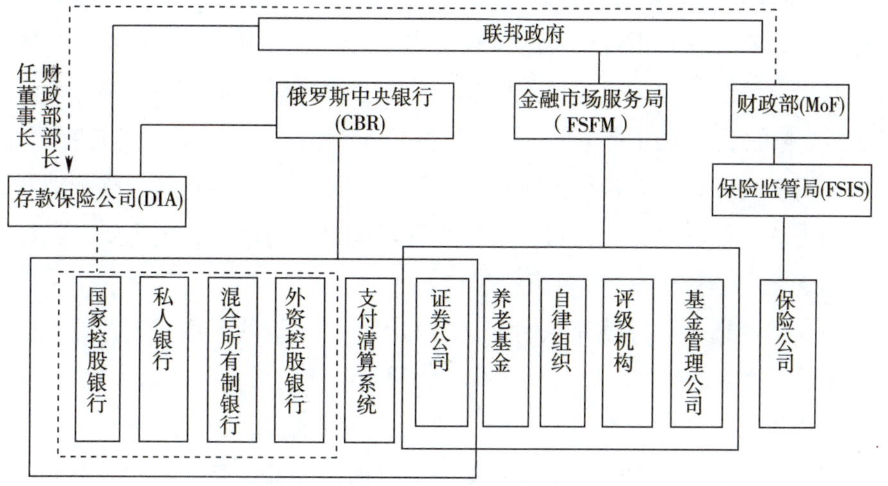

附图19　危机前俄罗斯金融监管框架

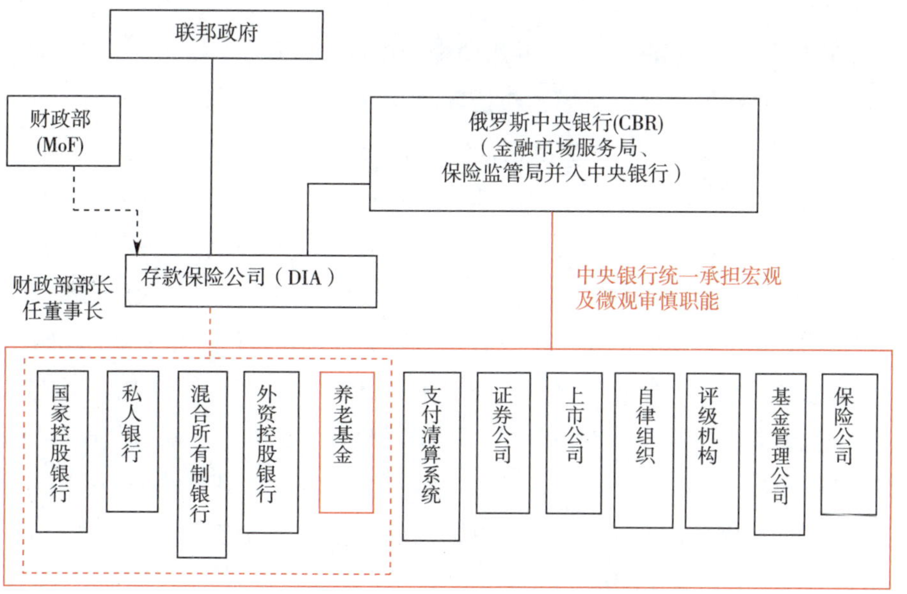

附图20　危机后俄罗斯金融监管框架

（二）金融监管机构全称与负责人

俄罗斯中央银行（CBR，Bank of Russia）行长 Elvira Nabiullina

存款保险公司（DIA，Deposit Insurance Agency）董事长 Anton Siluanov

财政部（MoF，Minister of Finance）部长 Anton Siluanov

金融市场服务局（FSFM，Federal Service for Financial Markets）

保险监管局（FSIS，Federal Service for Insurance Supervision）

（三）金融监管框架介绍

危机前俄罗斯主要有三大金融监管机构：俄罗斯中央银行（CBR）、金融市场服务局（FSFM）和保险监管局（FSIS）。俄罗斯的金融业既有分业经营、分业监管，又有混业经营、混业监管。其中，银行业与保险业为分业经营、分业管理。银行体系的监管模式为单一的集中监管，监管权力集中于俄罗斯中央银行。保险业由俄联邦财政部的内设机构保险监管局负责监管。混业是指商业银行允许经营证券业务，对商业银行经营证券业务的监管是由俄罗斯央行和金融市场服务局共同完成（张文剑，2010）。

危机之前，俄罗斯中央银行负有银行体系监督和调节的职能，主要目的为维护俄罗斯银行体系的稳定性，保护存款人和贷款人的利益。中央银行不仅负责审核银行的设立，更主要是从经济、金融和会计方面调控和监督银行经营活动（米军、陈菁泉，2014）。

1998年金融危机后俄罗斯建立存款保险制度，2003年正式生效的《俄罗斯银行家庭存款保险制度》法案，为居民存款提供正式的法律保障。具体执行存款保险制度的机构是存款保险公司（DIA）。该机构为一家国有企业，由中央银行和俄罗斯政府共同管理，并由财政部部长担任董事长。2008年金融危机促使俄罗斯继续对2003年颁布的存款保险法案进行修改。目前，存款保险公司的主要职能包括有效保护储户和其他债权人的权利和合法利益，为俄罗斯破产银行提供援助，保证存款保险体系的正常运转以及增强俄罗斯银行系统的稳定性。[①]

2004年3月，联邦证券市场委员会被废除并组建金融市场服务局（FSFM）。该局属于俄罗斯联邦权力执行机构，负责统一监管俄罗斯证券市场，包括证券发行、交易以及证券交易所、证券发行人、专业的市场参与者及其自律组织、俄罗斯联邦养老基金以及管理公司等。[②]

俄罗斯联邦保险监管局（FSIS）隶属于财政部，主要职能为负责监管保险公司在证券市场的特殊活动，负责监督保险领域以及保险公司的许可证的办法和吊销，以及负责管理保险公司的投资行为。（米军、陈菁泉，2010）。

2008年金融危机后，俄罗斯实施的是由中央银行主导的宏观审慎政策框架。2013年，俄罗斯总统普京签署《俄联邦中央银行监管权力修正案》，宣布组建隶属于中央银行主导的单一金融监管体制。根据该法案，中央银行取代金融市场服务局（FSFM）并对信贷机构、证券商、保险公司、交易所投资和养老基金等所有金融机构的经营活动实行全权统一监管[③]（王勇，2013）。其目的是为了更好应对全球金融业混业经营发展趋势，在同一机构内部建立一个良好的沟通机制，提高监管资源的配置效率、加强识别系统性风险的能力和维持整个金融系统的稳定性。

① http://www.asv.org.ru/en/docs/2015-12.pdf.

② https://en.wikipedia.org/wiki/Federal_Financial_Markets_Service_(Russia).

③ http://www.cbr.ru/Eng/today/structure/allocation.pdf.

十三、波兰

（一）2008年金融危机前后金融监管框架图

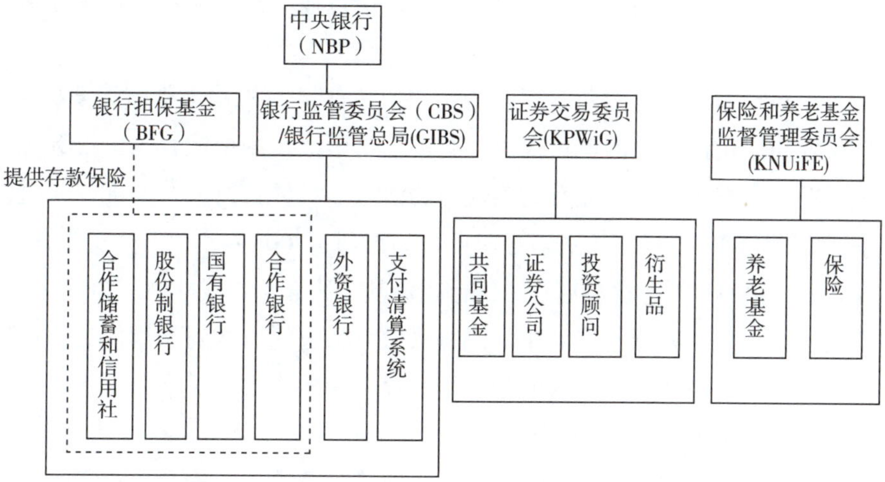

附图21 危机前波兰金融监管框架

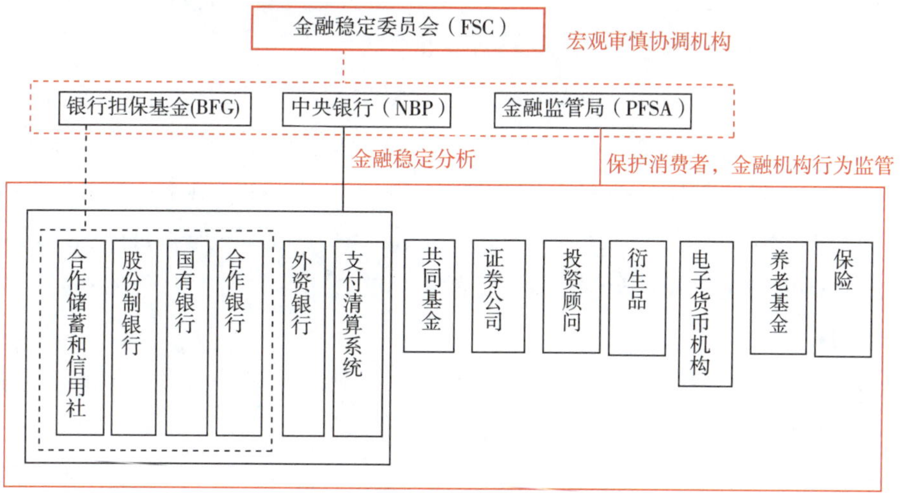

附图22 危机后波兰金融监管框架

（二）金融监管机构全称与负责人

波兰国家银行（NBP，National Bank of Poland）行长 Marek Belka

金融监管局（PFSA，Polish Financial Supervision Authority）主席 Andrzej Jakubiak

银行担保基金（BFG，Bank Guarantee Fund）管理委员会主席 Jerzy Pruski

金融稳定委员会（FSC，Financial Stability Committee）主席 Pawel Szalamacha

银行监管委员会（CBS，Commission for Banking Supervision）

银行监管总局（GIBS，General Inspectorate of Banking Supervision）

证券交易委员会（KPWiG，Securities and Exchange Commission）

保险和养老基金监督管理委员会（KNUiFE，Insurance and Pension Funds Supervisory Commission）

（三）金融监管框架介绍

改革之前，波兰金融体系施行的是分业监管模式，即银行业、证券业、保险业分别由不同的监管机构监管。

银行业监管由中央银行负责，主要负责机构为中央银行的下属机构银行监管委员会（CBS）。银行监管委员会有市场准入和撤销许可证的审核权力。委员会主席法定的由波兰国民银行行长兼任。自主权上，银行监管委员会有权力发布对银行业有约束效力的法令。具体执行监管的部门为内设在中央银行但相对独立的银行监管总局（GIBS）（黄润中、单昕欣、胡奇玮，2003）。

存款保险制度方面，1994年波兰议会通过《银行担保基金法》，并成立银行担保基金（BFG）。银行担保基金没有监管的权力。该机构通过贷款担保或购买银行债务的方式对制度内的银行进行援助。这种支持可使这些银行免受破产危机或新股东收购的风险。该机构的主要使命在于促进银行、合作储蓄和信用社的安全和稳定性，并增强储户对于银行业的信心。[①]

证券业的监管由证券交易委员会（KPWiG）负责。证券交易委员会有独立授予和取消经纪商、投资顾问、共同基金和场外交易者的经营权。

保险和养老基金监督管理委员会（KNUiFE）监管保险和养老基金方面的业务。

自2006年开始，波兰进行一系列的金融监管机构的改革。

2006年，波兰金融监管局（PFSA）取代了保险和养老基金监督管理委员会（KNUiFE）以及证券交易委员会（KPWiG）。2008年，波兰金融监管局（PFSA）进一步取代了银行监管委员会（CBS）和银行监管总局（GIBS）。波兰金融监管局（PFSA）的监管领域涵盖了银行业、资本市场、保险市场、养老金计划、电子货币机构、支付清算系统，以及合作储蓄和信用社等。[②]该局的监管目标包括确保金融市场的正常运行，维护金融市场的稳定性和安全性，提高金融市场的透明度，增加人们对金融市场的信心以及维护金融市场参与者的利益。

而波兰中央银行仍负有对银行业和支付清算系统的监管职能，同时也执行金融稳定分析和收集数据的工作，旨在确保银行存款的安全性以及维护银行体系的稳定性。[③]

另外，波兰于2008年11月通过相关法案并成立金融稳定委员会（FSC）。该委员会主要起协调作用[④]，确保各监管部门之间就金融政策方面的问题能有效沟通及合作，从而达到金融体系稳定并降低金融风险的可能性。金融稳定委员会的主要成员包括财政部长（主席）、中央银行行长、金融监管局主席以及银行担保基金管理委员会主席。[⑤]

① https://www.bfg.pl/en/who-we-are-0.

② http://www.knf.gov.pl/en/About_us/KNF_Polish_Financial_Supervision_Authority/task_and_objectives/index.html.

③ http://www.nbp.pl/homen.aspx?f=/en/onbp/informacje/funkcje_banku_centralnego.html.

④ https://www.imf.org/external/pubs/ft/scr/2013/cr13221.pdf.

⑤ https://www.bfg.pl/en/aktualnosci/bfg-president-becomes-member-of-the-financial-stability-committee.

十四、南非

（一）2008年金融危机前后金融监管框架图

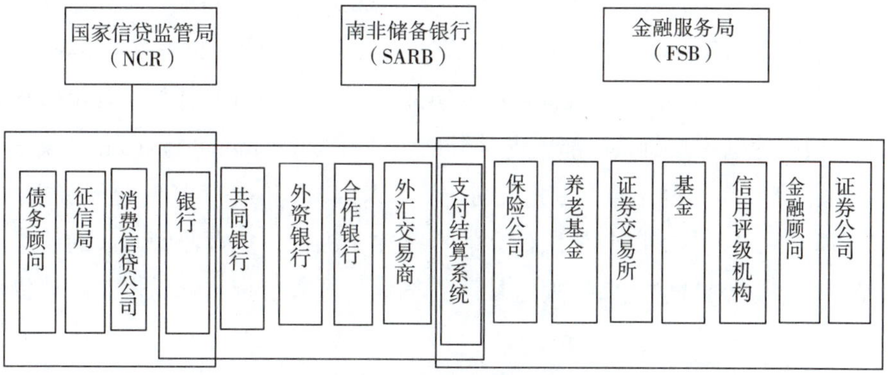

附图23　危机前南非金融监管框架

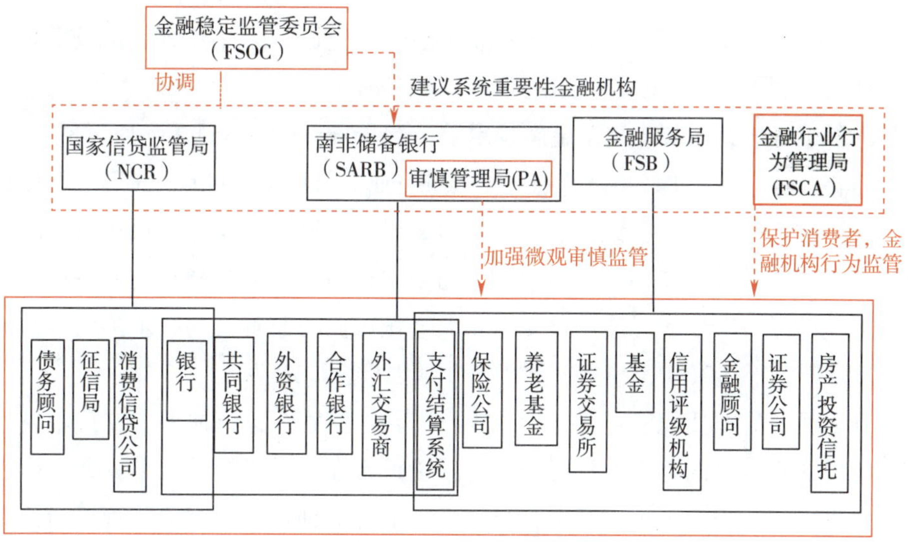

附图24　危机后南非金融监管框架

（二）金融监管机构全称与负责人

南非储备银行（SARB，South African Reserve Bank）行长 E L Kganyago

国家信贷监管局（NCR，National Credit Regulator）

金融服务局（FSB，Financial Services Board）主席 Abel Sithole

金融稳定监督委员会（FSOC，Financial Stability Oversight Committee）

审慎管理局（PA，Prudential Authority）

金融行业行为管理局（FSCA，Financial Sector Conduct Authority）

（三）金融监管框架介绍

危机前南非主要有三大金融监管机构：南非储备银行（SARB）、国家信贷监管局（NCR）和金融服务局（FSB）。南非储备银行作为中央银行负责监管银行，国家信贷监管局负责监管消费信贷机构，而金融服务局主要监管非银行的金融机构。

南非储备银行的银行监督部负责监管银行（Registered bank）、共同银行（Mutual bank）、外资银行和合作银行。 在外汇管理方面，财政部制定外汇政策，并任命合格外汇交易商（Authorised Dealers）。中央银行的金融监控部（the Financial Surveillance Department）受财政部委托执行外汇管理政策，监管合格外汇交易商。[①]中央银行的国家支付系统部负责对国家支付系统（National Payment System）进行整体管理和监管。国家支付系统负责银行间结算、零售支付清算以及股权、债权市场的业务结算。

国家信贷监管局（NCR）是2005年依法设立的一家独立机构，负责监管南非的消费信贷行业，推动信贷市场的覆盖面，尤其是对低收入者，偏远社区的贷款。国家信贷监管局也监管消费信贷机构、征信局和债务顾问。[②]

金融服务局是一家独立机构，由政府依法设立负责对非银行金融机构进行监管。[③]其下设的精算部、保险部和养老基金部共同监管保险机构和养老基金。资本市场部负责监管证券交易所、中央证券存托机构、清算所、中央结算对手及衍生品交易记录中心。集合投资计划部负责监管共同基金、信托和货币市场基金，2016年它将加强对未上市房产投资信托和地产公司的监管。[④]信用评级部负责对信用评级机构进行监管。金融顾问及中介服务部负责监管金融顾问和股票经纪。

2010年南非储备银行在其内部成立了金融稳定委员会（Financial Stability Committee），每两月召开一次会议来履行金融稳定职责。2015年南非通过了金融行业监管法案（Financial Sector Regulation Bill），该法案新设了以下监管机构：金融稳定监督委员会（FSOC）、审慎管理局（PA）、金融行业行为管理局（FSCA）。法案第11条提出南非储备银行有确保金融稳定的责任。第13条规定储备银行至少每六个月要对金融系统的稳定性进行一次评估。第26条规定其他金融行业的监管机构必须协助南非储备银行和新成立的金融稳定监督委员会（FSOC）来维持、保护、并加强金融稳定性。

金融稳定监管委员会的主要职能是协助中央银行与其他监管者进行协调，支持中央银行履行与金融稳定及危机防范相关的职责，向中央银行行长提议系统重要性金融机构的名单。金融稳定监管委员会由以下人员构成：中央银行行长，中央银行主管金融稳定事宜的副行长，审慎监管局局长，金融行业行为管理局局长，国家信贷监管局局长，财政部部长以及其他中央银行行长任命的人员。

审慎管理局是中央银行的附属机构。它的职责是监管提供金融产品和证券服务的金融机构和金融行业基础设施系统，提高各金融机构的运营稳健性。

金融行业行为管理局是一个独立机构，主要职责是提供金融培训项目，提高公众金融知识水平，保护金融消费者。它监管金融机构的行为，确保金融产品的安全性和真实性。它不直接监管消费信贷业

① http://www.resbank.co.za/.

② http://www.ncr.org.za/.

③ http://www.fsb.co.za/.

④ https://www.fsb.co.za/Departments/cis/Documents/CIS%20Industry%20Briefing%20-%20Strategic%20objectives%202015.pdf.

务，因为这是国家信贷监管局的职责，但是它可以监管与消费信贷业务相关的金融服务。

参考文献

[1] Crockett，A.，2000，"Marrying the Micro- and Macro-prudential Dimensions of Financial Stability，" remarks before the Eleventh International Conference of Banking Supervisors，September 20–21（Basel）.http：//www.bis.org/speeches/sp000921.htm

[2] Clarida，R.，Gali，J.，& Gertler，M. 2000. Monetary policy rules and macroeconomic stability：evidence and some theory. Quaterly Journal of Economics，115（1），147–180.

[3] Blanchard. O.，Dell' Ariccia，G.，& Mauro，P. 2010. Rethinking macroeconomic policy. New Finance，12（Supplement s1），199–215.

[4] Segalotto，J. F.，Arnone，M.，Laurens，B.，2006. Measures of central bank autonomy：empirical evidence for oecd，developing，and emerging market economies. IMF Working Papers.

[5] Osinski，Seal，& Hoogduin，2013. Macroprudential and microprudential policies：Toward cohabitation，IMF staff discussion note.

[6] The Volcker alliance，2015，Reshaping the financial regulatory system- long delayed，now crucial.

[7] Masciandaro，D.，& Volpicella，A.（2015）. Macro prudential governance and central banks：facts and drivers. Journal of International Money and Finance.

[8] Ueda，K.，& Valencia，F.（2014）. Central bank independence and macro-prudential regulation. Economics Letters，125（2），327–330.

[9] Accountability and Reporting Obligations. European Systemic Risk Board. Retrieved Jan 13，2016，from https：//www.esrb.europa.eu/about/acc/html/index.en.html.

[10] European System of Financial Supervision（ESFS）. Europe Parliament. Retrieved Jan 13，2016，from http：//www.europarl.europa.eu/atyourservice/en/displayFtu.html?ftuId=FTU_3.2.5.html.

[11] Deposit Protection and Investor Compensation in Germany（2000）. Frankfurt：Deutsche Bundesbank.

[12] Detzer，D. & Herr，H.（2014）. Financial Regulation in Germany. Working Paper Series. FESSUD，Leeds.

[13] Germany：Financial Sector Stability Assessment（2011）. Washington，D.C.：International Monetary Fund.

[14] Macroprudential Oversight in Germany. Deutsche Bundesbank. Retrieved Jan 13，2016，from https：//www.bundesbank.de/Redaktion/EN/Standardartikel/Tasks/Financial_and_monetary_system/macroprudential_oversight_in_germany.html.

[15] Canada Financial Sector Assessment Program：Basel Core Principles for Effective Banking Supervision – Detailed Assessment of Observance（2014）. Washington，D.C.：International Monetary Fund.

[16] Canada Financial Sector Stability Assessment（2014）. Washington，D.C.：International Monetary Fund.

[17] Global Banking Regulations and Banks in Canada（2015）. Toronto：Canadian Bankers Association.

[18] Jackson，James K.（2013）. Financial Market Supervision：Canada' s Perspective. Washington，D.C.：Congressional Research Service.

[19] Regulation of the Canadian Financial System（2012）. Ottawa：Bank of Canada.

[20] IMF，2012. Brazil：Financial System Stability Assessment. Country Report No.12/206.

[21] Stichele，M. V.（2008）. Financial Regulation in the European Union：Mapping EU Decision Making Structures on Financial Regulation and Supervision. Bretton Woods Project. EURODAD，Brussels.

[22] 杨燕青：《中国需要一个“超级央行”》，载《商业周刊》，2010（8）。

[23] 王靖国：《加强和完善我国金融监管的思考》，载《清华金融评论》，2015（05）。

[24] 赵胜民、梁璐璐、李京、谢晓闻：《宏观审慎框架下的央行独立性检验》，载《经济评论》，2014（05）。

[25] 黄润中、单昕欣、胡奇玮：《波兰金融业及其监管的演变与启示》，载《区域金融研究》，2003（5）。

[26] 虞群娥：《论全球金融监管模式变革与我国监管模式选择》，载《财贸经济》，2002（06）。

[27] 米军、陈菁泉：《俄罗斯银行业监管制度的发展、特点及启示》，载《国外社会科学》，2014（6）。

[28] 米军、陈菁泉：《俄罗斯证券市场监管制度变迁及启示》，载《俄罗斯中亚东欧研究》，2010（6）。

[29] 张文剑：《论俄罗斯中央银行监管》，载《俄罗斯中亚东欧市场》，2010（1）。

[30] 王勇：《俄罗斯央行统一监管金融市场顺应全球趋势》，载《中国经济时报》，2013（8）。

[31] 王小敏：《改革中的印度金融体系》，载《中国金融》，2011（5）。

[32] 洪昊、葛声：《“金砖银行”金融监管体系改革和合作研究》，载《金融发展评论》，2011（6）。

[33] 武翠芳、张正平：《印度存款保险制度发展的经验及启示》，载《金融理论与实践》，2006（2）。